인간행동과 사회환경(2판)

• 이론과 실천 •

권중돈 지음

Human Behavior and
the Social Environment

학지사

머 리 말

세상 속 사람의 삶 !

바로 사회복지사가 돕고 변화시켜야 할 대상이다. 사회복지전문직은 사람을 도
와서 그들의 삶의 질을 높이고, 세상을 아름답고 바른 곳으로 변화시키는 인간봉
사전문직(human service professional)이다. 즉, 사람과 세상 그리고 그 둘 간의 상호
작용으로 이루어진 삶이라는 세 부분을 변화시키는 것이 사회복지전문직의 사명
이다.

사회복지전문직 종사자가 갖추어야 할 조건 또한 세 가지이다. 인간과 환경에
대한 전문 지식(thinking or knowledge), 인간 사랑의 가치(feeling or value), 인간과
환경을 변화시키고 원조하는 데 필요한 실천기술(acting or skill)이 그것이다. 이 세
가지 모두 중요하지만, '환경 속의 인간'에 대한 이해 없이 인간을 돕는다는 것은
어불성설(語不成說)이다. 따라서 전문사회복지사가 되기 위해서는 반드시 인간행
동과 사회환경에 관한 전문 지식을 우선적으로 연마하여야 한다.

사회복지 교육과정에서는 '인간행동과 사회환경'을 기초과목으로 규정하고 있
으며, 사회복지사 국가고시의 필수과목으로 지정하고 있다. 사회복지전문직의 재
료인 인간과 환경은 역동적으로 상호작용하고 꾸준히 변화하는 복잡다단한 실체
이므로, 그 본질을 이해한다는 것은 결코 쉽지 않다. 더구나 인간과 환경에 대한
이해는 물론 사회복지실천에 그 지식을 어떻게 적용해야 하는지에 대한 논의까지
이어진다면, 그 어려움은 배가된다. 그럼에도 사회복지 교육과정에서 인간행동과
사회환경에 대한 학습이 가장 먼저 이루어져야 하는 것은 당연한 일이다.

대학 초년생인 예비사회복지사는 모두 '인간행동과 사회환경' 교과목에 대한 선
행지식을 갖고 있다. 그러므로 '인간행동과 사회환경'에 대한 학습은 이 책의 첫 쪽

부터 시작되는 것이 아니라 독자 여러분의 선험적 지식의 바탕 위에서 시작된다. 그러한 선험적 지식에 좀 더 전문적이고 체계적인 인간과 환경에 대한 지식을 더하기 위하여 이 책은 인간행동과 사회환경의 기초, 인간 발달과 사회복지실천, 인간 성격과 사회복지실천, 그리고 사회체계와 사회복지실천이라는 네 가지 영역에 관한 주요 이론과 사회복지실천에의 적용 방안을 다루고 있다.

제1부 인간행동과 사회환경의 기초는 인간행동과 사회환경의 지식이 사회복지실천과 어떤 연관성을 지니고 있는지를 다루고, 제2~4부에서 논의될 주제의 기본 이해를 도모하기 위한 내용으로 구성되어 있다. 제1장에서는 인간행동과 사회환경의 이해에 필요한 기초적 논의와 함께 인간행동과 사회환경에 대한 지식이 사회복지실천과 어떤 연관성을 가지며, 이를 어떻게 적용할 것인가에 대해 다루었다. 제2장은 인간의 발달과 성격, 사회체계와 사회복지실천의 관련성에 대한 기본 이해를 도모하는 데 목적을 두고 있으며, 제2~4부에서 상세하게 논의할 내용에 대한 기본 토대를 제공하고자 하였다.

제2부는 인간 발달과 사회복지실천의 관련성에 대해 다루었다. 전 생애에 걸쳐 일어나는 인간 발달의 단계를 태내기, 영아기, 유아기(걸음마기와 학령전기), 아동기, 청소년기, 성인기(청년기와 성년기), 중·장년기, 노년기로 나누고, 각 단계별로 신체·심리·사회적 발달이라는 세 가지 영역으로 나누어서 논의하였다. 그런 다음 발달 단계와 영역별로 사회복지실천에서 관심을 기울여야 할 부분을 제시함으로써 인간발달이론과 사회복지실천 사이에 다리를 놓아 보려 했다.

제3부는 인간 성격과 사회복지실천의 관련성에 대해 다루었다. 즉, 정신분석이론, 분석심리이론, 개인심리이론, 자아심리이론, 인본주의이론, 행동주의이론, 인지이론을 중심으로 인간 성격이론에 대하여 논의하였다. 각 장은 인간관과 가정, 주요 개념, 성격 발달, 사회복지실천에의 적용 방안으로 구성되어 있다.

제4부는 사회체계와 사회복지실천의 관련성에 대해 다루었다. 사회환경, 즉 사회체계에 관한 이론으로 일반체계이론, 생태학적 이론, 구조기능주의이론, 갈등이론, 상호작용이론, 교환이론, 여성주의이론 그리고 다문화이론을 다루었다. 각 장은 사회관과 가정, 주요 개념, 사회변동과 발전에 대한 관점, 사회복지정책과 실천에 대한 함의로 구성되어 있다.

이 책을 기반으로 학습 또는 강의를 함에 있어서는 제1부 제1장을 먼저 학습한 후, 제2부 인간 발달과 사회복지실천에 관한 세부 내용을 다루기 전에 제1부 제2장

1절을 먼저 학습하고, 제3부 인간 성격과 사회복지실천의 이론을 논의하기 이전에 제1부 제2장 2절을, 제4부 사회체계와 사회복지실천을 학습하기 전에 제1부 제2장 3절을 먼저 학습하는 것이 바람직할 것이다. 이 책을 학습 또는 강의함에 있어서 보충 설명과 정보가 필요하다면, 이 책의 내용을 대학원 과정에 맞게 상술한 『인간 행동과 사회복지실천: 이론과 적용』(2판, 학지사, 2021)을 보충교재로 활용할 수 있을 것이다.

이 책의 특징은 각 장마다 '학습목표'와 '생각해 보아야 할 과제'를 제시하고 있다는 점이다. 학습목표는 독자와 수강생이 각 장에서 반드시 학습해야 할 주요 사항이 무엇인지를 먼저 알고 학습을 진행할 수 있게 해 줄 것이다. 생각해 보아야 할 과제는 이 책에서 다루지 못한 내용과 관련해 독자와 수강생의 자발적 심화학습을 도모하고 수업시간의 토론이나 보고서 주제로도 활용할 수 있을 것이다. 그리고 각 쪽마다 핵심 내용을 여백에 정리해 두었으므로 짧은 시간 내에 요약 또는 반복학습을 할 때 많은 도움이 될 것이다.

이 책에서는 인간행동이론과 사회복지실천 사이에 하나의 다리를 놓기 위하여 많은 노력을 기울였다. 하지만 아직 다듬어지지 않은 부분이 곳곳에 남아 있음을 솔직히 고백한다. 앞으로 좀 더 깊이 있는 내용이 될 수 있도록 개정판에서 지속적으로 다듬어 나갈 것이지만, 독자 여러분의 기탄없는 비판과 가르침을 통하여 이 책이 더 알차게 꾸려지기를 기대해 본다.

이 책을 쓰기로 계획한 것은 저자이지만 완성할 수 있도록 길을 인도해 주신 분은 하나님이다. 먼저 하나님의 경이로운 축복과 은혜에 감사드린다. 또한 이 책을 쓸 수 있도록 지금의 나를 낳고 길러 주신 부모님, 지적 역량과 인격적 소양을 길러 주신 은사님, 글 쓴다고 까탈을 부려도 넓은 마음으로 받아 준 가족, 학문적 열정을 잃지 않도록 늘 긴장하게 만드는 제자들, 따끔한 비판과 피드백으로 실천현장에서 멀어지지 않도록 해 준 사회복지 현장의 실무자들, 그리고 저자를 기억하고 아껴 주고 돌봐 주신 모든 분께 감사의 마음을 전한다.

2021년 1월
세상 사람 모두가 행복의 미소를 짓는 그날을 기다리며
계룡산 자락의 작은 공간에서
권중돈

차 례

| 제2부 | 인간 발달과 사회복지실천

제3장　태내기와 영아기 ——————————— 67

제4장　유아기와 아동기 ——————————— 91

제1부

인간행동과 사회환경의 기초

제1장

인간행동, 사회환경 그리고 사회복지실천

1. 인간행동의 개념과 이상행동의 유형을 이해한다.
2. 사회환경의 개념을 이해한다.
3. 인간행동과 사회환경의 관련성을 이해한다.
4. 인간행동과 사회환경에 대한 지식이 사회복지실천에 어떻게 활용될 수 있는지를 이해한다.

사회복지전문직은 인간봉사전문직(human service professional)이다(Mehr & Kanwischer, 2004). 즉, 사회복지전문직은 전문 지식과 가치 그리고 기술을 바탕으로 인간이 욕구를 충족하고 문제를 예방·해결하여 질 높은 삶을 살아갈 수 있도록 돕고, 세상을 보다 정의롭고 공평한 좋은 세상으로 변화시키는 것을 사명으로 하는 전문직이다. 그러므로 화가가 자신이 사용하는 물감의 속성을 이해해야 좋은 그림을 그릴 수 있듯이, 사회복지사를 포함한 사회복지전문직 종사자는 인간과 그가 속한 환경, 즉 환경 속의 인간(person in environment)에 대한 정확한 이해를 갖추어야 한다.

사회복지학의 교육과정에서는 '인간행동과 사회환경(human behavior and the social environment: HBSE)' 교과목을 기초과목군의 필수과목으로 분류하고 있으며 사회복지사 국가고시의 기초과목으로 지정하고 있다. 이에 이 책에서는 인간행동과 사회환경에 대한 과학적 이해를 도모하고, 이러한 전문지식을 사회복지실천에

인간봉사전문직

환경 속의 인간

사회복지
기초과목

적용할 수 있는 방안에 대해 논의할 것이다. 그리고 이 장에서는 인간과 환경, 특히 그중에서도 인간행동과 사회환경이 무엇이며, 왜 사회복지사가 인간행동과 사회환경을 이해해야 하는지, 그리고 인간과 환경이 지닌 특성이 사회복지실천과 어떤 연관성을 지니는지에 대해 살펴보고자 한다.

1 인간행동과 사회환경에 대한 기본 이해

인간 본성 이해

사회복지사가 인간 본성을 이해하지 못하면 인간을 제대로 도울 수 없다. 하지만 인간이란 존재가 신체적, 심리적, 사회적, 문화적, 영적 속성을 동시에 지니고 있을 뿐만 아니라 시간과 상황에 따라 매우 역동적으로 변화하면서도 동시에 안정성을 지닌 매우 복잡다단한 존재이기 때문에, 인간 본성을 이해하기 위해서는 오랜 시간에 걸친 다각적 노력이 필요하다.

인간의 본성을 완전히 이해하지 못한다고 하여 사회복지전문직에서 인간을 돕는 사명을 지연하거나 포기할 수는 없다. 인간을 완전하게는 이해하지 못하더라

인간 이해 방법

도 나름의 방법으로 인간을 이해하고 도울 수 있는 길을 모색해야 한다. 사회복지전문직에서 인간 이해를 위하여 사용하는 방법은 크게 두 가지로, 미시적 접근방

미시적 접근방법

법과 거시적 접근방법이 있다. 먼저 인간 이해를 위한 미시적 접근방법은 생물학실험실에서 현미경으로 세포의 구조와 기능을 관찰하는 방법과 유사하다. 즉, 인간 이해를 위한 미시적 접근방법은 인간 자체에 초점을 두고, 인간이라는 유기체(organism)가 어떤 요인으로 구성되어 있으며 각 구성요소의 기능은 무엇이고, 이들 요소 간에 어떤 상호작용이 이루어지며 그 결과는 무엇인지를 파악하는 방법으로, 주로 인간의 행동을 중심으로 인간을 이해하려 한다.

거시적 접근방법

인간 이해를 위한 거시적 접근방법은 천문대에서 망원경을 사용하여 우주 안에 있는 여러 천체(天體)를 관찰하는 것과 유사하다. 즉, 거시적 방법은 인간 자체보다는 인간을 둘러싸고 있는 환경과 인간 사이의 관계를 중심으로 인간을 이해하는 방법이다. 인간이 환경, 특히 사회환경으로부터 어떤 영향을 받고, 사회환경에 어떤 영향을 미치는가를 중심으로 인간을 이해하려 한다.

이에 다음에서는 사회복지전문직에서 미시적 접근방법과 거시적 접근방법을 이용하여 이해하려고 하는 인간행동과 사회환경이 어떤 의미를 지니는지를 살펴

보고자 한다.

1) 인간행동의 이해

사회복지전문직의 미시적 인간 이해 방법은 주로 인간행동(human behavior)에 초점을 둔다. 이때 '행동'이라는 용어는 일반적으로 겉으로 드러난 신체적 움직임으로 이해되는 경우가 많다. 그러나 사회복지전문직에서 인간행동이라고 말할 때는, 겉으로 드러난 관찰 가능한 행동뿐만 아니라 개인의 인지, 정서, 무의식 등의 심리적 요인까지도 모두 포괄하며, 더 나아가 그 사람이 처해 있는 상황적 요인까지도 내포한다. 그러므로 본 교과목의 명칭과 사회복지전문직에서 사용하고 있는 '인간행동'이라는 용어는 관찰 가능한 신체적 움직임에 국한되지 않고, 개인의 심리적 측면과 그가 처한 상황적 측면까지를 모두 포괄하는 광의의 개념이다. 인간행동의 개념

인간행동은 인간을 구성하고 있는 신체 · 심리 · 사회적 요인의 상호작용에 의해 달라질 수 있다. 그 예로 몸이 아프면 마음이 무거워지고, 사람도 만나기 싫어지는 것을 들 수 있다. 이처럼 인간의 행동은 신체 · 심리 · 사회적 요인 각각과 이들 요인 간의 상호작용의 영향을 받는다. 따라서 인간행동을 정확히 이해하기 위해서는 인간의 신체 · 심리 · 사회적 요인을 따로 분리하여 파악하기보다는 인간을 신체 · 심리 · 사회적 요인이 통합되어 있는 전체로서의 인간(human being as a whole)으로 이해하여야 한다. 그리고 인간행동을 정확히 이해하기 위해서는 ① 신체 · 심리 · 사회적 존재(bio-psycho-social being)인 인간의 수정에서부터 사망에 이르기까지의 변화와 안정성, 즉 발달, ② 인간행동의 주된 결정요인인 성격, 그리고 ③ 이상행동 또는 부적응 행동에 대해 알고 있어야 한다. 신체 · 심리 · 사회적 존재 전체로서의 인간

인간의 신체 · 심리 · 사회적 요인과 이들 요인 간의 상호작용은 수정에서부터 사망에 이르기까지의 전 생애에 걸쳐 성장, 성숙, 노화라고 하는 역동적인 변화과정을 거친다. 이와 같은 인간의 성장, 성숙, 노화의 과정을 발달이라고 하며, 인간행동을 이해하기 위해서는 발달에 대한 정확한 이해를 갖추어야 한다. 이에 이 책의 제2장과 제2부에서는 인간의 수정에서부터 사망에 이르기까지 신체 · 심리 · 사회적 측면의 인간 발달에 관한 상세한 논의를 통하여 사회복지전문직 종사자의 인간행동에 대한 이해를 도모하고, 사회복지실천을 위한 기본 토대를 구축하는 데 도움을 주고자 한다. 발달의 이해

성격의 이해

　　인간행동은 주로 개인의 성격에 의해 결정되므로, 인간행동을 이해하기 위해서는 인간 발달뿐만 아니라 인간의 성격을 이해하여야 한다. 인간이 어떻게 해서 현재와 같은 모습이나 특성을 지니게 되었으며, 앞으로의 모습이나 특성은 어떻게 변화할 것인지를 예측하여 적절한 도움을 제공하기 위해서는 개인의 성격을 이해해야 한다. 다시 말해, 개인의 성격을 이해하면 왜 그가 그런 방식으로 행동하는지 그 이유를 알 수 있으며, 앞으로의 행동변화를 예측하고, 바람직한 행동으로 변화시킬 수 있는 방법까지도 모색할 수 있게 된다. 즉, 인간의 성격을 이해하게 되면 인간행동을 있는 그대로 기술(description)하고, 그 행동의 원인을 설명(explanation)할 수 있게 되며, 미래의 행동을 예측(prediction)하고, 그 행동을 바람직한 형태로 변화 또는 통제(control)할 수 있는 사회복지실천의 방안을 찾을 수 있게 된다. 이에 이 책의 제2장과 제3부에서는 정신분석이론, 분석심리이론, 개인심리이론, 자아심리이론, 인본주의이론, 행동주의이론, 인지이론 등의 인간 성격을 설명하는 다양한 성격이론에 대해 논의하여 사회복지실천을 위한 기초 지식을 함양하는 데 도움을 주고자 한다.

이상행동의 이해

　　사회복지실천의 목표 중의 하나는 인간의 변화 중에서도 특히 행동의 변화를 일으키는 것이다. 이때 변화가 필요한 내담자(來談者, client)의 행동을 이상행동(abnormal behavior) 또는 부적응 행동(maladaptive behavior)이라고 한다. 이상행동 또는 부적응 행동이란 ① 사회문화적 규범에서 벗어나는 행동, ② 이상적(理想的) 인간행동 유형에서 벗어나는 행동, ③ 통계적으로 보통 사람의 평균적 특성에서 벗어나는 행동, ④ 환경의 요구에 순응하거나 환경을 변화시키는 환경과의 적응능력을 저하하는 행동, ⑤ 개인에게 불편감, 고통 또는 심리적 갈등을 유발하는 행동 등과 같은 부적응적 심리 특성을 의미한다. 이러한 이상행동에는 인간의 다양한 심리적 측면, 즉 인지, 정서, 동기, 행동, 생리의 측면에서 개인의 부적응을 초래하는 특성이 포함된다(권석만, 2013).

이상행동으로서의
정신장애

　　이상행동과 정상행동의 분류기준으로 어떤 양적 또는 질적 기준을 활용하느냐에 따라 이상행동의 분류는 달라질 수 있다. 하지만 이상행동 분류체계로서 가장 폭넓게 활용되는 것은 특정한 이상행동의 집합체인 정신장애(mental disorder)를 분류하기 위한 미국정신의학회의 『정신장애의 진단 및 통계 편람 5판(DSM-5)』이다. DSM-5에 따르면 정신장애를 17개 범주로 구분하고 이를 다시 300여 개의 세부 장애로 구분하고 있는데, 주요 정신장애의 특성을 살펴보면 〈표 1-1〉과 같다.

표 1-1　정신장애의 범주와 특성

장애 범주	개념과 세부 장애
신경발달장애	학령기 이전의 발달 단계에서 발생하는 정상적 발달에 장애를 유발하는 발달적 결핍 장애로서, 지적장애, 의사소통장애, 자폐 스펙트럼 장애, 주의력결핍 과잉행동 장애(ADHD), 특정 학습장애, 운동장애, 틱장애 및 기타 신경발달장애가 포함됨
조현병 스펙트럼 및 기타 정신증적 장애	조현병은 망상, 환각, 사고 및 언어 혼란, 비정상적 행동, 의욕 상실, 감정 둔화, 비사회적 행동 등의 주요 증상을 나타내는 장애로서, 단기 정신병적 장애, 조현양상 장애, 조현병, 양극형, 우울형, 망상동반, 환각동반, 기타 조현병스펙트럼 장애 등이 포함됨
양극성 및 관련 장애	질병 경과 중에 우울증상과 기분이 매우 고양된 조증이 번갈아 나타나는 기분장애로서, 양극성 장애 제1형과 제2형, 순환성 장애(cyclothymic disorder) 등이 포함됨
우울장애	우울감, 무기력감, 불안, 흥미 저하, 식욕장애, 수면장애, 자살생각 등을 주요 증상으로 하는 장애로서, 파괴적 기분조절부전 장애, 주요 우울장애, 지속성 우울장애, 월경전 불쾌감장애 등이 포함됨
불안장애	다양한 종류의 불안과 공포가 적어도 6개월 이상 지속되는 장애로서, 분리불안장애, 선택적 함구증, 특정 공포증, 사회불안장애(사회공포증), 공황장애, 광장공포증, 범불안장애 등이 포함됨
강박 및 관련 장애	자신의 의지와는 상관없이 어떤 특정한 사고나 행동을 떨쳐 버리고 싶은데도 반복적으로 하게 되는 장애로서, 강박장애, 신체이형 장애, 수집광, 발모광(hair-pulling disorder), 피부 뜯기 장애(skin-picking disorder) 등이 포함됨
외상 및 스트레스 관련 장애	신체적인 손상과 생명의 위협을 받은 사고에서 심리적 외상이나 강한 두려움, 무력감, 혹은 공포감을 일으키는 스트레스를 경험한 후 보이는 장애로서, 반응성 애착장애, 탈억제성 사회적 유대감 장애(dis-inhibited social engagement disorder), 외상후 스트레스 장애, 급성 스트레스 장애 등이 포함됨
해리장애	의식, 기억, 정체감 및 환경 지각 등이 평소와 달리 급격하게 변화하는 장애로서, 해리성 정체성 장애, 해리성 기억상실(dissocaitive amnesia), 이인증/비현실감 장애(depersonalization/derealization disorder) 등이 포함됨
신체증상 및 관련 장애	심리적 원인으로 인해 다양한 신체 증상을 나타내는 장애로서, 신체증상장애, 질병불안장애(건강염려증), 전환장애, 인위성 장애(factitious disorder), 다른 의학적 조건에 영향을 미치는 심리적 요인 등이 포함됨

급식 및 섭식장애	음식을 먹는 행동과 관련된 장애로서, 이식증(pica), 되새김장애, 회피적/제한적 음식섭취 장애, 신경성 식욕부진증(拒食症, anorexia nervosa), 신경성 폭식증(bulumia nervosa), 폭식장애 등이 포함됨
배설장애	아동이 고의든 아니든 대소변 가리기를 제대로 하지 못하는 장애로서, 유뇨증(遺尿症, enuresis), 유분증(遺糞症, encopresis), 달리 명시되지 않은 배설장애 등이 포함됨
수면-각성 장애	수면과 각성 상태와 관련된 여러 가지 부적응적 문제를 포함하는 장애로서, 불면장애, 과다수면장애, 호흡관련 수면장애, 사건수면 등이 포함됨
성기능 부전	성과 관련된 역기능이나 장애로서, 사정 지연, 발기장애, 여성 성적 관심/흥분장애, 여성 극치감 장애, 성기-골반 통증/삽입 장애 등이 포함됨
성별 불쾌감	출생 시 부여받은 성별이나 특정 성역할에 대해 심한 불쾌감(dysphoria)을 느끼는 장애로서, 성정체감 장애(gender identity disorder)나 성전환증(transsexualism)으로도 불린다. 아동, 청소년, 성인에서의 성별 불쾌감 및 달리 명시되지 않은 성별 불쾌감 장애가 포함됨
파괴적, 충동조절 및 품행장애	자신이나 타인에게 해가 되는 행동을 반복하며 이러한 충동과 욕구를 스스로 억제하거나 조절하지 못하는 장애로서, 적대적 반항장애, 간헐적 폭발장애, 품행장애, 반사회적 성격장애, 병적 도벽(kleptomania), 병적 방화(pyromania) 등이 포함됨
물질 관련 및 중독 장애	알코올, 담배, 마약 등과 같은 중독성 물질을 남용하거나 물질에 의존하는 장애로서, 물질 관련 장애와 비물질 관련 장애로 나뉜다. 물질 관련 장애는 알코올, 카페인, 대마, 환각제, 흡입제, 아편계 관련장애 등으로 구분되며, 비물질 관련 장애로는 도박장애가 있음
신경인지장애	의식, 기억, 언어, 판단 등의 인지적 기능에 심각한 결손이 나타나는 장애로서, 섬망, 주요 및 경도 인지장애(알츠하이머병, 루이소체, 혈관성, 외상성 뇌손상, 파킨슨병, 헌팅톤병 등에 의한 신경인지장애) 등이 포함됨
성격장애	성격상의 문제로 인하여 사회적 기대에 어긋나는 이상행동을 지속적으로 나타내는 장애로서, A군 성격장애(편집성 성격장애, 조현성 성격장애, 조현형 성격장애), B군 성격장애(반사회성 성격장애, 경계선 성격장애, 자기애성 성격장애, 연극성 성격장애), C군 성격장애(회피성 성격장애, 의존성 성격장애, 강박성 성격장애), 기타 성격장애 등이 포함됨
변태성욕장애	비전형적인 대상, 상황 또는 개인에 대해 강한 성적 흥분을 경험하는 장애로서, 관음장애, 노출장애, 마찰도착장애(frotteuristic disorder), 성적 피학장애, 성적 가학장애, 소아성애장애, 물품음란 장애, 복장도착장애(transvestic disorder), 기타 특수 도착장애 등이 포함됨
기타 정신장애	다른 의학적 조건에 기인한 것으로 밝혀진 또는 밝혀지지 않은 기타 정신장애

출처: American Psychiatric Association(2013).

사회복지실천에서는 개인, 집단, 가족 수준에서 도움을 받는 내담자의 이상행동이나 부적응 행동을 바람직한 적응행동으로 변화시키고 내담자의 사회적 기능을 향상하는 데 목표를 둔다. 따라서 사회복지전문직 종사자는 이상행동과 부적응 행동에 관한 정확한 이해를 갖추어야 한다. 그러므로 이 책에서도 이상행동과 부적응 행동에 대한 깊이 있는 논의를 다루어야 하겠지만, 사회복지 교육과정의 전공 심화 교과과정 중 정신건강사회복지론 교과목을 통해 심도 있게 배울 수 있는 기회가 있으므로 여기서는 더 이상의 상세한 논의는 하지 않는다. 이상행동의 이해

정신건강 사회복지론

2) 사회환경의 이해

사회복지전문직 종사자는 인간행동에 대한 이해뿐만 아니라 환경에 대한 이해 또한 갖추어야 한다. 인간은 환경에 속해 있는 존재이므로, 인간의 생존과 삶의 양상은 환경과 맺는 상호작용의 질에 의해 결정된다. 즉, 한 인간의 삶은 환경의 요구에 얼마나 효과적으로 순응하고, 환경이 인간의 요구에 얼마나 적절하게 반응해 주는가에 따라 결정된다. 이러한 인간과 환경 사이의 상호관계, 상호작용, 상호의 존성으로 인하여 '인간'이라고 지칭할 때는 편의상 그 앞에 '환경 속의'라는 용어가 생략된 것으로 보는 것이 타당하다. 따라서 '인간'이라는 용어의 좀 더 정확한 표현은 '환경 속의 인간체계(person in environment system: PIE system)'라 하겠다. 환경의 이해

환경 속의 인간체계

이때 환경이라 함은 인간을 둘러싸고 있는 내부환경인 사회환경(social environment)과 외부 환경, 즉 물리적 환경(physical environment)을 일컫는다. 이 중에서 물리적 환경은 다시 자연적 환경(natural world)과 인위적 환경(built world)으로 구분된다. 자연적 환경에는 기후와 지리적 조건 등이 포함되며, 인위적 환경에는 건축물, 대중매체, 교통체계 등과 같이 자연적 환경 내에 인간이 만들어 낸 구조나 대상이 모두 포함된다. 인간은 자연적 환경과 인위적 환경의 요구에 순응하거나 자연적 환경을 자신이 생활하기에 적합하게 바꿈으로써 환경에 적응해 간다. 따라서 자연적 환경과 인위적 환경을 포함한 물리적 환경은 인간의 삶과 행동에 영향을 미치며, 또한 인간의 삶이나 행동으로부터 영향을 받기도 한다. 사회적 환경 물리적 환경 자연적 환경 인위적 환경

물리적 환경이 인간의 생존을 좌우하는 필요조건이라고 한다면, 물리적 환경의 기초 위에 형성된 사회환경은 다양한 인간의 삶이 펼쳐질 수 있게 하는 충분조건이라 할 수 있다. 사회환경이란 인간의 삶과 행동에 직접 혹은 간접적인 영향을 사회환경

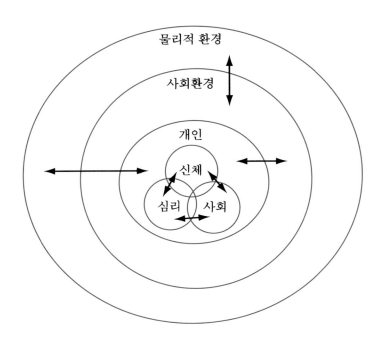

그림 1-1 인간과 환경의 관계

미치는 조건, 상황, 그리고 인간 존재 간의 상호관계를 의미한다(Zastrow & Kirst-Ashman, 2001). 이러한 사회환경은 세 가지 수준의 체계로 구성된다. 가장 작은 단위인 미시체계(micro system)는 개인이다. 중간체계(mezzo system)에는 개인이 접촉하고 관계를 맺고 있는 타인, 가족, 집단 등이 속한다. 거시체계(macro system)에는 지역사회, 조직, 사회제도, 문화 등이 포함된다. 이러한 체계는 상호 관련성을 지니며, 상호작용하고 상호 의존하며 상호 영향을 주고받는다. 따라서 개인을 둘러싸고 있는 사회환경, 즉 다양한 수준의 사회체계는 인간의 삶과 행동에 직접 또는 간접적 영향을 미치며, 인간으로부터 영향을 받기도 한다.

　이와 같이 인간을 둘러싸고 있는 물리적 환경과 사회환경은 인간의 삶과 행동에 직간접적인 영향을 미치며 또한 인간으로부터 직간접적인 영향을 받는다. 그리고 물리적 환경과 사회환경 역시 상호 분리된 체계가 아니라 상호작용하고 상호 영향을 미치는 하나의 통합된 체계로서의 속성을 지닌다. 이러한 두 환경의 상호 관련성을 고려하여, 인간과 환경 간의 상호작용과 적응과정을 이해하는 데 초점을 두고 있는 생태학적 이론에서는 이 두 가지 환경을 생태체계(ecological system)라는 용어로 통칭하고 있다.

미시체계
중간체계
거시체계

체계의 영향

인간-환경의
상호작용

생태체계

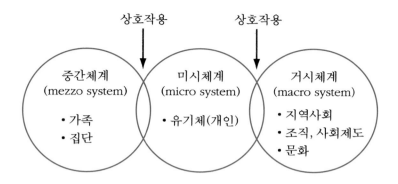

그림 1-2 인간과 사회환경의 관계에 대한 생태체계적 관점

출처: Zastrow & Kirst-Ashman(2001).

사회복지 교육과정의 '인간행동과 사회환경'이라는 교과목의 명칭에서 사용되는 사회환경이라는 용어 역시 가족, 집단, 조직, 지역사회, 사회제도, 문화 등의 사회환경만을 의미하는 것이 아니라 물리적 환경과 사회환경 그리고 이들 간의 상호작용 모두를 의미하는 생태체계와 동의어라고 할 수 있다. 따라서 사회복지전문직에서는 인간에 대한 정확한 이해뿐만 아니라 인간 생활의 터전인 동시에 자원으로 활용하는 물리적 환경과 사회환경 그리고 이들 환경과 인간 간의 상호작용, 즉 생태체계에 대한 이해를 반드시 갖추어야 한다.

사회환경=
생태체계

2　인간-환경-사회복지실천의 관계

사회복지전문직은 인간행동과 환경에 대한 이해를 바탕으로 인간의 삶의 질 향상과 바람직한 사회적 조건을 형성할 수 있는 인간적이면서도 효과적인 사회 서비스를 제공해야 한다는 사회적 책임과 사명을 충실히 이행해야 한다. 사회복지전문직에서는 이러한 사명을 이행하기 위하여 인간과 환경 간의 상호작용에 초점을 둔다. 하지만 인간과 환경 사이의 관계는 자연의 생명체, 예를 들면 나무 또는 배추와 같이 환경에 의존하여 수동적으로 생명을 유지하는 존재와는 다르다. 역동적으로 변화하는 존재인 인간은 물리적 환경과 사회환경에 자신을 맞추어 가지만 환경을 자신에게 맞게 변화시키기도 하는 능동적 주체이다.

사회복지전문직의
사명

사회복지실천의
초점 영역

이러한 인간과 환경의 관계 특성으로 인하여 사회복지전문직에서는 인간과 환경 사이에 일어나는 상호작용 영역에 초점을 두고, 양자 간의 상호 교환을 통하여 어떤 일이 진행되고 있는가에 이중적 초점(dual focus)을 둔다. 특히 Ewalt(1980)가 사회복지전문직의 1차적 사명이 바로 인간과 환경 간의 상호작용의 질을 증진하는 것이라고 지적했듯이, 인간과 환경 간의 상호작용은 사회복지실천의 개입의 초점 영역이다.

사회복지전문직의 정체성

인간과 환경 사이의 상호작용에 초점을 두는 환경 속의 인간이란 관점은 사회복지전문직의 이론적 기반 구축과 실천기술의 발전뿐만 아니라 전문직 자체의 정체성 확립에도 많은 기여를 하였다. Janchill(1969)은 환경 속의 인간이란 관점이 사회복지전문직을 조직화하고 고유의 특성을 규정할 수 있게 해 주며, 사회복지전문직의 가치, 원조과정, 실천기술을 공고화하고 전문직의 목표를 성취하는 데 적합한 길을 열어 주었다고 하였다.

개인-환경과 사회복지실천방법

많은 학자(Bartlett, 1970; Germain & Gitterman, 1986; Strean, 1971)가 개인과 환경에 대한 이중적 관심을 가질 것과 이들에 효과적으로 개입하여야 한다는 점을 역설하고 있다. 예를 들어, 개인의 대처활동과 환경의 요구 사이의 관계를 강조하였다. 하지만 개인과 환경 중 어디에 강조점을 두는가에 따라 이론적 기반과 실천방법이 달라지는데, 이러한 현상은 사회복지전문직의 발달과정에 잘 나타나 있다.

자선조직협회

사회복지전문직은 19세기에 일어난 두 가지 사회운동에 그 뿌리를 두고 있다(Greene & Ephross, 1991). 하나는 자선조직협회(charity organization society)로 대표되는 사회운동으로, 개인과 가족의 변화에 초점을 두었다. 이 운동은 환경 속의 인간 중에서 특히 개인, 가족, 집단의 변화에 강조점을 두는 임상적 접근방법 또

실천적 접근방법

인보관운동

는 실천적 접근방법(social work practice)을 주로 활용하였다. 또 다른 사회운동인 인보관운동(settlement movement)은 빈민과 이주민에게 복잡한 환경을 잘 이해시키고, 그 환경을 바람직한 환경으로 변화시키려 하였다. 이 운동은 환경 속의 인

정책적 접근방법

간이란 공식 중에서 환경의 변화에 강조점을 두는 정책적 접근방법(social welfare policy)을 주로 활용하였다.

실천-정책의 갈등과 부침

개인을 중시하는 실천적 접근방법과 환경을 중시하는 정책적 접근방법 간의 갈등은 이후에도 지속되었다. 1917년 Mary Richmond가 『사회진단(Social Diagnosis)』을 저술함으로써 전문화의 길을 열게 된 실천적 접근방법에서는 1920년대에 정신분석이론의 영향으로 개인의 변화 그것도 정신내적 측면의 변화에 초점을 두게 되

었다. 그러나 1920년대 미국 사회의 번영이 와해된 것과 1930년대의 대공황으로 인하여 사회복지전문직에서는 전체 사회환경의 변화를 도모하는 정책적 접근방법이 점차 힘을 얻게 되었다. 1940년대와 1950년대에 미국 사회가 경제적 번영을 되찾음으로써 심리적 역기능을 가진 개인을 치료하기 위한 실천적 접근방법이 다시 우세를 점하게 된다.

1960년대는 인간이 풀어야 할 영원한 과제인 빈곤문제가 다시 사회 관심사로 부각되고, 빈곤전쟁과 시민권운동이 일어남으로써 1970년대에는 정책적 접근방법이 다시 우위를 차지하게 되었다. 1960년대와 1970년대에는 사회복지전문직 내에 존재하고 있던 모든 분열과 불화가 표출되고 더욱 심화되었다. 따라서 이 시기에는 1920년대 밀포드(Milford) 회의에서부터 맹아를 키워 왔던 통합적 접근방법(generic approach)에 대한 요구가 높아졌으며, 일반체계이론의 영향으로 통합적 사회복지실천의 발전은 더욱 가속화되었다. 그럼으로써 1980년대부터 사회복지전문직은 다시 개인과 환경 사이의 이중적 초점, 즉 환경 속의 인간이란 통합적 관점을 회복 · 유지할 수 있게 되었다. `통합적 접근방법`

하지만 사회복지전문직에서 인간과 환경에 대한 균형적인 초점을 유지한다는 것은 어려운 일이다. 특히 오늘날까지 어떤 이론도 인간과 사회환경의 상호작용을 완전히 이해할 수 있는 완벽한 틀을 제시해 주지 못하기 때문에 사회복지실천에서 이중적 초점의 균형을 유지한다는 것은 어쩌면 불가능할지도 모른다. 그러므로 어떤 사회복지사는 전체 사회환경의 변화를 도모하는 데, 또 다른 사회복지사는 개인의 변화를 일으키는 데 더 많은 노력을 기울이는 일이 일어나고 있다. 이와 같이 사회복지전문직 내부에는 아직도 이상(인간과 환경의 상호작용에 대한 이중적 초점)과 현실(인간 또는 환경 중의 하나에 초점) 사이의 괴리가 존재하고 있다. 하지만 분명한 것은 사회복지전문직에서는 개인과 환경 중 어디에 강조점을 두는가는 달라질 수 있지만 반드시 환경 속의 인간이라는 이중적 초점하에서 내담자의 욕구와 문제를 사정하고 원조하여야 한다는 점이다. `인간-환경의 균형 유지` `환경 속의 인간 관점 유지`

3 인간행동이론과 사회복지실천의 관계

사회복지는 순수과학이 아니라 응용과학이자 실천학문이다(김윤정, 2011). 그러 `응용과학`

므로 이론(theory)보다는 실천(practice)이 더 중요성을 갖는다. 그러나 사회복지전
문직에서 아무리 실천을 중시한다고 하더라도 이론의 뒷받침이 없는 실천은 오류
의 가능성이 높다. 사회복지실천의 근거가 되는 이론은 사물이나 현상의 이치를
논리적으로 일반화한 체계로서, 관찰한 현상을 조직화하고 이해할 수 있는 준거
틀을 제시해 주는 논리적 개념체계이다. 그리고 이론은 관찰한 현상의 기술, 설명,
예측, 통제에 필요한 포괄적이고 단순하고 신뢰성 있는 원칙을 제시해 준다. 이에
사회복지전문직에서는 심리학, 사회학, 정치학, 경제학 등 다른 전문직의 기초이
론(foundation theory)을 절충 또는 통합적으로 활용하여 사회복지전문직 나름의 실
천이론(practice theory)을 구축하고 이에 근거하여 인간을 원조하는 실천행위를 전
개해 나간다. 기초이론은 인간과 환경의 상호작용에 관련되는 인간의 발달, 성장,
기능 및 역기능에 관한 지식체계이며, 실천이론은 사회복지사의 실질적인 개입 또
는 원조활동에 관한 지식체계이다(Comptom & Galaway, 1989).

사회복지실천에서 이론을 활용했을 때 얻을 수 있는 가치는 매우 크다. 이론은
관찰한 것을 조직화할 수 있게 해 주며, 그렇지 않으면 혼란스럽고 쓸모없는 자료
와 정보를 의미 있게 다룰 수 있도록 해 준다(Shaw & Costanzo, 1982). 또한 이론은
사람들이 경험하는 다양한 현상 사이의 관계를 확인하고, 특정한 결과를 유발하
는 설명력을 지닌 원인적 요인을 발견할 수 있도록 도와준다(Newman & Newman,
1987).

사회복지전문직에서는 인간행동 문제와 관련된 자료를 선택하고 조직화하
여 더 큰 준거틀 내에서 문제의 원인을 분석하기 위해 이론을 활용한다(Specht &
Craig, 1982). 그리고 사회복지사는 이론을 활용함으로써 인간이 현재와 같은 행동
을 하는 이유를 판별하고, 환경과 행동 간의 상관관계를 더 잘 이해하며, 내담자를
원조하기 위한 개입을 계획하고, 그 개입의 결과를 예측할 수 있게 된다(Greene &
Ephross, 1991).

이론은 사회복지사가 어떤 개인적 편견에 근거하여 행동하려는 유혹에 빠져들
지 않도록 도와준다. Briar와 Miller(1971)는 사회복지사가 사실에 근거한 전문적
판단을 내리기 위해서는 인간행동에 대한 자신의 가정을 명확히 해야 한다고 강조
하였다. 이론은 사회복지실천에서 인간행동의 역동적 원인관계를 이해하고, 앞으
로 행동이 어떻게 변화될 것인지를 예측하고, 이를 변화시킬 수 있는 개입방안을
모색하는 데 도움이 된다. 다시 말해 인간행동이론은 인간을 더욱 정확히 이해하

여백 주석:
이론
기초이론
실천이론
이론의 가치
인간행동 문제의 원인 분석
개입의 계획
개인적 편견의 방지
전문적 개입방안 모색

학자	이론의 가치
Bloom(1984)	인간행동에 관한 이론은 인간행동의 이해와 실천행동을 위한 지식적 기반을 제공해 준다.
Compton & Galaway (1989)	사회복지실천의 지식적 기반에는 인간체계의 발달, 변화 및 역기능 그리고 체계 간의 상호관계를 설명해 줄 수 있는 개념이 포함된다.
Newman & Newman (1987)	이론을 통하여 인간의 안정성과 변화, 신체·인지·정서·사회적 기능 간의 상호작용을 설명하고, 사회적 맥락이 개인의 발달에 미치는 영향을 설명할 수 있게 된다.
Turner(1996)	이론은 인간행동의 원인에 관한 설명력을 지니고 있기 때문에, 사회복지실천가는 더욱 책임 있고 효과적인 개입을 할 수 있게 된다.
Zastrow & Kirst-Ashman(2001)	인간행동과 사회환경에 대한 이론은 사회복지실천의 사정과 개입에 필요한 기초지식을 제공해 준다.

표 1-2 **이론이 사회복지실천에서 갖는 가치**

고, 전문적 실천행동의 목표와 방향을 설정하고, 특정한 개입을 위한 준거틀을 제공한다는 점에서 사회복지실천에서 매우 유용하다. 　　**개입 준거틀로서의 이론**

　따라서 사회복지사는 인간 발달이나 성격, 사회체계에 대한 이론을 의식적이고 명시적으로 적용함으로써, 계획적이고 전문적인 개입과정을 통하여 인간을 원조할 수 있어야 한다. 그러나 아무리 과학적 이론이라 해도 인간행동과 사회환경을 정확히 설명하는 데 있어서 어느 정도 한계를 지니고 있으므로, 하나의 이론으로 모든 현상을 포괄적으로 설명하고 예측할 수는 없다. 그리고 이론은 선별적 본성을 지니고 있기 때문에, 각각의 이론은 특정 요인은 강조하지만 다른 요인은 무시하거나 소홀히 다룰 수 있다. 그러나 어떤 이론이 임의성과 협의성을 지니고 있다 　　**이론의 적용과 한계**

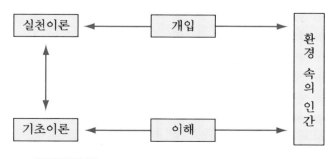

그림 1-3 **환경 속의 인간, 이론, 사회복지실천의 관계**

고 할지라도, 사회복지사는 자신의 개입을 지지해 주는 이론에서 논리적인 개입의 틀을 추론해 낼 수 있다.

이론에 근거한 개입

사회복지사의 개입활동은 무작위적인 것이 아니고 명시적이든 함축적이든 자신이 수용하고 활용하는 이론을 바탕으로 이루어진다. 즉, 사회복지사가 내담자의 욕구와 문제를 어떤 이론에 근거하여 어떤 방식으로 규정하는가에 따라 문제해결 방안이 달라진다. 따라서 인간행동과 사회환경에 대한 기초 지식을 학습하고 동시에 사회복지실천이론에 대한 지식과 기술을 갖춘다면, 사회복지사는 개인, 가족, 집단, 더 나아가 사회체계의 사회적 기능을 증진할 수 있도록 원조하는 전문직의 사명을 수행할 수 있을 것이다.

이론의 비판적 수용과 활용

하지만 사회복지사는 자신이 활용하고자 하는 특정 이론의 유용성을 비판적으로 평가하여 수용하여야 한다. 그렇지 않을 경우 특정 이론이 갖는 한계성으로 인하여 사회복지실천에 있어 오류를 범할 가능성이 높아진다. 따라서 사회복지사는 자신이 선호하는 특정 이론을 근거로 실천을 하되, 그 이론의 한계를 보완할 수 있는 이론 한두 가지를 반드시 학습해 두어야 하며, 몇 가지 이론을 절충 또는 통합적으로 활용하는 것도 고려해야 한다.

생각해 보아야 할 과제

1. 자신이 갖고 있는 사회복지의 개념에 대해 토론해 보시오.

2. 사회복지사가 반드시 '인간행동과 사회환경' 교과목, 즉 인간행동이론에 관한 학습을 해야 하는 이유에 대해 토론해 보시오.

3. 인간행동을 이해하기 위한 두 가지 방법, 즉 미시적 방법과 거시적 방법이 지니는 장단점에 대해 토론해 보시오.

4. 이상심리학이나 정신의학 전문서적을 참조하여, 정신장애에 대해 학습해 보시오.

5. 사회복지전문직에서는 인간과 환경을 하나의 총체(entity)로 규정하고, 사회복지실천에서는 양자 간에 균형적 초점을 유지해야 하는데, 그 이유에 대해 토론해 보시오.

제2장

인간 발달과 성격 그리고 사회체계의 이해

학 습 목 표

1. 인간 발달의 개념과 원리, 발달 단계와 과업을 이해한다.
2. 성격의 개념과 유형, 영향요인을 이해한다.
3. 사회체계의 개념과 인간행동에 미치는 영향을 이해한다.
4. 인간 발달과 성격, 사회체계에 관한 지식이 사회복지실천에 어떻게 활용될 수 있는지를 이해한다.

사회복지실천에서는 인간이 특정한 발달 단계에서 수행해야 할 과업을 적절히 수행하지 못했을 때 발생하는 미충족 욕구나 문제를 예방 또는 해결하기 위한 도움을 제공한다. 그러므로 사회복지사는 도움을 요청한 내담자의 욕구나 문제를 정확하게 파악하여 적절한 도움을 제공하기 위해 인간 발달에 대한 깊이 있는 지식을 갖추어야 한다(Schriver, 1995).

인간 발달의 이해

인간행동을 이해하고 적절한 원조를 제공하기 위해서는 발달에 관한 지식뿐 아니라 성격에 대한 이해 또한 필요하다. 그 이유는 인간행동을 이해하는 가장 빠른 방법이 개인의 성격을 파악하는 것이기 때문이다. 따라서 사회복지실천에서는 인간행동을 있는 그대로 기술하고, 그러한 행동을 하는 원인을 찾아내고, 앞으로 행동이 어떻게 변화해 갈 것인지를 예측하여, 그러한 행동을 변화 또는 수정할 수 있는 방법을 찾기 위하여 성격이론에 관심을 갖는다.

인간 성격의 이해

인간은 사회체계를 포함한 환경의 요구에 적응하고 때로는 환경을 자신의 요구

사회체계의 이해

에 맞게 수정 또는 변화시키는 호혜적 상호작용을 통하여 삶을 영위하는 존재이다. 사회체계는 개인의 성격, 발달, 행동, 욕구 등 인간의 모든 측면에 강한 영향을 미치므로, 인간행동을 정확히 이해하고 효과적인 사회복지실천을 위해서는 인간이 지닌 내적 체계뿐 아니라 사회체계가 인간에게 미치는 영향 그리고 인간-환경 사이의 상호작용에 대한 전문지식과 실천기술을 갖추어야 한다.

이에 다음에서는 인간 발달과 성격 그리고 사회체계에 대한 기본 이해를 갖추는 데 필요한 내용에 대해서만 다루고자 하며, 인간 발달에 관한 상세한 내용은 제2부에서, 성격에 대한 다양한 이론은 제3부에서 그리고 사회체계에 대한 이론은 제4부에서 다루고자 한다.

1 인간 발달의 이해

1) 인간 발달의 개념과 원리

발달의 어원
발달(development)이란 고대 프랑스어의 '아니다'는 의미의 'des'와 '감싸다'는 의미의 'veloper'가 합쳐진 'desveloper'에서 유래한 용어로서, 원래 '풀다(unwrap), 펴지다(unfurl), 나타내 보이다(unveil)'의 의미를 지닌다(http://www.etymonline. com). 즉, 발달은 어원상 유기체에 잠재되어 있는 본질이나 가능성이 점차 모습을 드러내는 현상이다(강봉규, 1994).

발달의 정의
발달에 대한 기존의 정의를 종합하여 보면, 발달이란 수정에서부터 죽음에 이르기까지의 전 생애에 걸쳐 체계적인 과정을 따라 이루어지는 일련의 변화의 양상과 과정을 의미한다. 즉, 발달이란 인간의 수정에서부터 죽음에 이르기까지의 전 생애에 걸쳐서 신체·심리·사회적 측면에서 나타나는 질서정연하고 연속적이며 상승적 또는 퇴행적 변화과정을 의미한다.

발달의 특성
이러한 발달의 개념에는 몇 가지 특성이 내포되어 있다. 첫째, 발달은 일생에 걸쳐 점진적으로 일어나는 체계적인 변화이다. 둘째, 발달은 신체·심리·사회적 영역에서 일어나는 전체적 변화를 의미한다. 셋째, 발달은 양적 변화와 질적 변화를 동시에 포함하며, 양적 변화는 크기 또는 양에서의 변화를 의미하며, 질적 변화는 본질, 구조, 비율, 기능의 변화를 포함한다. 넷째, 발달은 상승적 변화와 퇴행적 변화를 모두 포함한다. 다섯째, 발달은 안정성과 변화를 동시에 포괄하는 과정으로서, 변화를 전제로 한 안정과 안정을 전제로 한 변화가 역동적으로 일어난다.

발달과 유사한 의미로 사용되는 개념으로는 성장, 성숙, 학습이 있다. 성장 **발달의 유사 개념**
(growth)은 신체 크기의 증대, 근력 증가, 인지의 확장 등과 같은 양적 확대를 의미 성장
하며, 주로 신체적 부분에 국한된 변화를 설명하고자 할 때 사용되는 개념이다. 성 성숙
숙(maturation)은 경험이나 훈련에 관계없이 유전적 기제의 작용에 의해 나타나는
체계적이고 규칙적으로 진행되는 생물적 과정을 의미한다. 즉, 성숙은 부모로부터
받은 유전인자가 지니고 있는 정보에 따라 발달적 변화가 통제되는 과정이다(김
태련 외, 2004; 김태련, 장휘숙, 1994). 학습(learning)은 직접 또는 간접적 경험, 훈련 학습
과 연습 등의 후천적 경험의 결과로서 일어나는 개인 내적인 변화이다. 하지만 성
장, 성숙, 학습은 서로 분리된 개념이 아니라 서로 연결되어 있으며, 인간의 발달
은 성장, 성숙, 학습이라는 세 가지 과정이 공존할 때 비로소 이루어진다. 즉, 일생
을 통하여 성장, 성숙, 학습에 의해 이루어지는 과정이 바로 인간 발달이다(정옥분,
2004).

인간 발달은 체계적이고 규칙적인 변화과정으로, 전 생애에 걸친 발달은 일관성 **발달 원리**
있는 원리에 따라 진행된다(신명희 외, 2013; 임은미 외, 2013). 첫째, 발달은 유전(천
성, nature)과 환경(양육, nurture)의 상호작용에 의해 이루어진다. 둘째, 발달은 전
생애에 걸쳐 이루어진다. 셋째, 발달에는 민감기 또는 결정적 시기(critical period)
가 있다. 넷째, 발달에는 일정한 순서와 방향이 있는데, 상부 또는 두부(head)에서
하부 또는 미부(tail)의 방향으로, 중심부위에서 말초부위로 진행된다. 다섯째, 발
달은 연속 또는 불연속적 과정을 거쳐 이루어진다. 여섯째, 발달은 점성적 원리를
따른다. 일곱째, 발달의 속도는 일정하지 않으며, 개인차가 존재한다. 여덟째, 발
달은 신체·심리·사회적 영역에서 총체적으로 일어난다.

2) 인간 발달 단계

인간 발달은 연속적이고 역동적인 변화의 과정이지만, 전 생애를 놓고 볼 때 기 **인간 발달 단계**
간에 따라서 서로 다른 신체·심리·사회적 발달 특성이 나타난다. 이와 같이 시
간의 흐름에 따라 나타나는 인간의 특징적인 발달 특성을 근거로 하여 전체 발달
과정을 세분화하여 구분한 것을 인간 발달 단계라고 한다.

발달 단계 구분

연령 기준

　　발달심리학자들이 인간 발달 단계를 구분함에 있어서 관심을 기울이는 영역과 기준은 각기 다르다(신명희 외, 2013; 정옥분, 2004). 하지만 전 생애에 걸친 신체·심리·사회적 발달을 모두 포괄하는 전체 발달 양상을 기준으로 인간 발달 단계를 구분할 때 가장 유용하게 사용될 수 있는 기준은 연령이며, 많은 학자가 연령을 기준으로 인간 발달 단계를 구분하고 있다. 그럼에도 연령 기준은 임의적이고 대략적인 기준이므로(임은미 외, 2013), 특정 발달 단계의 연령 구분은 그 연령의 전후, 즉 '그 연령 무렵'에 특징적 발달의 전환이 이루어진다는 의미로 이해하는 것이 바람직하다. 연령을 기준으로 구분한 전 생애에 걸친 인간 발달 단계를 살펴보면 〈표 2-1〉과 같다.

표 2-1 　인간 발달 단계의 구분

학자	발달 단계명	연령 구분
Havighurst(1972)	아동초기	출생~5, 6세
	아동중기	5, 6~12, 13세
	청년기	12, 13~18세
	성인초기	18~35세
	성인중기	35~60세
	성인후기	60세 이후
Newman & Newman(1987)	태내기	임신~출생
	영아기	출생~2세
	걸음마기	2~5세
	학동초기	5~8세
	학동중기	8~13세
	청년초기	13~18세
	청년후기	18~23세
	성인초기	23~40세
	성인중기	40~61세
	성인후기	61세 이상
Papalia & Olds(1998)	태내기	수정~출생
	영아기	0~2세
	유아기	2~6세
	아동기	6~11세
	청년기	11~20세
	성년기	20~40세
	중년기	40~60세
	노년기	60세 이상

인간 발달 단계를 구분함에 있어서 학자에 따라 발달 관심 영역과 발달과업 성취의 판단기준이 다르고, 사회문화적 특성이 다르기 때문에 인간 발달 단계에 대한 합의된 연령 범위는 존재하지 않는다. 그러므로 이 책에서는 이상의 발달 단계 구분과 우리나라의 법체계, 교육제도, 사회문화적 배경 등을 고려하여, 인간 발달 단계를 크게 태내기(수정~출생 전), 영아기(출생~3세), 유아기(3~7세), 아동기(7~13세), 청소년기(13~19세), 성인기(19~40세), 중·장년기(40~65세), 노년기(65세 이상)라는 8단계로 구분하고자 한다. 그리고 이 단계들을 좀 더 세분화하여, 영아기는 신생아기(출생~1개월)와 영아기(1개월~3세), 유아기는 걸음마기(3~5세)와 학령전기(5~7세), 그리고 성인기는 청년기(19~30세)와 성년기(30~40세)라는 2개 세부 단계로 구분하여 논의할 것이다. 이 책에서의 인간 발달 단계 구분은 〈표 2-2〉와 같다.

인간 발달 단계 구분

| 표 2-2 | 이 책의 인간 발달 단계 구분 |

발달 단계	세부 단계	연령 구분
태내기		수정~출생 전
영아기	신생아기	출생~1개월
	영아기	1개월~3세
유아기	걸음마기	3~5세
	학령전기	5~7세
아동기		7~13세
청소년기		13~19세
성인기	청년기	19~30세
	성년기	30~40세
중·장년기		40~65세
노년기		65세 이상

이 책에서의 발달 단계별 연령 구분[1] 역시 일반적인 발달심리학에서와 마찬가지로 대략적 기준이지만, 나름의 연령 구분 기준을 활용하였다. 영아기와 유아기

영아기와 유아기

---

1) 이 책에서 제시하는 모든 연령은 만 나이를 기준으로 한다.

는 영유아보육법에 근거하여 구분하였다. 영유아보육법에서는 6세까지를 영유아로 규정하지만 3세 미만과 3세 이상의 보육교직원 배치기준에서 2배 이상의 큰 편차를 보이고 있는데, 이는 3세 이전의 영아와 3~7세 유아의 발달적 차이를 반영한 것이다. 따라서 이 책에서도 3세 이전을 영아기, 3~7세를 유아기로 구분하며, 유아기는 다시 기존의 발달에 관한 연구결과를 근거로 3~5세의 걸음마기와 5~7세의 학령전기로 구분하였다.

아동기와 청소년기　아동기와 청소년기는 초등학교와 중·고등학교의 교육연한과 청소년의 연령 기준에 대한 사회통념 그리고 청소년보호법에서 청소년을 19세 미만으로 규정하고 있는 점에 근거를 두고, 아동기는 7~13세로, 청소년기는 13~19세로 구분하였다.

성인기　성인기의 시작연령은 민법의 성년 연령기준을 근거로 하여 19세로 규정하였으며, 같은 성인이더라도 우리나라의 사회통념상 결혼을 기준으로 청년과 성인을 구분한다는 점을 고려하여 평균 초혼연령(初婚年齡)을 기준으로 청년기와 성년기의 세부 단계로 구분하였다. 즉, 청년기를 19~30세로 그리고 성년기를 30~40세로 규정하였다.

중·장년기　중·장년기는 기존의 발달이론에서의 단계 구분과 40세부터 중년으로 보는 우리 사회의 통념 그리고 직업역할과 부모역할에 대한 사회문화적 기대를 근거로 40~65세로 구분하였다. 그러나 25년에 이르는 긴 발달기간에도 불구하고 중년기와 장년기를 구분할 수 있을 만큼 충분한 발달심리학분야의 연구가 누적되어 있지 않다는 점을 고려하여 세부 단계로 구분하지는 않았다.

노년기　노년기는 노인복지법과 시행규칙, 기초연금법을 근거로 65세 이상으로 구분하였으며, 인생 100세 시대인 점을 고려하여 다시 세부 단계로 구분하여 논의하는 것이 바람직하지만 중·장년기와 동일한 이유로 세부 단계로 구분하지는 않았다.

3) 발달과업

발달과업　인간에게는 전 생애에 걸친 발달 단계를 거쳐 가는 과정에서 각 단계별로 특별히 요구되는 과업이 존재하는데, 이를 발달과업이라 한다. 이 책에서는 각 발달 단계에서 수행해야 할 발달과업에 대해 제2부에서 상세히 다룰 것이다. Havighurst (1972)의 발달단계이론을 중심으로 단계별 주요 발달과업을 요약해 보면 〈표 2-3〉과 같다.

표 2-3 인간 발달 단계별 주요 발달과업

발달 단계	발달과업
영유아기	① 보행 학습, ② 고형분의 음식 섭취 학습, ③ 언어학습, ④ 배설통제 학습, ⑤ 성차 인식, ⑥ 생리적 안정 유지, ⑦ 환경에 대한 단순 개념 형성, ⑧ 타인과의 정서적 관계 형성 학습, ⑨ 양심의 발달
아동기	① 놀이에 필요한 신체기술 학습, ② 자신에 대한 건전한 태도 형성, ③ 또래친구 사귀는 법 학습, ④ 성역할 학습, ⑤ 기본 학습기술(3R)의 습득, ⑥ 일상생활에 필요한 개념 학습, ⑦ 양심, 도덕, 가치체계의 발달, ⑧ 사회집단과 사회제도에 대한 태도 발달
청소년기	① 자신의 신체 및 성역할 수용, ② 동성 또는 이성 친구와의 새로운 관계 형성, ③ 부모와 다른 성인으로부터의 정서적 독립, ④ 경제적 독립의 필요성 인식, ⑤ 직업 선택 및 준비, ⑥ 유능한 시민으로서의 기본적인 지적 기능과 개념 획득, ⑦ 사회적 책임에 적합한 행동, ⑧ 결혼 및 가정생활의 준비, ⑨ 과학적 세계관에 근거한 가치체계의 발달
성인기	① 배우자 선택, ② 배우자와의 생활방법 학습, ③ 가정 형성, ④ 자녀양육과 가정관리, ⑤ 시민으로서의 의무 완수, ⑥ 친밀한 사회집단 형성
중·장년기	① 사회적 의무의 완수, ② 경제적 표준생활 확립과 유지, ③ 10대 자녀의 훈육과 선도, ④ 적절한 여가 활용, ⑤ 배우자와의 친밀한 관계 유지, ⑥ 중년기의 생리적 변화 인정 및 적응, ⑦ 노년기 부모에의 적응
노년기	① 신체적 건강 쇠퇴에의 적응, ② 은퇴와 수입 감소에의 적응, ③ 배우자의 사망에 대한 적응, ④ 동년배와의 유대관계 재형성, ⑤ 사회적 시민의 의무 수행, ⑥ 생활에 적합한 물리적 환경의 조성

4) 인간 발달과 사회복지실천의 관계

"요람에서 무덤까지"라는 Beveridge(1942)의 말에서 보듯이, 사회복지는 모든 국민의 전 생애에 걸쳐 나타나는 욕구를 충족하고, 그들이 직면한 문제를 예방하고 해결하기 위한 사회적 대책이다(현외성 외, 1996). 그런데 인간의 욕구는 연령이나 발달 단계에 따라 매우 다양하게 나타나며, 발달과업을 적절히 이행하지 못하거나 욕구를 충족하지 못하고 지속되는 경우 인간은 문제를 경험하게 된다. 그러므로 인간의 신체·심리·사회적 발달에 대한 지식은 사회복지사로서 효과적으로 업무를 수행하기 위해서 필수적으로 갖추어야 할 지식이다(Hepworth et al., 1997; Maguire, 2002).

발달과
사회복지실천

전체적 인간관

　발달이론의 기본 전제는 사회복지실천의 환경 속의 인간이라는 이중적 초점과 인간을 통합적으로 기능하는 존재로 보는 전체적 인간관(holistic view)과 유사하다. 그러므로 인간발달이론은 사회복지 원조과정의 기본 토대를 제공할 뿐만 아니라 각 분야의 사회복지제도의 발달을 위한 기반을 제공해 주고 있다.

개인-환경의 적응

　사회복지실천은 개인과 환경에 이중적 초점(dual focus)을 두며, 이들이 상호 작용하는 과정에서 적응적 균형을 달성하도록 하는 데 목적을 둔다. 이때의 적응(adaptation)이란 개인과 환경이 지속적으로 상호 작용하는 과정에서 적합성(goodness-of-fit)을 획득하는 과정이라 할 수 있다. 사회복지사를 찾는 대다수의 내담자는 부적응 문제를 해결하기 위해 도움을 요청한다. 그러므로 사회복지실천에서는 개인과 환경 사이의 부적응으로 인하여 유발되는 내담자의 욕구와 문제를 원조나 개입의 주된 영역으로 삼는다.

발달적 전이

　적응의 또 다른 측면은 신체·심리·사회적 측면에서 성공적으로 발달적 전이(developmental transition)를 하는 것이다(Greene & Ephross, 1991). Germain과 Gitterman(1986)은 환경이 개인의 성장, 발달 및 정서적 안녕을 지지하고, 개인이 주요 타인이나 사회제도와의 상호작용을 통하여 지지를 얻을 수 있을 때를 '적응적'이라고 하였다. 그러므로 사회복지실천에서는 내담자가 발달적 전이과정에서 경험하는 스트레스와 문제에 적절히 대처할 수 있도록 원조하는 데 초점을 두어야 한다.

스트레스와 대처자원

　환경에 대한 적응력은 스트레스와 위기에 대한 대처자원에 따라 달라진다(Compton & Galaway, 1989; Newman & Newman, 1987). Caroff(1982)는 사회복지사는 내담자의 스트레스를 경감할 수 있는 수단을 발견하고, 내담자의 대처자원과 적응능력을 강화함으로써 개입전략을 수립할 수 있게 된다고 하였다. 그러므로 내담자의 대처능력을 고양하는 것, 즉 스트레스를 해결하고 각 발달 단계의 도전에 대한 새로운 해결책을 만들어 내기 위해 적극적인 노력을 기울이는 것이 사회복지실천의 핵심이다.

인간발달이론의 가치

　인간발달이론은 ① 전 생애에 걸친 변화와 안정에 기여하는 요인의 판별, ② 신체·심리·사회적 기능 간의 상호 관련성 설명, ③ 인간의 사회적 기능과 적응수준의 평가, ④ 인간 발달에 영향을 미치는 사회 영향력을 평가할 수 있는 잣대를 제공해 준다. 즉, 사회복지실천에서는 신체·심리·사회적 발달과 관련된 이론에 근거하여, 개인의 적응과 부적응을 판단하는 기준을 설정할 때가 많다(Johnson

& Yanca, 2001). 그러므로 인간발달이론은 사회복지실천의 원조과정, 특히 내담자와 내담자가 속한 환경과 관련된 상황을 파악하는 자료수집 또는 조사 단계(data gathering or study), 내담자의 문제를 야기한 원인, 그리고 내담자가 지닌 강점 및 자원을 판별하는 사정 단계(assessment)와 밀접한 관련성을 지닌다. 사회복지실천의
원조과정

사회복지실천에서 내담자와 관련된 자료수집과 사정을 할 때에는 신체적 구조와 기능상의 변화를 포함한 신체적 발달 수준을 이해하고, 신체 및 건강상의 역기능과 문제를 지니고 있는지를 파악해야 한다(Birren & Renner, 1977). 즉, 사회복지실천에서는 현재 건강 상태와 질병, 이전의 병력(病歷), 건강상의 습관, 신체구조와 기능상의 문제, 운동기술, 신체적 외모 등 신체적 발달과 관련된 다양한 자료를 수집하고, 이를 근거로 신체적 발달의 수준과 문제를 사정하여야 한다. 사회복지사가 내담자의 심리적 발달을 사정할 때에는 개인의 감각, 지각, 정서, 학습, 기억, 사고, 판단, 문제해결, 언어기술, 상징능력, 자기개념, 현실검증 등과 같은 다양한 요인의 내적 상태를 면밀히 조사하여야 한다(Cohen, 1980). 즉, 내담자의 심리적 발달과 관련된 조사와 사정에서는 광범위한 행동, 정서 및 인지적 발달뿐 아니라 정신건강, 이상행동 등에 대해서도 관심을 기울여야 한다. 사회복지사가 내담자의 사회적 발달을 이해하기 위해서는 사회적 지위와 역할수행도, 사회관계망(social network)과의 관계, 사회화 과정, 사회적 기대와 규범, 가족조직, 정치적·종교적 이데올로기, 경제활동과 경제적 안녕상태, 생활전이상의 문제 등에 대해서 조사하고 사정하여야 한다(Bengtson & Harber, 1983; Newman & Newman, 1987).

인간 발달에 대한 지식의 축적은 사회복지분야의 발전을 가져왔다. 사회복지전문직에서는 인간 발달에 관한 지식을 기반으로 발달 단계별로 욕구, 문제, 부적응 상태를 면밀히 분석하고 이를 충족 또는 해결할 수 있는 이상적이고 규범적인 사회복지 대책을 제안하였다(남세진, 조흥식, 1995). 사회복지실천의 원칙, 방법론, 그리고 기술과 인간 발달 단계와의 관련성에 대해서는 앞으로 사회복지 교육과정의 전공 심화과정에서 심도 있는 논의가 이루어질 것이다. 여기에서는 인간 발달 단계에 따라 실시하여야 할 주요 사회복지 대책, 즉 인간 발달과 사회복지분야의 관련성을 간략히 〈표 2-4〉와 같이 제시한다. 신체적 발달

심리적 발달

사회적 발달

인간 발달과
사회복지분야

표 2-4 인간 발달 단계와 사회복지의 관련성

구분				인간 발달 단계					
				영·유아기	아동기	청소년기	성인기	중·장년기	노년기
사회복지분야	사회보장	공적부조	국민기초생활보장	■	■	■	■	■	■
			의료급여	■	■	■	■	■	■
		사회보험	연금보험				■	■	■
			국민건강보험				■	■	■
			노인장기요양보험				■	■	■
			산업재해보상보험				■	■	
			고용보험				■	■	
	사회복지서비스		영·유아보육	■					
			아동복지		■				
			청소년복지			■			
			여성복지				■	■	■
			노인복지						■
			산업복지				■	■	
			(정신)의료사회복지	■	■	■	■	■	■
			학교사회복지		■	■			
			교정복지			■	■	■	
			장애인복지	■	■	■	■	■	■
			가족복지	■	■	■	■	■	■
관련분야			보건의료정책	■	■	■	■	■	■
			고용정책				■	■	
			교육정책	■	■	■	■		
			주택·교통정책	■	■	■	■	■	■
			환경정책	■	■	■	■	■	■

주: * ■는 각 발달 단계와 특히 밀접한 관련성을 지니고 있음을 의미함.

2 성격의 이해

1) 성격의 개념

Skinner(1953)는 성격이란 말은 존재하지도 않으며 행동을 서술하는 데 유용하다고 착각하게 만드는 하나의 과장된 용어일 뿐이라고 주장하면서, 성격의 실재 자체를 부정한다. 그러나 대부분의 일반인과 심리학자는 성격의 실재 여부에 대해서는 부정하지 않는다.

성격(personality)은 라틴어로 '~을 통하여(through)'라는 의미를 지닌 'per'와 '말하다(speak)'는 의미를 지닌 'sonare'가 합성된 것이며, 희랍어로는 배우가 연극을 할 때 쓰는 가면이라는 'persona'에서 유래한 말이다(이수연 외, 2013; 최순남, 1999). 성격의 어원을 근거로 할 때, 성격은 '한 개인이 사회적 역할을 수행할 때 주위 사람에게 주는 피상적 수준의 사회적 이미지'라고 규정할 수 있다.

성격에 대한 가장 잘 알려진 정의는 Allport(1937)의 정의이다. 그는 어원학, 신학, 철학, 법학, 사회학, 심리학 등의 분야에서 사용되고 있는 성격에 대한 개념 정의에 포함된 주요 내용을 종합하여, 성격을 "개인으로 하여금 세상에 나름대로 적응하게 만드는 개인에 내재하는 정신신체적 체계의 역동적 조직"이라고 하였다. 그리고 Pervin(1996)은 "상황에 대한 일관된 반응양식을 설명해 주는 사람의 특징"이라 하였다. Maddi(1980)는 "사람들의 사고, 감정, 행동과 같은 심리적 행동에 있어서 시간적으로 연속성이 있으며 그 순간의 사회 및 생물적 압력만의 결과로 쉽게 이해될 수 없는 공통성 및 차이를 결정하는 특징 및 경향의 안정된 집합"이라고 하였다. 또한 Carver와 Scheier(2000)는 "인간의 행동, 사고, 감정의 특정적 유형을 창조하는 정신신체적 체계인 인간 내부의 역동적 조직"이라고 하였다.

이와 같은 기존의 성격에 대한 개념 정의를 종합하여 볼 때, 성격이란 '생물적 요인과 환경적 요인만으로는 설명될 수 없는 한 개인의 특징적 사고, 감정, 행동을 결정하는 지속적이고 역동적이며 통합적인 정신내적 기제'라고 정의할 수 있다.

성격의 실재

성격의 용어

성격의 정의

2) 성격의 특성과 기능

성격에 대한 정의에 근거해 볼 때, 성격은 다음과 같은 다섯 가지 특성을 지니고
있다(민경환, 2004). 첫째, 성격은 내적 속성이다. 성격은 직접 관찰될 수 없으며,
외적으로 나타난 행동 등을 관찰함으로써 간접적으로 측정할 수 있을 뿐이다. 둘
째, 성격은 정신신체적 체계들의 통합과정이다. 성격은 생물적 기반과 환경적 요
인의 영향을 받는 사고, 정서, 행동 등이 전체적이고 통합적이며 조직적으로 기능
하는 특성을 지닌 체계이다. 셋째, 성격은 개인마다 고유성을 가진다. 모든 사람이
보편적으로 갖고 있는 심리과정이긴 하지만 개인차가 존재한다. 넷째, 성격은 일
관성을 가진다. 성격은 오랜 세월에 걸쳐 성장하기도 하고, 매일매일 작은 변화를
일으키기도 하지만 시간의 흐름에도 변하지 않고 일관되게 안정성을 유지하는 성
격의 핵심 부분이 있다. 다섯째, 성격은 역동성을 가진다. 정신분석이론에서는 성
격의 내적 역동성을 강조한 반면 자아심리이론에서는 외적 역동성을 강조하는 등
성격이론마다 강조점이 다르다.

이러한 특성을 지닌 성격은 다음과 같은 기능을 수행한다. 첫째, 개인이 부분적
이고 비조직적으로 기능하지 않으며 통합적이고 조직적으로 기능할 수 있게 해 준
다. 둘째, 인간관계를 형성·유지하거나 사회생활을 도모하고 환경적 요구에 적응
할 수 있는 기반을 제공해 준다. 셋째, 각 개인을 독특한 존재로서 규정해줌으로써
다른 사람과 구별지어 준다. 넷째, 실제로 각 개인이 어떤 사람인가 하는 인간 본
성을 이해할 수 있는 기반을 제공해 준다.

내적 속성

정신신체적 체계

고유성

일관성

역동성

성격의 기능

3) 성격의 유형

모든 사람이 비슷한 성격 특성을 공유하고 있다. 하지만 개인마다 성격 특성은
다르기에 성격이론가들은 성격 유형을 분류하는 데 관심을 기울여 왔다.

**체액에 따른
성격 유형**

먼저 체액에 따른 성격 유형 분류는 기원전 400년경에 Hippocrates가 제시한 인
체의 네 가지 체액, 즉 혈액, 흑담즙, 황담즙, 점액 등에 바탕을 두고 있다. Galen은
다혈형, 우울형, 담즙형, 점액형이라는 네 가지 기질 유형을 제시하고 각각의 성격
특성을 제시하고 있다(노안영, 김신영, 2003; 민경환, 2002). 체액과 관련된 성격 특성
에 대한 논의 중에서 최근 혈액형과 성격 사이의 관련성에 대한 관심이 높아지고

있다. 체형에 따른 성격 유형 분류 중 대표적인 것은 Sheldon(1942)의 분류로서 그는 내배엽형(endomorphy), 중배엽형(mesomorphy), 외배엽형(ectomorphy)으로 체형을 구분하고, 이러한 체형을 가진 사람의 특징적 성격 유형을 제시하였다. 조선후기 한의학자인 이제마의 사상의학(四象醫學)에서는 인간의 체질을 태양인, 태음인, 소양인, 소음인이라는 4개 유형으로 구분하고 성격 특성을 기술하고 있다(민경환, 2004; 이수연 외, 2013). 그러나 체액, 체형이나 체질에 따른 성격 유형 분류는 신뢰도와 타당도가 다소 낮다는 점을 고려하여 사회복지실천에서는 거의 활용되지 않고 있다.

〔체형에 따른 성격 유형〕

〔체질에 따른 성격 유형〕

Jung은 외향성-내향성이라는 자아성향(ego orientation)과 사고, 감정, 직관, 감각이라는 심리기능(psychological function)의 두 가지 잣대를 근거로 성격의 유형을 8개로 분류하고 있다(이부영, 1998). 이러한 Jung의 성격 유형 분류에 근거하여 Myers와 Briggs는 〈표 2-5〉에서 보는 바와 같이 외향성-내향성, 감각-직관, 사고-감정, 판단-인식이라는 네 가지 심리적 선호경향을 근거로 하여 16개의 성격 유형을 제안하고, 이를 측정할 수 있는 성격검사인 MBTI(Myers-Briggs Type Indicator)를 개발하였다. MBTI는 심리적 선호경향을 근거로 성격을 〈표 2-5〉와 같이 16개 유형으로 구분하고 있다.

〔자아성향과 심리기능〕

〔MBTI의 성격 유형〕

표 2-5 | MBTI의 16개 성격 유형

성격 유형	성격 특성
세상의 소금형 (ISTJ)	신중하고 조용하며 집중력이 강하고 매사에 철저하며 사리분별력이 뛰어나다.
임금 뒤편의 권력형 (ISFJ)	조용하고 차분하며 친근하고 책임감이 있으며 헌신적이다.
백과사전형 (ISTP)	조용하고 과묵하고 절제된 호기심으로 인생을 관찰하며 상황을 파악하는 민감성과 도구를 다루는 뛰어난 능력이 있다.
성인군자형 (ISFP)	말없이 다정하고 온화하며 친절하고 연기력이 뛰어나며 겸손하다.
과학자형 (INTJ)	사고가 독창적이며 창의력과 비판분석력이 뛰어나며 내적 신념이 강하다.
예언자형 (INFJ)	인내심이 많고 통찰력과 직관력이 뛰어나며 양심이 바르고 화합을 추구한다.

아이디어뱅크형 (INTP)	조용하고 과묵하며 논리와 분석으로 문제를 해결하기 좋아한다.
잔다르크형 (INFP)	정열적이고 충실하며 목가적이고 낭만적이며 내적 신념이 깊다.
사업가형 (ESTJ)	구체적이고 현실적이고 사실적이며 활동을 조직화하고 주도해 나가는 지도력이 있다.
친선도모형 (ESFJ)	마음이 따뜻하고 이야기하기 좋아하며 양심이 바르고 인화를 잘 이룬다.
수완 좋은 활동가형 (ESTP)	현실적인 문제해결에 능하며 적응력이 강하고 관용적이다.
사교적인 유형 (ESFP)	사교적이고 활동적이며 수용적이고 친절하며 낙천적이다.
언변능숙형 (ENFJ)	따뜻하고 적극적이며 책임감이 강하고 사교성이 풍부하고 동정심이 많다.
지도자형 (ENTJ)	열성이 많고 솔직하고 단호하고 지도력과 통솔력이 있다.
발명가형 (ENTP)	민첩하고 독창적이며 안목이 넓고 다방면에 관심과 재능이 많다.
스파크형 (ENFP)	따뜻하고 정열적이고 활기에 넘치며 재능이 많고 상상력이 풍부하다.

출처: (주) 어세스타, www.kpti.com

4) 성격 형성의 영향요인

천성과 양육

성격이 타고나는 것인지 아니면 학습되는 것인지, 즉 성격의 천성과 양육(nature-nurture)에 관한 논쟁은 마음과 신체(mind-body)의 논쟁과 함께 심리학 분야의 주된 논쟁의 주제가 되어 왔다(민경환, 2004). 심리학 분야에서는 최근까지도 유전이나 환경 중 어느 것이 영향력이 더 크게 작용하느냐에 대한 논쟁이 이어지고 있지만, 성격이 유전과 환경의 상호작용에 의해 형성된다는 것에는 대부분이 동의하고 있다.

유전과 환경의 상호작용

Maddi(1980)는 16개 주요 성격이론의 성격 형성과 변화에 대한 관점을 비교분석하였다. 그는 갈등형 성격이론에 속하는 Freud의 정신분석이론, Erikson의 자아심리이론에서는 서로 대립되는 두 가지 힘(forces) 사이의 갈등에 의해 성격이 형

갈등형 성격이론

성된다고 보고 있다. 성취형 성격이론에 속하는 Rogers, Maslow 등의 인본주의이 론과 Adler의 개인심리이론은 인간이 태어날 때 갖고 있는 잠재력이나 가능성을 실현하는 과정에서 성격이 형성된다고 보고 있다. 그리고 Kelly의 인지이론 등과 같은 일치형 성격이론에서는 인간이 후천적으로 외부 세계와의 접촉을 통해서 얻 는 정보나 정서적 경험을 통해 성격이 형성된다고 보고 있다.

　인간의 성격이 어떠한 요인에 의해 형성되는가에 대한 관점도 이론마다 다르다. Freud의 전통적 정신분석이론은 강한 생물적 결정론에 입각해 있으며, 인간행동 과 성격의 근거를 인간 내부의 무의식적 힘에서 찾고 있다. 이에 반하여 성격은 존 재하지 않는 허구의 개념이라고 주장하는 Skinner의 행동주의이론은 강한 환경결 정론에 입각하여 인간의 모든 행동은 각 개인에게 주어진 환경적 자극에 의해 획 득된다고 믿고 있다. 그리고 이 두 이론에 반기를 든 제3의 심리학이라고 불리는 인본주의이론에서는 성격 형성을 기질적 요인이나 환경적 요인에 의해서가 아니 라 인간의 주체적 삶의 선택과정의 결과로 본다.

　이와 같이 성격 형성에 영향을 미치는 요인에 대해 이론마다 각기 다른 관점을 보이고 있지만, 현대적 성격이론에서는 유전적 요인과 환경적 요인이 끊임없이 상 호 작용한 결과로서 성격이 형성된다는 상호결정론적 관점이 더욱 우세해 보인다. 이에 다음에서는 유전적·생물적 요인과 후천적·환경적 요인이 개인의 성격 형 성에 미치는 영향에 대해 간략히 살펴보고자 한다.

성취형 성격이론

일치형 성격이론

생물적 결정론

환경결정론

제3의 심리학

상호결정론

(1) 유전 및 생물적 요인의 영향

　성격은 유전자를 통해 유전되는데, 유전 정보는 디옥시리보 핵산(deoxyribo nucleic acid: DNA)에 담겨 있다. 유전자는 인간의 생물적 성장과 성숙을 결정하고 그 기능을 통제하며, 성격, 본능, 감각기능 등의 심리적 기능에도 강한 영향을 미 친다. 유전이 성격 형성의 중요한 영향요인이라고 보는 시각은 인간의 지능과 정 신질환에 대한 쌍생아 연구에 잘 나타나 있다(Carver & Scheier, 2000). 즉, 유사한 환경에서 양육된 경우는 물론 서로 다른 환경에서 성장한 경우에도 일란성 쌍생아 가 이란성 쌍생아에 비하여 지능지수의 상관관계가 더 높은 것으로 나타난 점, 그 리고 이란성 쌍생아보다는 일란성 쌍생아의 조현병 발병 일치율이 높고 정상적 형 제자매보다는 이란성 쌍생아의 발병 일치율이 높은 점이 성격에 대한 유전적 영 향을 보여 주고 있다. 하지만 Liverant와 Scodel(1960)의 "어떠한 성격 특성이 단일

유전자

유전과 환경의 상호작용

유전인자의 필연적 작용에 의해 비롯된다는 생각은 유행이 지났거나 혹은 규칙이라기보다는 예외에 해당한다."는 말에서 보듯이 어떠한 특성도 유전이나 환경만의 함수가 아니라 둘의 복잡한 상호작용에 의해 발생한다고 보는 것이 타당할 것이다.

생물적 요인

호르몬

중추신경계

성격 형성에 영향을 미치는 생물적 요인으로는 앞서 제시한 체액, 체형, 체질 이외에 내분비선에 의해 분비되는 호르몬을 들 수 있다(안향림, 박정은, 1994). 갑상선 호르몬의 분비가 저하되면 우울한 성격 특성을 보이고, 뇌하수체 기능이 저하되면 공격성이 부족하고 쉽게 단념하는 경향이 있으며, 부신피질 호르몬의 분비가 저하되면 흥분하기 쉽고, 협동성이 결여된 성격 특성을 보인다. 중추신경계는 자율신경계의 중추 역할을 하는데, 불안증이나 우울증으로 인한 충동적 행동을 할 가능성이 높을 경우 전두엽 절제수술을 하여 충동성을 제거할 수 있다. 그리고 부교감신경이 긴장 상태에 놓이게 되면, 감정적 흥분 상태가 적게 나타나고, 인내심과 억제성이 강하여 활동성이 부족하며, 규칙을 잘 지키는 성격 특성이 강하게 나타난다(안향림, 박정은, 1994).

(2) 환경 및 후천적 요인의 영향

가족

또래집단

지역사회

문화

사회계층

개인의 성격은 개인이 환경적 조건에 적응해 가는 동안에 독자적인 행동양식을 습득함으로써 형성되는 것이다. 가족은 인간이 가장 먼저 그리고 가장 오랫동안 소속되어 있는 기본 사회집단이다. 따라서 가족의 구성, 가족관계, 부모의 양육태도, 형제간의 서열, 가족의 사회문화적 상태 등은 개인의 성격 발달에 가장 중요한 영향을 미친다. 그리고 아동과 청소년은 또래집단에서의 상호작용을 통하여 사회생활에 필요한 기초적인 도덕성이나 사회적 역할분담을 학습하게 되며, 의미 있는 지도력까지도 경험할 수 있게 된다. 자연적 환경과 성격 특성을 비교한 김계숙(1988)의 연구에 따르면 지역사회 환경 역시 성격 형성의 중요한 기초가 되는 것으로 나타났다. 성격 형성에 있어서 사회문화적 요인도 매우 중요한 역할을 한다. Kluckhohn(1962)은 한 집단 속의 개인은 문화적 압력을 받으며 생활하게 되고, 이러한 문화적 힘이 성격 형성에 많은 영향을 미친다고 보았다. 그리고 Frank(1948)는 문화가 개인 유기체 안으로 짜여 들어간다고 말할 정도로 성격 형성에서의 문화적 영향을 강조하였다. 특히 사회계층에 따라 문화가 다르며, 각 계층에 속한 개인이 보이는 성격 특성 또한 다르다.

이와 같이 생물적 존재이면서 동시에 사회문화적 존재인 인간은 후천적 환경에 적응하는 과정에서 자신만의 독특한 행동방식이나 적응양식, 즉 성격을 형성해 나가게 된다고 할 수 있다.

환경 적용

5) 성격이론과 사회복지실천의 관계

현대 사회복지실천의 큰 흐름을 살펴보면 거시와 미시 또는 직접적 실천과 간접적 실천으로 세분화하고 특수화된 실천보다는 통합적 실천(generic practice)을 중시하고 있다. 그럼에도 직접사회복지실천과 간접사회복지실천 간에는 엄연한 구분이 존재하며, 이 책에서 다루는 성격이론은 주로 직접사회복지실천방법론의 발달에 많은 기여를 하여 사회복지가 전문직으로 발달하는 데 과학적 토대를 제공하였다. 다음에서는 성격이론이 직접사회복지실천방법론의 발달에 어떠한 영향을 미쳤는지를 간략히 논의하고자 한다.

통합적 실천

성격이론과 직접
사회복지실천

개인 수준의 실천은 개인을 대상으로 하는 방법론으로, 전문사회복지방법론 중에서 가장 먼저 발달하였다. 자선조직협회(charity organization society)에 기원을 두고 있는 개별사회복지실천이 하나의 과학적 기반을 갖춘 방법론으로 발달하는 데 가장 큰 영향을 미친 것은 1920년을 전후로 하여 사회복지전문직에 도입된 Freud의 정신분석이론이다. 진단주의 학파는 전통적 정신분석이론의 원리를 충실히 이행하였으며, 내담자의 정신내적 갈등, 특히 무의식 속에 자리잡고 있는 어린 시절의 정신적 외상을 재구성함으로써 당면 문제를 해결하는 데 목적을 두고 있다. 이와 달리 기능주의 학파는 자아심리이론을 기초이론으로 받아들여, 개인의 자아를 강화하고 내담자가 관계하고 있는 환경적 조건의 개선을 통하여 당면문제를 해결하는 데 목적을 두고 있다. 행동주의이론은 개별사회복지실천의 초점을 인간의 정신내적 갈등에서 객관적 관찰이 가능한 겉으로 드러난 행동으로 바꾸어 놓았다. 그 외에 인지이론, 인본주의이론 등이 도입되면서 개인의 주관적 세계나 촉진적 원조관계에 대한 관심이 높아졌다.

개별사회복지실천

인보관운동 등에 뿌리를 두고 있는 집단 수준의 실천은 개인 수준의 실천보다는 훨씬 늦게 전문사회복지방법론으로 인정받긴 하였지만 다양한 전문직의 이론적 영향을 받았다. 집단 수준의 실천은 이 책에서 다루고 있는 성격이론 이외에 사회학, 사회심리학 등의 영향을 많이 받았다. 이 책에서 다루고 있는 성격이론은 집단

집단사회복지실천

수준의 실천 중에서도 치료 모델(remedial model)의 발전에 많은 영향을 미쳤다. 정신분석이론은 집단 활동에 나타나는 해결되지 않은 초기과업을 확인하여 성원 간 또는 치료자에 대한 전이반응을 확인하여 치료하는 전통적 집단치료 모델의 이론적 토대를 제공해 주었다. 자아심리이론은 집단성원의 자아인식을 증진할 수 있는 이론적 기초와 방법을 제공해 주었으며, 개인심리이론은 개인의 성장을 도모하는 데 목적을 둔 성장집단에서 많이 활용되고 있다. 행동주의이론은 불안, 공포로 인하여 나타나는 부적응 행동을 집단이라는 매개체를 활용하여 치료할 수 있는 방법을 제시해 주었다.

가족복지실천　　가족 수준의 실천 역시 다른 전문사회복지방법론과 같이 많은 인간행동이론의 영향을 받았다. 먼저 정신분석이론의 영향으로 아동기 초반에 가족에게서 받은 정신적 외상(psychiatric trauma)이나 대상관계(object relation)의 결손으로 인하여 발생하는 문제를 해결하는 데 초점을 둔 정신역동적 가족사회복지실천의 발전이 이루어졌다. 행동주의이론의 영향을 강하게 받은 가족 수준의 실천에서는 부모역할훈련, 비행청소년가족, 약물남용가족 등을 치료할 수 있는 치료 프로그램이 개발·활용되고 있다.

3 사회체계의 이해

1) 사회체계의 개념과 특성

인간의 발달은 특정한 환경 속에서 이루어진다. Bronfenbrenner(1979)는 이러한 환경을 크게 물리적 환경과 사회적 환경으로 구분하고 두 가지 환경을 생태체계(ecosystem) 또는 환경체계(environmental system)라는 용어로 부르고 있다. 그러므로 인간을 둘러싼 환경체계 중에서 사회환경은 체계로서의 속성을 지닌다.

환경

생태체계

체계　　체계(system)란 독특한 방식으로 상호작용하고 상호 의존하는 부분들로 구성된 전체, 즉 부분들 간에 관계를 맺고 있는 일련의 단위(Bertalanffy, 1968)이다. 즉, 체계는 일정 기간 동안 물리적 환경을 공유하면서 맺은 상호관계를 통하여 조직화되고 안정되어 있으며, 상호 간에 직접 또는 간접적인 영향을 미치는 구성요소들의 복합체이다. 이러한 체계는 조직화(organization), 상호인과성(mutual casuality),

지속성(constancy), 공간성(spatiality), 경계(boundary)라는 특성을 지닌다(Martin & O'Connor, 1989).

체계는 다양한 수준에 걸쳐 존재한다. 체계는 그 자체로서 하나의 완전한 체계 인 동시에 다른 체계의 상위체계이며 또 다른 체계의 하위체계가 될 수 있다. 그러 므로 인간의 생태체계 또는 환경체계는 상호 의존적이고 역동적인 중첩구조를 형 성하고 있으며, 미시체계, 중간체계, 외적체계, 거시체계 그리고 시간체계라는 다 섯 가지로 구분할 수 있다(Bronfenbrenner, 1979, 1989).

미시체계(microsystem)는 개인의 가장 근접한 환경으로서, 가족, 학교, 이웃 등의 물리적 환경과 사회적 환경 그리고 그 환경 내에서 갖게 되는 지위나 역할, 활동, 대인관계 등을 의미한다. 중간체계(mesosytem)는 서로 상호작용하는 두 가지 이상 의 미시체계의 관계망을 말하며, 가족 미시체계와 학교 미시체계의 상호작용과 같 은 두 가지 이상의 미시체계 간의 관계를 들 수 있다. 외적체계(exosystem)는 개인 이 직접 참여하거나 관여하지는 않지만 개인에게 영향을 미치는 환경체계로서, 부 모의 직장, 정부, 사회복지기관, 대중매체 등이 포함된다. 거시체계(macrosystem)

체계 자체

상위체계
하위체계

미시체계

중간체계

외적체계

거시체계

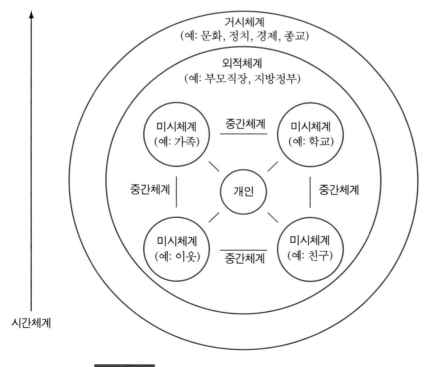

그림 2-1 Bronfenbrenner의 인간 생태체계 모형

시간체계

는 앞의 세 가지 체계에 포함된 모든 요소에 더하여 정치, 경제, 종교, 교육, 윤리와 가치, 문화 등의 광범위한 사회적 맥락을 포함한다. 시간체계(chronosystem)는 개인의 전 생애에 걸쳐 일어나는 변화와 역사적인 환경을 포함하는 체계를 말한다.

체계의 기능

사회체계는 외부 환경과 상호작용하는 과정에서 안정된 상태를 유지하기 위하여 적응, 목표달성, 통합과 형태유지의 기능을 수행하여야 한다(Norlin & Chess, 1997). 즉, 체계는 외부 환경으로부터 자원을 얻어 이를 배분하거나 보존하여야 하며(적응), 목표의 우선순위를 정하고 이를 달성하기 위하여 체계 내부의 구성요소를 동원할 수 있어야 하며(목표달성), 내부의 구성요소 간의 상호작용을 조정하고 유지해야 하며(통합), 체계 내의 긴장이나 스트레스를 적절히 다룸으로써 체계를 유지해야 한다(형태유지).

2) 가족과 인간행동[2]

(1) 가족이 인간행동에 미치는 영향

가족의 개념

Murdock(1949)과 Levi-Strauss(1969) 등의 가족에 대한 정의를 종합해 볼 때, 가족은 결혼, 혈연 또는 입양에 의해 결합되고, 그 구성원들의 대부분이 동거하면서 경제적으로 협력하고, 각자에게 부여된 사회적 지위와 역할을 수행하는 과정에서 상호작용과 의사소통을 하며, 공통의 문화를 창출·유지하고, 영구적 관계를 유지하는 사회적 집단 또는 사회체계라고 할 수 있다. 사회체계로서의 가족을 이해하기 위해서는 가족의 구조, 기능, 관계 그리고 생활주기라는 네 가지 측면을 고려해야 한다.

행동과 성격형성

가족은 친밀한 대인관계 경험의 토대를 제공해 주는 사회적 환경으로서 개인의 행동과 성격형성에 지대한 영향을 미친다. 특히 영·유아기의 자녀양육방식, 모자관계의 질 그리고 형제와의 관계 등은 이후의 인간행동 발달의 기초를 제공해 주기 때문에 매우 중요하며, 그 이후에도 개인의 행동에 많은 영향을 미친다.

부모의 자녀양육 태도

Baumrind(1971)는 부모의 자녀양육 태도를 권위주의적 부모, 허용적 부모, 그리고 민주적 부모로 구분하였다. 이러한 양육태도 중에서 자녀의 건강하고 독립성이 강

---

2) 체계(system)로서의 가족의 구조, 역동, 과정적 특성에 대해서는 본서의 제4부 제11장 일반체계이론에서 보다 상세히 논의하고자 하며, 가족복지실천의 주요 접근방법에 대해서는 사회복지 전공심화 교육과정의 가족복지론 또는 가족치료 등의 교과목에서 학습하여야 할 것이다.

한 성격으로 성장하는 데 적절한 것은 민주적 부모이다.

가족체계는 가족성원의 사회화와 사회통제라는 과업을 이행하는 과정에서, 개 　　　**사회화와 사회통제**
인의 성격형성과 발달에 다른 어떤 사회적 환경보다도 강한 영향을 미친다. 부모
의 민주적 양육태도와 조화로운 부부관계와 같은 건강한 가족문화는 자녀들에게
바람직한 사회화 모델을 제시하는 반면 이혼이나 지속적인 가족갈등 등의 부정적
가족문화는 자녀의 미래 행동규범의 선택에 부정적인 영향을 미친다.

가족 내에서 일어나는 반복적 상호작용 유형이 각 개인의 성격과 행동을 결정 　　　**상호작용 유형**
하는 요인이 된다. Minuchin(1974)은 가족 내에 존재하는 경계선의 침투성 정도
가 개인의 성격발달과 행동에 많은 영향을 미친다고 보고 있다. 만약 가족성원 사
이의 경계선이 명확하고 적절한 침투성을 허용하는 경우(clear boundary, 명확한 경
계선)에는 가족성원 개개인은 자율성과 자아정체감을 확립하고, 자신의 행동에 대
해 책임을 질 수 있게 된다. 그러나 경계선이 경직되어 있고 타인의 관여를 허용하
지 않는 경우(rigid boundary, 경직된 경계선)에는 집단소속감의 발달이 이루어지지
않으며, 적절한 정서적 반응을 학습할 수 없다. 또한 경계선의 침투성이 너무 강한
경우(diffused boundary, 애매한 경계선)에는 서로의 생활에 지나치게 관여하는 관계
로 개인적 정체감이나 자율성의 형성은 어려워지며, 만약 독자적 행동을 할 경우
에는 이를 배신행위로 규정하여 행동적 제약을 가한다.

가족체계의 역기능과 가족성원의 정신장애는 밀접한 관련성이 있다. 즉, 역기능 　　　**가족체계의**
적 의사소통, 세대 간 결탁이나 삼각관계, 혼란된 위계질서, 왜곡된 가족신념과 전 　　　**역기능**
제 등의 가족 역기능에 적응하기 위해 가족성원 중의 한 명이 정신장애나 문제행 　　　**정신장애나**
동을 일으키는 것이다. 이와 같이 일반체계이론에 기반한 체계적 가족치료이론에 　　　**문제행동**
서는 개인의 증상을 가족의 역기능적 상호작용 유형에 대한 은유적 표현으로 보고
있다(김유숙, 2002).

(2) 가족과 사회복지실천

Richmond는 "가족을 돕는다(working with families)."라는 슬로건하에 가족을 사 　　　**사회복지실천의**
회복지실천의 기본 단위로 보았다. 가족복지실천은 가족성원 개개인에 초점을 맞 　　　**기본 단위**
추는 것이 아니라 '생활상의 어려움에 처한 가족을 위하여 가족 전체에 초점을 두 　　　**가족복지실천**
고 가족이 안정된 삶을 추구할 수 있도록 가족의 기능을 강화하는 사회 전체의 조
직적 노력'이라 할 수 있다(박종삼 외, 2002).

거시적 접근

가족복지실천의 접근방법은 거시적 접근방법과 미시적 접근방법으로 구분할 수 있다. 거시적 접근방법은 가족문제의 원인을 경제적 배분구조의 불평등성, 보건의료서비스의 취약성, 고용시장의 불평등과 불안정성 등과 같은 가족 외부의 사회경제적 요인에서 찾고, 가족이 처한 사회적 조건과 환경을 개선하여 가족의 기능을 지원 또는 보충하고, 가족의 변화를 유도하고자 하는 국가적인 차원의 노력으로, 가족복지정책의 대표적인 접근방법이다. 미시적 접근방법은 가족문제의 원인을 가족구조, 가족기능, 가족관계 및 가족생활주기라는 가족 내적 요인에서 찾고, 이러한 원인에 의해 발생하는 부부문제, 자녀문제, 가족폭력 등 가족이 겪는 다양한 문제를 다루고 가족의 변화와 가족성원의 성장을 도모하고자 하는 접근방법이다. 이러한 미시적 접근방법은 가족복지서비스라고 불리며, 가족치료, 가족교육, 가족보존 및 지원서비스, 가족계획, 가족옹호사업 등이 대표적이다.

가족복지정책
미시적 접근

가족복지서비스

일반체계이론

가족복지실천에 가장 큰 영향을 미친 이론은 일반체계이론이다. 1950년대 말에 가족치료분야에 일반체계이론이 도입되면서 가족에 대한 미시적 개입 중 가족치료적 접근방법은 일대 부흥기를 맞게 되었다. 일반체계이론에 근거하여 만들어진 대표적인 가족치료모델로는 Minuchin의 구조적 가족치료, Haley의 전략적 가족치료, Milan Group의 체계론적 가족치료(syetemic family therapy), MRI의 상호작용적 단기가족치료 등이 있다. 이러한 체계적 가족치료의 발달로 인하여 사회복지실천에서도 기존의 개인단위 중심의 서비스에서 가족을 기본단위로 하는 서비스로의 전환이 이루어지게 되었으며, 이러한 가족치료모델을 통합적으로 활용하는 가족중심적 사회복지실천이 발달하게 되었다(Hartman & Laird, 1987).

가족치료

3) 집단과 인간행동[3]

(1) 집단이 인간행동에 미치는 영향

집단의 개념

Brown(1991)과 Hartford(1971) 등의 집단에 대한 정의를 종합해 볼 때, 집단이란 '서로가 동일한 집단에 소속하고 있다는 집단의식이 있고, 공동의 목적이나 관심사가 있으며 이들 목적을 성취함에 있어서 상호 의존적이며, 의사소통, 인지, 그

---

[3] 집단 수준의 사회복지실천의 접근방법과 기법 등에 대해서는 사회복지 전공심화과정의 사회복지실천기술론 교과목에서 보다 깊이 있게 다루어질 것이다.

리고 정서적 반응을 통하여 상호작용하며, 단일한 행동을 할 수 있는 능력이 있는 2인 이상의 사회적 집합체'라고 정의할 수 있다(김종옥, 권중돈, 1993) 이러한 집단을 이해하기 위해서는 집단과정과 집단역동, 즉 집단목적, 집단지도력, 의사소통, 상호작용, 집단결속력, 집단 내의 사회적 통제기제, 집단문화, 집단발달에 대한 이해를 갖추어야 한다.

집단은 기본적 사회단위인 동시에 개인이 주요 타인과의 관계를 형성·유지할 수 있는 수단을 제공해 준다. 따라서 개인은 집단을 떠나서는 생활할 수 없으며, 집단의 한 부분으로 상호작용에 참여하면서 자아정체감을 형성하고 성취감과 좌절감을 경험하면서 성장해 나간다.

> 타인과의 관계

> 자아정체감

인간의 성장발달과정에서 얻게 되는 집단경험은 성격형성과 발달에 많은 영향을 미친다. 먼저 영·유아기에 또래와의 연합놀이나 상징놀이를 통하여 사회생활에 필요한 기초적인 도덕성이나 사회적 역할분담을 학습하게 된다. 아동기에 학급집단이나 또래집단의 구성원으로서 경험하는 여러 가지 집단활동을 통하여 규범준수, 상호협력, 자기 욕구의 통제와 관련된 기술을 습득하게 되며, 근면성 또는 열등감이라는 성격적 특성이 형성되기도 한다. 청소년기에는 집단에 참여하여 타인이 보는 자신에 대한 관점을 받아들임으로써 자아정체감 형성의 기반을 마련할 수 있게 된다. 그리고 성인기 이후에 유의미한 집단경험을 하지 못할 경우에는 고독, 소외감, 우울증 등과 같은 다양한 정신장애를 보일 가능성이 높아진다.

> 인간 발달과 집단

집단은 행동이나 성격형성에 필요한 기본적 토대를 제공해 줄 뿐만 아니라 행동이나 성격의 변화에도 많은 영향을 미친다. 개인이 집단에 참여하여 타인과 지속적인 의사소통과 상호작용을 하는 과정에서 타인의 행동이나 성격적 특성을 모방하기도 한다. 그리고 개인은 집단 내에서의 지위에 따르는 역할을 수행하고 집단규범에 순응하는 과정에서 기존의 성격유형이나 행동유형을 다른 유형으로 대치시키기도 한다.

> 행동과 성격의 변화

> 집단규범

집단은 구성원들에게 대인관계의 장을 제공하고, 집단과 개인의 목적을 달성할 수 있도록 지지함으로써 그들의 성장과 변화를 촉진하며, 다양한 심리사회적 욕구를 충족시킬 수 있는 기회를 제공한다. 하지만 집단의 과도한 사회적 통제나 왜곡된 집단문화 등으로 인하여 집단성원에게 부정적 영향을 미치고 성장과 변화를 방해하기도 한다.

> 대인관계의 장

> 집단의 부정적 영향

(2) 집단과 사회복지실천

**인보관과
청소년기관**

사회복지실천의 발달 초기의 빈곤지역에 위치한 인보관과 청소년기관에서는 시민들의 교육, 사회화 그리고 사회적응을 도모하고, 상호지지 관계를 형성하며, 사회변화를 위한 힘의 결집을 필요로 하였으므로, 집단을 매개체로 한 사회복지실천을 전개했다. 이를 기반으로 사회복지전문직의 집단사회복지실천이 발달하였다.

집단사회복지실천

집단사회복지실천은 사회복지전문직의 지식, 가치, 윤리 그리고 기술에 근거를 두고 집단 내의 개별성원, 전체로서의 집단 그리고 집단이 속한 환경의 변화와 사회적 기능의 증진을 도모하는 사회복지실천의 한 방법이다(Trecker, 1972). 집단사회사업실천의 목적은 활용하는 집단의 형태에 따라 달라질 수 있다. 치료집단을 활용한 집단사회복지실천에서는 집단성원 개인의 성장, 교육, 행동변화 및 사회화를 주된 목적으로 한다. 반면 과업집단은 조직이나 기관의 문제에 대한 해결책 모색, 새로운 아이디어의 개발, 내담자와 관련된 의사결정과 효과적인 원조전략의 수립에 목적을 둔다.

치료집단

과업집단

**집단사회복지
실천의 모형**

집단사회복지실천의 접근방법이 갖는 특성에 따라 Papell과 Rothman(1980)은 집단사회복지실천의 모형을 사회목표모형, 치료모형 그리고 상호작용모형으로 구분하고 있다. 사회목표모형(social goal model)은 시민의 사회적 의식화, 선량하고 책임있는 시민의 양성, 노동조건 개선 및 빈곤문제 해결을 위한 사회 및 정치적 행동에 목적을 두고 있는 실천모형이다. 치료모형(remedial model)은 역기능적 행동이나 증상을 보이는 성원의 치료와 재활, 개인의 문제해결에 초점을 둔 모형으로서, 성원의 변화를 위하여 전문가에 의한 조직적이고 구조화된 개입이 이루어진다. 상호작용모형(reciprocal model)은 집단성원들의 사회화와 사회 적응을 성취하기 위하여 성원 간의 지지체계 형성에 초점을 둔 모형으로서, 유사한 문제나 관심사를 지닌 성원들이 서로 협력하고 지지하여 상호이익이 되는 체계를 형성하는 데 목적을 둔다.

**집단사회복지실천
기초이론**

집단사회복지실천의 발달에 기여한 이론은 성격이론에서부터 사회체계이론에 이르기까지 매우 다양하다. 이 책에서 다루고 있는 정신분석이론, 개인심리이론, 인본주의이론 등의 성격이론들은 집단사회복지실천모형 중에서도 치료모형의 발달에 많은 기여를 하였다. 소집단이론과 사회교육이론은 사회목표모형의 발달에 많은 기여를 하였고, 실존주의이론과 일반체계이론이 융합됨으로써 상호작용모형이 등장하였다.

4) 조직과 인간행동[4]

(1) 조직이 인간행동에 미치는 영향

Parsons(1960)와 Etzioni(1964), Gortner 등(1987)의 정의를 종합하여 보면, 조직 조직의 개념 이란 특정한 목적달성을 위하여 의도적으로 구성된 사회적 단위이며, 공식화된 분화와 통합의 구조 및 과정 그리고 규범을 내포하는 사회체계라고 정의할 수 있을 것이다. 사회복지조직은 일반적인 조직과 공통적인 특성을 지니면서도 여러 가지 점에서 차이가 있다(Hasenfeld, 1983). 사회복지조직은 ① 문제나 욕구를 가진 사람 사회복지조직 과 직접 접촉하여 활동하고, ② 서비스를 받는 내담자의 복지를 증진하도록 사회로부터 위임을 받았으며, ③ 투입되는 재료가 도덕적 가치를 지닌 인간이기 때문에 조직활동에 있어서 도덕적 정당성이 확보되어야 하며, ④ 목표가 모호하고 애매한 문제가 있으며, ⑤ 가치관과 이해관계에서 갈등이 발생할 경우 외부 환경으로부터 적절한 투입을 얻기 어려워지며, ⑥ 조직의 주된 활동이 일선 부서의 사회복지사와 내담자 사이에서 주로 이루어지며, ⑦ 서비스의 효과를 확실하고 타당하게 측정할 수 있는 도구가 없다는 특성을 지니고 있다.

조직은 그 개인들을 통해서 조직목적을 성취하고, 개인은 조직을 통해서 개인 조직과 개인 적 욕구충족과 목적을 달성하려 한다. 조직과 그 구성원이 공존하고 조화로운 관계 속에서 목적을 추구한다면, 양자는 상호 간의 발전을 위하여 노력하게 될 것이며 적절한 균형을 이룰 수 있다. 그러나 조직이 목적달성을 위하여 개인을 희생시킬 수도 있으며, 반대로 개인이 자신의 목적달성을 위하여 조직의 목적을 무시할 수도 있다.

관료조직은 목표달성에 공헌하는 대인관계만을 인정하고자 하며, 언제나 합 관료조직 리성만을 내세우고 구성원의 감정은 무시하며, 명령, 압력, 강요, 통제 등을 통하여 개인에게 영향력을 행사하려는 속성을 지니고 있다(김운태, 1984). 이에 반하여 조직의 성원인 개인은 조직 속에서 자신감과 안정감을 확보할 수 있는 기회를 추구하며, 개인에게 할당된 목적을 달성하고 이에 대한 인정을 받고 싶어 한다. 이와 같이 개인의 욕구와 관료조직이 추구하는 가치 사이의 불일치로 인하여

---

[4] 사회복지조직의 운영과 관리에 대해서는 사회복지 전공심화과정인 사회복지행정론에서 상세하게 다루어질 것이다.

결과적으로 개인은 좌절감, 실패감, 갈등을 경험하고, 수동성, 순응성과 같은 부정적 성격특징을 나타내거나 심할 경우 부적응의 증상을 보이게 된다. 또는 조직 내에서 살아남고 강력한 조직의 지도력에 대응하기 위하여 공개적으로는 명령이나 강제에 순응하지만 내적으로는 말없는 집단적 저항을 표출하기도 한다(최순남, 1999). Thompson(1961)은 관료조직 내에서의 특징적인 인간행동을 관료병리(bureaupathology)라고 하면서, 규칙에 대해 과잉으로 의존하는 행동, 인간관계의 비인격성, 업무에서 사소한 권리나 특권을 주장하는 행동, 변화에 반대하는 행동 등이라고 하였다.

조직성원들은 조직 내에서 수행하는 업무나 대인관계에 대한 불만족이 누적되어 감정의 고갈, 소외, 업무와 다른 사람에 대한 관심의 상실 등과 같은 소진증후군(burnout syndrome)을 경험하기도 한다. 이러한 소진현상은 조직에서 부과한 업무의 요구가 자신의 능력으로 감당할 수 있는 정도를 초월하거나, 업무에서 오는 압박감과 스트레스에 압도당한다는 느낌이 한계점에 도달하게 되어 신체 및 정서적 고갈상태를 경험하고, 자신과 환경에 대한 부정 등과 같은 일련의 증상을 야기한다. 이러한 소진증후군은 자신을 비인간화하게 되어 절망감과 무력감에 휩싸이며 조직 내에서 부적응 행동을 표출하고, 더 나아가서는 조직의 동료나 이용자들에 대해서도 부정적 태도를 보임으로써 업무나 서비스의 질을 저하시키는 주된 요인으로 작용하게 된다(Gates, 1980).

하지만 조직이 이상에서 언급한 바와 같이 개인에게 부정적인 영향만을 미치는 것은 아니다. 조직은 조직목적을 우선시한다는 점에서는 이익사회의 특성을 지니지만 그 목적을 달성하기 위해서 구성원들 간의 결속과 협력을 중시하는 공동사회의 특성을 동시에 지니고 있다. 그리고 현대사회에서 조직은 권력분배기능, 적응기능, 사회변화기능, 사회적 결속기능 그리고 정체성 부여기능 등의 순기능을 수행한다. 개인은 이러한 조직에 소속됨으로써 혼자의 힘으로는 극복이 불가능한 불균형적 권력배분 구조를 변화시키고자 하는 동기를 증진시키고, 복잡한 사회적 현실에 적응할 수 있는 더 많은 기회를 갖게 되며, 대인관계에서의 소외를 극복하고 자율성과 자아정체감을 확보할 수 있게 된다.

(2) 조직과 사회복지실천

인간이 조직과 불가분의 관계에 있듯이, 사회복지실천이나 서비스 역시 조직과

관료병리

소진증후군

부적응 행동

이익사회와
공동사회

조직의 기능

불가분의 관계에 있다. 사회복지실천에서 제공되는 서비스는 주로 조직이라는 실천현장(setting)을 기본으로 하여 제공되며, 서비스가 이루어지는 조직에 따라 사회복지실천의 분야를 구분하기도 한다. 즉, 병원 등의 의료기관에서 이루어지는 의료사회복지, 학교를 기반으로 하는 학교사회복지, 군대조직을 기반으로 이루어지는 군사회복지 등으로 실천현장인 조직의 특성을 근거로 사회복지실천의 분야를 구분한다(권중돈 외, 2019). `실천현장`

사회복지실천에서 조직은 자원체계로 간주한다. 사회복지실천에서는 외부의 기관이나 단체 등의 조직으로부터 재정 및 인적 자원을 동원하거나 지원을 받아 내담자에게 서비스를 제공한다. 그러므로 사회복지사는 자원체계인 조직의 속성을 정확히 이해해야만 보다 효율적으로 자원을 동원할 수 있게 된다. `자원체계`

효과적인 사회복지실천을 위해서는 사회복지조직의 합리적인 운영이 요구된다. 사회복지조직은 자원을 제공하는 외부 조직의 투입을 받아 이를 내담자에 대한 서비스로 전환시켜, 내담자에게 제공한다. 이러한 사회복지조직의 투입-전환-산출이라는 과정이 효과적으로 이루어지기 위해서는 사회복지조직의 기획, 인력, 재정, 시설, 정보관리 업무가 체계적으로 이루어지지 않으면 안 된다. `조직운영`

사회복지조직은 고객서비스 조직(customer service organization)으로 내담자의 특성과 욕구, 문제에 맞춰 개별화된 서비스를 제공하는 것을 1차적인 목적으로 삼고 있기 때문에, 조직의 주된 활동이 일선 부서의 사회복지사와 내담자 사이에서 주로 이루어진다. 따라서 일선 부서에서 내담자와 직접적 관계를 맺고 서비스를 제공하는 사회복지사가 소진되어 있거나, 조직과의 부적응을 경험할 경우 사회복지조직 자체의 목적달성이 어려워질 뿐만 아니라 내담자의 삶의 질에 부정적인 영향을 미칠 수 있다. 그러므로 사회복지조직에서는 조직이 어떻게 기능하는지를 스스로 또는 외부의 전문가에게 의뢰하여 평가하고, 사회복지사들이 조직의 일부분으로 조직과 조화를 이룰 수 있도록 조직관리 운영 업무를 성공적으로 이행해 나가야 한다. `고객서비스 조직` `내담자의 삶의 질` `조직 관리운영`

5) 지역사회와 인간행동[5]

(1) 지역사회가 인간행동에 미치는 영향

지역사회의 개념

Bernard(1973)와 Ross(1967) 등의 정의들을 종합해 보면, 지역사회란 다른 지역과 구별될 수 있는 경계를 갖고 독립적인 일정 지역에 모여 살면서, 상호작용을 통해 서로의 생활에 도움을 주며, 같은 전통, 관습 및 규범, 그리고 가치 등을 공유하는 공동체라고 정의할 수 있다. 이러한 지역사회는 생산·소비·분배, 사회화, 사회통제, 사회통합 그리고 상호지지의 기능을 수행한다.

지역사회의 기능

사회화

지역사회의 기능은 개인의 성격형성과 행동발달에 중요한 영향을 미친다. 먼저 개인은 사회화과정에서 사회적 가치나 사회적으로 수용 가능한 행동양식을 전수받는 관계에 있으므로, 지역사회의 유산이 성격에 녹아들게 된다. 지역사회는 구성원들에게 사회규범에 순응하도록 요구하게 되는데, 이 과정에서 개인은 규범을

행동 통제

사회적 지지

내면화하고, 자신의 행동에 대한 통제력을 증진시킬 수 있게 된다. 그리고 지역사회 성원들 간의 협력, 결속, 사회적 지지를 통하여 사회적 소외를 극복하고 이타성이라는 성격적 특징을 발달시킬 수 있게 된다.

적합성

Germain(1987)은 지역사회의 물리적 환경과 사회적 환경이 적절히 갖추어지지 못할 경우 개인은 환경과의 적합성을 확보하지 못하게 되므로, 부적응이나 문제에 직면하게 된다고 하였다. 특히 현대사회가 점차 이질적 문화를 가진 하위집단으로 분리되고, 계약에 의한 공식적 인간관계로 변화되어 가고, 협력보다는 경쟁, 결속보다는 분리, 상호지지보다는 개인적 성취를 강조하는 사회로 바뀌어 감에 따라

비인간화
사회부적응

개인은 더욱 소외되어 가고 비인간화되고, 다양한 사회부적응 문제를 일으키는 경우가 많아지고 있다. 복잡하고 이질적이며 경쟁적인 도시환경에서 생활할 경우에는 유의미한 정의적 관계를 형성하지 못하고 일시적이며 비인격적 교류가 많아짐으로써 사회적 소외현상을 경험할 가능성이 높아지며, 범죄, 자살, 정신장애 등의

사회병리

사회병리를 일으킬 가능성도 높아지고 있다. 그리고 공동사회의 특성을 아직도 유지하고 있는 농촌사회에서 생활할 경우에는 마치 시대적 흐름을 쫓아가지 못하는

부정적 자아개념

사회적 실패자라는 느낌을 갖게 되어, 부정적 자아개념을 형성하거나 낮은 수준의

---

5) 지역사회의 특성과 사회복지실천의 개입방법에 대해서는 사회복지교육 전공심화과정인 지역사회복지론에서 상세히 다루어질 것이다.

자아존중감, 유능성을 보일 가능성이 높아지고 있다.

(2) 지역사회와 사회복지실천

지역사회는 중요한 사회복지 실천현장인 동시에 자원이며, 사회복지실천의 주
요 개입대상이다. 사회복지실천에서 내담자의 문제를 해결하기 위해서는 다양한
기관과 전문인력의 참여가 필수적이다. 이들 기관과 전문인력의 원조활동은 주로
지역사회를 기반으로 하여 이루어지기 때문에 지역사회는 사회복지실천의 중요한
현장이 되며, 지역사회를 기반으로 한 사회복지실천을 지역사회복지라고 부른다.

내담자가 어떤 욕구가 충족되지 않거나 문제가 해결되지 않을 경우에 가장 먼저
가족에게 도움을 요청하며, 가족의 도움으로 문제가 해결되지 않을 경우 친구, 이
웃 등의 순으로 원조를 요청하게 된다. 이러한 비공식적인 사회관계망의 원조로
문제가 해결되지 않을 경우 내담자는 사회복지기관에 원조를 요청하게 된다. 그러
나 사회복지사의 개입과 원조만으로는 내담자의 문제를 해결하는 데 한계가 있을
수 있으므로, 사회복지사는 지역사회 내에 존재하는 내담자의 사회관계망을 연계
시키고 조직화하며, 그 역량을 강화하고, 사회관계망의 물질적, 도구적 그리고 정
서적 지지 기능을 강화하여야만 내담자의 문제를 보다 효율적으로 해결할 수 있
다. 이와 같이 사회복지실천에서 지역사회는 내담자의 문제해결에 필요한 중요한
자원과 지지를 제공하는 기능을 수행한다.

지역사회는 사회복지실천의 중요한 장인 동시에 자원제공의 기능을 담당하지
만, 지역사회 자체가 개입의 대상이 되기도 한다. 즉, 지역사회는 보다 안정된 상
태를 유지하고, 긍정적인 변화를 도모하고자 하는 욕구와 해결을 필요로 하는 문
제를 지니고 있다. 따라서 지역사회는 사회복지실천의 개입이나 원조의 대상이 되
어야 한다. 지역사회복지실천은 이상적인 지역사회를 실현하기 위한 일체의 사회
적 노력(박태영, 2003)이며, 전통적으로 개인 수준의 개입, 집단수준의 개입과 아울
러 사회복지실천의 3대 방법론으로 간주되어 왔다. 이러한 지역사회복지실천에서
는 지역문제나 지역주민의 욕구충족을 지원하고 지역사회의 변화를 도모하기 위
하여, 다양한 개입모형을 활용하지만 지역사회개발, 사회계획 그리고 사회행동 모
형이 대표적이다. 지역사회개발(locality development) 모형은 지역사회 개발의 계
획과 주민의 참여를 강조하는 모형이다. 즉, 주민들이 스스로 문제를 해결할 수 있
는 능력을 강화시키는 데 역점을 두고 문제 파악 및 해결과정에 주민의 참여를 적

사회계획 모형　극적으로 조장한다. 사회계획(social planning) 모형은 지역사회 내의 문제를 해결하기 위한 전문적인 기술과정을 강조하는 모형이며, 사회복지실천가는 지역사회 내의 하위집단들 간의 이해관계 갈등에 대해 전문적 지식과 기술을 활용하여 개입하여 해결한다. **사회행동 모형**　사회행동(social action) 모형은 사회적으로 소외되고 박해받고 있는 특정집단의 권익을 대변하고 이들의 문제를 해결하고자 하는 모형으로서, 지역사회 내 또는 더 넓은 범위의 사회 내에 존재하는 권력관계와 자원의 변화를 도모하고, 기존 사회제도의 근본적인 변화를 추구한다. 이러한 목적을 달성하기 위하여 협상, 항의, 시위, 청원 등의 다양한 수단을 활용한다.

6) 문화와 인간행동[6]

(1) 문화가 인간행동에 미치는 영향

문화의 개념　Tylor(1958)는 문화를 '사회성원으로서 인간이 습득한 지식, 믿음, 예술, 도덕, 법, 관습, 기타 모든 능력과 습관의 복합적 총체'라고 규정하고 있다. 문화라는 용어와 혼용되거나 Tylor처럼 동의어로 간주하고 있는 용어는 문명(civilization)이다. **문명과 문화**　문화가 비물질적이고 정신적인 인간의 포괄적인 생활양식을 의미한다면, 문명은 주로 물질적으로 생활이 편리해지거나 기술적으로 진보하는 상황을 더욱 강조한다.

인간은 물리적 환경, 사회적 환경뿐 아니라 문화적 환경으로부터 지대한 영향을 받는다. **적응양식**　문화는 개인이 습득해야 하는 기존의 적응양식을 제공해 줄 뿐만 아니라 **행동지침**　개인에게 일상생활의 구체적인 행동지침을 제공해 주고, 개인의 행동을 인도하기도 하며 통제하기도 한다. 그리고 문화는 개인이 주변 상황이나 자극을 해석하는 방식을 제공해 주며, 개인의 자아를 풍부하게 해 주고 자기실현의 길을 열어 주는 **자기실현**　기능을 한다. **사회통합**　또한 문화가 사회통합의 길을 열어 주기도 하지만, 문화적 이질성으로 인한 문화갈등으로 대인관계상의 긴장이나 갈등의 단초를 제공하고, 특정계층에 **억압과 소외**　대한 억압과 인간 소외의 원인적 요소가 되기도 한다.

문화결정론　인간에 대한 문화의 영향력을 중시하는 관점은 White(1959)의 문화결정론적 시

---

6) 문화와 관련된 세부적 논의와 사회복지실천의 개입방법은 사회복지교육 전공심화과정인 다문화사회복지론에서 더 상세히 다루어질 것이다.

각이다. 그는 인간은 문화의 산물이며, 인간행동은 문화에 대한 반응이라고 하여 문화에 의해 개인이 어떻게 생각하고, 느끼며, 행동할지가 결정된다고 보고 있다. 이와 같이 문화는 사회구성원들의 행동을 인도하고 제한한다.

개인은 자신이 속한 사회의 문화에 내재된 가치, 규범, 신념체계 등을 내면화하는 사회화의 과정을 통하여 사회체계에 통합되어 간다. 이러한 사회화의 과정에서 개인은 특정 사회에서 바람직한 것으로 인정되는 역할과 태도, 행동양식과 가치들을 학습하게 된다. Kardiner(1967)는 문화가 개인의 사회화에 필요한 다양한 조건을 결정하는 데 많은 영향을 미친다고 주장하였다. **사회화**

이러한 사회화 과정에서 특정 사회의 문화를 공유한 사람들은 개인적 차이는 있지만 공통된 문화의 영향으로 인하여 유사한 성격을 지니게 된다. 이와 같이 동일 문화권에 속하는 성원의 대다수가 갖는 성격구조를 사회적 성격(social character)이라고 한다. 한국인 특유의 사회적 성격은 가족주의, 감투지향의식, 상하서열의식, 친소구분의식, 공동체 지향의식을 특징으로 하는 전통적 한국문화에 근거하여 형성된 성격이다(최재석, 1985). 그러나 1960년대 이후 한국사회의 급격한 사회변동으로 인하여 인본주의, 권위주의와 집단주의를 중시하는 전통문화가 물질주의, 평등주의, 개인주의로 변화됨으로써 한국사회의 사회적 성격을 어떻게 규정해야 하는가에 대해 많은 혼란을 경험하고 있다(임희섭, 1995). **사회적 성격**

한국사회는 전근대 문화, 근대문화, 탈근대문화가 공존(진중권, 2007)하고 있는 관계로, 한국문화의 특성을 한마디로 간추려 말하기는 어렵다. 그러나 전근대부터 지금까지 이어져 남아 있는 한국문화의 특징으로는 ① 정신적 유대감인 정(情), ② 마음의 상처인 한(恨), ③ 사회적으로 구성된 이미지인 체면(體面), ④ 의사소통 유형인 눈치, ⑤ 개인보다 가정을 중시하는 가족주의의식, ⑥ 인간관계상의 사적 유대를 중시하는 연고주의, ⑦ 상대와 나를 동질화시키려 하는 동류의식, ⑧ 자존감 유지와 책임회피 성향이 결합된 핑계, ⑨ 상대의 입장과 심정을 배려한 의례성이 강하게 나타나는 특성을 지니고 있다(최옥채 외, 2020). 이와 아울러 최근에는 남녀차별, 엄격한 상하위계와 신분차별, 지위와 명성 추구, 물질주의, 높은 교육열과 학식 존중 등과 같은 특징도 함께 공존하고 있다(구정화, 2011). 이러한 우리 문화의 특성은 개개인의 사고, 감정, 행동뿐만 아니라 일상생활에도 지대한 영향을 미치며, 유사한 문화적 경험을 가진 한국인들의 사회적 성격형성에도 영향을 미치고 있다. **한국문화의 특징**

Nisbett(2004)은 이러한 동양인과 서양인의 사고방식의 차이는 서로 다른 생태환경에 근본적인 원인이 있으며, 상이한 생태환경이 경제, 정치, 사회적 체제의 상이성을 초래하게 되고 그 속에서 성장한 사람들은 서로 다른 사고방식을 갖게 된다고 보고 있다. 그러면서 그는 어떤 문화권의 사고방식이든 그 문화권에 속한 사람들에게는 정당한 것으로 어떤 문화의 사고가 옳고 그르다고 할 수 없다고 하였다. 또한 그는 동양문화와 서양문화 간의 차이가 더 심해질 것이라는 관점이나 동양문화가 서구문화로 통합될 것이라는 주장보다는 상호 간에 교류가 넓어지면서 서로 수렴되어 감으로써 두 가지 문화를 동시에 지닌 이중문화적 속성을 지니게 될 것이라고 하였다. 현대 동양사회가 지나치게 서구화(김명진, 2012)된 관계로, 현대 한국인들 역시 동양과 서양의 두 가지 문화의 속성을 동시에 지니고 있으며 어떤 경우에는 한국인처럼 행동하고 어떤 경우에는 서양인처럼 행동하는 경향이 점차 강해지고 있다.

동서 문화

이중문화

(2) 문화와 사회복지실천

문화가 개인의 행동과 삶속에 내재되어 있는 관계로 내담자나 그를 둘러싼 사회체계의 문화를 이해하지 않고서는 적절한 문제해결을 위한 방안을 제시하기 어려우므로, 문화적으로 민감한 사회복지실천이 이루어져야 한다. 사회복지실천에서 접촉하게 되는 개인, 가족, 집단, 지역사회 등은 다양한 문화를 지니고 있으며, 이들의 문화는 사회복지사 자신과는 다른 문화일 수 있다. 그러므로 사회복지사는 자신이 경험하고 자신에게 내재되어 있는 문화를 정확히 이해하고 자신의 문화와 다른 문화에 대해서도 수용적 태도를 취할 수 있는 문화적 역량을 길러야 한다. 그럴 때만이 사회복지사 자신만의 문화를 고집하지 않고 내담자의 문화적 특성을 내담자의 관점에서 이해할 수 있게 될 것이며, 문화적 차이에서 오는 윤리적 딜레마를 해결해 나갈 수 있을 것이다(최옥채 외, 2020).

문화적 감수성

사회복지사의 문화

내담자의 문화

우리나라 사회복지실천에서 다민족국가인 미국 등과 같이 문화적으로 민감한 사회복지실천에 관심을 갖게 된 것은 비교적 최근의 일이다. 이와 같이 문화에 둔감한 사회복지실천에서 문화에 민감한 사회복지실천으로 전환된 계기는 결혼이주여성, 외국인 노동자, 북한이탈주민 등의 입국으로 인한 다문화사회로의 전환과정에서 찾을 수 있다. 따라서 교차문화적 연구와 문화적 민감성에 기반한 실천이 매우 중시되지만, 아직도 우리 사회에는 민족중심적 단일문화주의를 바탕으로 다른

다문화사회로의 전환

민족중심적 단일문화주의

문화에 대한 배제와 차별, 억압을 가하는 경우가 자주 나타나고 있으며, 문화다원 문화다원주의
주의에 입각한 다양한 문화의 공존과 통합을 위한 노력은 부족한 상황이다. 그 결
과로 외국인 노동자를 대상으로 한 임금체불, 폭행, 열악한 노동 및 거주환경 제공
등과 같은 차별적 처우, 결혼이민자에 대한 차별과 학대, 문화동화에 대한 강요 그
리고 북한이탈주민을 '이등국민' 취급하는 등 문화에 따라 차별적으로 처우하고 인 문화적 차별
간존엄성을 침해하는 행위들이 일어나고 있다(최명민 외, 2009). 더 나아가 다른 민
족과 문화에 대해서 이중적 모습을 보이기도 하는데, 백인민족과 유럽문화를 부러
워하면서 동남아시아나 아프리카계열의 민족과 문화를 무시하고 함부로 대하기도
한다(구정화, 2011). 뿐만 아니라 같은 한국문화 내에서도 주류문화와 비주류문화 주류문화와
비주류문화
를 구분하고, 성, 연령, 출신배경, 지역, 학력, 외모 등에 따라 차별하고 배타적 태
도를 보이는 경우도 많이 있어, 문화와 소수자집단에 대한 차별과 분리현상이 매 소수자집단
우 심하다.

그럼에도 불구하고 우리의 사회복지실천에서는 문화적 영향을 비중 있게 다루
지 못하고 있다. 다문화적 관점에 근거한 사회복지실천을 하고 있는 경우로는 건 다문화사회복지
강가정 다문화가족지원센터 등과 다문화프로그램을 운영하는 일부 사회복지기관
에 국한되어 있는 실정이다. 따라서 앞으로 문화적 감수성을 갖춘 사회복지실천
이 더욱 강화되어야 할 것이다. 뿐만 아니라 사회복지 교육과 실천현장에서 아직
도 서구문화권에서 개발된 사회복지 지식과 기술을 수용하여 활용하는 경우가 지
배적인 관계로, 앞으로 우리 문화에 적합한 형태로 변용하거나 우리 특유의 문화
가 개인에게 미치는 영향을 규명하기 위한 노력과 한국문화에 근거한 사회복지실
천 지식이나 기술들을 개발하기 위한 노력을 경주해 나가야 할 것이다.

7) 가상공간과 인간행동

(1) 가상공간이 인간행동에 미치는 영향

가상공간이란 통신망으로 연결된 컴퓨터나 스마트폰 등을 이용하여 상호 간에 가상공간의 개념
정보나 메시지 등을 주고받는 눈에 보이지 않는 활동 공간이나 영역으로서, 장소
와 물질에 기반한 현실세계와 구분되는 공간을 의미한다. 가상공간은 컴퓨터가 만
들어낸 생활공간이다. 가상공간에는 수많은 커뮤니티와 동호회 등 인간의 관계적 생활공간
욕구 실현을 위한 가상공동체뿐만 아니라 정보교류나 공유를 주목적으로 하는 기 기능적 공동체

능적 공동체가 형성되고 있으며, 사이버 상거래나 사이버 쇼핑몰 등 가상공간을

가상결사체　이윤창출의 매체로 활용하려는 공리적 목적의 가상결사체 또한 발달되어 있으므로, 가상공간은 총체적 생활공간이다.

최근 스마트폰의 보급, 소셜네트워크서비스(SNS)의 발전이 이루어지면서 가상공간의 변화는 더욱 커지고 인간의 삶에 대한 영향력 또한 심화되고 있다. 가상공

생활방식의
전면적 변화　간은 인간의 행동뿐만 아니라 삶 전반에 강한 영향을 미치며, 생존과 생활방식의 전면적 변화까지도 요구하고 있다.

가상공간의 영향　가상공간은 인간행동과 삶에 긍정적 측면과 부정적 측면의 영향을 미친다. 가상공간이 가상공동체로서의 속성을 갖게 되었을 때 인간에게 미치는 긍정적 영향으로는 정보 교환과 공유의 촉진, 소속감 강화와 안정된 정체성의 형성, 정서적 유대, 일반대중 의견수렴과 담론화를 통한 전자민주주의의 실현, 자유와 평등의 보장, 다양한 태도와 역량강화의 기회를 제공해 준다. 그러나 반대로 자신의 역할에 대한 책임회피, 통합된 자아정체성 형성 방해, 객관적 자아개념 형성의 어려움, 몰인간화 현상, 정보의 독점, 빈부 및 계층 간 격차 심화 등의 부정적 영향을 미치기도 한다(류상렬, 2004).

가상공간의 문제　현실 생활공간의 문제점이 고스란히 가상공간에서도 나타나고 있다. 즉, 가상공간은 절도, 사기, 엿보기, 강탈, 협잡, 사생활 침해, 각종 음모 등이 난무하는 등 인간의 부적응적이고 역기능적 행동들이 옮겨 앉은 사회공간이기도 하다. 그리고 가상공간의 등장으로 인하여 사이버 채팅중독, 사이버 섹스 중독, 폭력성 게임중독, 배타적 소집단 간의 갈등, 정보과잉으로 인한 정신비만 등의 정신건강문제와 소위 키보드 전사(keyboard warrior)에 의한 가혹하고 잔인한 악성루머의 양산, 인신공격, 불건전한 사상의 유포 등과 같은 사회통합을 저해하는 행동들이 더욱 심화되고 있는 실정이다(Wallace, 2001; 박경철, 2011). 이러한 가상공간의 긍정과 부정의 영향으로 인해 정보사회가 진행될수록 다가올 미래사회가 유토피아(utopia)가 될지, 디스토피아(distopia)가 될 것인지에 대한 논쟁은 지속될 것이다(구정화, 2011).

(2) 가상공간과 사회복지실천

가상공간, 즉 디지털세계의 발달로 인하여 사회복지실천에도 많은 변화가 일어나고 있다. 정보기술의 발전으로 인하여 사회복지실천에서는 ① 내담자들이 필

정보기술과
사회복지실천　요로 하는 정보를 시간과 공간에 제한되지 않고 제공하며, ② 내담자의 욕구와 정

보를 효율적으로 파악하고 처리하며 기록할 수 있게 되었으며, ③ 기관이나 시설 운영과 관리의 효율성이 제고되었으며, ④ 내담자의 서비스 접근성을 증진하고, ⑤ 가상공간에서의 상담과 치료, ⑥ 사회복지 정책에 대한 다양한 의견수렴과 대안모색이 가능해지는 등의 긍정적 변화가 나타나고 있다. 하지만 현재 사회복지실천에서는 주로 가상공간의 발전에 따르는 과실이나 혜택을 향유하는 데는 적극적이지만, 가상공간이 인간에게 미치는 영향을 규명하거나 그 부정적 영향을 경감하고 해결하는 데는 관심이 낮은 편이다.

현재 사회복지실천에서 가상공간과 관련되어 일어나는 문제 중에서 비교적 관심이 높은 분야는 게임중독, 사이버 섹스 중독, 스마트폰 중독 등과 같은 사이버 중독분야이다. 사이버 중독은 환자 개인의 특성과 환경에 의해 야기되기도 하며, 정보산업 발전의 역기능이라는 외적 요인이 복합적으로 작용하여 만들어내는 문제이다. 현재 사회복지실천에서 사이버 중독을 치료하기 위하여 사용하는 치료적 접근방법으로는 개인수준의 인지행동치료가 가장 많이 활용되고 있으며, 그 외에 가족치료, 집단치료 등이 활용되고 있다. 그리고 내담자와 대면하지 않고 온라인 상담과 치료를 실시하기도 한다.

사이버 중독

그러나 정보산업기술의 발전이 인간에게 미치는 영향이나 현실사회의 문제와 가상공간에서 나타나는 문제의 연관성 등과 같은 거시적 관점에서 가상공간의 병리를 분석하고 이를 가상공간이라고 하는 사회적 생활공간의 변화를 도모하기 위한 사회복지 정책 방안의 연구는 미진한 실정이다. 따라서 사회복지실천에서는 가상공간에서 개인이 경험하는 문제의 해결뿐만 아니라 인간에게 부정적 영향을 미치는 가상공간 자체의 변화를 위한 방안을 적극적으로 모색해 나가야 할 것이다.

가상공간의 병리

생각해 보아야 할 과제

1. 청소년기인 고등학생에서 청년기인 대학생으로 전환되는 과정에서 자신이 겪고 있는 발달 상의 스트레스가 무엇이며, 이에 대처하기 위해 사용하고 있는 방안은 무엇인지 살펴보시 오.

2. 소설, 영화, 드라마, 웹툰 등에 등장하는 인물의 성격을 분석해 보고, 그러한 성격이 어떤 요 인에 의해 형성되었는지 추론해 보시오.

3. 장애인이나 노인 등 사회적 보호를 필요로 하는 사람들을 시설이 아닌 지역사회에서 보호 하고 재활서비스를 제공함으로써 얻을 수 있는 이점에 대해 토론해 보시오.

4. 우리 사회의 혈연, 지연, 학연 등의 연고주의와 가족주의 의식이 갖는 긍정적 측면과 부정적 측면에 대해 토론해 보시오.

5. 귀하가 가상공간에서 주로 어떤 활동을 하고 있으며, 이러한 가상공간에서의 생활이 현실 공간에서의 생활에 미치는 긍정적 영향과 부정적 영향에 대해 토론해 보시오.

제2부

인간 발달과 사회복지실천

제3장

태내기와 영아기

1. 태내기와 영아기의 신체적 발달의 양상을 이해한다.
2. 태내기와 영아기의 심리적 발달의 양상을 이해한다.
3. 태내기와 영아기의 사회적 발달의 양상을 이해한다.
4. 사회복지실천에서 태내기와 영아기의 발달과 관련하여 관심을 기울여야 할 영역을 이해한다.

인간 발달은 수정의 순간부터 시작되며 출생 이전과 이후의 발달 양상과 환경은 전혀 다르므로 이 책에서는 태내기(胎內期)를 별도의 인간 발달 단계로 구분하여 논의하고자 한다. 또한 출생 후 첫 6년 동안의 발달을 하나의 단계로 통합하여 논의하기도 하지만, 이 기간은 신체 · 심리 · 사회적 측면에서 급격한 변화가 일어나는 시기이므로 몇 개의 세부 단계로 논의하는 것이 더 바람직할 것이다. 따라서 이 책에서는 3세 이전과 이후의 발달 사이에 많은 차이가 난다는 발달심리학의 연구(신명희 외, 2013; 정옥분, 2004)와 영유아보육법을 기준으로 출생부터 3세 이전까지를 영아기(嬰兒期)로 구분하되, 출생 전 태내기 발달의 연속이라 볼 수 있지만 생리적으로 독립된 존재로 발달해 나가야 하는 생후 1개월간은 신생아기(新生兒期)를 별도로 구분하여 논의하고자 한다.

태내기

영아기
신생아기

1 태내기의 발달

1) 태아의 발달

생명의 시작
　　인간의 생명은 부부간의 성적 관계를 통하여 남성의 정자와 여성의 난자가 결합됨으로써 시작된다. 여성의 배란기를 전후해 질(膣) 속에 사정된 정액 속의 2~5억 개의 정자가 난자와 결합하여 23쌍의 염색체를 가진 새로운 개체, 즉 수정란을 형성하게 된다. 이러한 과정을 수정이라 하며, 새로 생겨난 단일세포를 접합자(zygote)라 부른다.

임신기간
　　수정란 또는 접합자는 어머니의 자궁 속에서 34~40주, 평균 38주(266일) 동안 성장한다. 태내기는 의학적으로 ① 수정란이 자유롭게 떠다니다 자궁에 완전히 착상하여 모체와 의존관계를 확립하는 1~2주간의 발아기(germinal period) 또는 난체기, ② 중요한 신체기관과 신경계가 형성되는 수정 후 3~8주 동안의 배아기(embryonic period), ③ 수정 후 3개월부터 출생까지의 시기인 태아기(fetal period)로 구분한다(김태련 외, 2004; 송명자, 2008). 그러나 이 책에서는 논의의 편의상 임신기간을 3개월씩 3단계로 구분하여 태아의 발달을 살펴보고자 한다.

발아기
배아기
태아기

(1) 임신 1단계의 발달

착상
　　수정된 접합자는 수정 후 짧게는 1~2주 정도가 지나면 자궁벽에 부착되어 착상된다. 그러나 접합자의 58% 정도는 착상에 실패하며, 난관, 난소, 자궁경부, 자궁

자궁 외 임신
양막주머니
각 등에 착상하기도 하는데 이를 자궁 외 임신이라 한다(정옥분, 2004). 착상 후 3주 동안에는 외부 충격을 방지하고 적정 온도를 유지해 주는 역할을 하는 양막주머니가 형성된다. 그리고 어머니의 신체와 태아를 연결하고, 성인에게 적합한 물질을 태아에게 적합한 물질로 변형하고, 태아에게 유해한 물질의 침입을 막아 주고 노

태반
폐물을 배설하는 태반(placenta)도 형성된다.

배아기
　　임신 후 3~8주 사이인 배아기에는 빠르게 세포분열이 일어나므로 발달을 방해하는 사건이 발생하게 되면, 태아는 영구적인 손상을 입게 된다. 이 시기에 수정된 접합자의 내세포는 외배엽, 중배엽, 내배엽의 3개 층으로 분화되며, 유사세포가 조직화되어 긴 원통형의 신체, 뇌와 심장의 원형이 형성된다. 임신 2개월 말경에

는 입, 눈, 귀, 팔다리, 손발이 형성되어 인간의 모습에 가까워지고 무게는 2.25g, 몸길이는 28mm로 성장하게 된다.

임신 3개월 무렵 태아의 몸길이는 7~8cm, 무게는 14g 정도이며, 머리가 전체 몸길이의 1/3 정도를 차지하고, 생식기관이 극적으로 분화된다. 3개월 된 태아는 자유롭게 움직이며, 파악반사와 바빈스키반사 등의 반사행동도 한다.

생식기관

(2) 임신 2단계의 발달

이 시기 태아의 크기는 7~8cm에서 25cm 정도까지 성장하고, 몸무게는 약 30g 에서 900g까지 증가한다. 임신 4개월경의 태아는 빨고 삼키기 시작하는데, 탯줄과 입을 통해 양수를 흡입하여 필요한 영양분을 흡수하며, 단맛을 선호하는 경향이 있다. 이때 임산부는 가벼운 태동을 느낄 수 있게 된다.

태동

임신 5개월 말부터 태아는 하루에 2~3cm 정도의 급성장을 하며, 어머니의 자 궁을 복강까지 밀고 올라온다. 피부가 두꺼워지며, 등이나 팔다리에 털이 나고, 머 리카락과 눈썹이 형성된다. 또한 태동을 매우 활발하게 하는데, 이것이 출생 이후 의 반사운동의 기초가 된다. 임신 6개월경에는 감각수용기의 발달로 촉각에 민감 해지고, 근육 움직임에 의한 접촉을 인식할 수 있게 된다. 쓴맛에 반응하여 혀를 내밀기도 하며, 빛에도 반응을 보인다. 임신 25주경에는 영양분의 흡수와 배설, 엄 지손가락 빨기, 휴식 등을 하지만 자궁 밖에서의 생존 가능성은 없다.

급성장

반사운동
감각수용기

(3) 임신 3단계의 발달

이 시기에 태아는 약 50cm에 3.2kg 정도까지 성장하며, 중추신경계의 성숙도 함께 이루어진다. 30주 정도가 지나면 신경계의 조절능력이 생기며 조산아보육기 (incubator)에서의 생존이 가능해지므로 임신 210일을 생존가능연령이라고 부른 다. 이러한 생존가능연령은 의학의 발달로 점점 짧아지는 추세이다. 9개월 말에는 태반이 퇴화되기 시작하므로, 어머니의 항체가 태아의 혈액에 유입되어 출생 후 몇 개월 동안 태아는 질병에 대한 저항력을 갖게 된다. 태반은 900g 이상 커질 수 없고, 태아의 머리는 자궁경부의 최대 확장치 이상으로는 커질 수 없기 때문에, 대 략 38주가 되면 분만하게 된다.

중추신경계

생존가능연령

태반의 퇴화

분만과정은 초산부(初産婦)의 경우에는 14시간, 경산부(更産婦)의 경우에는 8시 간 정도 소요된다. 대개 출산 10~14일 이전부터 태아의 머리가 골반 부위로 내려

분만과정

오면서 나타나는 불규칙적인 자궁수축으로 인한 가진통(false labor)을 경험하게 된
다(Newman & Newman, 1987). 대개 임산부가 3~5분 간격으로 강하고 불규칙적인
자궁수축으로 인한 진통을 느끼면 실질적인 분만과정이 시작된다.

분만과정은 크게 3단계로 구분할 수 있다. 제1단계는 자궁수축이 일어나는 시
점부터 시작하여 자궁경부가 태아의 머리를 통과할 수 있을 정도(10~12cm)로 열
릴 때까지로, 개구기(開口期)라 한다. 제2단계는 자궁경부가 완전히 열린 다음 진
통과 복압(腹壓)의 작용으로 태아를 출산하기까지의 기간으로 출산기(出産期)라 한
다. 제3단계는 태아의 분만 후 자궁수축을 통해 태반과 양막주머니가 방출되는 기
간으로 후산기(後産期)라 하며, 5~10분 정도의 시간을 말한다.

진통

개구기
출산기

후산기

2) 태아의 발달에 영향을 미치는 요인

(1) 유전적 요인의 영향

유전은 인간의 발달한계, 특히 신체적 성숙과 관련된 한계를 설정하지만, 유전
적 요인에 의해 선천성 이상(先天性 異常)이나 비정상적 발달을 초래하기도 한다.
유전적 요인에 의해 나타나는 주요 발달장애를 제시하면 〈표 3-1〉과 같으며, 그
외에 겸상 적혈구 빈혈증, 흑내장성 지진아, 갈락토스 혈증, 간렌스핵변증, 글리코
겐병, 왜인증, 원발성 혈당감소증, Rh-부적합증 등이 있다.

발달한계
선천성 이상

표 3-1 | **유전적 요인에 의한 주요 발달장애**

발달장애	유전적 원인과 발달 특성
터너(Turner) 증후군	X염색체가 1개이며 전체 염색체 수가 45개인 성염색체 이상으로, 외견상 여성이지만 여성호르몬의 부족으로 2차 성징(性徵)이 나타나지 않는다. 난소가 기능을 제대로 하지 못하여 생식을 하지 못하며, 목이 가늘고 키가 작다.
클라인펠터 (Klinefelter) 증후군	XXY, XXXY, XXXXY 성염색체를 가지고 있어 남성의 특성이 약하고, 사춘기에 가슴과 엉덩이가 커지는 등 여성적인 2차 성징이 나타난다. 고환이 미성숙하여 정자의 생산이 불가능하므로 생식이 불가능하다.
X염색체 결함증후군	여성보다 남성에게서 더 많이 발생하고, 얼굴이 길고, 당나귀 귀의 모양을 하고 있으며, 고환이 비대하다. 지적 장애, 언어장애, 자폐 스펙트럼 장애 등의 장애가 나타나기도 한다.

다운증후군	몽고증이라고도 불리며, 23쌍의 염색체 중 21번 염색체 이상에 의해 유발되며, 머리가 작고 뒷머리는 납작하며, 팔다리가 짧고 통통하다. 지능은 40~60 정도이지만, 성격이 밝고 다정하며 쾌활하여 사교성이 좋다.
혈우병	혈액이 응고되지 않는 선천적 장애로, 성염색체인 X염색체의 이상에 의해 발병되며, 질병 저항력이 약하다.
페닐케톤뇨증 (PKU)	페닐알라닌이라는 단백질 분해효소가 결여되어 소변에 페닐피부르산이 함유되어 배출되는 증상이다. 금발, 백안, 치아 사이가 많이 벌어져 있으며, 굽은 자세, 운동과다, 떨거나 반복적 손가락 놀림이 특성이다.

유전적 요인에 의한 발달장애를 조기에 예방하기 위해서는 ① 조상의 유전병을 조사하는 가계도 분석, ② 부모의 유전병, 부모의 연령조사 등 부모에 대한 조사, ③ 임산부의 양수에 포함된 태아의 세포를 검사하는 양수검사, 그리고 ④ 가는 튜브를 자궁에 삽입하여 융모막 조직을 채취하는 융모막검사와 같은 방법을 활용할 수 있다. 발달장애 예방

(2) 환경적 요인의 영향

태아의 발달에 영향을 미치는 요인으로는 환경호르몬, 방사선 등의 외부 환경적 요인이 있을 수 있지만, 임산부의 인구사회적 특성, 건강 상태, 정서 상태, 생활 습관 등이 매우 중요한 영향을 미친다. 일반적으로 여성의 가장 바람직한 임신연령은 23~28세이며, 의학적으로 35세 이후의 출산을 노산(老産)이라 한다. 노산의 경우 자연유산, 임신중독증, 난산(難産), 미숙아 출산, 다운증후군의 비율이 높아진다. 특히 30세 이전에 출산을 할 경우 다운증후군의 발생빈도는 1/1000이지만, 30대 후반에는 1/220, 40대 후반에는 1/25로 높아지게 된다(Shafer & Kuller, 1996). 임산부 연령

임산부의 분만 횟수도 태아에 많은 영향을 미치는데, 첫 출산 시에는 자궁과 태반 간의 혈액 흐름의 속도가 느리기 때문에, 출산합병증이 상대적으로 많이 발생한다. 임산부의 생리적 기능 상태 또한 영향을 미치므로 임신기간 중에는 평상시보다 15~30%(300~500cal) 정도 더 섭취하고, 칼슘, 단백질, 철분, 비타민 등을 충분히 섭취해야 한다. 영양섭취가 매우 불충분한 경우에는 미숙아의 출산 가능성이 높아진다. 분만 횟수
영양상태

임산부의 질병은 태아의 발달지체나 장애를 유발할 수 있는 중요한 요인이다. 임신 3개월 이전에 임산부가 풍진에 감염된 경우 시각장애나 청각장애, 지적 장애 질병

등을 유발할 확률이 높다. 당뇨가 심한 경우에는 사산하거나, 신체적 결함이나 신경계 이상을 지닌 태아를 출산할 가능성이 높다. 임산부가 매독이나 임질 등의 성병에 감염된 경우 감염된 태아의 30% 정도는 출산 이전에 사망하며, 그렇지 않은 경우 신체장애나 시각장애를 초래하기도 한다.

스트레스 임산부가 장기간 스트레스나 흥분 상태에 처하면 태아는 평소보다 움직임이 많아진다. 고민을 많이 하는 임산부에게서 태어난 신생아는 발달이 느리고, 허약하

약물복용 고, 이상행동을 나타낸다. 임산부의 약물복용은 태아의 발달에 부정적 영향을 미치는데, 이뇨제, 항생제, 호르몬제, 안정제, 식욕억제제 등은 선천성 기형이나 발달지체를 유발할 수 있다. 헤로인 복용은 수면장애나 신경계 혼란을 가져올 수 있으며, 분만과정에서 마취제를 과다 투여하게 되면 지각기술, 운동기술, 주의력 등에 장애가 유발된다. 임산부가 방사선이나 환경오염에 자주 또는 장기간 노출되는 것도 태아의 발달에 부정적 영향을 미친다.

흡연 임산부가 흡연을 하는 경우에는 그렇지 않은 경우보다 유산하거나 사산할 가능성이 28% 정도 더 높으며, 태아는 만성적 산소부족 증상을 경험하고, 두개골이 작거나 저체중아를 출산할 가능성이 더 높아진다(Chomitz et al., 1999). 직접 흡연뿐

음주 아니라 간접 흡연도 태아의 발달에 부정적 영향을 미친다. 임산부의 음주는 중추신경장애, 저체중, 안면이상 등의 장애를 초래할 수 있으며, 습관적 음주는 태아알코올증후군(fetal alcohol syndrome)을 유발한다(신명희 외, 2013). 임산부가 흡연이나 음주 중 한 가지를 할 경우에 태아가 발달지체를 보일 확률은 2배, 두 가지 모두를 할 경우에는 4배로 증가한다(Dworetzky, 1990).

아버지의 영향 최근에 와서는 아버지도 태내환경에 중요한 영향을 미치는 것으로 밝혀지고 있다(신명희 외, 2013). 남성의 흡연은 정자의 수를 줄여 생산능력을 떨어뜨리며, 태아가 뇌수종, 안면마비, 뇌암, 림프종, 백혈병에 걸릴 위험이 높아진다. 그리고 아버지가 특정 화학약품에 노출되는 직업을 가진 경우 사산, 조산, 저체중아의 출산 가능성이 높으며, 아버지의 연령이 20세 이하이거나 55세 이상인 경우에는 다운증후군의 위험이 급격하게 증가하는 것으로 나타났다.

3) 사회복지실천에서의 관심 영역

태내기에 대한 무관심 태내기는 산부인과학의 영역으로 간주하여 사회복지실천에서는 많은 관심을

기울이지 않아 왔다. 하지만 태내기의 발달은 전 생애에 걸친 발달을 결정할 정도로 중요한 발달이 이루어지는 단계이므로, 사회복지사의 개입 범위가 매우 제한되어 있다 하더라도 태아의 건강한 발달을 위한 태내환경에 대해서는 적극적인 관심을 기울여야 할 것이다.

(1) 신체적 발달의 관심 영역

사회복지실천에서 생물적 문제와 관련하여 고려해야 할 첫 번째 요인은 불임의 문제이다. 불임은 가족갈등, 부부관계의 해체로까지 이어질 수 있으므로 산부인과 전문병원에 의뢰하여 불임 원인에 대한 의학적 진단을 받게 하고, 인공수정, 시험관 수정 또는 대리모에 의한 출산, 입양 등의 실현 가능한 불임대책에 대한 정보를 제공할 수 있어야 한다. 또 다른 관심 영역은 임산부의 건강문제이다. 사회복지사는 가임(可姙) 여성과 그 배우자를 대상으로 임신 전에 철저한 의료적 진단을 받도록 권유하고, 임신기간 중에 질병에 걸릴 경우에는 적절한 치료를 받을 수 있도록 하며, 금연과 금주를 권장해야 한다.

불임

임산부의
건강문제

태내기의 발달문제 중에서 사회복지사가 가장 많은 관심을 기울여야 할 부분은 바로 선천성 장애발생의 예방이다. 사회복지사는 임신한 부부를 대상으로 선천성 장애의 예방 방법과 대책을 알려 주어야 한다. 그리고 출산 이후에는 선천성 대사 이상 검사 등을 통하여 선천성 장애의 유무를 확인할 수 있도록 하고, 만약 선천성 장애아를 출산한 경우 미숙아 및 선천성 이상아를 대상으로 한 의료비 지원을 받을 수 있도록 지원하거나, 장애인 전문기관에서 조기치료와 교육·훈련이 이루어질 수 있도록 원조하여야 한다.

선천성 장애

(2) 심리적 발달의 관심 영역

성폭력에 의한 임신, 결혼생활 중 피임의 실패로 인한 의도하지 않은 임신(unwanted pregnancy)은 임산부의 심리적 문제뿐 아니라 다른 생활 영역에 미치는 파급효과가 매우 크다. 따라서 사회복지사는 임산부가 출산 또는 낙태의 선택이나 가족 및 사회생활계획을 수정하는 데 필요한 여러 가지 정보를 제공하여 임산부와 그 가족이 올바른 판단과 합리적 자기결정을 할 수 있도록 도와야 한다.

의도하지
않은 임신

인공 임신중절 또는 낙태(落胎)는 유전적 정신장애나 신체질환, 강간 등에 의한 임신, 모체의 건강을 심각하게 해칠 우려가 있는 경우 등과 같은 제한된 범위 내

낙태

에서만 허용된다. 실제로 인공임신중절 건수는 해가 거듭될수록 줄어들고 있지만 2017년 기준 4만 9700여 건에 이르는 것으로 나타났다. 사회복지실천에서는 그간 낙태문제에 거의 관심을 기울이지 않아 왔는데, 앞으로는 이러한 사태의 심각성을 깨닫고 낙태에 관한 학술 연구 강화, 낙태 후 스트레스 증후군을 경험하는 여성에 대한 지원방안, 성비 불균형으로 인한 성폭행의 위험 고조 등을 예방하기 위한 대책을 모색해야 한다.

임산부 교육집단   임신은 하였으되 임신과 출산과정에 대한 지식이 전혀 없는 경우에 임산부는 매우 불안함을 느낀다. 따라서 사회복지사는 이런 임산부를 위하여 임신과 출산에 대한 정보와 지식 제공에 목적을 둔 교육집단프로그램을 시행할 수 있다. 그리고 **사회지지망**   배우자와 기타의 가족으로 구성된 사회지지망을 활성화하여 임산부가 필요한 사회적 지지를 받을 수 있도록 원조하여야 한다. 그리고 예비부모가 출산 이후에 필요한 자녀양육기술을 사전에 습득하고 훈련할 수 있도록 예비부모 역할교실 등을 개최할 수도 있다.

임신기간 중에는 신체적 변화뿐만 아니라 많은 정서적 변화가 일어나며, 산후우울증을 경험하는 경우도 있다. 그러므로 사회복지사는 임산부에게 이러한 정서를 **상담**   적절히 조절할 수 있는 방법(예: 명상, 음악감상 등)을 상담을 통하여 알려 주어야 **태교**   한다. 그리고 태아와 임산부의 심리적 안정에 도움이 될 수 있는 태교 관련 정보를 제공하는 것도 유익한 개입이 될 것이다. 또한 산모와 그 가족과의 상담을 통하여 **산후우울증**   산후우울증을 조기에 극복할 수 있는 방법을 알려 주고, 사회지지망을 활성화하기 위한 개입을 하여야 한다.

(3) 사회적 발달의 관심 영역

사회복지실천에서 관심을 기울여야 할 태내기에 있어서의 사회적 측면의 문제는 가족의 사회경제적 안정성과 밀접한 관련성을 지닌다. 빈곤가족의 경우 기 **빈곤가족**   본 생계유지에 어려움을 겪고 있는 상황에서 임산부와 태아의 건강 상태를 점검하기 위하여 부담해야 하는 의료비는 경제적 부담요인으로 작용할 수 있다. 따라서 사회복지사는 빈곤가족을 포함한 사회적 보호가 필요한 가족의 임산부가 적절한 의료적 보호를 받을 수 있도록 필요한 자원을 연결하여야 한다. 이때 국가에서 **임신·출산 의료비 지원**   모든 임산부를 대상으로 실시하는 임신·출산 의료비 지원정책을 이용할 수 있다 (http://www.mohw.go.kr).

임신기간 동안의 직장생활이 태아의 발달에 부정적 영향을 미치는 것은 아니지만, 직장에서의 과도한 업무부담으로 인한 신체적 과로와 스트레스 등은 태아의 발달에 부정적 영향을 미치게 된다. 따라서 사회복지사는 임산부와 그 가족과의 상담을 통하여 근로기준법에 명시된 출산 전후 휴가제도를 적극적으로 이용하고, 직장생활과 가사활동을 병행할 수 있는 적절한 방법에 대한 정보를 제공하며, 가사분담을 포함한 가족 내 역할재조정을 원조할 수 있어야 한다.

출산 전후
휴가제도

가족 역할재조정

2 영아기의 발달

1) 신생아기의 발달

신생아(neonate)란 의학적으로는 출생 후 약 2주간, 발달심리학에서는 출생 시의 충격에서 오는 여러 가지 혼란 상태에서 회복하여 안정을 되찾을 때까지 소요되는 약 1개월간의 어린 아기를 말한다(김태련 외, 2004). 신생아기의 발달은 출생 전 태내기의 발달의 연속이라 볼 수 있으며 전적으로 어머니의 보호에 의존하여 생명을 유지한다. 하지만 스스로 호흡을 하고, 새로운 유형의 혈액순환을 시작하며, 동시에 체온을 조절하고, 음식물을 섭취·소화·배설하는 네 가지 기본 발달과업을 스스로 수행할 수 있어야 한다(김태련, 장휘숙, 1994).

신생아

발달과업

(1) 신체적 발달

신생아의 평균 신장은 50~52cm, 평균 체중은 3.2~3.4kg 정도이며, 2.5kg 미만인 경우에는 저체중아 또는 미숙아로 분류된다(http://www.mohw.go.kr). 신생아기가 끝날 무렵이면 체중은 5.13~5.57kg, 신장은 57.7~58.4cm에 이르게 된다(질병관리본부, 2017). 신생아의 신체비율을 보면, 신장은 성인의 1/3~1/4, 머리 부분은 신장의 1/4 정도를 차지하며, 머리둘레가 가슴둘레보다 좀 더 크고, 동체는 길며, 하지는 비교적 짧고, 팔이 다리보다 긴 것이 특징이다(김태련 외, 2004).

신장과 체중

미숙아

신체비율

신생아의 체온은 성인보다 다소 높은 37~37.5℃이며, 땀샘이 잘 발달되지 않아 체온조절능력이 미흡하다. 신생아의 맥박은 1분에 120~160회 정도로 빠르고 불규칙하며, 분당 33~45회 정도의 불규칙적인 복식호흡을 한다. 만약 호흡조절

체온

호흡

과 관련된 뇌기능에 이상이 있는 경우에는 호흡반사를 의식적이고 자발적인 호흡
으로 대체하지 못하여, 1000명당 1~3명의 영아에게서 나타나는 영아돌연사 증후
군(sudden infant death syndrome)의 희생양이 될 수도 있다(정옥분, 2004). 신생아
는 출생과 함께 모유나 인공유(우유)를 먹게 되는데, 모유의 경우 인공유에 비하여
영양적으로 우수하며, 소화흡수가 쉽고, 설사나 변비 등의 수유장애가 적다. 또한
어머니와의 밀접한 피부접촉(skinship)을 통해 정서적 안정감을 부여해 주고, 항체
나 면역체를 다량으로 보유하고 있어서 질병에 대한 저항력을 길러 주는 이점이
있다.

신생아는 신경근육계통의 미분화로 인하여 생후 10일 동안은 전신운동이 활발
하게 이루어진다. 신생아의 특수운동은 〈표 3-2〉와 같이 주로 뇌간에 의해 통제
되는 20여 가지의 무의식적 반사운동과 관련되어 있다(정옥분, 2004).

영아돌연사
증후군

모유

신생아의 운동

반사운동

| 표 3-2 | 신생아의 주요 반사운동 |

반사운동 유형		반사운동의 특성
생존 반사	젖찾기 반사 (rooting reflex)	입 부근에 부드러운 자극을 주면 자극이 있는 쪽으로 입을 벌리는 반사운동
	빨기반사 (sucking reflex)	입에 닿는 것은 무엇이든 빠는 반사운동
	연하반사 (swallowing reflex)	음식물을 삼키는 반사운동
원시 반사	바빈스키반사 (Babinski reflex)	발가락을 펴고 오므리는 반사운동으로 생후 1년경에 사라짐
	모로반사 (Moro reflex)	껴안는 반사운동으로 생후 3~4개월경에 사라짐
	파악반사 (grasping reflex)	손에 잡힌 것을 꽉 쥐고 놓지 않으려는 반사운동으로 3~4개월경에 사라짐
	걸음마반사 (stepping reflex)	겨드랑이를 잡고 살짝 들어 올려 발을 바닥에 닿게 하면 걸어가듯이 무릎을 구부려 발을 번갈아 바닥에 내려놓는 반사운동

(2) 심리적 발달

신생아는 출산과정의 외상(外傷, trauma)을 회복하기 위하여 출생 후 15~30분
동안은 깨어 있지만 곧바로 깊은 잠에 빠지며 약 2일 동안 긴 수면 상태에 놓이게

수면

된다. 신생아는 하루에 16~20시간 정도 잠을 자며, 영아의 수면 중 50% 정도가
렘수면(rapid eye movement sleeping) 상태이지만, 이는 차츰 감소하여 성인이 되면
20~25% 정도로 줄어든다.

신생아기의 심리적 발달은 주로 감각기관을 통해 대상의 성격을 인지하고 이에 감각기관
반응함으로써 이루어진다. 먼저 시각의 발달을 보면, 신생아는 출생 후 2일이 되 시각
면 동공반사를 할 수 있게 되며, 1~2주가 지나면 형태 식별은 어려우나 색채 식별
이 가능하고 특히 흰색, 황색, 녹색, 적색, 청색의 순으로 반응을 보인다. 청각기관 청각
은 출생 직후에는 청각반응을 잘 나타내지 않지만, 출생 후 며칠 이내에 청력이 매
우 예민해지며, 출생 후 4주가 되면 어머니의 음성을 식별할 수 있게 된다. 신생아
의 미각 발달을 보면, 생후 2주가 경과하면 맛의 차이에 대한 식별반응을 나타내 미각
는데, 단맛을 선호하며, 쓰거나 신 것은 내뱉고 얼굴을 찡그린다. 후각의 발달은 후각
출생 직후에는 완전하지 못하지만, 어머니의 젖냄새를 맡을 수 있다. 촉각의 발달 촉각
을 보면, 신생아는 온도감각과 통각 등이 발달되어 있다. 통각은 출생 직후에는 발
달되어 있지 않지만 생후 3일 이후부터 빠르게 발달한다. 신생아에게 감각기관의 감각기관 장애
장애가 있을 때에는 인지 발달의 지연이나 장애가 나타날 가능성이 높다.

(3) 사회적 발달

신생아는 태내 발달을 통하여 최소한의 생존능력을 갖추긴 하였지만, 출산 이후 모성보호
의 비보호적인 환경에서 생존하기 위해서는 어머니의 모성애적 보호가 절대적으
로 필요하다. 따라서 신생아가 신체 또는 정서적 긴장 상태를 경험할 때 즉각적으
로 반응하고 충족해 주는 모성보호가 필요하다. 신생아의 사회적 발달은 미소반응 미소반응
을 통해 확인할 수 있다. 신생아의 경우 생후 1개월 전에는 무의식적인 반사적 미
소(gas smile)반응을 보이지만, 생후 5주부터 사회적 미소를 보이며, 생후 4개월경
에는 미소반응이 분화된다. 그러나 신생아의 사회적 발달은 전반적으로 매우 미약
한 수준에 머물러 있다.

(4) 사회복지실천에서의 관심 영역

신생아기는 출산으로 시작되어 1개월 정도밖에 되지 않는 짧은 기간이며 산부
인과학의 개입이 주를 이루므로, 사회복지실천에서 관심을 기울여야 하는 부분은
많지 않다. 그러나 사회복지실천에서 국가의 임신·출산 의료비 지원정책 등을 활

빈곤가족

선천성 장애

여성의 경력단절

용하여 빈곤가족 임산부의 안전한 출산을 지원할 수 있는 방안을 적극적으로 강구하여야 한다. 또한 출산 후 선천성 대사이상 검사 등을 통하여 신생아의 장애 여부를 평가하고, 저체중아 또는 미숙아에 대한 진료비 지원 등을 적극적으로 이용할 수 있도록 도와야 한다. 그리고 출산과정에서 발생할 수 있는 분만사고 분쟁해결 지원, 육아정보 및 교육 프로그램, 산후우울증을 경험하는 임산부와 가족에 대한 지원 프로그램, 국가의 임신 및 출산 지원정책에 대한 정보 제공과 연계, 임신과 출산으로 인한 여성의 경력단절 문제 해결 지원 등의 다양한 서비스 프로그램을 실시하여야 한다.

2) 영아기의 신체적 발달

제1의 성장급등기

신체 성장

출생 후 첫 1년간은 신체와 뇌의 성장이 급속도로 이루어지는데, 이러한 급격한 신체적 발달 특성 때문에 이 시기를 제1의 성장급등기(first growth spurt)라고도 한다. 신생아기에 신장의 1/4 정도를 차지하던 머리의 비율은 첫 2년간 다른 신체 부분이 성장함에 따라 만 2세 무렵에는 머리가 신장에서 차지하는 비율이 1/5에 이른다. 신생아기부터 3세 이전의 영아기 동안에 신장은 약 1.5~1.8배 그리고 체중은 약 3~4배 정도로 급격한 신체 성장이 이루어지는데, 발달의 두미(頭尾) 원칙에 따라 몸통과 다리의 성장급등 현상이 강하게 나타난다. 〈표 3-3〉에서 보듯이 영아기의 신체 발달은 초기에는 매우 빠르게 성장하다가 점차 성장속도가 둔화되며, 남아가 여아에 비하여 키가 더 크고 몸무게가 더 많이 나가는 것이 특징이다.

표 3-3 | 한국 영아의 표준발육치

월령	신장(cm)		체중(kg)	
	남아	여아	남아	여아
출생 시	49.9	49.1	3.3	3.2
6개월	67.6	65.7	7.9	7.3
12개월	75.7	74.0	9.6	8.9
18개월	82.3	80.7	10.9	10.2
24개월	87.1	85.7	12.2	11.5

자료: 질병관리본부(2017).

영아의 치아는 생후 6개월경에 젖니가 아래 앞니부터 나기 시작하여 1년이 되면 치아
6~8개의 앞니가 나고, 그다음 첫 번째 어금니, 송곳니, 둘째 어금니의 순서로 24
~30개월이 되면 20개의 젖니가 모두 나게 된다. 영아의 골격은 성인의 골격보다
크기가 작고 수도 적을 뿐만 아니라 매우 유연하고 부드러운데, 사춘기까지 뼈가
단단해지는 경화(硬化) 또는 골화(骨化) 현상이 나타나게 된다(정옥분, 2004). 골화 현상

영아기의 운동 발달은 신체성장, 뼈와 근육의 성장, 신경계의 성숙의 결과로 획 운동 발달
득된다. 운동기능은 특정 운동에 사용되는 근육의 부위와 신체 부위에 따라 대근
육 운동과 소근육 운동으로 나뉜다. 영아의 대근육을 이용한 이행운동(locomotor) 이행운동
은 ① 엎드린 상태에서 머리 들어올리기(2개월), ② 구르기(3개월), ③ 혼자서 앉
기(6개월), ④ 붙잡고 서기(7개월), ⑤ 붙잡고 걷기(9개월), ⑥ 혼자서 서기(11개월),
⑦ 혼자서 걷기(12개월), ⑧ 손잡고 계단 오르내리기(16개월), ⑨ 달리기 및 혼자서
계단 오르내리기(24개월)의 순으로 발달한다(신명희 외, 2013).

소근육 운동은 손으로 물건잡기, 손가락으로 글씨쓰기 등과 같이 몸의 소근육을 소근육 운동
이용하는 운동을 말한다. 영아의 소근육을 이용한 협응운동(coordination)의 발달 협응운동
을 보면, 생후 5개월의 영아도 초보적인 시각과 운동기능 간의 협응이 가능하기는
하지만 물건을 잡으려다 놓치는 경우가 많다. 6개월 정도가 되어야 매달려 있는
물건을 팔을 뻗어 잡을 수 있고, 8~9개월경에는 상대가 던지는 물건을 두 팔을 이
용하여 잡을 수 있다. 그리고 10개월 정도가 되면 엄지손가락과 집게손가락으로
물체를 잡을 수 있으며, 12개월이 지나면 상대가 던지는 물건을 제대로 잡을 수 있
게 된다. 18개월이 되면 컵으로 물을 마실 수 있으며, 24개월이 되면 손가락을 사
용하여 모든 옷을 벗을 수 있게 된다.

이러한 영아의 운동 발달에서 개인차가 많다는 것은 잘 알려진 사실이다. 영아
기의 운동 발달은 독립적 운동능력의 향상뿐만 아니라 다양한 환경과의 접촉을 통 환경 탐색
하여 계획적인 탐색을 실시할 수 있고 자발적인 목표추구가 가능하다는 점에서 의
의가 더욱 크다.

3) 영아기의 심리적 발달

(1) 뇌의 발달

성인의 뇌 무게는 1400g 정도 되는데, 출생 시 영아의 뇌 무게는 성인 뇌의 25% 뇌무게

정도에 불과하지만, 생후 첫 1년 사이에 성인 뇌의 66%, 2세경에는 75%, 5세경에

뇌 부위별 발달

는 90% 정도에 이르게 된다(송명자, 2008). 뇌의 부위별 발달시기는 각기 다른데, 출생 시에 이미 반사운동과 소화, 호흡, 수면, 배설 등의 생물적 기능을 담당하는 뇌간은 완전한 기능을 한다. 생후 6개월경에는 대뇌피질의 운동 영역과 감각 영역의 발달이 본격화되면서 반사운동이 사라지고 의도적인 운동이 나타나게 된다. 운동 영역과 감각 영역 다음으로 시각 영역, 청각 영역을 관장하는 순으로 뇌가 발달한다. 2세경에는 운동 영역과 감각 영역을 관장하는 뇌의 발달 수준이 비슷해지고, 감각 영역과 운동 영역을 통합하는 뇌의 발달은 좀 더 늦게 이루어지며, 언어 생성 영역과 문제해결 영역은 아동기 그리고 청소년기까지 계속적으로 발달한다.

신경계

뉴런

뇌가 하는 기능은 실제로 신경계의 기능을 의미한다(송명자, 2008). 신경계는 신경원(neurons)과 신경교(glia)로 구성되어 있다. 신경원 세포, 즉 뉴런은 정보를 받아들이고 전달하는 기능을 하는데, 적게는 1000억 개, 많게는 1조 개 정도에 이르며 임신 5주~6개월경에 형성된다(신명희 외, 2013). 뉴런의 말초신경섬유와 다른 뉴런의 수상돌기가 연결되는 부위를 시냅스(synapse)라고 하는데, 대부분의 시냅스는 출생 후에 형성되며, 출생 후 1년 사이에 1만 개에서 10만 개로 증가한다. 시

시냅스

냅스의 밀도는 출생 후 2세까지 급격히 증가하다가 그 후부터 서서히 감소하여 7세경에는 성인 수준에 도달하게 된다(송명자, 2008). 신경교는 뉴런의 축색돌기

신경교

수초화

둘레에 막을 형성하는 수초화(myelination) 기능을 담당한다. 시각 경로의 수초화는 6개월 이내 완성되고, 청각 경로의 수초화는 4~5세가 될 때까지 진행되나, 실제로 출생 후 2년 내에 성인 수준에 도달할 정도로 수초화가 진행된다. 그러나 고등사고능력을 담당하는 뇌의 수초화는 청소년기와 성인기에 이르기까지 진행된다(신명희 외, 2013).

(2) 감각 및 지각의 발달

대뇌의 발달로 인하여 이루어지는 감각 및 지각 기능의 발달은 2세경이 되면 운

청각

동 발달과 유사한 수준에 이른다. 영아의 청각능력은 출생 후 얼마 되지 않아 곧 성인 수준에 도달하는 것으로 알려져 있다(송명자, 2008). 출생 후 2주 정도가 지나면 사람의 목소리와 다른 소리를 구분할 수 있으며, 3주경에는 낯선 사람이나 부모의 목소리에 민감하게 반응하고, 생후 2~3개월경이 되면 유사한 음소(예: 바-파)를 구별할 수 있게 된다. 또한 생후 4~6개월 정도가 되면 소리 나는 방향을 정

확하게 알 수 있으며, 낯익은 목소리를 구별할 수 있고 음악을 들으면 좋아한다. 그리고 생후 1년 정도가 되면 작은 소리에도 예민하게 반응하고 소리의 고저 식별도 가능해진다.

시각의 발달은 인간의 감각능력 중에서 가장 늦게 성숙한다(정옥분, 2004). 출생 후 1개월경에는 사물에 초점을 맞추고 응시하는 것도 가능해진다. 출생 시부터 녹색과 적색을 구분할 수 있으며, 생후 2~3개월 정도면 삼원색의 기본 색깔 대부분을 구별할 수 있어 색채를 근거로 물건을 구분할 수 있다. 4~5개월 정도가 되면 붉은색 계통 또는 푸른색 계통 등으로 기본 색깔별로 분류할 수 있다. 생후 6개월 정도에는 시각 정확도가 20% 정도이지만 생후 1년 동안 점진적으로 개선되어 만 1세 무렵에는 시력이 1.0에 가까워져 정상시력을 갖게 된다. 시각

영아기의 시지각(視知覺) 발달의 가장 대표적인 측면은 형태지각과 깊이지각의 발달이다. 영아는 전체보다는 부분을, 정지된 것보다는 움직이는 물체를, 흑백보다는 컬러를, 직선보다는 곡선을 선호하며, 단순한 도형보다는 좀 더 복잡한 도형을, 다른 사물보다는 인간의 얼굴을 선호하는데 인간의 얼굴 중에서도 눈을 가장 선호하는 것으로 알려져 있다. 깊이지각의 발달은 Gibson과 Walker의 시각벼랑 (visual cliff) 실험에 따르면 생후 6개월경에 발달하는 것으로 보이지만, Campos와 그의 동료들의 실험에 따르면 2개월경에도 발달하는 것으로 확인되었다(정옥분, 2004). 깊이지각이 타고난 것인지 아니면 후천적으로 발달한 것인지에 대해서는 아직 논란의 소지가 있다(송명자, 2008). 형태지각 깊이지각

후각은 다른 동물에 비하면 덜 발달되어 있으나 출생 초기부터 상당히 발달되어 있는 감각이다. 생후 1주일 정도가 지나면 어머니와 다른 여성의 젖냄새를 구분할 수 있고, 독한 냄새에는 고개를 돌리는 반면 단맛이 나는 향기에는 얼굴을 향기가 나는 쪽으로 돌리는 반응을 보인다. 후각

미각은 태내에서도 어느 정도 기능을 하며, 출생 직후에도 여러 가지 맛을 구분하는 것이 가능하다. 쓴맛, 신맛, 짠맛보다는 단맛이 나는 액체를 더 오래 빨며, 2~3개월경에는 특정한 맛에 대한 기호가 생길 정도로 발달되어, 특정한 맛에 대해 거부반응을 보이기도 한다. 4개월이 되면 싫어하던 짠맛을 좋아하기 시작하며, 영아기 후반에는 미각이 매우 예민해진다. 촉각은 출생 시에 입술과 혀를 제외하고는 그다지 발달되어 있지 않지만, 6개월이 지나면 영아는 촉각을 사용하여 주위 물체를 탐색하기 시작하며, 만 1세 무렵에는 손의 감촉만으로도 익숙한 물체를 인 미각 촉각

지할 수 있다.

(3) 인지 발달

감각운동기관

영아기의 인지 발달은 감각기관과 운동기능을 통해 이루어지며, 언어나 추상적 개념은 포함하지 않는다. 즉, 영아는 자신이 직접 보고, 듣고, 느끼고, 행동하는 것을 통하여 세상을 이해한다. 영아기에 발달하는 감각운동지능 중의 가장 중요한 발달은 '울면 우유를 준다.'와 같은 현상 간의 인과관계를 이해하는 것이다. 영아는 주로 감각운동기관을 통해 정보를 받아들이므로 Piaget와 Inhelder(1969)는 영아기의 인지 발달 단계를 감각운동 단계(sensorimotor stage)라고 부르고, 다음과 같은 6단계로 구분하고 있다.

감각운동 단계

반사기

감각운동 단계의 첫 번째 단계, 즉 반사기인 출생 1개월까지는 신생아가 지니고 있는 타고난 반사행동이 환경과의 접촉에서 적응적인 방향으로 수정된다. 생후 1~4개월은 1차 순환반응기로서, 영아가 어떤 행동을 하여 흥미로운 결과를 얻었을 때 이를 반복하며, 점차 대상의 특성을 발견하고, 그 대상의 요구에 따라 반응을 수정해 간다. 생후 4~8개월은 2차 순환반응기이다. 이 단계에서는 활동 자체의 흥미에서 벗어나 환경 내의 변화에 흥미를 갖고 활동을 반복하며, 자신의 행동과 그 행동에 따라 나타날 수 있는 결과를 예측할 수 있게 되므로 자신의 욕구충족을 위해 의도적으로 행동을 하기 시작한다. 생후 8~12개월은 2차 순환반응의 협응기로서, 친숙한 행동이나 수단을 사용하여 새로운 결과를 얻으려고 한다. 따라서 이 단계에서 영아의 행동은 의도적이고 목적적이다. 생후 12~18개월은 3차 순환반응기로, 친숙한 행동으로 목표에 도달할 수 없을 경우 전략을 수정하여 사용하며, 도식 자체가 크게 변화하고, 능동적으로 새로운 수단을 발견할 수 있게 된다. 생후 18~24개월은 정신적 표상기 또는 내적 통찰기로서, 행동하기 전에 사고를 하여 행동결과를 예측하며, 수단과 목적의 관계에 대한 정신적 조작이 가능해진다.

1차 순환반응기

2차 순환반응기

2차 순환반응 협응기

3차 순환반응기

정신적 표상기

(4) 정서 발달

정서의 개념

정서(emotion)란 외적 자극과 개인의 사고과정 및 감정 변화 사이의 관계를 나타내는 용어로서, 자극에 직면하여 발생하거나 자극에 수반되는 생리적 변화 또는 눈에 보이는 행동 등의 반응을 말한다. Bridges는 영아의 정서반응의 분화과정

정서 분화

을 관찰하여 기본 정서가 분화되어 가는 단계를 제시하였다. 그에 따르면, 2개월 경에는 불쾌감이 분화되어 울음으로 이를 표현하는 것이 가능해지고 즐거움은 미소를 짓는 방법으로 표현할 수 있게 된다고 하였다. 3개월이 되면 분노의 감정이 분화되며, 5~6개월이 되면 혐오감과 공포감이 분화되고 분노의 감정도 더욱 증가한다. 그리고 12개월이 되면 의기양양(意氣揚揚) 그리고 성인에 대한 애정이 더욱 강해지며, 18개월에는 아동에 대한 애정과 질투의 감정이 나타나고, 19개월경에는 환희의 감정이 나타난다(김태련, 장휘숙, 1998).

(5) 언어 발달

영아기의 언어 발달은 인지 및 사회성 발달과 밀접한 관련성을 지닌다. 이러한 언어 발달과 관련하여 Skinner와 같은 학습이론가는 언어습득이 강화와 모방이라는 학습기제를 통해 이루어진다고 본 반면 Chomsky와 Lenneberg와 같은 생득이론가는 아동이 언어를 배울 수 있는 언어습득장치(language acquisition device) 등을 갖고 태어난다고 보고 있어 상반된 입장을 취하고 있다. Vygotsky와 Brunner 등의 상호작용이론에서는 학습론적 관점과 생득론적 관점을 종합하여, 언어 발달에서 생물적 성숙도 중요하지만 언어능력은 사회적 상황에서 얼마나 언어에 노출되는가에 달려 있다고 주장한다.

학습이론

생득이론

상호작용이론

Lenneberg(1967)는 영아기의 언어 발달 양상을 월령(月齡)에 따라 제시하였는데, 3~4개월이 되면 옹알이를 시작하고, 5~6개월 정도가 되면 엄마를 '엄~'이라고 하는 등 1음절의 소리를 닮은 옹알이로 변하게 된다고 하였다. 그리고 8개월 정도가 되면 모음과 자음의 반복이 빈번하게 나타나며, 억양이 명확해진다. 12개월 정도가 되면 '엄마' '아빠'와 같은 몇 개의 단어와 간단한 명령을 이해하였다는 표시를 할 수 있게 된다. 18개월경에는 50개 미만의 단어를 사용하게 되며, 두 단어로 구성된 구절을 이해할 수는 있으나 아직까지 구절을 사용하여 의사소통할 수는 없다. 24개월경이 되면 50개 이상의 단어를 사용할 수 있으며, 두 개 이상의 단어로 구성된 구절을 자발적으로 만들어 내고, 의사소통 행동이 증가하고, 언어에 대한 흥미가 높아진다. 그리고 30개월 정도가 되면 새로운 어휘의 첨가로 인하여 어휘수가 급속하게 증가하며, 옹알이는 전혀 나타나지 않고, 3~5개 정도의 단어를 동시에 사용할 수 있지만 아직 문법은 부정확하다. 3세경에는 약 1000개 정도의 어휘를 사용할 수 있으며, 낯선 사람도 유아가 하는 말의 80% 이상을 이해할 수 있게

월령별
언어 발달

된다. 그리고 4세가 되면 언어가 완전히 확립되며, 성인이 사용하는 문법과 양식을 모방한다.

자기중심적 언어

영아기의 언어 발달의 특징은 자기중심적인 언어 사용이다. 영아는 상대방의 입장을 이해할 수 있는 능력이 없기 때문에 혼자 중얼거리거나 반복한다. 따라서 부모가 아동의 질문에 성실하고 지혜롭게 답변을 해 주는 언어습득 지원체계를 마련하고, 새로운 세계를 경험할 수 있는 기회를 제공해 주면 언어 발달을 더욱 촉진할 수 있다.

4) 영아기의 사회적 발달

영아의 사회성 발달의 기본 원천은 기질과 모성인물과의 애착관계 형성 및 대상

기질

영속성의 확립이다. 기질(temperament)이란 한 개인의 행동양식과 정서적 반응 유형을 의미하는 것으로 활동수준, 사회성, 과민성과 같은 특성을 포함하며, 아동기와 성인기의 성격을 형성하는 모체가 된다. 기질 연구가들은 기질은 타고난 것으로 유전의 영향을 많이 받는다고 믿고 있으며, 심지어는 성인기까지 지속된다고 믿기도 한다(정옥분, 2004). 하지만 영아의 기질 형성에는 부모, 특히 주된 양육자

모성인물과의 관계

인 모성인물과의 관계가 중요한 영향을 미친다. 예를 들어, 수줍고 소심한 기질을 타고난 영아라 하더라도 부모가 외부 세계에 대한 대처양식을 부드럽게 촉진하는 양육을 하게 되면 영아의 이러한 속성은 점차 줄어든다. 그러나 부모의 양육태도와 영아의 기질은 상호 영향을 미치게 되는데, 까다로운 기질을 가진 영아의 부모는 자녀양육 시 과잉반응을 하거나 강압적 통제를 많이 하는 경향이 있다. 따라서 부모는 영아의 기질적 특성을 이해하고 영아와 조화로운 관계를 유지하기 위하여 노력하여야 한다.

애착의 기제

애착(attachment)이란 영아와 보호자 사이에 형성되는 친밀한 정서적 유대감을 의미하는 것으로, 주로 아버지와는 놀이를 통해, 어머니와는 계속적인 상호작용을 통해 유아는 부모와의 애착관계를 형성한다. 이러한 애착의 발달과 관련하여 정신분석이론에서는 영아가 수유욕구를 통하여 성적 본능을 충족하는 과정에서 발달한다고 본다. 학습이론에서는 영아가 어머니와 눈을 맞추고 신체접촉을 통해 청각 또는 촉각적 만족을 얻고 이를 반복하면서 어머니와의 즐거운 감정이 2차적 강화인자가 되어 애착을 형성하게 된다고 보고 있다. 인지발달이론에서는 인지 발

달과정에서 대상영속성을 형성하여야만 애착 형성이 가능하다고 보고 있다. 동물 행동학적 이론에서는 근본적으로 생존 유지와 보호를 위한 본능적인 반응의 결과로서 이미 애착 형성을 위한 기본적인 계획을 타고난다고 보고 있다(정옥분, 2004). Harlow와 Zimmerman은 원숭이에 대한 실험을 통해 수유(授乳)보다는 접촉이 애착 형성의 더 중요한 요인이라는 점을 발견하였다(정옥분, 2004). 수유와
신체 접촉

Lorenz의 각인(imprinting)이라는 거위의 사회적 애착현상의 설명에 따르면, 거위는 생후 초기에 어떤 대상에게 애착하게 되는데 Lorenz가 어미거위 대신 갓 태어난 새끼거위를 키운 결과 새끼거위는 Lorenz를 어미로 알고 따라다니게 되었다(Hess, 1973). Lorenz의 동물행동학 연구결과는 이후 Bowlby 등의 애착이론의 토대가 되었다. 각인

Ainsworth(1973)는 애착 형성을 4단계로 구분하여 설명하고 있다. 첫 단계는 출생~3개월경으로 영아는 빨기, 젖찾기, 파악반사 등을 통해 계속해서 대상에 머물러 있으려 한다. 두 번째 단계는 3~6개월경으로 애착 형성의 가장 결정적 시기이다. 그리고 이 단계에서 영아는 몇몇 친숙한 사람에게만 선택적으로 반응을 보이는데, 낯선 사람에게 불유쾌한 반응을 보이는 낯가림도 이 시기부터 시작된다. 세 번째 단계는 7개월부터 걸음마기까지로 영아가 능동적으로 타인과의 신체적 접근을 추구하며, 9개월경이 되면 부모와 분리되기 싫어하는 분리불안(separation anxiety)이 나타난다. 그리고 24개월 정도가 되면 대상이 눈에 보이지 않아도 그 대상이 존재한다는 사실을 인식할 수 있는 대상영속성(object permanence)이 형성된다. 애착 형성의 마지막 단계인 걸음마기 이후에는 부모의 애착행동을 유발하기 위한 다양한 행동을 시도한다. 애착 형성 단계

Ainsworth(1979)는 낯선 상황에

분리불안

대상영속성

그림 3-1 Lorenz에 각인된 새끼 거위들

출처: Konrad Lorenz Biography, http://konradlorenz.glogster.com

애착의 유형

대한 실험을 통하여 애착의 유형을 네 가지로 구분하고 있다. 안정애착형(secure attachment)은 주위를 탐색하기 위하여 어머니에게서 쉽게 떨어지며, 낯선 사람과도 상호작용을 하고, 어머니와 분리되었을 때에도 어떤 방법으로든 위안거리를 찾고 다시 탐색을 하며, 어머니가 돌아오면 반갑게 맞이하고 쉽게 편안해진다. 회피애착형(avoidant attachment)은 어머니에게 친밀한 반응을 보이지 않으며, 어머니와 분리되어도 울지 않고, 어머니가 돌아와도 무관심하거나 모른 척한다. 저항애착형(resistent attachment)은 어머니와 분리되기 전부터 불안해하며, 어머니 옆에 붙어서 다른 탐색행동을 하지 않으려 하고, 어머니와 분리되면 심한 분리불안을 느끼며, 어머니가 돌아와 안아 주어도 분노를 표현하면서 소리를 지르거나 어머니를 밀어내는 행동을 한다. 혼란애착형(disorganized attachment)은 불안정한 애착 유형의 가장 심한 형태로 회피애착형과 저항애착형이 결합된 형태이며, 어머니와 재결합했을 때 냉담한 표정으로 어머니에게 접근하거나 어머니가 안아 줘도 다른 곳을 쳐다본다.

영아가 특정 인물과 애착관계를 형성했다는 증거는 낯가림과 분리불안을 통해서 확인할 수 있다. 낯가림(stranger anxiety)은 영아가 특정 인물과 애착을 형성한

낯가림

후에 낯선 사람이 다가오거나 낯선 사람에게 맡겨질 때 큰 소리로 우는 반응을 보이는 것이다. 이러한 낯가림은 6~8개월경에 나타나기 시작해서 만 1세 전후에 최고조에 달했다가 서서히 사라지게 된다. 낯가림이 낯선 사람에 대한 불안에 기인

분리불안

한 것이라면 분리불안(seperation anxiety)은 친숙한 사람과의 분리에서 오는 불안이다. 이러한 분리불안은 9개월 정도부터 나타나기 시작하여 20~24개월경에 사라지게 된다. 안정된 애착을 형성한 영아는 불안정 애착을 형성한 영아에 비해 분리불안을 덜 보이는 경향이 있으며, 주변 환경을 능동적으로 탐색한다.

5) 사회복지실천에서의 관심 영역

(1) 신체적 발달의 관심 영역

사회복지실천에서 관심을 기울여야 하는 영아기의 신체적 발달과 관련된 문제

선천성 장애와
난치성 질환

는 여러 가지가 있을 수 있으나 그중에서 가장 중요한 문제는 바로 선천성 장애와 난치성 질환의 문제이다. 따라서 사회복지사는 이러한 희귀·난치성 질환을 앓는 영아가 희귀·난치성 질환자 의료비지원사업을 통하여 적절한 의료적 처치를 받

을 수 있도록 돕고, 선천성 장애영아에 대해서는 조기치료와 교육·훈련을 받을 조기치료·교육
수 있는 기회를 제공해 주어야 할 것이다. 이와 아울러 사회복지사는 장애아를 둔
부모나 가족에 대한 지지적 서비스를 제공하여, 부모의 부담을 경감하고 가족 내 가족지지서비스
의 갈등을 완화하기 위한 개입을 하여야 한다.

영아기의 신체적 발달과 관련하여 관심을 기울여야 할 부분은 운동 발달장애이 운동 발달장애
다. 영아가 운동 발달장애를 지니고 있는 경우에는 외부 세계에 대한 자발적 탐색
이나 목표추구가 어려워지게 되어, 인지 또는 정서적 발달에 많은 어려움을 겪게
된다. 따라서 사회복지사는 어머니와의 상담을 통하여 영아의 운동 발달 수준을
평가하고, 필요시에는 의학적 진료와 재활치료를 받을 수 있도록 의뢰할 수 있어
야 한다.

(2) 심리적 발달의 관심 영역

영아의 심리적 발달과 관련하여 사회복지실천에서 관심을 기울여야 할 영역으
로는 먼저 감각 및 지각의 발달 문제가 있다. 영아의 감각 및 지각 기능의 장애는 감각 및 지각의
발달 문제
신체 발달은 물론 심리사회적 발달에도 부정적 영향을 미친다. 그리고 영아가 적
절한 반응을 보이지 못하게 될 경우 어머니도 정서적 고통을 겪게 된다. 따라서 사
회복지사는 영아가 감각 및 지각 발달 정도에 대한 정확한 의료적 진단과 치료를
받을 수 있도록 의료기관에 의뢰할 수 있어야 하며, 어머니를 위한 정서적 지지상
담을 실시하여야 한다.

사회복지사는 영아의 심리적 발달 중에서 신경발달장애에도 관심을 기울여야 신경발달장애
한다. 특히 평균 이하의 지적 기능과 적응행동상의 결함을 보이는 지적 장애를 지
닌 영아의 경우에는 조기 치료와 훈련을 받을 수 있게 하여야 하며, 부모에게는 자
조집단 참여 등 지지적 상담서비스를 제공하여야 한다. 그리고 언어 발달상의 장 언어 발달장애
애를 갖고 있는 영아에 대해서는 의학적 진단을 통하여 언어 발달지체의 원인을
정확히 밝혀내고, 조기에 언어치료를 받을 수 있는 기회를 부여하여야 한다. 그리
고 부모교육 프로그램을 개설하여 영아의 인지 및 언어 발달과 정서 발달에 촉진 부모교육
적인 환경을 조성할 수 있는 기술을 교육하여야 한다.

(3) 사회적 발달의 관심 영역

영아기의 사회적 발달과 관련하여 관심을 기울여야 할 부분은 모자간의 부적절

애착관계

한 애착관계이다. 어머니가 우울증 등으로 인하여 영아와의 신체 접촉이나 애착관계 형성을 거부하는 경우에는 상담과 심리치료를 받을 수 있도록 지원하여야 한다. 그리고 영아의 사회적 반응이 부족하며, 자기고립적이고 환경에 단조로운 반응을 반복적으로 보이는 등 자폐 스펙트럼 장애의 속성을 보일 경우에는 조기진단과 치료를 받을 수 있도록 원조하여야 한다.

자폐 스펙트럼
장애

워킹맘

영아의 분리불안이나 낯가림은 시간의 흐름과 함께 감소되는 것이 일반적이다. 그러나 맞벌이 또는 외벌이 워킹맘(working moms) 가족의 경우 영아와 부모 사이의 접촉시간이 매우 부족하기 때문에, 영아가 분리불안을 강하게 표출하거나 부모와 접촉을 두려워하고 회피하는 경우가 나타나기도 한다. 따라서 사회복지사는 육아휴직제와 육아기 근로시간 단축제도의 정착과 함께 적극적 활용을 위한 노력을 경주해야 하며, 워킹맘과 그 배우자를 대상으로 짧은 시간 동안 영아와 효과적인 애착관계를 형성할 수 있는 양육기술에 대한 교육이나 정보 제공을 위한 프로그램을 실시하여야 한다.

육아휴직제

영유아 보육시설

영아시설이나 보육시설에서는 안정되고 애정이 담긴 양육을 통하여 영아가 기본적 신뢰감을 구축할 수 있도록 하여야 하며, 영아기의 신체 및 운동 발달, 인지 발달, 언어 발달, 그리고 사회적 애착관계 형성을 지원할 수 있는 전문적인 양육서비스를 제공해 나가야 할 것이다. 그리고 영아시설이나 보육시설 종사자의 경우 어머니를 대신하는 모성인물(mother figure)로서 영아와 반복적인 상호작용을 통하여 영아의 욕구를 정확히 파악하고, 일관성 있고 애정 어린 양육을 통하여 욕구 충족을 지원해야 한다. 또한 영아의 발달 수준에 적합한 동시에 영아를 자극할 수 있는 환경을 구성하고, 영아의 감각, 운동, 사회환경 탐색을 적극적으로 격려해야 한다.

모성인물

입양과
가정위탁보호

미혼 부모의 자녀이거나 기타 다양한 이유로 부모나 가족으로부터 양육을 받을 수 없는 경우에는 입양이나 가정위탁보호가 우선적으로 이루어질 수 있도록 지원해야 한다. 부득이 양육시설이나 집단가정(group home)에 입소할 수밖에 없는 상황이라면 가정과 유사한 물리적ㆍ사회적 환경을 갖춘 시설을 선택하여 입소할 수 있도록 지원해야 한다.

생각해 보아야 할 과제

1. 임신이 안 되거나 어려운 난임(難妊) 부부, 선천성 이상아와 미숙아, 희귀 · 난치성 질환자를 위한 국가 지원정책의 내용을 조사해 보시오.

2. 낙태에 대한 다양한 이론적 관점과 법적 근거를 검토한 후, 낙태의 윤리적 타당성에 대한 찬반토론을 해 보시오.

3. 선천성 장애의 발생 원인과 특성을 알아보고, 이를 예방 또는 조기 치료할 수 있는 방법을 모색해 보시오.

4. 맞벌이 또는 외벌이 워킹맘(working moms)을 위한 국가의 지원정책과 보육(양육)수당 제도의 세부 기준과 절차를 파악해 보고, 보육서비스의 문제점과 개선방안에 대해 토론해 보시오.

5. 부모에 의한 양육, 부모 이외의 친인척에 의한 양육, 보육시설에서의 보육, 아동양육시설에서의 양육 각각이 지니는 장단점에 대해 토론해 보시오.

제4장

유아기와 아동기

1. 유아기와 아동기의 신체적 발달의 양상을 이해한다.
2. 유아기와 아동기의 심리적 발달의 양상을 이해한다.
3. 유아기와 아동기의 사회적 발달의 양상을 이해한다.
4. 사회복지실천에서 유아기와 아동기의 발달과 관련하여 관심을 기울여야 할 영역을 이해한다.

유아기(early childhood)는 3~7세에 해당하는 발달 단계로서, 학자에 따라서는 **유아기의 구분** 앞서 논의한 영아기와 통합하여 논의하기도 한다. 그리고 유아기를 하나의 단계로 통합하여 논의하기도 하고 세부 단계로 나누어서 다루기도 한다. 3~5세와 5~7세의 유아의 발달 특성이 매우 상이하다는 점을 고려하여 이 책에서는 3~5세를 **걸음마기와 학령전기** 걸음마기, 5~7세를 학령전기로 세분하여 논의하고자 한다.

아동기(childhood)는 초등학교 입학부터 졸업까지의 시기, 즉 7~13세에 해당하 **아동기** 는 발달 단계이다. 아동기는 공식적 학습이 시작된다는 의미에서 학동기(學童期), 사회적 행동이 현저하게 증가하면서 또래끼리 어울려 다니기 시작한다고 하여 도당기(徒黨期, gang age), 그리고 영·유아나 청소년기의 역동적 변화에 비해 상대적으로 조용한 발달이 이루어지는 시기라고 하여 잠재기(潛伏期, latency stage)라고도 한다.

1 걸음마기의 발달

걸음마기(toddlerhood)는 3~5세의 시기로, 걸음걸이가 아직 완전히 안정되지 못한 특성 때문에 붙은 명칭이다(김태련, 장휘숙, 1994). 걸음마기 발달의 특성은 3다(三多)의 시기라고 할 수 있다. 즉, 걸음마기의 유아는 이야기를 많이 하고(多辯), 움직임이 많으며(多動), 자기의식을 갖게 됨으로써 스스로 계획을 세우고 이를 이행하려 하는 등 활동성과 자기주장이 강하게 나타나며 부모에게 반항하는(多抗) 등 좀 더 자율적이고 독립적인 존재가 되어 간다.

1) 신체적 발달

걸음마기에는 제1의 성장급등기인 영아기의 급속한 신체 발달은 이루어지지 않으나 꾸준하게 성장을 보인다. 걸음마기 유아의 신체적 특성을 보면, 머리에 집중되어 있던 신체적 성장이 신체 하부로 확산되어 가긴 하지만 아직까지는 머리가 크고, 가슴이 작고, 배불뚝이인 데다가 다리는 짧다. 신체적 발달은 만 2세부터 둔 화되기 시작하는데, 신장은 매년 2~3cm씩 증가하여 3세경에는 키가 95~97cm, 4세경에는 101~103cm 정도에 이른다. 체중 또한 매년 2~3kg씩 증가하여 3세경에 14~15kg, 4세경에는 16~17kg에 이르게 된다.

이러한 걸음마기의 신체 발달이 이루어지려면, 충분한 영양공급, 규칙적인 생활습관, 사고와 질병으로부터의 보호가 필수적이다. 유아는 질병이나 영양 상태에 의해 성장에 손상을 입을 수 있다. 그러나 건강 상태가 회복되고 적절한 영양공 급이 이루어지면 또래 유아와 유사한 수준으로 성장하는 따라잡기 성장(catch-up growth)이 가능하다.

걸음마기에는 운동능력이 더욱 정교화된다. 이 시기 동안에 유아는 뒤로 달릴 수 있고, 손과 팔을 사용해 기어오르고, 혼자서 옷을 입을 수도 있다. 걸음마기 유아의 운동 발달 속도와 질적 특성은 신체적 성숙, 동기, 학습 및 연습 기회, 성인의 지도방법, 장난감에 의해 결정된다. 걸음마기 유아의 전체 운동의 발달 특성을 보 면, 2~3세경에 달리기를 시작하며, 걸음걸이가 안정되고 잘 달릴 수는 있지만 달리면서 방향을 바꾸지는 못한다. 4세경에는 계단, 탁자, 난간 등에서 뛰어내리는 것도 가능해지며, 하루 종일 움직인다고 해도 과언이 아닐 정도로 운동량이 많아진다. 수영, 썰매 등의 다양한 형태의 보행이 가능해지며, 특히 세발자전거를 즐겨 탄다. 이때 세발자전거 타기는 운동 발달뿐만 아니라 가족으로부터의 독립과 또래 집단과의 동일시를 가능하게 해 주는 수단이 되기도 한다. 세발자전거

부분운동 중에서 상지운동과 관련된 발달을 보면, 2세경에는 숟가락을 사용할 수 있고 컵으로 물을 마실 수도 있다. 3세경에는 엄지와 검지로 수저를 사용할 수 있지만 아직 서투른 편이며, 4~5세경에는 혼자서 옷을 입고 단추를 벗길 수 있을 정도로 손가락의 운동이 발달하게 된다. 그리고 3세경에는 이전까지 끄적거리던 것에서 벗어나서 연필이나 크레파스를 사용하여 원, 삼각형, 사각형 등의 단순한 형태의 그림을 그리기 시작하며, 4세경에는 기본적인 형태를 조합하여 무늬를 그려 낼 수 있고 선을 따라 가위로 모양을 오려 낼 수 있게 된다. 오른손잡이와 왼손잡이를 결정하는 요인은 유전요인, 생리요인, 학습요인이 상호 작용한 결과인데, 3~4세경에 왼손잡이인지 오른손잡이인지가 거의 결정된다. 부분운동 손잡이

2) 심리적 발달

(1) 인지 발달

걸음마기 유아에게서 나타나는 지각 발달을 살펴보면, 부분적 형태 특성에만 관심을 기울이며, 상하보다는 좌우의 전도지각(顚倒知覺)능력의 결핍으로 형태를 판별하는 데 많은 오류를 범한다. 그러나 4세경에는 바라보는 위치가 바뀌어도 형태는 그대로 유지된다는 형태항등성(shape constancy) 지각능력이 성인과 유사한 수준으로 발달하며, 거리에 따라 크기가 변하지 않는다는 크기항등성(size constancy)은 영아기부터 발달을 시작하여 8세경에 완전해진다. 지각 발달 형태항등성 크기항등성

걸음마기의 인지 발달을 Piaget와 Inhelder(1969)는 전조작적 사고 단계 중에서도 전개념적 사고 단계(preconceptual period)에 속한다고 보고 있다. 이 단계는 영아기에 발달한 도식이 내적 표상(representation)으로 전환되는 시기로 사물을 상징적으로 조작할 수 있지만 성숙한 개념을 활용하지는 못한다. 전개념적 사고는 상징적 사고, 자기중심적 사고, 물활론적 사고, 인공론적 사고, 전도추리가 특징적이다. 상징적 사고는 더 이상 자신의 행동이나 감각에 의존하지 않고 정신적 표상을 만들어 내는 추상능력을 말하는데, 이런 사고능력의 발달로 모방, 상징놀이, 언 전개념적 사고 표상 상징적 사고

어기술의 획득이 가능해진다. 자기중심적 사고는 우주의 모든 현상을 자기중심적으로 생각하는 사고로서 다른 사람의 관점을 고려하지 못하는 사고 유형이다. 물활론적 사고는 생명이 없는 대상에게 생명과 감정을 부여하는 사고이다. 인공론적 사고는 자기중심성의 특별한 형태로 세상의 모든 사물이나 자연현상이 사람의 필요에 의해서 자신의 목적에 맞게 쓰려고 만들어진 것이라 믿는 사고이다. 그리고 전도추리는 한 가지 특정 사건으로부터 다른 특정 사건을 추론하는 사고를 말한다.

자기중심적 사고
물활론적 사고
인공론적 사고
전도추리

(2) 자기통제 및 자율성의 발달

자기통제의 개념

자기통제(self control)란 외부의 요구에 자신을 일치시키는 능력, 상황에 따라 행동을 수정하는 능력, 행동을 연기하는 능력, 그리고 타인의 지시를 받지 않고 사회적으로 바람직한 행동을 하는 능력을 의미한다(김태련, 장휘숙, 1994). 걸음마기 유아의 자기통제능력 획득은 배변훈련(toilet training)에서 시작된다. 배변훈련은 개인의 자율성과 사회적 요구의 갈등이 최초로 일어나는 장(場)으로서, 이러한 갈등의 성공적 해결은 자기통제능력의 발달에 기여한다.

배변훈련

분노통제

걸음마기에는 부모로부터의 행동제한, 또래나 형제와의 경쟁에서 무능력을 지각하게 되는 경우가 많아지면서 유아가 분노를 표출하는 경우가 많아진다. 이 과정에서 유아는 부모의 언어적 설명이나 벌에 의해 분노를 통제하는 방법을 학습할 뿐만 아니라 부모가 분노를 통제하는 행동을 모방하여 분노통제능력을 발달시키게 된다(신명희 외, 2013).

걸음마기에는 무엇이든 혼자서 해 보려 함으로써 환경에 대한 통제를 시도한다. 걸음마기의 유아는 부모와 자신이 분리된 별개의 존재라는 사실을 인식하기 시작하기 때문에 많은 것을 요구하고, 자기가 원하는 방식대로 하려고 한다. 그러나 부모로부터의 행동제한, 또래나 형제와의 경쟁에서의 무능력을 지각함으로써 분노를 표출하는 경우가 많아지며, 이러한 분노의 표출이 반항적 행동으로 받아들여지게 된다. 이러한 자기주장적이고 반항적인 행동은 3~4세경에 절정에 달하는데, 이 시기를 제1의 반항기라고도 한다.

반항적 행동

제1의 반항기

자율성

걸음아기의 자기주장적이고 반항적 행동을 통해 자율성(autonomy)이라는 중요한 심리적 기제가 발달한다. 만약 부모가 유아의 자발적 시도 자체를 차단하거나 혼자서 한 활동이 실패로 돌아가는 경우에는 수치심이 발달되고, 자신의 능력에 대해 신뢰를 하지 못하는 자기의심 성향이 강화되어 새로운 활동을 회피하고 이미 알고 있는 친숙한 활동만을 수행하려고 한다.

3) 사회적 발달

걸음마기 유아의 자아중심성과 왕성한 활동성 때문에 부모나 또래와 갈등을 초 래하는 경우가 많다. 따라서 부모는 유아의 행동에 제한을 가하면서 사회적 기준 을 가르치기 위한 훈육을 시작한다. 훈육은 특정 문화가 요구하는 가치체계에 유 아의 행동을 일치시키는 수단인 동시에 유아가 스스로 자신의 행동을 통제할 수 있는 학습 기회를 부여해 주기 때문에, 자아중심성이 약화되고 사회성이 발달하 는 계기를 마련해 준다. 그러나 훈육방법에 따라서는 오히려 자아중심성을 강화하 기도 하는데, 자아중심성을 약화하고 사회성을 증진해 주는 가장 좋은 훈육방법은 유도기법인 것으로 알려져 있다(Baumrind, 1971).

걸음마기의 유아는 부모에게서 분리되어 3~4세경이 되면 성인과의 접촉보다 는 또래와의 접촉이 더 많아진다. 걸음마기의 유아는 형제나 또래와의 놀이에서 자신의 것을 지키기 위하여 싸우고, 더 많은 것을 확보하기 위하여 경쟁하고, 공동 의 목적을 달성하기 위하여 협력하는 과정에서 인지적 성장뿐 아니라 사회적 발달 도 촉진된다. 특히 Parten(1932)은 걸음마기에는 혼자놀이와 병렬놀이가 줄어들고 연합놀이와 협동놀이가 증가하면서 사회성 발달이 더욱 빨라진다고 하였다.

훈육

사회성

유도기법

또래와의 놀이

4) 사회복지실천에서의 관심 영역

(1) 신체적 발달의 관심 영역

사회복지실천에서 걸음마기 유아의 신체적 발달과 관련하여 관심을 가져야 할 부분은 영양결핍과 질병이다. 그러므로 사회복지기관에서 유아를 보육하는 경우 에는 걸음마기 유아의 활동성을 고려한 영양급식 프로그램을 만들고 이를 철저히 시행해야 한다.

걸음마기 유아의 경우 다양한 종류의 안전사고에 노출될 위험이 높아진다. 따라 서 사회복지기관에서 유아를 위한 프로그램을 진행함에 있어서는 프로그램 공간 의 물리적 환경을 더욱 안전하게 갖추어야 한다. 걸음마기의 운동 발달과 관련되

영양결핍과 질병

안전사고

어 나타날 수 있는 문제는 주의력결핍/과잉행동 장애(ADHD)와 공격성이다. 따라서 사회복지사는 이러한 유아가 학교에 입학하기 이전에 과잉활동을 억제하고 주의집중시간을 늘려 나가며, 공격성을 줄여 나갈 수 있도록 임상적 개입을 하여야 한다.

(2) 심리적 발달의 관심 영역

걸음마기 유아에게서 나타날 수 있는 특징적인 발달장애는 자폐 스펙트럼 장애(autism), 눌어증(stammering), 야뇨증(enuresis nocturma) 등이다. 이러한 장애의 발달을 예방하기 위하여 사회복지사는 부모를 대상으로, 유아와 애정 어린 신체적 접촉을 유지하고 외부 환경에 대한 유아의 자발적 탐색을 조장함과 동시에 언어 발달을 촉진할 수 있는 자극적 환경을 제공하는 등의 자녀훈육 교육 프로그램을 실시할 수 있다.

걸음마기 유아가 혼자서 환경을 탐색하려는 시도를 지나치게 억제할 경우 공격성을 강화할 수 있으며, 과잉보호를 할 경우에는 새로운 탐색과 활동을 회피하고 부모에게 의존하여 문제를 해결하려는 성향이 강해진다. 따라서 사회복지사는 가족상담을 통하여 걸음마기 유아의 자발적 환경탐색을 조장해 줄 수 있는 훈육기술과 가족 분위기 조성방법에 대한 정보를 제공하도록 한다.

(3) 사회적 발달의 관심 영역

걸음마기 유아의 사회성 발달에 있어서 부모의 훈육방식은 매우 중요한 역할을 한다. 따라서 걸음마기에 나타날 수 있는 공격성이나 과잉행동 문제 등을 예방하고 유아의 사회성 발달을 촉진하기 위하여 사회복지기관에서는 부모역할 훈련 프로그램을 개발하여 건전한 훈육방법과 놀이지도 기술을 제고하여야 한다. 특히 물리적 방법에 의한 걸음마기 유아의 훈육은 사회성 발달을 저해할 뿐만 아니라 오히려 공격성을 증진하며, 경우에 따라서는 유아에 대한 신체적 학대문제로까지 옮아갈 가능성이 있다. 따라서 사회복지사는 유아를 학대 또는 방임하는 가족에 대한 면밀한 욕구평가에 근거하여 필요한 상담 및 사례관리 서비스를 제공하고, 필요할 경우 아동보호 전문기관에 의뢰할 수 있어야 한다.

ADHD와 공격성

발달장애

자녀훈육

가족상담

부모역할훈련

학대 또는 방임

2 학령전기의 발달

학령전기(preschool childhood)는 5~7세에 해당하는 시기로 학동초기라고도 한다. 이 시기에는 신체적 성장이 꾸준히 이루어지고 신체적 안정성이 증가하며 운동능력이 지속적으로 발달한다. 유아의 사물에 대한 호기심이 증가하고 직관적 사고능력이 발달하며, 걸음마기에 특징적으로 나타났던 반항적 행동은 점차 반항적 사고로 대치되어 나간다. 또한 유치원에 다니게 되어 또래집단과의 접촉을 통하여 사회적 기술을 본격적으로 습득하게 되며, 생활환경이 확대됨으로써 더욱 복잡한 사회적 영향을 받게 된다.

학령전기의 발달 특성

1) 신체적 발달

학령전기의 신체적 성장의 속도는 이전 단계보다 빠르지 않지만 지속적으로 성장한다. 만 5세경의 신장은 출생 시의 2배가 넘는 108~110cm 정도이며, 6세경에는 5cm 정도 더 커져 성인 신장의 65% 정도까지 성장한다. 체중은 5세경에는 출생 시의 6배 정도인 18~19kg에 달하며, 6세경에는 20~21kg으로 성인의 30% 정도로 성장한다(질병관리본부, 2017). 영아기에서 걸음마기, 그리고 학령전기 동안에 체지방도 꾸준히 감소하여, 전체적으로 통통하던 영아의 모습에서 벗어나 학령전기 후반에는 길고 홀쭉한 모습으로 변하게 된다.

신체 성장

유아의 골격은 2세부터 시작해서 청소년기까지 꾸준히 연골(軟骨)이 경화되어 가는 골화(骨化)현상이 진행된다. 뼈의 양쪽 끝부분, 즉 골단(骨端)에 성장을 촉진하는 연골인 성장판이 있는데, 성장이 완성되면서 골단이 가늘어지고 성장판이 줄어들면 더 이상의 성장은 불가능하다. 뼈가 단단해짐에 따라 외관도 튼튼해지는데, 출생 시에 여아의 골격 성숙이 남아보다 4주 정도 앞서지만 5~6세경에는 1년 정도 차이가 난다. 2세 반 무렵에 유치 20개가 모두 나오게 되는데, 5~6세부터는 유치가 빠지면서 영구치가 나오게 된다.

골격

성장판

영구치

유아기의 운동 발달은 ① 신체의 각 부분을 효율적으로 움직일 수 있고 균형을 유지할 수 있는 능력, 즉 신체적 안정성이 발달하며, ② 걷기, 뛰기 등을 통하여 이동능력이 발달되고, ③ 여러 가지 사물을 접하면서 각각의 특성에 따라 다양한 조절방법

운동 발달

을 배우게 됨으로써 조작적 능력이 발달하게 되는 것이 특징이다(김태련 외, 2004). 학령전기에는 모든 근육의 기능이 아주 높은 수준까지 발달하기 때문에 다양한 운동이 가능하다. 이 시기의 유아는 장난감보다는 자신의 몸을 이용한 운동, 즉 달리기, 줄넘기, 축구, 등산, 자전거, 수영 등의 운동을 선호하며, 6세경에는 한발 뛰기, 뛰어넘기, 오르기 등을 할 수 있다. 5~6세경에는 젓가락으로 음식을 먹을 수 있으며, 간단한 원이나 사각형과 삼각형을 그리던 것에서 벗어나 사물, 얼굴이나 집을 그릴 수 있고 작은 공도 던지고 받을 수 있으며, 혼자 옷 입기가 가능해진다. 6~7세경에는 단추나 지퍼를 원활하게 조작할 수 있으며, 신발끈 묶기도 가능해진다.

대근육운동

소근육운동

2) 심리적 발달

(1) 인지 발달

직관적 사고단계

Piaget와 Inhelder(1969)는 4~7세에 이루어지는 인지 발달을 전조작적 사고 단계 중에서 직관적 사고 단계(intuitive period)라고 하였다. 직관적 사고란 어떤 사물을 볼 때 그 사물의 두드러진 특성을 바탕으로 판단하는 사고를 말한다. 이 단계의 유아는 여러 사물과 사건을 표상하기 위하여 많은 개념을 형성하지만, ① 불완전한 분류능력, ② 전도추리(transductive reasoning), ③ 중심화 경향(centration), ④ 불가역성(irreversibility), ⑤ 자기중심성(egocentrism)이 사고에 특징적으로 나타난다. 즉, 이 시기의 유아는 수와 종류는 알지만 상위 개념과 하위 개념을 완전히 구분하지 못하여 불완전한 분류능력을 보인다. 그리고 걸음마기에 이어 사물이나 사건의 개별 특성만을 고려하여 추리하는 전도추리 사고 유형이 지속적으로 나타난다. 전체 상황 중에서 하나의 차원이나 측면에만 주의를 기울이고 다른 차원은 무시하는 중심화 경향이 나타난다. 또한 이 단계의 유아는 일련의 논리나 사건을 원래 상태로 되돌리지 못한다고 생각하는 불가역성 사고를 보인다. 그리고 타인의 관점과 역할을 고려하지 않은 채 자신의 입장에서 세계를 지각하는 자아중심적 사고가 나타나며 여전히 자기중심적 언어를 많이 사용한다.

불완전한 분류능력

전도추리

중심화 경향

불가역성

자아중심적 사고

(2) 도덕성 발달

Piaget(1965)는 유아의 도덕적 판단은 전도덕성 단계에서 타율적 도덕성을 거쳐 자율적 도덕성으로 발달해 나간다고 하였다. Piaget는 5세 이전 걸음마기까지

전도덕성 단계

의 유아는 인지 발달이 충분히 이루어지지 않아 도덕적 판단을 할 수 없다고 보고, 이를 전도덕성 단계로 구분하였다. 학령전기에 해당하는 5~7세의 유아는 타율적 타율적 도덕성 도덕성에 의존하여 도덕적 판단을 내린다고 하였다. 즉, 이 시기의 아동은 규칙을 어떤 권위자에 의해 주어진 고정불변의 것으로 반드시 지켜야 하는 것으로 간주하며, 행동의 옳고 그름을 자신이 입게 되는 손해의 양이나 처벌 여부에 따라 판단한다. 학령전기 유아가 지니고 있는 타율적 도덕성은 Piaget가 말하는 구체적 조작 사고 단계에서 감소되며, 7세 이후부터는 자율적 도덕성 단계로 옮아가게 된다. 자율적 도덕성 이 단계에서 아동은 사회적 규칙이나 질서가 다른 사람과의 협의하에 결정된다는 것을 이해하고 행동의 결과보다는 의도를 파악하여 옳고 그름을 판단한다.

Kohlberg(1976, 1981)는 도덕적 갈등 상황에 대한 판단양식에 따라 도덕성 발달 도덕성 발달 단계 단계를 〈표 4-1〉과 같이 3수준 6단계로 구분하고 있다. Kohlberg의 도덕성 발달 단계에 따르면, 걸음마기와 학령전기의 유아는 전인습적 도덕기에 머물러 있다고 전인습적 도덕기 할 수 있다.

표 4-1 **Kohlberg의 도덕성 발달 단계**

수준 및 단계		도덕적 발달 특성
전인습적 도덕기		개인적 보상을 얻고 처벌을 피하기 위해 권위자가 부여한 규칙에 복종
	1단계	벌과 복종 지향의 도덕성: 보상과 처벌의 기준에 따라 행동을 판단
	2단계	자기 이익 지향의 도덕성: 자신이나 사랑하는 사람에게 이익이 되는 정도에 따라 행동을 판단
인습적 도덕기		사회규칙을 유지하거나 다른 사람의 인정을 받기 위해 사회규범이나 사회규칙에 복종
	3단계	착한 아이 지향의 도덕성: 권위적 인물의 기대를 충족하고 인정받는 정도에 따라 행동 판단
	4단계	법과 질서 지향의 도덕성: 사회의 법률이나 규칙을 지지하는 정도에 따라 행동 판단
후인습적 도덕기		폭넓은 정의의 원칙에 따라 도덕적 판단을 하는데, 이때 정의는 법이나 권위자의 명령과 갈등을 일으킬 수 있음
	5단계	사회계약 지향의 도덕성: 개인의 권리를 존중하고 사회계약을 유지하는 정도에 따라 행동 판단
	6단계	보편적 원리 지향의 도덕성: 시대와 문화를 초월한 보편적 원리에 근거하여 행동 판단

행동주의이론

이러한 인지발달이론과는 달리 행동주의이론에서는 환경적 보상과 처벌에 대한 반응의 결과로서 도덕성이 발달한다고 보고 있다. 사회학습이론가는 모델행동의 관찰을 통해 도덕적 행동을 학습하게 된다고 보고 있다. 정신분석이론에서는 3~6세경의 남근기에 오이디푸스 또는 엘렉트라 콤플렉스(Oedipus or Electra complex)를 해결하는 과정에서 동성의 부모를 동일시함에 따라 도덕성이 발달한다고 보고 있다.

정신분석이론

(3) 정서 발달

학령전기의 유아는 사랑, 분노, 공포, 좌절감 등의 여러 가지 감정을 다루고 적절한 방식으로 표현하며, 충동과 사회적 요구 간에 균형을 유지할 수 있는 방법을 배우게 된다. 이 시기의 유아는 물리적인 것에서부터 형이상학적인 것에 이르기까지 모든 현상에 대해 호기심을 많이 느끼게 되는데, 이러한 호기심을 강력하게 제지하면 죄책감이 형성된다. 이러한 죄책감은 특정한 대상이나 상황에 대한 불합리한 공포로 발전되는 경우가 많은데, 학령전기의 유아는 특히 유치원이나 어린이집, 어둠, 동물에 대한 공포감을 경험하는 경우가 많다.

호기심

공포감

5~6세 정도가 되면 유아는 자신의 감정을 감추거나 가장하는 여러 가지 기제를 갖게 되므로 감정을 보다 능숙하게 숨길 수 있게 되며, 심지어는 부정적 감정을 감추기 위해 거짓말을 하기도 하는 등 부정적 정서에 대한 대처능력이 발달한다(Specht & Craig, 1987). 이것은 유아가 어떤 상황을 있는 그대로 받아들이거나 감정표현을 했을 때 일어날 수 있는 극도의 불안으로부터 자신을 방어하기 위하여 자아가 사용하는 일종의 방어기제인 동시에 적응기제이다.

**부정적
정서 대처**

3) 사회적 발달

(1) 사회적 관점 수용능력

학령전기 유아의 사회적 발달은 타인의 관점을 수용할 수 있는 능력의 발달과 직결되어 있다. 즉, 타인의 입장, 관점, 사고, 감정을 추론하고, 감정이입적으로 타인의 감정을 이해하는 능력인 사회적 관점 수용능력(social perspective taking ability)에 따라 사회적 발달 정도가 결정된다. 학령전기 유아는 다른 사람의 기분을 어느 정도 이해할 수 있으나 모든 사람이 자신과 동일한 방식으로 상황을 이해

**사회적 관점
수용능력의 발달**

한다고 생각하므로 사회적 관점 수용능력은 매우 낮다. 그리고 학령전기 유아는 자신과 타인의 관점이 다를 수 있다는 것을 인지하기 시작하지만 아직까지 자신의 관점과 타인의 관점을 정확하게 구별하지 못한다(Selman, 1980). 이와 같이 학령전기에는 사회적 관점 수용능력의 발달수준이 매우 낮기 때문에, 유아는 대인관계상의 갈등을 객관적으로 해결하지는 못한다.

(2) 성역할 학습

학령전기 유아는 성과 관련된 사회관계 성향에 관심을 나타내고, 성에 따라 각기 다르게 기대되는 행동을 이해하고 자신의 성에 걸맞은 행동을 하고자 함으로써 성역할을 인식하기 시작한다. 그러므로 동성의 친구와 어울리며 성에 따라 옷차림, 놀이, 직업에 대한 사회적 기대를 의식하고 이에 따라 행동하고자 한다. 문화에 따라 남아나 여아에게 기대하는 적절한 행동기준이 설정되어 있으며, 부모는 자신이 생각하는 문화적인 성역할 기준에 맞추어 자녀가 행동하도록 격려하거나 처벌을 가한다. 이러한 과정을 통하여 학령전기의 유아는 부모의 기대와 문화적 기준에 맞는 성역할 기준을 이해하고 내면화하게 된다.

유아는 부모로부터 학습한 성역할 기대를 또래관계에서도 그대로 적용하고자 한다. 특히 학령전기까지는 아직 타인의 관점을 수용할 수 있는 능력의 발달이 완전히 이루어지지 않았기 때문에, 자신이 갖고 있는 성역할 기준을 또래와의 관계에서 매우 엄격하게 적용하는 특성이 나타난다.

성역할

성역할 기준

성역할 기준 적용

(3) 우정의 발달

학령전기에는 걸음마기의 자아중심적 상징놀이보다는 집단놀이에 더 많은 흥미를 갖게 된다. 이러한 또래와의 집단놀이 과정에서 유아는 협동과 상호작용의 쾌락을 경험하고, 역할관계의 상호성을 학습하게 되며, 이를 통하여 자아중심성이 어느 정도 완화된다.

학령전기의 유아는 또래와의 집단놀이에서 구체적인 물건을 교환하거나 또래와의 협력활동을 통해 우정을 경험하게 된다. 그러나 아직도 자아중심 성향이 남아 있기 때문에 친구와 말다툼을 자주 일으키며, 있지도 않은 헛소문을 퍼뜨리기도 한다. 그러므로 학령전기에 형성한 또래와의 우정은 오래 유지되기 어렵고 극단적인 좌절감을 유발하기도 한다. 친밀하고 지속적인 우정은 초등학교에 입학하

집단놀이

우정과 자아중심 성향

는 아동기에 가서야 본격적으로 발달하게 된다.

(4) 사회화

사회화 과정 사회화(socialization)는 개인이 자신이 속한 사회집단에 적합하다고 생각되는 행동양식을 습득하는 과정을 말한다. 이러한 사회화 과정에 가장 많은 영향을 미치는 집단은 가족이며, 그중에서도 부모의 양육행동이 사회화뿐 아니라 이후의 성격 발달에도 중요한 영향을 미친다.

양육태도 Baumrind(1991)는 애정과 통제의 두 가지 기준을 바탕으로 하여 부모의 양육태도를 권위형, 전제형, 익애형, 방임형으로 구분하고 있다.

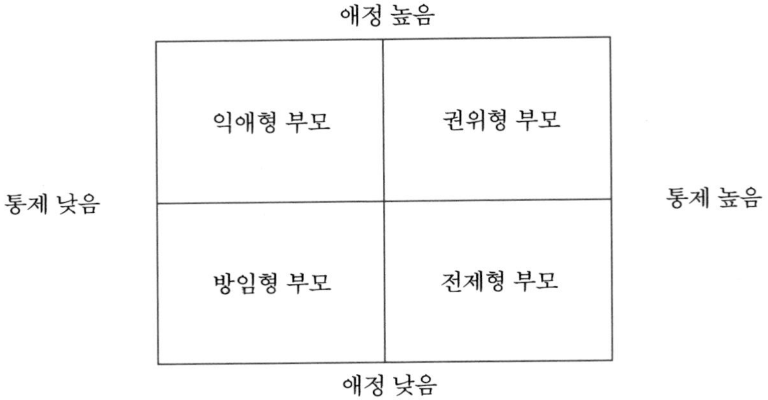

애정 높음

익애형 부모	권위형 부모
방임형 부모	전제형 부모

통제 낮음 （왼쪽）　　통제 높음 （오른쪽）

애정 낮음

그림 4-1 Baumrind의 부모 양육태도

양육태도와 유아 발달 Baumrind의 양육태도 분류는 엄부자모(嚴父慈母)라는 우리나라의 양육 유형 분류와 비슷하다. '엄격하면서도 자애로운 부모', 즉 권위형 부모가 자녀의 발달에 가장 바람직하며, '엄격하지도 자애롭지도 못한 부모', 즉 방임형 부모가 가장 부적절한 유형인 것으로 나타나고 있다. 하지만 최근 들어서는 '자애롭기만 한 부모', 즉 익애형 부모가 많아 자녀의 사회성 발달에 부정적인 영향을 미칠 것으로 예측된다.

형제관계
조손관계 학령전기에는 어머니와 보내는 시간보다는 형제와 보내는 시간이 더 많아지는데, 형제관계의 상호작용을 통하여 서로를 모방하려는 경향이 강하게 나타나며, 이를 통하여 사회성을 발전시키게 된다. 조부모와 함께 사는 유아는 보다 폭넓은 인간관계를 맺을 수 있는 기회를 갖게 되므로 사회성 발달이 촉진될 수 있다. 최근 들어 이혼가족, 한부모가족, 재혼가족이 늘어나게 됨으로써 학령전기의 유아가 자신의 성에 적합한 모델의 부재로 인하여 사회화 과정에 어려움을 겪는 경우가 많아지고 있다.

한부모가족

4) 사회복지실천에서의 관심 영역

(1) 신체적 발달의 관심 영역

학령전기의 신체적 발달과 관련하여 사회복지실천에서 관심을 가져야 할 것은 감염성 질환 등으로 인해 신체적 발달과 다른 발달 영역에도 치명적 장애를 초래할 수 있는 질병을 예방하는 데 필요한 예방접종과 의학적 치료에 관한 정보를 제공하고 자원을 연계하는 것이다. 특히 보육시설이나 아동양육시설에서는 거주하고 있는 유아에 대한 정기 진단을 통하여 신체적 발달 상태를 확인하고, 전염성 질환의 발생을 예방하고 질병의 조기치료에 많은 관심을 기울여야 한다.

예방접종

질병의 조기치료

학령전기 유아의 경우 근육과 운동 기능이 상당히 발달되어 있는 것은 사실이지만 안전사고를 당할 위험 또한 매우 높아진다. 따라서 사회복지기관에서는 놀이시설과 기타의 생활공간에서 일어날 수 있는 유아 안전사고를 미연에 방지할 수 있도록 철저한 안전점검을 실시하여야 한다.

안전사고

(2) 심리적 발달의 관심 영역

학령전기는 사실상의 인지교육이 실시되는 첫 단계로서, 유아는 유치원이나 보육시설에서 적절한 인지교육을 받아야 한다. 그러나 경제적 이유, 시설 부족 등으로 인하여 조기교육 기회를 갖지 못하는 유아도 예상 외로 많다. 따라서 국가와 사회복지 관련 기관에서는 유아를 위한 조기교육 및 보육시설의 확충에 좀 더 많은 노력을 기울여야 한다. 그리고 우리 사회의 조기교육 열풍으로 인하여 지나치게 어린 나이에 조기영어교육이나 영재교육을 받게 하는 것은 건전한 발달에 부정적 영향을 미칠 수 있음을 고려하여, 유아 부모상담 등을 통하여 조기교육과 관련된 정확한 정보를 제공하여야 한다.

조기교육과 보육

학령전기 유아의 경우 타율적 도덕 기준에 입각하여 자신이 행한 행동의 옳고 그름을 평가하기 **때문에**, 부모나 유아교사나 사회복지사는 지나치게 강압적인 방

도덕성과 정서 발달

식으로 도덕기준을 유아에게 부과하여서는 안 된다. 대신에 사회복지사는 유아의 불안과 공포를 감정이입적으로 이해하여야 하며, 놀리거나 강제로 금지하는 행동은 피한다. 그리고 심한 불안이나 공포증이 있는 경우에는 유아와 그 부모에 대한 상담을 실시하여 이의 해결을 원조함으로써 건전한 정서 발달을 지원해야 한다.

(3) 사회적 발달의 관심 영역

학령전기 유아의 타인에 대한 감정이입적 이해와 성역할 기준의 융통성을 부여하기 위해서는 적절한 놀이지도와 부모상담이 필요하다. 따라서 영유아 보육분야에서 일하기를 희망하는 사회복지사는 놀이치료(play therapy)와 가족치료에 대한 이론과 기술을 학습해 두어야 한다. 그리고 자신의 성역할 기준에 대한 정확한 이해를 갖춤으로써 유아지도과정에서 자신도 모르게 나타날 수 있는 특정한 성에 대한 편견을 최대한 억제하여야 한다. 그리고 학령전기 유아의 경우 또래와의 우정관계에서 극단적인 좌절감을 경험할 수 있기 때문에, 이들의 자기존중감을 고양하기 위한 임상적 개입도 실시한다.

놀이지도와 부모상담

성에 대한 편견

3 아동기의 발달

아동기 발달 특성

아동기는 7~13세의 시기로 꾸준한 신체적 성장이 이루어지나 성장 속도는 둔화된다. Freud는 아동기에는 성격 형성에 영향을 미치는 특별한 발달적 사건은 발생하지 않는다고 보았고, Erikson은 자율성과 유능성이라는 성격 특성의 발달이 이루어진다고 하였다. Piaget는 이전과는 다른 새로운 형태의 인지 발달이 이루어지는 매우 중요한 시기라고 보았다. 아동기는 생활의 중심이 가정에서 학교로 옮겨지고, 공식적 학교교육을 통하여 인지능력을 발전시키고 자신이 속한 사회 속에서 생활하는 데 필요한 사회적 기술을 습득해야 하는 시기이다.

1) 신체적 발달

(1) 신체적 성장

아동기는 영아기의 급속한 신체 발달이나 청소년기의 성장급등 현상과 비교하여 보면, 〈표 4-2〉에서 보는 바와 같이 신체적 성장과 발달이 비교적 완만하게 진행되긴 하지만 꾸준한 성장이 이루어지고 전체적인 신체의 체계가 안정되는 시기이다. 그러나 아동기 후반에는 신장과 체중이 급격히 증가하는데, 10~11세경에 여아의 신체적 성장이 남아에 비하여 더 우세해진다. 이러한 현상은 신체적 급성장이 이루어지는 사춘기가 남아보다 여아에게서 2년 정도 먼저 시작되는 점에 기인하는 것이다.

신체 성장과 안정

신체적 성장의 성차

표 4-2 | 아동기의 신체적 성장

연령	신장(cm)		체중(kg)	
	남아	여아	남아	여아
7세	122.1	120.8	24.2	23.4
8세	127.9	126.7	27.5	26.6
9세	133.4	133.6	31.3	30.2
10세	138.8	139.1	35.5	34.4
11세	144.7	145.8	40.2	39.1
12세	151.4	151.7	45.4	43.7

출처: 질병관리본부(2017).

아동의 신체구조를 보면, 몸통보다 팔다리의 성장이 빨라서 통통하고 귀여운 모습은 사라지고 살은 빠져 말라 보인다. 또한 키가 홀쭉하게 크고 팔다리가 유난히 길어 보이며, 아동기 후반이 되면 7등신이 된다. 얼굴형은 동그란 모습에서 길쭉한 모습으로 변하고, 코와 입이 커지고 넓어져 전체적인 얼굴 모습이 달라진다. 유치가 영구치로 바뀌고, 외모에 별다른 관심이 없고, 청결에 대한 요구에 반항적 태도를 보이는 경우가 많다. 특히 남아의 경우가 이러한 경향이 더 강하기 때문에 전형적인 개구쟁이의 모습을 지니게 된다.

신체구조

개구쟁이

아동기에는 뼈와 근육의 성장이 균형 있게 이루어지는 것이 일반적이지만, 뼈의 성장이 근육의 성장 속도를 앞지르는 경우가 있는데, 아동의 10~20%는 근육성장기 골통(骨痛) 또는 성장통(growing pain)을 경험하게 된다. 아동기에는 임파선의 발달이 급격하게 일어나 편도선이 최대 크기에 이르며, 성적 기관의 발달은 별로 이루어지지 않는 관계로 성적 중성기라고 한다. 내부 장기 중에서 심장은 12세경

성장통

내부 장기

이 되면 출생 시의 7배 정도에 이르지만 전체 체중에서 차지하는 비율은 가장 작다. 아동기에는 미각이 발달하고 운동량이 증가함에 따라 식사량이 늘어나면서 위의 용적도 성인의 2/3 정도에 이르게 된다.

(2) 운동 발달

운동 정교화

아동기에 새롭게 발달하는 운동 기능은 없지만, 운동기술이나 근육의 협응이 점차 세련되고 정교화되어 운동의 속도, 정확성, 안정성, 호응성, 역량 등이 더욱 발달되고 정교해진다(강봉규, 1992). 이 시기에는 자신의 신체를 이용한 달리기, 던지기, 뛰기 등의 능력을 활용한 스포츠와 조직적인 단체놀이에 강한 관심을 보이며, 남아의 운동능력이 좀 더 발달한다.

단체놀이

아동기에 스포츠 게임에 참여하는 것은 운동 효과 이외에도 우정관계를 형성하고, 게임의 규칙을 준수하며 팀의 구성원과 상호 협력하는 방법을 배우는 등 사회적 기술의 학습 기회도 부여한다(정옥분, 2004). 그리고 아동기의 운동 발달은 신체적 발달뿐만 아니라 심리사회적 발달에도 영향을 미친다. 특히 아동기에는 자신의 운동기술과 역량을 다른 아동과 비교하여 자신의 능력을 평가하기 때문에, 아동기의 자기존중감 형성의 밑바탕이 되며 성격 발달과도 밀접한 관련성을 지닌다. 즉, 운동능력이 떨어지는 아동은 대체로 소심하고, 겁이 많고, 내성적이고 의존적인 성격 특성을 보이는 반면 운동능력이 뛰어난 아동은 쾌활하고, 창조적이며 자기 자신을 적극적으로 표현하는 성격을 보이는 경우가 많다. 그리고 운동능력이 뛰어난 아동은 다른 아동의 부러움의 대상이 되는 반면 운동능력이 떨어지는 아동은 멸시의 대상이 될 수 있으므로, 자기개념과 사회관계 형성에도 영향을 미친다.

사회적
기술 학습

운동과
성격 발달

2) 심리적 발달

(1) 지각 발달

유아기에 자신의 몸을 움직여 환경을 탐색하는 과정에서 발달한 운동지각은 점차 공간지각으로 전환되어 간다. 5세까지는 자신이 생활하는 범위 이상으로 공간개념을 확대하지 못하는 것이 일반적이며, 6~7세경에 이르러서야 친척집, 이웃, 친구집, 다른 나라, 우주 등에 대한 정확한 공간 개념이 형성된다. 8세경에는 새로운 곳으로 여행을 하고 싶은 모험심에서 탐험여행을 떠나는 경우도 있으며, 9세경

공간지각

에는 한두 번 가 본 곳이면 혼자서 교통수단을 이용하여 찾아갈 수 있다(김태련, 장
휘숙, 1994).

유아기부터 발달하기 시작하는 시간지각은 8세경이 되면 과거, 현재, 미래를 정
확히 구분하고 1시간, 1일, 1개월, 1년 등의 시간에 대해서도 정확히 이해할 수 있
게 된다. 9~10세경이 되면 시간표에 따라 규칙적으로 계획된 일을 실행에 옮길
수 있으며, TV 프로그램의 시작시간을 정확히 인식할 수 있다. 초등학교 고학년이
되면서 추상적인 시간 의식이 점차 확립되어, 초등학교를 졸업할 정도가 되면 성
인과 유사한 수준의 시간 의식을 지닐 수 있게 된다. **시간지각**

(2) 언어 발달

아동기에는 공식 교육의 결과로 문자언어(written language), 발표능력과 문법능
력, 독해능력의 발달이 현저하게 일어나게 된다. 문자언어를 정확히 읽을 수 있는
능력은 초등학교 1학년 때에 거의 발달하며, 초등학교를 졸업할 때쯤에는 약 4만
개의 단어를 습득하게 된다. 독해능력은 3학년이 되면 소리를 내지 않고 읽을 수
있을 정도로 발달하며 고학년이 되면 현저하게 발달한다. 작문능력, 발표능력, 문
법능력도 아동기에 집중적으로 발달한다(정옥분, 2004). **문자언어** **독해능력**

아동기에 사용하는 어휘의 수는 이해하고 있는 어휘 수보다 적은 것이 일반적이
다. 그리고 기억력이나 주의력이 향상됨에 따라 사용하는 어휘 수의 증가와 함께
언어 표현력도 증가하며, 동일한 하나의 주제에 대해서 오랫동안 대화를 나눌 수
있게 된다. 이러한 언어 발달로 인하여 아동기 의사소통능력이 급격히 발달하며,
사회언어학적 이해능력 또한 발달한다. **어휘** **의사소통**

(3) 인지 발달

아동기에도 유아기의 직관적 사고나 자기중심적 사고와 같은 전조작적 사고의
특성이 남아 있다. 하지만 7~8세경에 이르면 이전 단계와는 전혀 다른 형태의 사
고가 나타나는데, Piaget와 Inhelder(1969)는 이를 구체적 조작 사고 단계(concrete
operational thought)라 하였다. 7~11세에 해당하는 Piaget와 Inhaler(1969)의 구체
적 조작 사고 단계에서는 보존기술, 분류기술, 조합기술 등의 개념적 기술이 점차
적으로 발달한다고 하였다. **구체적 조작
사고 단계**

먼저 아동기에는 물체의 형태 변화가 중요한 지각의 단서가 되지 못하므로 형태

가 바뀌어도 양이나 부피와 같은 물리적 부분은 변화하지 않고 그대로 유지된다는 보존기술(conservation skill)이 발달한다. 이러한 보존기술을 획득하기 위해서는 가역성(reveribility), 보상성(compensation), 동일성(identity)의 원리에 대한 이해가 뒷받침되어야 한다.

보존기술

분류기술(classification skill)은 대상이 공통적으로 지니고 있는 차원에 따라서 물체를 분류하고 통합하는 능력과 위계적 방식으로 하위 집단으로 나열하여 분류할 수 있는 능력을 의미한다. 즉, 분류기술은 유포섭(類包攝, class inclusion)과 분류위계(class hierarchy)를 인식할 수 있는 능력의 발달을 의미한다.

분류기술

유포섭과
분류위계

조합기술(combination skill)은 수(數)를 조작하는 능력으로서, 일정한 수의 사물이 있으면 그것을 펼치든지 모으든지 또는 형태를 바꾸든지 수가 같다는 것을 이해할 수 있는 능력을 의미한다. 이러한 조합기술의 획득으로 초등학생은 더하기, 빼기, 곱하기, 나누기와 같은 사칙연산을 할 수 있게 된다.

조합기술

이와 같이 구체적 조작 사고가 발달함에 따라 현상 간의 인과관계를 추론할 수 있으며, 물리적 세계의 규칙과 대상 사이의 관계를 지배하는 원리를 이해하고 그러한 원리에 따라 대상을 분류할 수 있게 된다. 따라서 아동기 동안에는 읽기, 쓰기, 셈하기 등의 기본 학습이 가능해지며, 시나 이야기 또는 놀이를 창조적으로 만들어 낼 수 있고, 능숙한 수공기술의 발달과 운동기술도 갖출 수 있게 된다.

구체적 조작
사고의 효과

아동기에는 개인이 환경에 대해 인식하고 반응하는 양식인 인지양식(cognitive style)이 나타난다(정옥분, 2004). 이러한 인지양식은 아동의 성격을 반영할 뿐만 아니라 아동의 인지적 수행에도 영향을 미치는데, 수렴적 사고와 확산적 사고, 장의존성과 장독립성, 사려성과 충동성으로 나누어 볼 수 있다.

인지양식

(4) 지능과 창의성 발달

지능(intelligence)은 각 개인이 유목적적으로 행동하고 합리적으로 사고하고 능률적으로 환경에 대처할 수 있는 총체적 능력으로, 언어능력, 논리적-수학적 능력, 음악적 능력, 공간능력, 대인관계능력, 문제해결능력, 환경에 대한 적응능력 등이 포함된다.

지능의 개념

지능 발달 수준은 일반적으로 지능검사로 측정하는 지능지수(intelligence quotient: IQ)로 표현한다. 지능지수는 역연령으로 정신연령을 나눈 수치로, 100보다 크면 정신연령이 나이에 비하여 높다는 의미이며, 100 이하인 경우는 그 반대

지능지수

이다. 지능지수만으로 각 개인의 지능 발달 수준을 논의하는 것은 별 의미가 없지만, 일반적으로 70 미만일 경우에 지적 장애아(보건복지부, 2017. 4.)라고 하며, 140 이상을 우수아라고 한다. 이러한 지능의 발달에 대해서 지능이 유전에 의해 영향을 받는다는 관점과 지능이 환경적 자극에 의해 변화한다는 관점이 팽팽히 맞서고 있다.

유전과 환경

지능 발달의 결정적 시기와 지능 발달의 한계에 대해서도 이견이 존재한다. Klineberg는 인간의 지능 발달은 11~12세까지는 거의 직선적으로 발달하고 그 후부터는 점점 완만하게 발달하여 17~18세경에 절정에 이른다고 하였다. 이에 비하여 Davis는 11세경에 성인의 50% 정도까지 발달하고 20세경에 발달이 절정에 이른다고 하였으며, Miles는 18세에 최고 정점에 이르렀다가 이후 서서히 하강하는 양상을 보인다고 하였다(서봉연, 이순형, 1996).

지능 발달의
결정적 시기

창의성(creativity)은 당면한 문제에 대한 대안적 해결책을 생각하고, 친숙한 물체를 다르게 사용할 수 있는 방안을 만들어 내고, 색다른 개념을 만들어 내는 능력을 말한다. 이러한 창의성은 지능과는 상관성이 높지 않으며, 확산적 사고에서 비롯되는 것으로 알려져 있다. 간혹 창의성이 높은 아동은 교사나 주위 사람이 보기에는 다소 엉뚱한 아이로 비칠 가능성이 높다. 이때 교사가 아동의 독창성을 인정하고 이를 배양해 주면 아동의 창의성은 더욱 발전하게 되지만, 반대로 이를 억압하면 아동의 창의성 발달은 더 이상 이루어지지 않게 된다.

창의성

엉뚱한 아이

(5) 정서 발달

유아기 후반 무렵이 되면 대부분의 기본적 정서를 표현할 수 있게 되지만 아동기에도 정서의 발달은 지속된다. 아동기는 비교적 정서적으로 안정된 시기로서, 정서적 혼란이나 흥분은 비교적 적은 편이다. 아동기에는 정서적 통제와 분화된 정서 표현이 가능해진다. 사회적 행동과 밀접한 관련성을 지니고 있는 정서 중에서 먼저 공포감에 대해 살펴보면, 상상적이고 가상적인 것, 비현실적이고 초자연적인 것에 대한 공포가 많아진다. 예를 들면, 아동기에는 괴물, 유령, 죽음 등에 대한 공포감을 많이 느낀다.

정서적 안정

공포감

공포감과 직접적으로 연관된 정서가 바로 불안이다. 불안반응은 아동의 상상력 발달과 관련되어 있는데, 이 시기에는 주로 부모와 교사의 기대를 충족하지 못할 때 따르는 질책이나 벌, 성적하락이나 운동능력 미발달에 대한 친구들의 조롱 등

불안

에 대한 불안이 특히 많다. 특히 가정생활과 학교생활 사이에 조화가 이루어지지 못할 경우에 불안정서가 강해져 공포증이라는 정서장애로 나타나게 된다. 이러한 아동기의 정서장애 중에서 대표적인 것이 등교거부증(school refusal)이다.

등교거부증

분노

아동기에 공포나 불안보다 더 빈번하게 발생하는 정서가 바로 분노이다. 그 이유는 아동기에 접어들면서 사회관계의 범위가 넓어지기 때문이다. 즉, 사회관계의 범위가 가정에서 학교로 확대되면서 욕구가 좌절되고 행동에 방해를 받고 놀림을 당하거나 꾸중을 듣는 경우가 많아진다. 또한 다른 아동과 불쾌한 비교를 당하거나 무시를 당할 때가 더 많아짐으로써 분노의 감정이 이전보다 더욱 빈번하게 발생하게 된다. 이와 같이 분노의 감정이 발생하는 빈도는 높아지지만 스스로 분노감정을 잘 통제하고, 보다 간접적인 방식으로 분노감정을 표현할 수 있게 된다.

정서 표현 규칙

아동기에는 정서 표현 규칙에 대한 이해도 크게 증가한다. 즉, 아동기가 되면 자신의 진짜 감정을 숨기는 일에 점점 능숙해지기 때문에 아동의 진짜 감정이 무엇인지를 이해하기 어려울 때가 종종 있다. 그리고 아동은 한 가지 이상의 정서, 특히 긍정적 정서와 부정적 정서를 동시에 경험할 수 있다는 것을 이해할 수 있으며, 동일한 상황이라도 사람에 따라 정서가 다를 수 있다는 사실을 이해하게 된다.

(6) 자기개념의 발달

자기개념

자기개념(self-concept)은 신체적 특성, 개인적 기술, 가치관, 희망, 지위와 역할 등 개인이 자신의 것으로 동일시하는 개인적 특성에 대한 지각이나 느낌이다. 이러한 자기개념은 ① 자신의 능력, 신분, 역할에 대한 전반적 인식인 전체적 자기개념, ② 순간적인 기분에 의해 영향을 받는 일시적 자기개념, ③ 주요 타인과의 상호작용에서 다른 사람이 자신을 어떻게 보느냐에 따라 자신을 평가하는 사회적 자기개념, 그리고 ④ 자신이 어떻게 되었으면 하고 바라는 이상적 자기개념으로 나뉜다.

자기존중감

자기개념이 자기에 대한 인지적 측면이라고 한다면 자기존중감(self-esteem)은 자신에 대한 정서적 측면이다. 즉, 자신의 존재에 대해 인지적으로 형성된 것이 자기개념이고, 자기 존재에 대한 느낌이 자기존중감이다(Simmons & Blyth, 1987). 자기존중감은 자기 자신에 대해 갖고 있는 개인적 가치감이나 긍정적 평가로서, 자기개념을 구성하는 하위 요인이다(김태연, 장휘숙, 1994).

근면성과 열등감

이러한 자기존중감 발달은 Erikson(1963)이 말하는 아동기의 근면성과 열등감의 발달과 밀접한 관련성을 지닌다. 만약 아동이 새로운 것에 많은 호기심을 갖고 사회에서 필요한 기본 기술을 열심히 익혀 나가고, 그 과정에서 교사나 부모의 물질적 보상이나 칭찬을 듣게 되면 근면성과 높은 수준의 자기존중감을 형성할 수 있다. 그러나 어떤 일에 있어서 성공보다는 실패를 더 많이 경험하고 그 결과로 사회관계망으로부터 부정적 평가를 더 많이 받게 되면 열등감과 낮은 수준의 자기존중감을 형성하게 된다.

아동기의 자기개념 및 자기존중감 발달에는 교사와 친구 그리고 부모의 평가가 매우 중요한 역할을 한다. 따라서 아동을 지도하는 교사는 개별 아동에 맞는 현실적 학습목표를 설정하고 아동의 현재 능력수준보다 약간 높은 수준의 과제를 부과하여 근면성의 동기를 조장하며, 아동이 과제수행을 통하여 성공감을 경험할 수 있도록 지원을 아끼지 말아야 한다. 그리고 부모는 아동의 자기존중감을 고양하기 위하여 ① 아동에 대한 세심한 주의와 관심을 가지고, ② 사회적 기준을 제시하고 분명한 행동의 한계를 설정하고, ③ 지나친 처벌을 삼가고 온정적이고 수용적인 양육태도를 취하며, ④ 학교에서의 성공을 부당하게 요구하지 않으며, ⑤ 아동의 의견을 존중하며, ⑥ 조화로운 부부관계를 유지하여야 한다.

자기개념과 자기존중감과 밀접한 관련성을 지닌 개념이 자기효능감(self-efficacy)이다. 자기효능감은 자신이 스스로 상황을 극복할 수 있고, 자신에게 주어진 과제를 성공적으로 수행할 수 있다는 신념이나 기대를 의미한다. 높은 수준의 자기효능감은 긍정적인 자기개념과 높은 수준의 사회적 성취를 촉진하지만 낮은 자기효능감은 부정적 자기개념을 갖게 하고 자기존중감과 성취지향적 동기를 위축하는 결과를 낳는다.

자기통제(self-control)는 목표를 달성하기 위해 순간의 충동적 욕구나 행동을 억제할 수 있는 능력을 의미한다. 즉, 유혹에 저항하는 능력, 만족을 지연하는 능력, 충동을 억제하는 능력을 의미한다(정옥분, 2004). 자기통제능력은 부모 등 외부의 감독에 의해서나 스스로 자기를 통제할 수 있는 기술의 습득에 의해서 발달하는데, 아동기에는 이러한 자기통제능력이 급격하게 발달하게 된다.

교사와 친구, 부모의 평가

자기효능감

자기통제

3) 사회적 발달

(1) 학교와 사회적 발달

교사

사회적 강화

급우집단

학교는 아동의 인지 발달에 치중하는 듯이 보이지만 아동의 사회활동의 장으로서 사회적 발달에도 많은 영향을 미친다. 교사는 아동의 사회화 과정에 매우 큰 영향을 미치는데, 저학년일수록 교사의 영향을 많이 받으며, 고학년이 될수록 교사보다는 친구의 영향을 많이 받는다. 교사는 사회적 비교에 의한 사회적 강화 기제를 활용하여 아동의 사회적 발달을 도모한다. 교사는 아동의 특수한 재능을 알아보고 바람직한 행동을 형성하고 발달시키기 위하여 칭찬, 비난, 특권, 처벌과 같은 강화기제를 사용하며, 아동의 능력과 성취도를 비교하여 동일한 사회적 지위를 지니고 있는 아동의 사회적 지위를 차별화한다. 이러한 교사의 행동이나 지도방법에 의해서 아동은 사회적으로 바람직한 행동과 관련 규범을 학습하게 되며, 자신의 사회적 지위에 따르는 사회정체감을 형성하게 된다. 일반적으로 교사의 행동을 긍정적으로 지각하는 아동일수록 긍정적 자기개념을 형성하는 경향이 강한 것으로 나타나고 있다.

초등학교 저학년에서 발달하지 못했던 급우들과의 관계는 학년이 올라갈수록 더욱 강화된다. 초등학교에서의 급우집단은 2~3학년 때에는 친한 친구끼리 소집단을 이루어 상호작용하고 다른 급우와는 교류가 별로 없다. 그러나 5학년 이상에서는 1~2명의 지도자가 있어서 학급 전원이 관계를 맺게 된다. 이와 같이 급우와의 상호작용이 확대되고, 성인의 승인보다는 또래의 승인을 받고 싶어 하는 아동기의 특성 때문에 교사의 영향력은 점차 줄어들게 된다. 그리고 급우와의 상호작용을 통해 자기중심적 관점이 감소되고 협동, 경쟁, 협상의 원리를 체득하면서 사회 규칙이나 압력에 반응하는 방법을 학습하게 된다.

(2) 또래집단과 사회적 발달

또래집단의 구성과 영향

아동기의 또래집단은 이웃에 살고 연령이 비슷하고 동성의 아동으로 주로 구성되며, 외모, 성숙도, 운동기술, 학업성적이나 지도력 등에 따라 서열이 정해진다. 이러한 또래친구와의 접촉을 통해 아동은 사회적 상호작용에 필요한 기술이나 규범을 배우고, 또래집단의 행동기준이나 태도, 가치관을 배우며, 정서적 안정감을 갖게 됨과 동시에 인지 발달을 촉진하게 된다.

아동기에는 또래친구와 진정한 우정을 나눌 수 있는 기회를 갖게 되는데, 아동 우정의 발달
기에는 접촉의 기회가 많고, 동일한 흥미가 있는 또래를 친구로 선택하는 경향이
있지만 학년에 따라 차이를 보인다. 저학년에서는 집이 가깝고, 앉는 자리가 가깝
고, 가족끼리 교류가 있는 또래를 친구로 선택하는 지역적 친구선택 경향이 강하
지만, 학년이 높아질수록 성격적 친구선택 경향이 높아진다. 즉, 고학년이 되면 친
절, 명랑, 온화함, 희망, 장래목표, 취미 등과 같은 내적인 성격 특성을 보고 친구
를 선택한다. 아동기에 이루어지는 친구관계, 즉 우정 발달의 특성을 살펴보면, 7
~8세경에는 동성친구하고만 어울려 놀며 이성친구에 대해서는 배타적인 관계를 동성친구
유지한다. 그리고 특별히 마음에 드는 친구와 아주 절친한 이원적 관계, 즉 짝꿍이
되며, 개인적 사건과 비밀을 털어놓고, 둘만이 알 수 있는 비밀기호를 만들어 의사
소통하기도 한다(Berndt, 1982).

9세경이 되면 아동은 집단을 형성하여 함께 행동하기를 좋아한다. 즉, 강한 연
대성과 소속감을 가진 또래친구 집단을 형성하여 조직적인 활동을 하는 것을 좋아
한다. 이러한 집단을 짝패(clique) 또는 도당(gang)이라고 하는데, 짝패집단에서는 짝패집단
외모, 성숙도, 운동기술, 학업성취나 지도력 등에 따라 서열이 형성된다. 이러한
짝패집단 내에서의 서열은 인기도와 직결되는데, 아동기에 짝패집단에서의 수용
과 인기도는 아동의 자기역량이나 자기존중감을 결정하는 주요 요인으로 알려져
있다(한종혜, 1996).

아동기에 도당 또는 짝패집단에 소속되어 또래와 집단으로 행동을 하는 과정에 짝패집단의 영향
서 얻게 되는 긍정적 효과도 많지만, 위험성 또한 내재되어 있다. 짝패집단에 참
여한 아동은 집단 내에서의 상호작용을 통하여 자기표현을 할 수 있는 기회를 갖
게 되므로 성취감을 경험하게 되며, 상호 의존적 감정을 공유함으로써 우정이 싹
트고, 자아중심성을 극복하고 서로 협동관계를 맺게 된다. 그리고 또래의 승인을
통해 자기존중감이 발달되며, 용기, 인내, 정의감, 지도력과 같은 좋은 사회적 태
도가 발달하게 된다. 이와 반대로 아동이 짝패집단에 참여하여 비행과 같은 비사
회적 행동이나 반사회적 행동을 학습하고 이를 행동화하는 경우도 발생할 수 있기
때문에 사회적 발달에 부정적 영향을 미칠 수도 있다. 아동이 짝패집단에 참여할
수 있는 기회를 갖지 못하게 되거나 짝패집단으로부터 거부 또는 무시당하고 괴롭
힘을 당하는 집단따돌림의 피해자가 될 수 있다. 소위 '왕따'라 불리는 집단따돌림 집단따돌림
의 경험은 높은 수준의 불안과 우울, 낮은 자기존중감과 부정적 자기개념을 형성

하고 부적응적 행동을 보이게 만든다. 부정적 영향이 아동기에만 국한되는 것이 아니라 장기적인 영향을 미치므로 더욱 문제가 된다.

(3) 단체놀이와 사회적 발달

아동기에 이르면 집단놀이(group play)보다 단체놀이(team play)를 선호하는데, 단체놀이는 심판이 필요하고 규칙이 매우 복잡하다. 아동은 이러한 단체놀이를 통하여 개인의 목표가 단체의 목표에 종속된다는 것을 인식하게 된다(Newman & Newman, 1987). 단체놀이에 참여하는 아동은 놀이에서의 승리라는 단체목표를 위하여 자신의 목표성취를 유보하며, 서로 의기투합하여 협동하고 약한 성원을 돕는다. 아동은 단체놀이를 통하여 노동배분의 개념을 학습할 뿐 아니라 경쟁의 본질과 승리의 중요성을 학습하게 된다.

<small>단체놀이의 효과</small>

(4) 대중매체와 사회적 발달

정보지식사회에서 인간은 유익하든 유해하든 정보 홍수 속에서 살아간다고 할 수 있다. 아동은 TV와 인터넷, 스마트폰 등 다양한 매체를 통해 정보를 수집하고 활용한다. 아동은 이런 매체를 통하여 학습이나 다른 사회적 요구에 반응하며 필요한 정보를 신속하게 획득하여 유익하게 활용할 수 있다. 그러나 매체의 순기능 못지않게 역기능 또한 매우 크며, 아동이 매체를 사용하는 시간이 해가 더해 갈수록 늘어나고 있다는 점에서 이들 매체가 아동의 사회적 발달에 미치는 부정적 영향은 무시할 수 없는 수준이다.

<small>인터넷과 스마트폰</small>

4) 사회복지실천에서의 관심 영역

(1) 신체적 발달의 관심 영역

아동기는 급격한 신체적 발달은 이루어지지 않지만, 전체적인 신체적 안정을 도모해야 하는 시기이다. 그러므로 사회복지기관에서는 빈곤, 가족해체, 부모의 실직과 가출, 아동 학대, 부모의 부양 기피 및 거부 등으로 인하여 끼니를 거르거나 필요한 영양을 충분히 공급받지 못하는 아동을 대상으로 아동급식 지원사업을 실시해야 할 것이다. 결식아동이 존재하는 한편 비만 아동의 증가로 인하여 당뇨와 고혈압, 고지질혈증 등 이른바 성인병을 앓고 있는 아동 또한 급격히 증가하고 있

<small>결식아동</small>

<small>비만 아동</small>

어 사회문제로 등장하고 있다. 따라서 사회복지기관에서는 아동의 영양관리 프로그램과 비만교실 등을 개설하여, 영양과잉이나 비만이 원인이 되어 사회적으로 소외되고 심리적으로 위축된 아동을 지원해 나가야 할 것이다.

아동기의 신체적 발달과 관련하여 사회복지실천에서 관심을 기울여야 할 또 다른 문제는 장애, 난치성질환 또는 만성질환이다. 사회복지제도적인 측면에서는 장애아동의 조기치료와 재활을 위해서는 장애아의 조기치료 및 조기교육기관과 특수교육기관이 증설되어야 하며, 장애인복지에 대한 전문훈련을 받은 사회복지사와 기타의 전문가가 배치되어 전문서비스를 제공할 수 있어야 한다. 일반 사회복지기관에서는 지역 내 장애아의 재활훈련을 지원하고, 장애아 가족지원 프로그램을 적극 개발하여 실시하여야 한다. 그리고 일반 학교에 다니고 있는 장애아동에 대한 교사와 급우의 편견을 제거하여 장애아의 통합교육을 지원하기 위해 학교사회복지 프로그램도 개발하여 실시하여야 할 것이다. `장애아동`

아동학대는 아동을 대상으로 한 사회복지실천의 핵심 영역이 되어야 한다. 신체학대, 정서학대, 성학대, 방임 및 유기 등의 아동학대 문제의 예방과 해결을 위해서는 아동학대 예방을 위한 홍보와 교육 강화, 신고의무자의 신고 강화, 학대 피해아동에 대한 일시보호서비스와 치료 및 전문사례관리서비스, 학대 행위자 치료 및 개입 프로그램의 실시, 아동보호전문기관의 기능 강화 등이 이루어져야 한다. `아동학대` `아동보호전문기관`

아동기에는 공식적 교육을 통한 인지 발달이 중요하긴 하지만, 아동은 학습 외에 놀이를 하면서 많은 것을 배운다. 따라서 아동이 창의적 놀이를 할 수 있는 안전한 놀이공간을 확보해 주어야 한다. 따라서 사회복지기관에서는 아동을 대상으로 한 창의적 놀이공간을 확보하여 지역 내 아동에게 제공하도록 노력해야 할 것이다. `놀이공간`

(2) 심리적 발달의 관심 영역

아동기의 건전한 심리적 발달을 위하여 1차적으로 요구되는 것은 감각기관과 언어의 정상적 발달이다. 따라서 사회복지기관에서는 감각기관의 장애를 지닌 아동을 위한 재활 및 치료 중심의 사회서비스 프로그램을 개발하여 실시하여야 한다. `감각기관의 장애`

아동기에는 공식적 학교교육을 통한 인지 발달이 매우 중요한데, 뚜렷한 생리적 문제가 없는데도 학습에 어려움을 겪는 학습장애(learning disability)를 보이는 경우가 있다. 따라서 사회복지기관에서는 학습장애아동의 인지 발달을 지원하는 데만 목적을 둔 교육 프로그램을 실시하기보다는 언어, 지각, 운동과 관련된 문제를 근 `학습장애`

원적으로 해결해 줄 수 있는 통합치료 프로그램과 학습장애아와 그 가족을 위한 지지 프로그램을 개발하여 실시해야 한다.

정서·사회성 발달

아동기에는 급격한 정서 변화가 없기 때문에 자칫하면 아동의 정서 발달을 지원하는 데 소홀해질 수 있다. 하지만 정서발달지수(emotion quotient: EQ)와 사회성지수(social quotient: SQ)가 사회적으로 많은 관심을 불러일으켰듯이, 아동기에는 인지 발달 못지않게 정서 및 사회성 발달도 중요하다. 따라서 사회복지기관에서는 아동의 정서 및 사회성 발달을 지원할 수 있는 예술 및 놀이 프로그램을 개발하여 실시하고 등교거부증, 소아우울증, 주의력결핍/과잉행동 장애, 인터넷 및 게임 중독 등의 치료를 지원하기 위한 개인상담이나 가족치료 프로그램도 실시해 나가야 할 것이다.

(3) 사회적 발달의 관심 영역

아동기의 건전한 사회성 발달을 지원하기 위해서는 부모, 교사, 또래집단에 대한 개입이 필수적이다. 따라서 사회복지사는 가족치료적 개입, 학교사회복지적 개입, 집단사회복지적 개입을 통하여 아동의 사회성 발달을 지원하여야 한다. 특히

집단따돌림이나 학교폭력

집단따돌림이나 학교폭력 피해아동의 치료와 지원을 위하여 교사와 또래집단을 대상으로 한 적극적인 학교사회복지적 개입과 집단사회복지적 접근이 필요하며, 아동의 가족에 대한 상담과 치료가 요구된다.

품행장애

아동기의 사회성 미발달로 인하여 나타나는 상습적 거짓말, 도벽, 가출, 무단결석, 환각제 흡입 등의 다양한 문제를 통칭하여 품행장애(conduct disorder)라고 한다. 최근에는 청소년비행뿐만 아니라 아동기의 범죄나 비행 등이 증가하고 있다. 따라서 사회복지사는 아동의 품행장애 문제를 해결할 수 있는 임상 지식과 실천기술을 갖추어야 할 것이다. 그리고 사회복지기관에서는 아동기에 특징적으로 나타나는 짝패집단이 비사회적 또는 반사회적 행동집단으로 이행되지 못하도록 건전한 놀이지도나 여가 프로그램을 개발하여 개입함으로써, 아동기의 품행장애 문제의 발생을 예방해 나가야 한다.

긴급보호
가정위탁보호
양육시설

사회복지기관과 사회복지사는 사회적 보호가 필요한 아동의 지역사회 및 시설 보호서비스를 제공해야 한다. 부모의 이혼, 별거·가출, 부부간 불화 심화, 신용불량 등으로 가정 내 아동양육이 곤란한 경우에 긴급보호서비스를 연계하고, 입양이나 가정위탁보호서비스 또는 양육시설 입소를 지원하여야 한다. 그리고 빈

곤가정 아동의 빈곤대물림 방지를 위해 실시하고 있는 아동발달지원계좌(Child Development Account: CDA)인 드림씨앗통장의 후원자를 모집하여 연계하는 일도 게을리해서는 안 된다. 또한 취약계층 아동의 신체 건강, 인지 발달, 정서 및 언어 발달, 부모관계 향상 등을 목적으로 한 통합사례관리사업인 드림스타트 사업에도 적극적으로 참여해야 할 것이다. 더 나아가 저소득 가정이나 맞벌이 부모의 방과 후 적절한 보호를 받지 못하는 아동을 위하여 사회복지기관과 지역아동센터에서 는 방과후 아동보호 프로그램, 아동기능교실 등을 운영하여 아동의 안전보호, 학업지도 및 급식제공, 문화서비스 및 지역사회연계 프로그램 등을 적극적으로 실시 해야 한다. 또한 사회복지사는 실종아동전문기관(http:// www.missingchild.or.kr) 과 연계하여 약취, 유인, 유기, 사고 또는 가출하거나 길을 잃는 등의 사유로 인하 여 보호자로부터 이탈된 실종아동의 발견과 신고, 보호서비스에 적극적으로 참여 하여야 할 것이다.

드림씨앗통장

드림스타트

지역아동센터

실종아동전문기관

생각해 보아야 할 과제

1. 부모역할훈련 프로그램에 관한 연구보고서나 기존 문헌을 참조하여 그 내용과 프로그램의 효과에 대해 파악해 보시오.

2. 가정이나 놀이터, 보육시설 또는 유치원에서 일어날 수 있는 영·유아 안전사고의 종류를 열거하고, 각각의 사고에 적합한 대처방법을 모색해 보시오.

3. 요즈음의 아동은 컴퓨터게임과 같은 혼자서 하는 놀이를 선호하는 경향이 있다고 하는데, 이러한 혼자놀이가 아동의 사회성 발달에 미치는 영향에 대해 논의해 보시오.

4. 아동기 집단따돌림 문제의 원인과 실태를 분석하고, 집단따돌림의 가해자와 피해자를 치료하고 지원할 수 있는 방안을 모색해 보시오.

5. 아동복지시설이나 지역아동센터를 방문하여 자원봉사활동을 하고, 그 경험에 대해 의견을 나누어 보시오.

제5장

청소년기와 성인기

1. 청소년기와 성인기의 신체적 발달의 양상을 이해한다.
2. 청소년기와 성인기의 심리적 발달의 양상을 이해한다.
3. 청소년기와 성인기의 사회적 발달의 양상을 이해한다.
4. 사회복지실천에서 청소년기와 성인기의 발달과 관련하여 관심을 기울여야 할 영역을 이해한다.

청소년기(adolescence)는 아동기에서 성인기로 전환하는 과도기로서, 우리 사회에서 청소년기의 연령기준은 명확하지 않다. 아동복지법에서는 아동을 18세 미만인 자로 규정하며, 청소년보호법에서는 청소년을 19세 미만의 자로, 청소년기본법에서는 9세 이상 24세 이하로 규정하고 있다. 그러나 민법에서는 19세 미만을 미성년자로 규정하고 있으며, 또한 인생진로를 결정하는 첫 번째 중요한 시기는 주로 고등학교를 졸업하는 18세경에 이루어지므로, 이 책에서는 중학교와 고등학교에 재학하는 시기인 13~19세를 청소년기로 규정하고자 한다. 청소년기의
연령기준

성인기에 대한 연령기준도 다양하다. Newman과 Newman(1987)은 18~23세를 청년후기로 구분하고, 23세부터 시작되는 성인기를 성인초기(23~40세), 성인중기(40~61세), 성인후기(61세 이상)로 구분하고 있다. Papalia와 Olds(1998)는 성년기를 20~40세, 중년기를 40~60세, 60세 이상을 노년기로 구분하고 있다. 그러나 우리나라 민법의 성인 연령기준을 근거로 할 때, 19세 이후부터 성인기가 시작된 성인기의
연령기준

다고 보는 것이 바람직할 것이다. 따라서 이 책에서는 민법의 성년 연령기준과 중년의 시작연령에 대한 사회 통념에 근거하여 성인기를 19~40세로 규정하되, 이를 다시 평균 초혼연령(初婚年齡)을 근거로 19~30세의 청년기(youth)와 30~40세의 성년기로 구분하여 논의하고자 한다.

청년기
성년기

1 청소년기의 발달

신체·심리·사회적 측면에서 급격한 발달이 이루어지기 때문에 청소년기를 지칭하는 용어는 다양하게 사용되고 있다. 신체적 발달 측면에서는 제2의 성장급등기(second growth spurt), 성적 성숙과 관련해서는 사춘기(puberty)로 불린다. 심리적 발달 측면에서는 부모로부터 심리적으로 독립하고 자아정체감을 형성하는 심리적 이유기(psychological weaning), 정서적 변화가 급격히 일어나는 질풍노도의 시기(storm and stress period)로 불린다. 그리고 사회적 발달 측면에서는 부모로부터 독립을 추구하는 과정에서 부모의 권위에 도전하고 잦은 갈등을 일으킨다는 점에서 제2의 반항기(second opposition period), 여전히 어린이도 성인도 아니라는 점에서 주변인(marginal man)으로 불린다.

청소년기의
발달 특성

1) 신체적 발달

⑴ 신체적 성장

청소년기는 영아기의 제1의 성장급등 현상이 있은 후 둔화되었던 신체적 발달이 다시 급등 현상을 보이므로, 제2의 성장급등기로 불린다. 이러한 신체적 급등 현상은 개인에 따라 차이가 있지만 여아가 남아보다 2~3년 정도 빨라서 대체로 여아는 10~11세경에 그리고 남아는 12~13세경에 시작하여 약 4년 정도 지속된다(송명자, 2008; 정옥분, 2004). 청소년기에는 신체적 성장비율이 이전보다 2배 정도 빨라지는데, 소년의 성장속도가 소녀보다 더 빠르게 진행되어 청소년기가 끝날 무렵에는 소년의 신체적 발달이 더 우세해진다(김태련, 장휘숙, 1994).

제2의
성장급등기

청소년의 신장은 156~158cm에서 5~15cm 증가하여 청소년기가 끝날 즈음에는 소년이 174cm, 소녀가 161cm 정도에 이른다. 체중의 증가도 동시에 이루어지

신장과 체중

는데, 소년이 15kg, 소녀가 5kg 정도 증가하여 청소년기가 끝날 무렵에는 개인차
는 있지만 소년은 67kg, 소녀는 54kg 정도에 이른다(질병관리본부, 2017). 그러나
청소년의 신체적 성장은 개인차가 매우 크므로 단지 연령만으로 신체적 성장을 판
단하는 것은 문제가 있다(신명희 외, 2013).
개인차

신장과 체중의 증가뿐만 아니라 다른 신체 부위에서도 성장급등 현상이 동일하
게 나타나므로, 소년과 소녀 모두 일시적인 신체불균형 상태를 경험하기도 한다.
이로 인하여 청소년은 자신의 신체에 대해 부정적인 신체이미지(body image)를 형
성하기도 하는데, 일반적으로 남아가 여아에 비해 긍정적인 신체이미지를 갖고 있
는 경우가 많다(송명자, 2008).
신체불균형
신체이미지

청소년기에는 신체 내부기관의 발달도 현저하게 나타난다. 즉, 간장, 폐활량, 소
화기능 등이 현저하게 발달하게 되는데, 그중에서도 가장 특징적인 신체 내부기관
의 발달은 내분비선의 발달이다. 청소년기에 여드름이 나는 것도 바로 내분비선의
발달로 인하여 지방이 과다해지기 때문이다. 특히 성호르몬의 분비로 인하여 소년
은 어깨가 벌어지고 각진 외모를 갖게 되며, 소녀는 체지방이 증가하고 골반 부위
가 발달하며 체형은 허리가 가늘고 어깨 폭이 좁으며 둥근 외모를 지니게 된다.
신체 내부기관
내분비선
성호르몬

(2) 성적 성숙

청소년기의 가장 특징적인 발달 중의 하나는 성적 성숙이며, 이를 근거로 사춘
기(puberty)라고 부르기도 한다. 그러나 사춘기는 단순히 생식기관의 발달로 인한
생식능력의 발달에 초점을 둘 때 사용하는 용어이며, 성적 성숙(sexual maturation)
은 생식기관의 발달과 관련되어 일어나는 사회적ㆍ심리적 적응과정 모두를 의미
한다.
사춘기
성적 성숙

청소년기의 성적 성숙은 생식기관이 발달하고 내분비선에서의 성호르몬 분비
가 증가하면서 나타난다. 청소년기의 성적 발달에 영향을 미치는 내분비선은 뇌
하수체, 생식선, 부신이다. 뇌하수체는 신장과 체중의 변화를 조절하는 성장호르
몬의 분비와 아울러 생식선으로부터 성호르몬의 생성과 유출을 자극하는 기능
을 한다. 생식선에서는 성호르몬을 분비하게 된다. 여성은 난소에서 에스트로겐
(estrogen)을 분비하며, 이로 인해 유방의 발달과 음모의 성장이 이루어지고, 자궁
이 임신을 준비하게 하고 임신 상태를 유지할 수 있게 만든다. 남성은 고환에서 테
스토스테론(testosterone)을 분비하며, 이는 신장의 증가, 남성으로서의 2차 성징의
뇌하수체
생식선
에스트로겐
테스토스테론

부신

발달, 그리고 정자 생산 및 성적 욕구의 증가를 유발한다. 부신은 여성에게서는 테스토스테론을, 남성에게서는 에스트로겐을 분비하게 만든다.

성적 성숙의 성차

신체구조적 발달에서와 마찬가지로 성적 성숙에 있어서도 성에 따른 차이가 나타난다. 즉, 소녀의 경우에는 성장급등 현상이 일어난 직후부터 성숙이 이루어지며 소년의 경우에는 성장급등 현상이 있은 후 1년 정도가 경과하면서 나타나기 시작한다. 일반적으로 소녀의 경우 9~16세, 소년의 경우 10~18세에 2차 성징의 발현과 함께 성적인 성숙이 이루어진다(신명희 외, 2013).

소년의 성적 성숙

소년의 성적 성숙은 11~12세경에 고환과 음낭이 확대되고 음모가 출현하며, 음경은 12~13세부터 커지기 시작하여 약 2년 동안 확대된다. 14~15세 정도가 되면 사정이 가능하지만 처음에는 정자가 충분한 활동성을 갖지 못하기 때문에 생식기능은 불완전하다. 소년은 사정에 대한 몽정불안(夢精不安)과 자신의 성적 성숙에 대한 기대감이라는 양가감정을 경험하게 된다.

몽정불안

소녀의 성적 성숙

소녀에게서 나타나는 성적 성숙을 살펴보면, 먼저 유방이 커지면서 원추형으로 변화하며, 유방의 발달과 아울러 음모와 겨드랑이의 체모도 발달한다. 9~16세에 소녀는 초경(menarche)을 하게 되는 충격적 변화를 경험하며, 초경을 시작한 후 1년 또는 1년 반 정도의 기간이 지나면 임신이 가능해진다. 청소년기의 소녀는 생리를 통하여 여성이 되었다는 자부심을 가짐과 동시에 많은 불편함과 당혹감이라는 양가감정을 경험하기도 한다.

성적 성숙의
가속화

청소년기의 성적 성숙은 가속화되는 경향을 보이고 있다. 우리나라 여학생의 평균 초경연령은 시간이 지남에 따라 점점 빨라지고 있으며, 초등학교 저학년 중에서도 초경을 하는 경우가 점차 많아지고 있으며, 성조숙증을 보이는 아동도 늘어나고 있다(신명희 외, 2013; 정옥분, 2004).

성조숙증

(3) 운동 발달

청소년기에는 급격한 신체 발달과 아울러 운동능력의 발달도 현저하게 나타난다. 운동 발달은 근육 및 신경계의 발달과 밀접한 관련성을 지닌다. 청소년기에는 근육조직과 근력의 증가가 함께 이루어지는데, 소년의 근육 발달이 소녀보다 앞서고, 소녀의 운동능력 또는 운동에 대한 흥미가 상대적으로 낮다. 즉, 소년의 경우에는 기민성, 속도, 균형, 던지기, 뛰기 등의 전신운동 기술이 계속적으로 발달하는 반면 소녀의 경우에는 오히려 줄어드는 경향을 보인다. 청소년기의 운동 발

운동 발달의
성차

달에서의 성차는 근육 발달의 차이뿐 아니라 심장, 폐 등의 내부기관의 발달 차이, 소녀의 월경에 수반되는 전신적 변화, 사회관습의 제약, 신체적 미에 대한 개념 차이 등의 요인에 기인하고 있다.

청소년기의 운동 발달은 성격 발달과도 밀접한 관련성이 있는 것으로 알려져 있다. 운동신경이 발달하면 활발한 성격을 가지고 모든 일에 자신감 있게 행동을 하게 된다. 그러나 운동능력의 발달이 지연되면 긴장감, 열등감 등과 같은 부정적 정서를 경험하게 되고, 가정생활이나 사회생활에서도 부적응적 행동을 보이는 경향이 있다.

운동 발달과
성격 발달

2) 심리적 발달

⑴ 정서 발달

청소년기에는 정서가 매우 강하고 변화가 심하며 극단적 정서 경험을 하므로, 이 시기를 질풍노도의 시기라고 부른다. 청소년은 2차 성징의 발달과 그로 인한 성적 충동으로 인하여 성적 색채가 강한 정서를 경험하게 되며, 성의식이 높아짐에 따라 성적 수치심이 강해지고 이성에 대한 호기심이 있으면서도 이를 거부하거나 반대로 허세적인 반항적 행동을 하게 되는 경우가 많다.

질풍노도의 시기

성적 색채

청소년기에는 불안, 고독, 열등감, 공허감 등의 부정적 감정을 경험하는 빈도가 많다. 청소년은 자신의 능력에 대한 확신이 부족하고, 자신의 신체이미지에 대한 자신이 없고, 자신의 장래에 대한 확신이 부족하기 때문에 작은 일에도 지나치게 불안해하는 경우가 많다. 청소년기에 자아의식이 서서히 발달하면서 청소년은 혼자 있고 싶어 하고 고독에 빠지기 쉽다. 또한 자신을 타인과 비교해서 부족하다고 느끼고 타인 앞에서 위축되는 느낌이 강화되어 열등감에 휩싸이기도 하며, 이상과 현실 사이의 괴리를 목격하고는 실존적 공허감에 빠지기도 한다.

자아의식

실존적 공허감

청소년의 정서 변화에 따른 반응양식은 개인차가 있다. 어떤 청소년은 부정적 정서를 지나치게 억압하여 우울증이나 거식증(拒食症, anorexia nervosa) 또는 폭식증(暴食症, bulimia nervosa) 등의 급식 및 섭식장애를 나타내기도 한다. 반면 정서에 대한 통제가 이루어지지 않고 지나치게 충동적으로 반응함으로써 비행행동을 보이기도 한다.

정서장애와 비행

(2) 인지 발달

형식적 조작 사고

청소년기의 인지 발달을 Piaget와 Inhelder(1969)는 구체적 조작 사고에서 형식적 조작 사고(formal operational thought)로의 전환이라고 하였다. 먼저 청소년기에는 청소년 자신의 지각과 경험보다는 논리적 원리에 의해 지배를 받기 때문에 더욱 추상적인 사고가 가능해진다. 또한 청소년기에는 경험하지 못한 사건에 대한

추상적 사고

가설적·연역적 사고

가설을 설정하여 미래의 사건을 예측하는 가설적·연역적 사고가 발달한다. 그리고 실제 가능한 모든 개념적 조합을 고려할 수 있으며, 사건이나 현상과 관련된 변인을 동시에 다룰 수 있는 사고능력인 체계적인 조합적 사고능력이 발달하고, 미

조합적 사고

이상적 사고

래의 이상에 대한 상상과 공상이 많아지는 이상적 사고가 발달한다.

형식적 사고의 영향

청소년기의 형식적 사고의 발달은 청소년에게 부정적 영향을 미치기도 한다. 청소년기의 추상적 사고의 발달로 인하여 청소년은 추상적인 이론과 관념적인 사상에 몰두하며, 불완전한 현실을 비판하거나 비관하기도 한다. 미래사건을 예측할 수 있는 사고능력의 발달로 인하여 청소년은 가까운 미래에 일어나게 될 진학이나 취업, 결혼 등에 대해 지나친 염려를 함으로써 과도한 불안을 경험하기도 한다. 청소년의 자기성찰과 비판적 성향이 지나치게 강화될 경우 열등감이 높아질 우려가 있다. 또한 자신의 외모에 지나치게 신경을 쓰거나 타인의 입장을 배려하지 못하는 자아중심적 사고성향을 그대로 유지하기도 한다(송명자, 2008).

상상적 청중

개인적 우화

이러한 자아중심적 사고의 대표적인 예로 상상적 청중(imaginary audience)과 개인적 우화(personal fable)를 들 수 있다. 자아중심적 사고를 보이는 청소년의 경우 부정적 자기개념을 형성하고 자기존중감 수준이 낮은 것이 특징이다(송명자, 2008). 형식적 사고능력의 발달로 인한 부정적 영향을 줄이고, 형식적 사고의 질적

형식적 사고의 질적 발달

발달을 도모(Chandler & Boyes, 1982; Looft, 1971; Newman & Newman, 1987)하기 위해서는 ① 다양한 역할수행이 요구되는 상황에 직면함으로써 두 가지 이상의 변인을 정신적으로 조절하는 능력을 갖추어야 하며, ② 이질적 성원으로 구성된 동년배집단에 참여하여 다양한 경험을 하고, ③ 학교수업을 통해 논리적 사고능력을 키워 나가야 할 것이다.

(3) 자아정체감의 발달

청소년기의 발달과업

Erikson(1968)은 청소년기의 발달과업 중에서 가장 핵심적인 발달과업이 자아정체감(ego identity) 형성이라고 하였다. 자아정체감은 자신의 독특성에 대해 다소

안정된 느낌을 갖는 것으로, 행동이나 사고 혹은 정서의 변화에도 불구하고 변화하지 않는 부분이 무엇이며 자신이 누구인가를 아는 것이다. 이러한 개인의 자아정체감은 ① 각 개인이 인간이라는 느낌, 즉 인간성 차원, ② 남성 혹은 여성이라는 느낌, 즉 성별 차원, ③ 각 개인이 독특하고 특별하다는 인식, 즉 개별성 차원, ④ 시간경과에도 불구하고 동일한 사람이라는 인식, 즉 계속성 차원이라는 네 가지 차원으로 구성되어 있다.

자아정체감의 차원

자아정체감의 형성은 아동기의 경험에 기반을 두고 있긴 하지만 본격적인 발달이 이루어지는 것은 청소년기부터라고 할 수 있다. 청소년이 안정된 자아정체감을 형성하기 위해서는 신체적 성숙과 성적 성숙, 추상적 사고능력의 발달, 정서적 안정성의 확보, 부모나 또래집단으로부터 자율성을 확보할 수 있어야 한다. 그리고 다양한 역할실험(role experimentation)을 통하여 자신의 특성을 인정하고, 타인의 견해를 이해하며, 세계에 대한 지식을 습득하는 과정이 필요하다.

자아정체감의 발달

Marcia(1980)는 ① 역할실험과 대안적 선택 중에서 의사결정을 할 수 있는 능력, 즉 위기(crisis)와 ② 직업활동, 종교, 정치이념 등의 수행에 몰입하는 정도, 즉 전념(commitment)이라는 두 가지 잣대를 활용하여, 자아정체감의 유형을 [그림 5-1]과 같이 네 가지로 나누고 있다. 이 중에서 정체감 유실의 특수한 형태를 부정적 정체감(negative identity)이라 하며, 비행청소년에게서 흔히 엿볼 수 있다. 정체감을 확립하기 위하여 다양한 역할실험을 수행하는 대학시절을 심리사회적 유예기간(psychosocial moratorium)이라고도 한다.

자아정체감의 유형

부정적 정체감

심리사회적 유예기간

위기(crisis)

전념 (commitment)		예	아니요
	예	성취	유실
	아니요	유예	혼란

그림 5-1 Marcia의 자아정체감의 유형분류

**정체감의
성취나 유예**

Erikson(1968)은 정체감 성취나 유예는 심리적으로 건강한 것이지만 정체감 유실이나 혼란은 부적응적인 것이라 하였다. 정체감의 성취나 유예 상태에 있는 청소년은 자기존중감이 높고, 추상적이고 비판적인 사고를 하며, 현실자아와 이상자아 간의 차이가 크지 않다. 또한 높은 수준의 도덕성을 갖고 있으며, 자신을 지나치게 의식하지 않고 있는 모습 그대로 다른 사람에게 자신을 드러내 보인다. 이에

**정체감 유실과
혼란**

반해 정체감 유실이나 혼란 상태에 있는 청소년은 독단적이고 융통성이 없으며, 부적응적인 행동이나 문제를 일으키고, 다른 사람과의 의견 차이를 수용하지 못하고 자신을 거부한다고 생각한다. 또한 타인에게 거부당할까 봐 두려워하기도 하며, 자신의 인생이 어떻게 되든 상관없다는 식으로 다른 사람의 행동을 그대로 모방하거나 미래에 대한 아무런 꿈도 갖고 있지 않은 경우가 많다.

청소년기 초반에는 정체감 혼란이나 유실 상태에 있는 경우가 많으며, 청소년기 후반이 되어야 정체감 성취에 이르는 경우가 많다. 우리나라의 경우 청소년기에

대학 진학

대학 진학이라는 목표를 이루기 위하여 자아정체감을 형성하기 위한 노력을 기울이지 않다가 대학 진학 후에 정체감 형성을 위하여 노력하는 경우를 많이 찾아볼 수 있다.

3) 사회적 발달

(1) 가족관계

**부모로부터의
분리**

청소년기의 특징적인 사회적 발달 중의 하나는 부모나 가족으로부터 분리되어 친구나 자기 자신에게 의존하려는 경향이 높아진다는 점이다. 청소년기에는 신체적 성숙이 이루어짐에 따라 부모의 통제를 받지 않으려 하며, 부모의 지시를 논리적으로 비판하거나 반항하고, 친구관계에서 배운 가치관을 가족관계에 적용하려고 한다. 이러한 청소년의 특성 때문에 부모는 청소년이 성장한 데 대하여 보람도 느끼지만 거부당하는 데 대한 상실감도 동시에 경험한다. 하지만 부모의 애정과 지원에 깊이 뿌리내리지 못한 상태에서 독립을 위한 날갯짓을 하게 되면 실패

독립과 자율성

할 가능성이 높다. 지금까지 청소년기의 발달에 관한 연구에서는 청소년의 독립과 자율성만을 강조해 왔으나, 최근 들어서는 청소년의 건강한 발달에 부모와의 안정

**부모의
지지와 승인**

적인 애착관계와 부모의 지원이 필수적이라는 점을 강조하기 시작하였다(정옥분, 2004).

청소년이 부모의 보호에서 벗어나서 자기의 판단에 의해 독립적으로 행동하려는 성향을 심리적 이유라고 부른다. 대부분의 청소년기 가족에서는 부모가 이러한 청소년의 심리적 이유를 지지하고 격려해 줌으로써 커다란 갈등 없이 청소년기를 보낼 수 있게 된다. 하지만 어떤 부모는 아동기와 마찬가지로 지나치게 보호하고 간섭하려 하는데, 청소년 자녀는 이러한 부모의 태도에 불만을 품고 비판 또는 반항하거나 도피행위를 함으로써 부모와 청소년 자녀 사이에 극도의 긴장관계가 형성되기도 한다. 이와 같이 청소년이 심리적 이유를 추구하는 과정에서 부모에게 반항하는 행동 특성 때문에 제1의 반항기인 걸음마기에 비유하여 청소년기를 제2의 반항기라고도 부른다.

심리적 이유

제2의 반항기

(2) 친구관계

청소년기에는 우정이 가족 간의 애정보다 더 중요한 시기가 되므로, 청소년은 가족과의 대화보다는 친구를 직접 만나거나 전화통화를 하거나 스마트폰과 인터넷의 SNS(social network service)로 소통하는 데 더 많은 시간을 보내게 된다. 따라서 청소년은 동년배집단과 강한 유대관계를 형성하고 자신의 집단 내 지위와 역할을 예측하고 평가하며, 필요한 사회적 기술을 학습하는데, 청소년기의 원만한 친구관계는 사회 적응과 정신건강에도 많은 영향을 미친다. 그러나 청소년은 친구관계를 통하여 술, 약물, 문제행동을 배우거나 직접 행동에 옮기기도 하며, 친구들의 거부와 무시로 인한 정신건강 문제나 부적응적인 행동문제를 일으키기도 한다.

우정과 가족애

동년배집단의
영향

청소년기에는 우정의 의미와 질이 끊임없이 변화한다(정옥분, 2004). 청소년기 초반의 우정은 개인적인 특성보다는 태도나 행동, 관심분야의 유사성에 기반을 두며, 다소 피상적이고 활동중심적 유형으로 동성 친구가 대부분이다. 청소년기 중반의 우정은 정서적으로 강렬한 관계중심적 유형으로 신뢰할 수 있고 비밀을 터놓을 수 있는 친구를 찾게 되는데 이러한 우정이 깨질 경우 정서적으로 매우 큰 상처를 입게 된다. 청소년기 후반의 우정은 상호성과 친밀감이 특징이며, 보다 안정된 관계를 유지하게 된다. 친구에 대해 아량이 넓어지고 자신과 친구가 서로 다르다는 점을 인식하게 되며, 성인의 우정과 같이 정서적으로 친밀하고 안정된 관계가 된다. 그리고 이 시기에는 이성 친구에 대한 관심이 많아진다.

우정의 변화

청소년기에 이성 친구에 대한 관심이 높아지지만 실제로는 동성 친구를 더 많이 사귀며, 가장 친한 친구 역시 동성 친구인 경우가 대부분이고, 자신이 직면한 심각

동성과
이성 친구

한 문제에 대해 의논하는 상대도 역시 동성 친구인 경우가 많다. 그리고 이성 친구를 사귄다고 하여도 동성 친구를 멀리하는 것은 아니며, 이성 친구와의 우정은 동성 친구와의 우정에서 부족한 부분을 보완하는 기능을 하게 된다.

이성교제

청소년은 이성교제를 통하여 즐거운 여가시간을 가지고, 남녀 간의 사랑의 본질과 기쁨을 알게 되며, 자신의 장단점을 인식하고 자기반성을 통하여 정상적인 성격 발달을 도모할 수 있게 된다. 그리고 이성교제를 통하여 타인과의 관계 형성에 필요한 사회적 기술을 습득하고, 친밀감과 정체감 형성에 도움을 받게 된다(Paul & White, 1990). 우리나라 경우 청소년기의 이성교제에 대해 아직 부정적 시각이 남아 있고,

학업부담

학업부담으로 인한 시간부족으로 이성교제의 기회가 상대적으로 제한되어 있지만, 최근 들어 청소년의 이성교제를 좀 더 유연성 있게 받아들이고 있는 실

성 개방 풍조

정이다. 하지만 성 개방 풍조의 확산과 청소년의 발달속도가 빨라지면서 신체적 접촉을 하는 경우도 늘어나고 있다.

(3) 컴퓨터, SNS와 가상공간

컴퓨터 등의 활용

청소년에게 있어 컴퓨터와 스마트폰은 의사소통, 정보수집, 취미나 여가생활 등의 일상생활에서 없어서는 안 될 필수품이 되었다. 대다수의 청소년이 인터넷을 기반으로 친구와 이메일, 카페, 블로그, SNS 등을 통하여 가상공간에서 공동체 활동을 하고 있으며, 컴퓨터 게임이 청소년기의 주된 여가활동으로 자리를 잡아 가고 있다.

컴퓨터 등의 영향

컴퓨터와 스마트폰의 활용은 청소년기의 발달에 긍정과 부정적인 영향을 모두 미치고 있다. 청소년은 컴퓨터나 스마트폰을 사용함으로써 빠르게 필요한 정보를 수집할 수 있으며, 교과수업이나 과외활동, 여가활동에 필요한 지식과 정보를 습득하는 등 학습활동에 도움을 받고, 학업부담으로 인하여 제한되는 친구관계를 유지해 나가고 있다. 이런 반면 현실세계에서의 대인관계 위축으로 인하여 비인간화를 초래할 수 있으며, 익명성이 보장되는 점을 악용한 음해성 글의 게재, 음란 및 불법 파일의 유통, 스팸메일 발송 등과 같은 도덕성이나 사회책임성의 발달에 부정적 영향을 미치기도 한다. 그리고 인터넷 중독이나 게임중독, 원조교제, 자살 등에 대한 잘못된 정보를 주고받음으로써 비행으로 이어지는 경우가 많으며, 음란 동영상과 간행물이나 온라인 사행성 게임 사이트와 같은 청소년 유해환경에 쉽게 노출될 수 있다. 또한 과도한 컴퓨터 사용으로 시력저하, 비만 등 건강에 부정적

영향을 미치기도 한다.

4) 사회복지실천에서의 관심 영역

(1) 신체적 발달의 관심 영역

급격한 신체구조의 변화로 인하여 청소년은 일시적 신체불균형 현상을 경험하며, 이로 인하여 부정적 신체이미지를 형성할 가능성이 크다. 따라서 사회복지사는 청소년기의 부정적 신체이미지로 야기될 수 있는 다양한 심리적 문제와 증상을 다루어야 한다. 특히 사회에서 요구하는 미적 기준 소위 몸짱이나 얼짱이 되기 위하여 많은 청소년이 심한 식이요법을 하고 있으며, 더 심한 경우에는 음식섭취를 거부하는 거식증이라는 정신신체장애(psychosomatic disorder)를 일으키는 경우도 있다. 그러므로 사회복지기관에서는 의료기관 등과 연계하여 청소년기의 신체변화에 대한 이해 교육 프로그램, 식이요법 지도, 몸매관리 프로그램 등을 실시하여야 한다. 부정적 신체이미지 식이요법

사회복지기관에서는 청소년을 대상으로 성에 대한 올바른 이해와 가치관 형성을 위한 프로그램을 실시하여야 한다. 먼저 청소년의 성에 대한 이해를 도모하기 위하여 학교나 청소년성문화센터 SAY(Sexuality about Youth) 등의 성교육 및 상담기관과의 협력을 통해 성교육을 실시해야 한다. 청소년복지사업을 담당하는 사회복지사는 초경 및 몽정불안, 자위행위, 이성의 성적 요구 등과 같은 성과 관련된 심리적 문제를 해결할 수 있는 상담을 수행하여야 한다. 성교육과 상담

청소년기의 대표적인 성문제라고 할 수 있는 10대 임신과 미혼부모 문제와 성폭력 문제에 대한 개입도 필요하다. 사회복지사는 미혼부모와의 상담을 통하여 출산에 대한 의사결정, 자녀양육 계획, 자신을 버린 이성에 대한 원망과 자책감 등에 대한 미혼부모의 심리적 적응과 미래 생활계획의 수립을 지원하여야 하며, 필요에 따라서는 미혼부모 전문기관에 의뢰할 수 있어야 한다. 미혼부모

성폭력 문제에 대처하기 위하여 아동·청소년 대상 성범죄자 신상정보 등록·공개제도 및 취업제한, 성폭력 가해 및 성매매 피해 아동·청소년에 대한 인지행동 상담·치료교육을 통한 성폭력 재발 방지를 위해 노력하고 있다(http://www.mogef.go.kr). 그리고 1994년부터 성폭력 범죄의 처벌 및 피해자 보호 등에 관한 법률을 제정하여 시행하고, 여성긴급전화 '1366'을 운영하고 있으나, 성폭력 문제 성폭력 1366

는 더욱 심화되고 있다. 따라서 성폭력 상담소와 보호시설의 확대 설치 등과 같은 보다 적극적인 사회복지 대책을 수립하여야 한다. 일선 사회복지기관에서는 성폭력 피해자와 가족 그리고 가해자를 위한 치료적 접근을 강화하여야 한다.

(2) 심리적 발달의 관심 영역

우리 사회는 청소년기의 최대 과업을 대학 진학인 것으로 받아들이고 있으므로,

청소년 방과후 아카데미

사회복지기관에서는 저소득층 청소년 방과후 아카데미를 운영하여 청소년의 인지발달을 지원하여야 한다. 그러나 인지증진 프로그램만 강조한다면 사회복지기관이 제2의 청소년교육기관으로 전락할 위험성이 있다. 따라서 사회복지기관에서는 체육활동, 문화예술활동, 자원봉사활동, 자아발견 프로그램과 같은 여가 및 인성

전인적 성장 지원

개발 프로그램을 개발·실시함으로써, 청소년의 전인적 성장을 지원하여야 할 것이다.

자아 발달 프로그램

청소년기의 중요한 발달과업은 자아정체감의 형성이다. 사회복지기관에서 청소년의 자아정체감 형성을 지원하기 위해서는 자아발견, 자아성장, 자기주장훈련, 인간관계수련 등과 같은 청소년의 자아발견과 원만한 대인관계 형성을 지원할 수 있는 개인 및 집단 상담 프로그램을 개발하여 실시하여야 한다.

정신장애

청소년기에 발생하는 정신장애로는 조현병, 불안장애, 공포증, 우울증, 자살, 물질남용 등이 있다. 특히 우리나라의 경우 지나친 입시경쟁으로 인하여 고3 증후군으로 대표되는 시험불안은 거의 대부분의 청소년이 경험하고 있는 심리적 증상이다. 따라서 사회복지기관에서는 청소년의 정신건강과 건전한 심리적 발달을 지원하기 위하여, 청소년을 대상으로 한 개별상담과 스트레스 예방 및 관리 방법, 약물교육 및 치료 프로그램, 청소년 가족을 위한 가족치료 프로그램 등의 임상 프로그램을 개발·실시하고, 필요에 따라서는 청소년 전화(헬프콜, 1388)나 청소년상담복지센터와 연계하고 심한 경우 정신병원에 입원을 의뢰하여야 한다.

(3) 사회적 발달의 관심 영역

청소년 비행

비행문제는 청소년기의 사회적 발달과 관련된 대표적인 문제이다. 청소년 비행문제를 예방하기 위해 다양한 정책이 추진되고 있으나, 소년원학교 운영, 보호관찰, 갱생보호, 사회봉사명령제 등과 같은 사후대책이 주류를 이루고 있다. 따라서 가족복지정책의 확대를 통하여 가정의 기능을 강화하고, 학교교육에서의 인간성

을 회복시키고, 경제적 불평등 완화와 같은 사회구조적 개선을 통하여 청소년 비행의 발생을 사전에 예방하고, 처벌 위주보다는 성격과 행동의 교정과 사회복귀에 초점을 둔 사회복지적 개입을 해야 한다. 특히 청소년 교정기관에서는 교정전문인력을 확보하고, 비행청소년을 획일적으로 처우하기보다는 개별적으로 처우하며, 교정시설의 탈시설화를 통하여 일반 사회와 유사한 생활환경에서 교정복지사업을 시행해야 할 것이다.

교정시설의 탈시설화

일반 사회복지기관에서는 청소년의 비행을 사전에 예방하기 위하여, 청소년 가족 상담 및 치료를 실시함과 아울러 인근 학교와 연계하여 활발한 학교사회복지를 실시하여야 할 것이다. 그리고 비행 가능성이 높은 위기청소년, 즉 가출청소년, 학교부적응 또는 학업중단 청소년의 지도를 위한 지역사회조직사업, 청소년 쉼터와의 연계 프로그램, 비행 또는 범죄 청소년의 사회복귀를 지원할 수 있는 각종 직업훈련 프로그램이나 대안교육 프로그램 등을 실시하여야 한다.

학교사회복지

청소년 쉼터

대안교육 프로그램

사회복지기관에서는 청소년과 그 가족을 대상으로 한 가족관계 강화 프로그램을 개발·실시하고, 가족상담이나 가족치료를 더욱 강화해 나가야 할 것이다. 그리고 인터넷 중독과 인터넷 비행과 범죄를 예방하고 컴퓨터와 스마트폰 등 매체의 건전한 활용을 지원할 수 있도록 인터넷 중독대응센터(스마트쉼센터, http://www.iapc.or.kr)와 연계하여 청소년을 대상으로 한 매체 중독 예방 및 활용교육 프로그램을 실시하고, 청소년의 발달에 부정적 영향을 미치는 인터넷 사이트에 대한 감시운동과 같은 사회운동을 전개해 나가야 할 것이다.

가족관계 강화 프로그램

매체 중독예방 및 활용교육

2 청년기의 발달

성인기(early adulthood) 중에서 19~30세를 청년기로 구분한 것은 청년기(youth)가 고등학교를 졸업하면서 시작하여 취업과 결혼을 통하여 부모로부터 완전한 독립을 성취함으로써 종결된다고 보는 것이 타당하다는 점과 우리나라의 평균 초혼연령이 남성 33.4세, 여성 30.6세(통계청, 2019)라는 점을 고려한 것이다. 이러한 청년기는 직업준비 등을 포함한 다양한 역할탐색과 선택을 하고 부모로부터 독립하여 자율적 생활을 모색하는 하는 시기이다.

청년기의 연령

청년기 발달특성

1) 신체적 발달

인간의 신체적 성장과 성숙은 청년기에 거의 완성되기 때문에, 이 시기에는 최
상의 신체 상태를 유지한다. 즉, 청년기는 전 생애에서 체력이 절정에 달하고, 활
기와 신체적 힘이 최고 수준을 유지하는 시기로서, 골격의 발달은 17~21세경에
완성되며, 신체적 수행능력은 19~26세경에 정점에 도달한다(송명자, 2008). 그리
고 생식기능, 운동능력, 면역기능, 근육과 내부기관의 기능도 최고조에 달한다(이
인정, 최해경, 2007).

최상의 신체 상태

2) 심리적 발달

(1) 감각 및 인지 발달

감각기관

감각기관 역시 청년기에 가장 예민한데, 시력은 20세경에 가장 좋으며, 청력의 점
진적 감퇴는 25세 이전에 시작되어 25세 이후에 뚜렷해진다. 미각과 후각, 통각 등
도 최고 수준에 이르며, 청년기는 전 생애에 걸쳐 감각기능이 가장 좋은 시기이다.

인지 발달

청년기의 인지 발달에 대해서는 아직 학자 간에 합의가 이루어지지 않고 있다.
Piaget와 Inhelder(1969)는 청소년기에 형식적 조작 사고가 발달한 이후에는 인지
발달이 거의 이루어지지 않는다고 보았지만, 최근 이에 대한 비판이 제기되고 있
다. 즉, 기계적 암기나 지적 과제의 수행속도 등은 10대 후반이 가장 뛰어나지만,
판단, 추론, 창의적 사고 등은 청년기는 물론 전 생애를 통하여 발달하는 것으로
보는 견해가 우세해지고 있다.

표 5-1 성인기의 인지 발달

단계	Piaget	Arlin	Riegel	Perry	Schaie
청소년기	형식적 조작 사고	형식적 조작 사고	형식적 조작 사고	이원론적 사고	습득 단계
성인기	↓	문제발견적 사고	변증법적 사고	다원론적 사고	성취 단계
중·장년기	↓	↓	↓	↓	책임 단계 실행 단계
노년기	↓	↓	↓	↓	재통합 단계

Arlin(1975), Riegel(1973), Perry(1981), Schaie(1990) 등은 청년기를 포함한 성인 기에도 인지 발달은 지속적으로 이루어진다고 하였다. 먼저 Arlin(1975)은 성인기의 사고 수준은 청소년기의 형식적 조작 사고와는 달리 창의적 사고, 확산적 사고, 새로운 문제 해결방안의 발견을 특징으로 하는 문제발견적 사고가 발달한다고 하였다. Riegel(1973)은 성인기의 사고는 형식적 사고가 아닌 성숙한 사고로서, 어떠한 사실이 진실이 될 수도 있고 진실이 아닐 수도 있다는 점을 이해하는 변증법적 사고가 발달한다고 하였다. Perry(1981)는 청소년기의 사고가 흔히 흑백논리에 의해 좌우되는 것과 달리 성인기에는 이러한 이원론적 사고에서 벗어나서 다원론적 사고(multiple thinking)로 옮겨 간다고 하였다. Schaie(1990)는 청소년기까지는 생활에 필요한 지식을 습득하는 단계이며, 성인기부터는 습득한 지식을 실생활에 적용하는 단계로 전환된다고 본다. 즉, Schaie는 성취 단계에 해당하는 성인기에는 더 이상 지식을 습득하지 않고 자신의 인생목표에 적합한 과업에 최선을 다한다고 하였다.

청년기 이후의 인지 발달

문제발견적 사고

변증법적 사고

다원론적 사고

성취 단계

(2) 자율성 발달

청년기에는 대학진학, 군입대 또는 취업 등으로 부모와 지리적으로 분리되어 생활하는 경우가 많다. 청년기에 부모로부터 독립하여 생활을 영위하기 위해서는 먼저 사회에서 요구하는 기술을 습득하여야 한다. 청년기의 진정한 독립은 부모와 분리되는 것에 대한 불안의 극복, 경제적 능력, 자율적 의사결정능력의 보유 등과 같은 신체 · 심리 · 사회적 영역 모두에서 분리가 가능할 때 이루어진다.

독립 생활의 조건

청년기에 부모로부터 독립하여 자율성을 찾는 과정에서 대부분의 청년은 양가 감정(ambivalence)을 갖게 된다. 즉, 부모로부터의 독립에 대한 갈망과 함께 부모로부터 분리되는 것에 대한 불안감을 동시에 갖는다. 따라서 부모는 자녀의 분리에 대한 양가감정을 최소화하고 자율성 획득을 지원하기 위해 자녀에게 부과하던 금지나 제한을 줄이고, 가족 의사결정에 자녀의 참여를 격려하고, 자녀를 독립된 개인으로 인정해 주어야 한다. 이와는 반대로 어떤 부모는 청년기에 자녀가 집을 떠나는 것을 금지하고, 지속적으로 보호하려 하거나 자녀의 행동에 많은 제한을 가한다. 이러한 경우에는 부모에게 지나치게 의존하는 자녀(마마보이, 파파걸)로 남거나 부모와 적대적 관계를 형성하고 빈번한 갈등을 경험하기도 한다.

양가감정: 독립 대 분리불안

부모의 독립 지원

(3) 애정 발달

사랑의 요소

청소년기의 이성에 대한 관심은 청년기가 되면서 인생의 동반자를 구하는 사랑으로 변화해 간다. Sternberg(1988)는 사랑에는 친밀감(intimacy), 열정(passion), 전념 또는 헌신(commitment)이라는 세 가지 요소가 있다고 하였다. 친밀감은 사랑의 정서적 요인으로서 상호 이해, 격의 없는 친밀한 대화, 정서적 지원 등을 말한다. 열정은 사랑의 동기유발 요인으로서 신체적 매력, 성적 욕망 등을 말한다. 전념 또는 헌신은 사랑의 인지적 요소로서 애정적 관계를 유지하기 위한 약속과 책임감을 의미한다. Sternberg(1988)는 사랑의 세 가지 구성요소가 얼마나 강하게 나타나는가에 따라 〈표 5-2〉에서 보는 바와 같이 사랑의 유형을 구분하고 있다.

낭만적 사랑

청년기 초반에는 소설, 시, 노래나 영화 등에 등장하는 낭만적 사랑을 꿈꾸는 경우가 많다. 그러나 낭만적 사랑은 구애기간에 강하게 나타나다가 그 이후로는 점차 약해지는 것이 일반적이므로, 영속적 관계를 유지해 줄 수 있는 안정된 기반은 되지 못한다. 청년기에 정서지향적인 낭만적 사랑에서 벗어나 영속적 관계를 유

자아정체감

지할 수 있는 인생의 동반자를 구하기 위해서는 먼저 자아정체감을 형성하여야 한다. 자아정체감이 정립되어 있지 않을 경우에는 애정을 자신이 느끼고 있는 불안

신경증적 사랑

의 도피처로 활용하는 신경증적 사랑을 하는 경우가 많다. 특히 자신의 열등 콤플렉스를 보충해 줄 수 있는 사람을 사랑의 대상으로 선택하거나, 동정심에서, 불행한 가정에서 탈출하기 위해서, 사랑의 상처를 치유받기 위해서 결혼하는 경우에 그 사랑과 결혼은 파국으로 끝나는 경우가 많다.

표 5-2 | Sternberg의 애정 유형 구분

구성요소	열정	친밀감	전념/헌신
열정적 사랑	+	−	−
온정적 사랑	−	+	+
환상적 사랑	+	−	+
원숙한 사랑	+	+	+

3) 사회적 발달

(1) 성역할 정체감 확립

성역할 정체감(sex-role identity)이란 사회가 특정 성에 적절하다고 인정하는 특 **성역할 정체감**
성, 태도, 흥미와 동일시하는 과정으로, 성에 따른 사회의 역할기대를 내면화하
는 과정이다. 성역할 정체감은 아동기부터 형성되기 시작하는데, 성에 따라 성역
할 정체감의 발달은 서로 다른 특성을 지닌다. 남성의 경우 아동기에는 신체적 힘 **남성**
과 공격성, 정서표현의 억제 등과 같은 전통사회의 남성다움과 동일시하려 하지
만, 청년기부터는 경제적 성취, 정서적 통제와 정서적 민감성의 겸비, 자기주장능
력 등과 같은 현대사회의 남성다움과 동일시하여야 하므로 성역할 정체감 형성에
서 많은 갈등과 긴장을 경험한다. 여성의 경우에는 아동기에는 성과 관련된 제약 **여성**
을 적게 받지만 청소년기에 이르면 엄격한 성역할을 강요당한다. 그리고 청년기가
되어서는 전통적 여성상인 현모양처와 현대적 여성상인 유능한 여성이라는 두 가
지 성역할 사이에서 갈등과 긴장을 경험한다.

현대사회에서는 남성은 남성다워야 하고, 여성은 여성다워야 한다는 전통적 성
역할 기대에 많은 변화가 일어나고 있다. 그러므로 남녀를 불문하고 현대사회에서
는 전통적으로 여성의 고유한 특성으로 간주되는 온화함, 이해심, 부드러운 감정
표현뿐만 아니라 모험심, 지성, 야망, 성취 등과 같은 남성적 특성을 고루 갖추는
양성적 성역할(androgyny)을 학습하는 것이 더욱 바람직하다는 주장이 우세해지 **양성적 성역할**
고 있다(Bem, 1975).

(2) 직업 선택과 준비

청년기에 성취해야 할 가장 중요한 발달과업은 직업을 선택하고 이에 따른 준 **직업 선택**
비를 하는 것이다. Super(1990)는 직업 선택은 직업과 관련된 자아개념의 발달
과 밀접한 관련성을 지니고 있다고 보고, 직업 관련 자아개념의 발달을 근거로 **직업 관련**
〈표 5-3〉에서 보는 바와 같이 직업 선택의 과정을 8단계로 구분하여 설명하고 있 **자아개념**
다. Super에 따르면, 청년기는 자신이 갖기를 원하는 직업의 범위를 축소하고, 이
러한 직업을 얻기 위한 기술훈련을 받고, 직업의 세계로 진입하는 시기라고 할 수
있다.

표 5-3 | Super의 직업 관련 자아개념의 형성 단계

단계	연령	직업 관련 행동
결정화 단계	14~18세	직업에 대한 막연하고 일반적인 생각을 갖고 있다가 점차 자아정체감이 발달함에 따라 직업정체감도 동시에 발달함
구체화 단계	18~21세	다양한 직업과 직업세계에 대해 더 많은 정보를 갖게 되며, 직업에 대한 생각이 더욱 구체화되지만 하나의 직업을 선택하는 것은 다른 가능성을 배제한다는 인식을 가짐
실행 단계	20대 초반	한두 가지의 직업을 시험해 보거나 전문 직종에 첫발을 들여놓지만, 실제 직업생활에 직면하면서 어떤 직업을 선택하기 전에 마음을 바꾸기도 함
확립 단계	20대 후반	자신이 선택한 직업 분야에서 발전이 이루어지고, 자신의 직업을 자아개념의 일부로 간주하기 시작함
강화 단계	30대 중반	이전 단계의 전문 지식이나 기술에 기초하여 자신의 분야에서 가능하면 더 빨리 더 높은 지위에 오르기 위하여 노력함
유지 단계	40대 중반	자신의 직업분야에서 높은 지위를 획득하게 되고, 전문가가 됨
쇠퇴 단계	50대 후반	은퇴의 시기를 인식하면서 일의 양을 줄이고, 신체적으로나 정서적으로 직업에서 자신을 분리하기 시작함
은퇴 단계	50대 후반 이후	대부분이 직장에서 은퇴하고, 직업 이외에 자신이 만족할 수 있는 새로운 역할을 찾게 됨

직업 선택의 영향 요인

청년기의 직업 선택과정에 영향을 미치는 요인은 가족적 요인, 사회관습적 요인, 상황적 요인, 사회경제적 요인, 개인적 요인, 심리사회적 요인 등 매우 다양하다(O'Neil et al., 1980). 청년기에 자신에게 맞는 직업을 선택하기 위해서는 이러한 영향 요인에 대한 심사숙고 과정이 뒤따라야 하겠지만, 무엇보다도 중요한 것은 자신의 능력, 흥미, 자아기대이다. 또 다른 요인은 직업에 대한 정확한 정보가 있어야 한다는 점이다. 이는 아무리 개인적으로 흥미가 있고 능력이 뛰어나더라도 직업에 대한 정보 없이는 그 직업에 필요한 기술과 지식이 무엇인지를 알 수 없을뿐더러 직업을 구하는 절차에 대해서도 알지 못하므로 자신이 원하는 직업을 구하지 못할 가능성이 높기 때문이다. 또한 직업을 선택함에 있어서는 자신의 성격 특성에 적합한 직업을 선택하는 것이 바람직하다. Holland(1985)는 성격 유형에 따라 선호하거나 적합한 직업을 〈표 5-4〉와 같이 제시하고 있다.

성격과 직업 선택

표 5-4 **Holland의 성격 유형에 따른 선호 직업군**

성격 유형	성격 특성	선호하는 직업
현실적 유형	개인의 경제능력, 외모 등 외적 특성을 중시	사물, 도구, 기계, 동물을 다루는 직업 (예: 기계공, 농부)
탐구적 유형	지적으로 자신만만하지만, 지도자로서의 능력은 부족	새로운 아이디어, 문제해결, 과학적 활동 관련 직업(예: 과학자, 의사, 작가)
예술적 유형	직관적이고, 독창적이며, 다른 사람에 동조하기 싫어함	언어, 미술, 음악, 연극활동(예: 화가, 음악가, 영화감독)
사회적 유형	타인을 이해하고, 돕기를 좋아하며, 지도력이 있음	사람들과 함께 생활하고 일하는 직업 (예: 복지사, 목회자)
기업가적 유형	다소 공격적이나, 인기 있고 사교적이며, 자신만만한 지도력 겸비	경제적 성공과 조직목표 달성을 위해 다른 사람을 다루는 직업(예: 정치가, 사업가)
관습적 유형	질서정연하며, 동조적이고 수리 및 사무능력을 겸비함	구조화된 환경하에서 정해진 계획에 따라 일을 처리하는 직업(예: 사무원, 은행원)

4) 사회복지실천에서의 관심 영역

(1) 신체적 발달의 관심 영역

청년기에는 신체적 기능수준이 최고조 수준에 도달해 있기 때문에 사회복지실천에서 특별히 관심을 기울여야 할 신체적 발달문제는 거의 없다. 하지만 교통사고, 안전사고 등으로 인하여 중도장애인이 될 가능성은 언제나 존재하기 때문에, 사회복지기관에서는 중도장애인의 재활과 사회복귀를 지원할 수 있는 프로그램을 실시하거나 장애인복지전문기관과의 유기적 의뢰체계를 형성해 두어야 한다.

중도장애인

(2) 심리적 발달의 관심 영역

청년기의 심리적 발달 영역과 관련하여 사회복지실천에서 특별히 관심을 기울여야 할 부분은 자율성 발달이다. 우리나라의 경우 자녀가 대학에 진학하게 되면 대부분의 부모는 대학생 자녀의 행동에 아무런 제약을 하지 않으며, 자녀의 요구를 무조건 수용해 주는 경우가 많다. 따라서 사회복지기관에서는 인근의 대학교 학생상담센터나 하숙촌과 연계하여 대학생에게 전공 공부, 직업 선택, 이성교제,

자율성

여가생활, 군입대 등에 대한 정보를 제공하고 토론의 장을 제공해 주는 것도 고려해 볼 만하다.

군사회복지

우리나라의 청년 남성은 2년 정도의 군대생활을 해야 한다. 이러한 군대생활은 기존의 행동양식과는 전혀 다른 새로운 행동과 기준을 요구하기 때문에 많은 부적응 문제를 야기할 수 있다. 그러나 우리나라에서는 아직 군사회복지(military welfare)에 대한 논의가 초보적 단계에 머물러 있으므로 우선 군대생활을 하는 청년의 생활실태와 복지욕구를 정확히 분석하고, 이를 근거로 군사회복지실천 모델을 개발하여 실시하여야 한다.

예비부부교실

사회복지기관에서는 청년기의 사랑과 결혼생활에 대한 정보 제공과 교육 프로그램을 실시하여야 한다. 이를 위하여 청년 남녀 사이의 이성적 만남의 장을 제공하며, 자신의 이성관과 결혼관을 정립하고 결혼생활에 대한 사전지식을 학습할 수 있도록 예비부부교실 또는 결혼예비학교 프로그램을 운영할 수 있을 것이다.

(3) 사회적 발달의 관심 영역

청년고용지원 서비스

청년실업문제 해결에 기여하고 청년기의 건전한 사회적 발달을 도모할 수 있도록 지원하기 위하여 사회복지기관에서 직업상담, 취업알선, 직업훈련 등의 청년고용지원서비스를 제공해야 한다. 그리고 직업세계로 처음 진입하는 청년에게 직장에서의 원만한 대인관계 형성, 직장생활과 개인생활의 균형유지 문제 등에 대한

직장 적응

진로 선택

정보를 제공하여 원만한 직장 적응을 지원하여야 한다. 그리고 취업과 상급학교 진학 사이에서 고민하는 청년의 진로 선택을 도와줄 수 있는 상담 프로그램을 개설하여 운영하는 것도 모색하여야 한다.

3 성년기의 발달

성년기의 연령

성년기는 30~40세가 해당하는데, 이와 같이 40세 이전을 성년기로 구분한 이유는 40대부터 신체적 노화 현상이 가속화되며, 우리 사회에서 40대부터를 중년(middle age)이라고 규정하는 경향이 농후하기 때문이다. 성년기는 배우자로서의

성년기의 발달과업

역할, 직업적 역할에의 몰두, 그리고 자녀를 양육하고 사회화하는 부모로서의 역할을 수행하는 시기이다.

1) 신체적 발달

청년기부터 성년기는 체력, 지구력, 운동기술 등 신체적 기능 상태가 최고 수준 최고의
신체 기능
이지만, 폐활량은 35세 이후부터 조금씩 감소하며 신체적 힘은 30세를 전후로 서
서히 감소하기 시작한다. 그러나 다른 발달 단계와 비교하였을 때 신체 건강 상태
가 최고조에 달해 있는 시기로서 중년기에 건강수준이 쇠퇴할 때까지 이러한 건강
상태는 지속된다(Specht & Craig, 1987). 성년기에 신체적 건강 상태를 유지하기 위
해서는 규칙적인 운동과 적절한 영양공급이 필요한데, 그렇지 않을 경우에는 건강
수준이 점점 쇠퇴하게 된다. 특히 과도한 스트레스, 흡연과 음주, 약물사용, 비만,
안전사고 등은 성년기의 건강 유지에 매우 해로운 요소이다.

2) 심리적 발달

(1) 인지 발달

성년기의 인지 발달과 관련하여 인지 기능이 높아지는가 아니면 감소하는가에 인지 발달에
대한 이견
대해 의견이 엇갈리고 있다. 성년기에는 인지 영역에서 쇠퇴가 이루어진다는 주장
과 연령의 증가에 따른 인지 기능의 쇠퇴가 거의 없거나 매우 적으며, 인지 기능의
쇠퇴가 있다고 하더라도 종류에 따라 변화의 정도는 다르다는 주장도 있다(김태현,
2007; 윤진, 1985).

Horn과 Donaldson(1980)은 성년기의 지적 능력을 결정성 지능(crystallized 결정성 지능
intelligence)과 유동성 지능(fluid intelligence)으로 구분하여 살펴보아야 한다고 주 유동성 지능
장하였다. 결정성 지능은 학교교육이나 일상생활에서의 경험을 통해 얻게 되는 지
능이며, 어휘력, 일반상식, 사회적 상황에 대한 반응 등이 해당한다. 이에 반해 유
동성 지능은 타고난 지능으로 생물적으로 결정되며 경험이나 학습과 무관하고 공
간지각, 추상적 추론, 지각속도 등을 통해 측정된다. 이러한 두 가지 지능은 [그림
5-2]에서 보는 바와 같이 절정에 달하는 시기가 각기 다른데, 유동성 지능은 10대
후반에 절정에 도달하고 성년기부터는 점차 감소하는 반면 결정성 지능은 성인기
의 교육경험의 결과로 생의 후반까지 지속적으로 증가한다.

Dixon과 Baltes(1986)는 감각, 지각과 같은 기계적 지능은 연령이 증가하면서 감 기계적 지능
소하는 반면 일상생활이나 직업활동, 문제해결에 필요한 실용적 지능은 생물적 요 실용적 지능

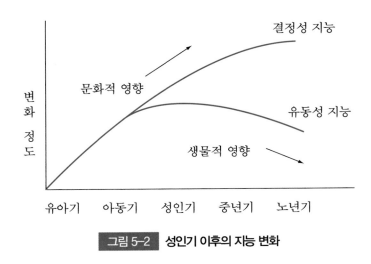

그림 5-2 성인기 이후의 지능 변화

인이 아니라 문화적 요인의 영향을 받기 때문에 연령이 증가하면서 오히려 증가한다고 하였다. 그리고 Schaie(1990)는 25세를 전후로 하여 시각-운동적 융통성은 점점 쇠퇴하지만 시각화 능력은 연령이 증가함에 따라 오히려 증가한다고 주장하였다.

성년기의 인지 변화

성년기의 인지 변화를 정확히 판단하기 위해서는 연령뿐 아니라 개인의 교육수준, 사회경제적 지위, 건강 상태 등을 종합적으로 고려해야 한다. 하지만 성년기의 인지 발달에 대한 학자들의 주장을 종합하여 볼 때, 성년기에는 새로운 지능 발달도 거의 일어나지 않으며, 인지기술의 상실도 뚜렷하게 나타나지 않는다(Bee & Mitchell, 1980)고 결론지을 수 있을 것이다.

(2) 친밀감의 발달

친밀감

친밀감(intimacy)은 자신의 정체성을 잃을지도 모른다는 두려움 없이 타인과 개방적이고 지지적이며 조화로운 관계를 형성하는 능력이다. 이러한 친밀감을 형성하기 위해서는 감정이입능력, 자기통제능력, 그리고 타인의 장단점 수용능력을 갖추어야 한다. 성년기의 친밀감은 주로 결혼을 통해 확립되어 가는데, 결혼이 바로

결혼

친밀감으로 이어지는 것은 아니다. 즉, 결혼 초기의 배우자 간의 상호적응에 대한 요구, 자녀 출산과 양육, 부모나 친척의 기대 등이 친밀감 형성을 방해할 수 있다.

친밀감의 성차

남성과 여성의 사회화 과정의 차이로 인하여 성년기의 친밀감 형성과정에서는 성에 따른 차이가 존재한다. 남성의 경우에는 사회화 과정에서 독립성, 정서표현

억제, 남성다운 행동을 남성의 덕목으로 수용한 관계로 상호 의존적 관계 형성이나 정서적 표현력에서 제한을 받게 된다. 이에 반해 여성은 사회화 과정에서 표현적, 양육적, 지원적 역할을 여성이 수행해야 할 역할로 받아들였기 때문에, 성년기의 친밀감 형성에 보다 유리하다.

친밀감의 과업을 성취한 성인은 타인과 아이디어나 계획을 논의하고, 개인적 감정 표현도 서로 허용하고, 자신을 가치 있고 유능한 존재로 인식하게 된다. 그러나 청소년기와 청년기에 자아정체감을 확립하지 못한 성인은 고립감을 형성할 가능성이 높으며, 군입대, 취업준비, 부부간의 흥미와 취미의 상이성 등과 같은 상황적 요인도 고립감 형성에 영향을 미친다(김태련, 장휘숙, 1994). 만약 성년기에 고립감이 형성되면, 타인과 친밀한 관계를 형성하는 것이 오히려 자신의 정체감 혼란을 초래할 것이라고 보고, 타인과의 관계 형성 자체를 제한하게 된다. **친밀감 대 고립감**

3) 사회적 발달

(1) 결혼과 부부관계

결혼은 친밀감과 성숙한 사회관계를 확립하는 데 매우 중요한 요소이다. 2019년 우리나라 성인 남성의 평균 초혼 연령은 33.4세, 여성은 30.6세로 15년 전에 비해 남녀 모두 평균 3.5세가 증가하여 만혼 현상이 뚜렷해지고 있으며, 앞으로도 이런 현상은 지속될 것으로 보인다(통계청, 2019). **만혼 현상**

성인 남녀는 교제과정을 통하여 결혼 상대자를 만나게 된다. 교제관계가 결혼 관계로 변화할 수 있는가 없는가 하는 것은 두 사람의 정체감 확립 상태와 결혼 적령기와 관련된 사회적 시계(social clock)의 작동에 의해서 결정된다(Gagnon & Greenblat, 1978; Newman & Newman, 1987). 확고한 자아정체감을 형성하여 이성과 친밀한 관계를 형성할 수 있는 능력이 있거나 부모나 친지가 결혼적령기 내에 결혼하기를 기대할 경우, 교제 상대자를 결혼 상대자로 선택하게 된다. **교제와 결혼** **사회적 시계**

결혼 상대자의 선택과 관련하여 Udry(1971)는 6단계의 여과이론을 주장하고 있다. 결혼 상대자를 선택하는 과정에서는 ① 먼저 모든 대상자 중에서 접촉의 기회와 상호작용의 기회가 많은 사람으로 그 범위를 좁힌 후, ② 그중에서 서로 매력을 느끼고 끌리는 사람으로 다시 대상의 범위를 좁혀 나간다. 그리고 ③ 가깝고 매력을 느끼는 사람 중에서 연령, 교육수준, 종교 등의 사회적 배경이 유사한 사람으로 **결혼 상대자 선택과정**

범위가 더욱 좁혀지고, ④ 다시 태도나 가치관이 자신과 유사한 사람으로 범위가 좁혀진다. ⑤ 성격상 서로의 단점을 보완해 줄 수 있는 사람으로 좁혀진 사람 중에서 ⑥ 부모로부터 결혼에 대한 압력을 받고 있거나 스스로 결혼하고자 하는 욕구가 강한 사람 중 한 명을 결혼 상대자로 선택하게 된다.

결혼 초기의 상호 적응

결혼 후 첫 몇 년간은 상호 적응과정을 거친다. 수십 년 동안 서로 다른 가족문화에서 성장한 배우자는 일상생활과 관련된 모든 영역에서 서로 간에 타협을 요구하게 된다. 그중에서도 수면, 식사, 욕실 사용 등과 같은 기본적인 일상생활 관련 사항, 금전 지출, 성생활 및 여가활용, 본가 또는 원가족(family of origin)과의 관계 등에 대해서 서로 의논하고 협의하여 행동노선에 대한 결정을 내려야 한다. 그러므로 이 시기에는 서로에게 심리적으로 헌신할 수 있어야 하며, 결혼관계가 허용하는 한계를 인식하여야 함과 동시에 개인적 자유를 허용할 수 있는 사랑이 있어야 한다(송성자, 2002). 특히 맞벌이 부부의 경우에는 역할분담의 불확실성으로 인하여 타협의 영역이 훨씬 넓기 때문에 더욱 많은 영역에서 상호 적응이 필요하다.

부부갈등과 이혼

결혼 초기에 상호 적응의 과업을 성공적으로 이행하지 못할 경우에는 부부관계에 갈등이 많아지고 이혼하게 될 가능성이 높다.

결혼만족도 결정요인

결혼한 부부의 결혼만족도 또는 상호작용의 질을 결정하는 요인은 사회경제적 지위와 결혼생활 기간, 남편의 심리사회적 성숙도, 그리고 부부간의 의사소통 유형이다. 첫 번째 요인과 관련하여서는 사회경제적 지위가 높고, 결혼기간이 길수록 부부 사이에 친밀한 관계가 형성될 가능성이 높다(Scanzoni & Scanzoni, 1981).

성숙한 남편

두 번째 요인과 관련하여서는 임신, 출산, 가사 등으로 인하여 남성보다 여성이 결혼생활에 더 많은 긴장을 경험하며 심리사회적으로 성숙한 남편일수록 부인이 이러한 긴장을 적절히 해결할 수 있도록 더 많은 지지를 해 줄 수 있기 때문에, 남편의 심리사회적 성숙도가 높을수록 결혼만족도가 높아진다(Barry, 1970). 세 번째

의사소통

요인과 관련하여서는 관례적 의사소통이나 탐색적 의사소통 유형을 갖고 있는 부부보다는 접촉적 의사소통을 하는 부부의 결혼생활 만족도가 더 높은 것으로 나타난다(Hawkins et al., 1980).

가족생활주기와 결혼만족도

결혼만족도는 가족생활주기에 따라 차이가 난다. 즉, 신혼기인 성년기 초반에는 결혼만족도가 가장 높지만 자녀출산과 양육을 하게 되는 중년기에는 전반적으로 낮아지며, 자녀가 출가 또는 독립한 이후에는 다시 결혼만족도가 높아지는 U자형의 변화를 보인다(White et al., 1986).

(2) 자녀양육

최근 만혼 현상이 강화되면서 결혼 초기에 자녀를 갖는 경우가 늘고 있지만, 여성의 경제활동 유지와 부부생활의 행복을 누리기 위해서 자녀출산을 연기하는 경우도 많다. 자녀는 부부간의 사랑을 연결해 주고, 친구가 되기도 하며, 부부간의 외로움을 줄여 주기도 하지만 첫 자녀의 임신, 출산준비 등이 결혼생활에 긴장을 야기하고, 결혼만족도나 행복감을 줄어들게 하기도 한다. 이는 부모의 자녀양육 기술이 부족하거나 자녀양육방식에 대한 의견 차이가 발생할 수도 있으며, 수면부족, 가사와 양육역할 분담문제, 전체 가족관계의 재조정 미흡 등으로 인하여 부부 사이에 갈등이 일어날 수 있기 때문이다. 따라서 자녀출산 이후에도 부부간의 적응 상태를 적절히 유지하기 위해서는 부모로서의 역할전환에 대한 준비와 함께 육아에 대한 지식을 가지고 있어야 한다. 이와 아울러 부부간의 역할과 책임에 대한 재조정을 포함한 전체 가족생활의 재조정이 이루어져야 한다.

자녀출산의 영향

부모로서의 역할전환

(3) 직업생활

직업 역할을 성공적으로 수행하기 위해서는 자신이 수행해야 할 특정 직무와 관련된 전문 지식과 기술을 학습해야 하며, 그 직무에 따르는 지위와 의사 결정과정 등의 권위관계에 대해서도 학습해야 한다. 그리고 직업적 요구사항과 위험요인을 정확히 인식하여 대처능력을 기르고, 직장동료와의 우애로운 상호관계를 형성할 수 있어야 한다.

성공적 직업생활

이러한 직업 훈련과정을 충실히 이행하고 자신에게 부여된 직무를 수행하고 그 결과에 따라 만족을 느끼는 정도는 직무 특성이나 개인 특성에 따라 차이가 있다. 일반적으로 연령이 낮을수록 특히 30대 이하의 젊은이가 직업에 대해 불만족하는 경향이 더 강하고 연령이 증가함에 따라 자신의 직업에 대해 만족을 느끼는 비율이 높아진다(Meier & Kerr, 1977).

직업만족도

성년기는 직업생활, 부부관계, 자녀 출산과 양육, 그리고 친척이나 친구관계와 같은 다양한 생활 영역을 고려하여 기본적인 가족생활시간을 결정하여야 하는 시기이다(김태련, 장휘숙, 1994). 가족생활시간을 결정하는 데 있어서 가장 중요한 영향을 미치는 것이 직업생활이다. 직업적 요구를 중시하는 가장인 경우에는 부부나 자녀와 함께 여가생활을 할 수 있는 시간이 적어지고, 직업적 요구보다는 가족생활을 더욱 중시하는 가장인 경우에는 가족과의 여가시간이 더 많아진다. 그 외에

가족생활시간

직장동료와의 관계, 친척관계, 친구관계, 이웃관계 등의 생활 영역에서 어느 영역에 더 많은 비중을 두는가에 따라 생활시간이 달라진다.

역할기대 재조정

성년기에는 다양한 역할기대를 재조정해야 하기 때문에, 여러 생활 영역에서 갈등이 야기될 수 있다. 따라서 성년기에는 직장뿐만 아니라 부부, 자녀, 친족, 친구 등과 같은 다양한 사회관계망의 역할기대를 적절히 조화해 나갈 수 있는 능력을 갖추어야 한다.

맞벌이 부부

맞벌이 부부의 경우에는 사회관계망의 역할기대와의 부조화, 역할과중의 문제로 인하여 가족 내에 갈등이 야기될 소지가 많다. 특히 맞벌이를 하는 아내의 경우에는 자녀양육과 집안일, 직업여성으로서의 역할을 동시에 수행하는 과정에서 역할갈등과 역할가중을 경험하게 됨으로써 맞벌이 남편에 비하여 더 큰 어려움을 겪을 수밖에 없다. 이때 맞벌이를 하는 여성이 아내, 어머니, 직업인 등의 역할을 지나치게 완벽하게 수행하려 할 경우, 슈퍼우먼 증후군(superwoman syndrome)을 보이기도 한다.

슈퍼우먼 증후군

4) 사회복지실천에서의 관심 영역

(1) 신체적 발달의 관심 영역

성년기에 최고조에 달한 신체적 기능 상태를 지속적으로 유지하기 위해서는 규칙적인 운동이 필수적이다. 따라서 사회복지기관에서는 지역주민을 위한 운동시설을 설치하거나 운동 및 건강증진 프로그램을 개발하여 실시하여야 한다. 그리고 지역의 보건소나 식품회사 등과의 연계를 통해 건강한 가정식단 꾸미기 프로그램을 개발하여 지역사회 내에 보급하고, 금주 및 금연 교실, 스트레스 관리 프로그램 등을 개발하여 실시하여야 한다.

건강증진 프로그램

(2) 심리적 발달의 관심 영역

성년기의 주요한 심리적 발달과업은 친밀감의 성취이다. 성년기의 친밀감은 주로 결혼생활과 밀접한 관련성을 지니기 때문에, 사회복지기관에서는 부부교실을 운영하여 신혼기의 결혼생활 적응과 가족생활계획 수립을 지원하고, 부부상담을 통하여 부부갈등의 해결을 지원함으로써 부부간에 친밀한 관계가 유지될 수 있도록 지원하여야 한다. 또한 사회복지기관에서는 젊은 부부의 이혼을 사전에 예방할 수 있는 부부상담 프로그램을 강화해 나가야 할 것이다. 그리고 젊은층 주부가 밀

부부 교실과 상담

집되어 있는 지역에서는 주부클럽 등을 조직화하여 비슷한 연령대의 주부 간의 상
호교류를 촉진함으로써 이들 간의 친밀감 형성을 지원할 수 있을 것이다.

주부클럽

(3) 사회적 발달의 관심 영역

성년기에 자녀를 출산한 부모는 대부분 자녀양육기술이 미흡하며, 자녀양육과
관련된 역할분담 문제 등으로 인하여 갈등을 경험할 가능성이 높다. 따라서 사회
복지기관에서는 임산부 교실이나 부모역할훈련 프로그램을 실시하고, 필요에 따
라서는 사회서비스를 이용한 산모도우미 파견을 통하여 산후조리와 자녀양육을
지원하여야 한다. 이와 아울러 부모의 이혼 등으로 인하여 한부모가족이 된 자녀
에 대한 양육지원사업을 실시하며, 자녀양육에 어려움을 겪는 맞벌이 부부의 자녀
양육을 지원할 수 있는 방과후 보호 프로그램 등의 다양한 사업을 실시하여야 한
다. 그리고 행정기관과 사무실이 밀집해 있는 지역에 위치한 사회복지기관에서는
직장인을 위한 여가, 교육 및 상담 프로그램을 집중적으로 운영하여야 한다. 즉,
직장인을 대상으로 한 외국어교실, 정보화교실 등의 전문사회교육 프로그램, 스트
레스 관리 프로그램 등의 상담 및 여가 프로그램을 실시한다.

부모역할훈련

한부모가족 지원

방과후 프로그램

직장인 프로그램

생각해 보아야 할 과제

1. 청소년 성폭력 피해 및 성매매 실태를 파악해 보고, 성폭력과 성매매 예방 및 피해자 지원 대책의 문제점과 개선방안을 모색해 보시오.

2. 인터넷 중독대응센터(스마트쉼센터, http://www.iapc.or.kr)에 접속하여 자신의 인터넷 중독, 스마트폰 중독, 온라인 게임중독 정도를 진단해 보고 건전한 매체 활용을 위한 스스로의 계획을 수립하여 그 타당성과 실현 가능성을 검토해 보시오.

3. 학교폭력, 가출, 물질남용, 자살, 음주와 흡연 등 주요 청소년문제에 대한 기존 연구결과를 검토하여 그 원인과 실태를 파악하고, 이들 문제를 예방 또는 경감할 수 있는 구체적 방안을 제시해 보시오.

4. 대학생으로서 당신이 직업 선택과 준비를 위하여 현재 하고 있는 일을 검토해 보고, 지도교수나 대학의 취업지원 부서를 찾아가서 자신의 준비 상황이 어느 정도의 타당성을 지니고 있는지 상담해 보시오.

5. 이혼에 관한 기존 연구자료를 참조하여 우리나라의 이혼 실태와 원인을 분석하고, 이혼으로 인한 한부모가족을 지원할 수 있는 사회복지 대책을 구체적으로 제시해 보시오.

제6장

중 · 장년기와 노년기

<학습목표>

1. 중 · 장년기와 노년기의 신체적 발달의 양상을 이해한다.
2. 중 · 장년기와 노년기의 심리적 발달의 양상을 이해한다.
3. 중 · 장년기와 노년기의 사회적 발달의 양상을 이해한다.
4. 사회복지실천에서 중 · 장년기와 노년기의 발달과 관련하여 관심을 기울여야 할 영역을 이해한다.

중 · 장년기(middle adulthood)의 시작 연령은 30~40세의 기간 동안의 한 지점으로 잡으며, 끝나는 시기는 60~70세 중의 한 지점을 잡는다(송명자, 2008; 이인정, 최해경, 2007). 이 책에서는 중 · 장년기를 성인기가 끝나는 40세부터 노년기가 시작되기 직전인 65세 이전까지로 규정하였다. 이는 사회통념상 40세부터를 중년이라고 보고 있으며, 발달심리학 연구에서 40세부터를 성인중기 또는 중 · 장년기로 구분하고(신명희 외, 2013; 정옥분, 2000), 노인복지법 등에서 노인을 65세부터로 규정하고 있는 점에 근거를 두고 있다. 중 · 장년기 연령

인생의 마지막 단계인 노년기는 노인복지법 등에 근거하여 65세부터 사망에 이르기까지로 본다. 그러나 노년기의 연령범위가 지나치게 넓다는 점을 고려하여 65~75세를 연소노인(young-old), 75~85세를 고령노인(old-old 또는 middle-old), 85세 이상을 초고령노인(oldest old)으로 구분하여 논의하기도 한다(권중돈, 2019). 그러나 노년기의 세부 단계별로 발달심리학적 관점의 연구가 심도 있게 이루어지 노년기 연령

지 않은 점을 고려하여 이 책에서는 노년기를 하나의 단계로 통합하여 다루고자 한다.

1 중 · 장년기의 발달

전성기 대 쇠퇴기   중 · 장년기는 인생의 전성기 또는 쇠퇴기로 규정된다(임은미 외, 2013). 중 · 장년기에 경제적 안정과 직장이나 집안에서 높은 지위와 권한을 갖는다는 점에서는 전성기이지만, 신체적 퇴행과 결혼만족도의 저하, 자녀와 노부모 부양책임 등으로 위기에 직면할 위험이 높다는 점에서는 쇠퇴기가 될 수도 있다. 그러나 중 · 장년

인생의 전환기 기를 전성기 또는 쇠퇴기라는 어느 한 가지 관점에서 이해하기보다는 인생의 전환기로 이해하는 것이 바람직할 것이다(Farrell & Rosenberg, 1981). 이러한 중 · 장년

발달과업 기의 주요 발달과업은 신체적 변화에 대한 적응, 부부간의 애정 재확립과 중년기 위기의 극복, 직업활동에의 몰두와 여가선용 등이다.

1) 신체적 발달

(1) 신체적 변화

    대부분의 중 · 장년기 성인은 비교적 양호한 건강 상태를 유지하고 있지만, 이

신체구조의 변화 시기부터 신체적 능력과 건강이 감퇴하기 시작한다. 먼저 신체구조상의 변화를 보면, 척추뼈 사이의 추간판(disk)의 감퇴로 인하여 신장이 50세경에는 0.3cm, 60세경에는 2cm 정도 줄어든다(Santrock, 1995). 신진대사 활동이 둔화되면서 허리둘레와 체중이 늘고 배가 나오기 시작한다. 머리카락은 모근의 멜라닌 색소가 감소하여 희어지고 또 가늘어지는데, 이 시기에는 머리카락이 빠지기 시작하며 심한 경우 대머리가 되기도 한다. 피부는 탄력이 줄어들고 주름이 생기며, 수분이 줄어들어 건조해지고 때로는 갈라지기도 한다.

신체 기능의 쇠퇴   신체구조의 변화와 아울러 신체 기능의 쇠퇴가 일어난다. 중 · 장년기가 시작되면서부터 활기를 잃고, 육체적 힘이 약화되기 시작하고, 질병에 대한 저항력이 약해질 뿐만 아니라 질병에서 회복되는 데 필요한 시간도 늘어나게 된다. 심장 기능은 30세를 100으로 하였을 때 50세에는 80%로 저하되며, 폐의 탄력성이 줄어들고

흉곽도 작아지기 때문에 호흡능력 역시 30대를 100으로 하였을 때 중·장년기에는 75% 정도로 감소하게 된다(신명희 외, 2013; 정옥분, 2000).

신체 구조 및 기능상의 변화로 인하여 중·장년기에는 관절염, 당뇨, 심장병, 고혈압, 악성신생물 등과 같은 성인병에 걸릴 가능성이 다른 어떤 시기보다도 높다. 그러므로 이 시기에는 건강 유지에 많은 관심과 주의를 기울여야 한다.

성인병

(2) 성적 변화

중·장년기에 이르면 남녀 모두 성적 능력의 저하가 이루어지는 갱년기를 경험하게 된다. 여성의 경우 40대 후반에서 50대 초반에 배란과 월경이 멈추는 폐경(menopause)을 경험하게 되지만, 10% 미만의 여성은 40세 이전에 조기 폐경을 경험하기도 한다(정옥분, 2004). 폐경이 이루어지면 생식능력을 상실하게 되고, 에스트로겐이라는 여성 호르몬이 1/6 정도 줄어들고, 자궁과 유방의 퇴화가 이루어지면서 그중 3/4 정도가 신체 및 심리적 폐경 증상을 경험하며, 1/4 정도는 의학적 치료가 필요한 극심한 증상을 겪기도 한다(신명희 외, 2013). 폐경으로 인한 신체 증상은 번열증(煩熱症, hot flashes), 성관계 시의 통증, 두통, 메스꺼움, 현기증, 골반통, 유방통증, 호흡장애 등이며, 심리 증상은 우울, 불안 및 긴장감 고조, 초조감, 분노감 등이 있다. 그러나 폐경을 경험한 여성 중 일부는 폐경으로 인한 심리적 변화나 생활 변화를 거의 경험하지 않았으며, 심지어는 월경의 불편함이나 임신 공포에서 벗어나 더욱 활동적으로 생활하는 등 예전보다 생활이 더욱 활발해졌다고 보고하는 경우도 있다(Unger & Crawford, 1992).

갱년기

폐경

폐경 증상

신체 증상
심리 증상

여성과는 달리 중·장년기 남성의 갱년기는 정자나 정액 생성의 종결을 의미하지 않으며, 여성에 비해 비교적 늦게 찾아오는 것이 일반적이다. 남성 호르몬인 테스토스테론이 30세 이후부터 1년에 1% 정도씩 서서히 감소되어(Whitebourne, 2001) 갱년기 남성의 정자 수와 활동성이 저하되고 수정 능력이 감소하는데, 성적 능력은 저하되지만 성적 무능력을 초래하지는 않는다. 남성의 성적 무능력은 남성호르몬 분비의 감소보다는 성공에 대한 과도한 욕심, 정신적 피로, 과음과 과식, 만성질환, 성적 수행에 대한 실패공포 등에 의해 유발된다(Masters & Johnson, 1985). 5% 정도의 중년기 남성이 우울증, 피로, 성적 무력감, 약한 번열증 등을 경험하며, 음성이 고음으로 변하고 머리카락이 줄어드는 등의 변화를 보이지만 특별한 신체적 어려움은 경험하지 않는다(정옥분, 2004).

남성의 갱년기

성적 무능력의 원인

남성과 여성의 갱년기

  중년기에 속한 남성과 여성 모두 갱년기 장애를 경험하는 비율이 높지 않음에도 우리 사회의 젊음에 대한 선호로 인하여 고통을 받는 경우가 많아지고 있다. 우리 사회에서는 남성의 은발, 주름살, 뱃살 등과 같은 중년기의 신체 및 성적 변화는 경험과 노련미의 증거로 받아들이는 데 반하여 여성에게서 나타나는 중년기의 신체 변화는 매력의 상실 또는 '내리막길'로 들어섰다는 표시로 간주하는 경향이 있다(정옥분, 2004).

2) 심리적 발달

(1) 인지능력의 변화

인지적 반응속도

  중ㆍ장년기의 인지 변화에 대해서는 서로 상반된 주장이 존재하지만, 인지적 반응속도가 늦어진다는 점에는 대부분의 학자가 동의하고 있다(Salthouse, 1993). 중ㆍ장년기에 인지적 반응속도가 둔화되는 이유가 중추신경계의 기능 저하 때문인지 아니면 조심성, 심사숙고, 불안 등의 심리적 요인에 의한 것인지에 대해서는 이견이 있다.

기억

  중ㆍ장년기에는 기억의 감퇴현상이 나타난다. 실제로 50세 이후에 저장된 기억정보를 활성화하는 데 소요되는 시간은 20대에 비해 60% 정도 증가한다(Santrock, 1995). 그러나 중ㆍ장년기에 나타나는 기억능력의 감퇴는 크지 않은 것으로 알려져 있다. 그런데도 중ㆍ장년기에 기억능력이 감퇴하는 것처럼 보이는 이유는 정보처리시간이 길어지는 데 기인한 것으로 보인다(송명자, 2008).

문제해결능력

  중ㆍ장년기에는 직업활동 등을 통하여 특정 분야에 필요한 지식과 기술의 습득에 많은 시간과 노력을 투자한 결과, 그 분야의 문제해결에 필요한 높은 수준의 전문성을 보유한 경우가 많다. 중ㆍ장년기에는 새로운 것을 학습할 수 있는 능력은 저하되지만 오랜 경험을 통해 획득한 지혜가 있기 때문에 문제해결능력은 오히려 높아진다. 그 이유는 중ㆍ장년은 일상적인 문제를 해결한 경험이 많기 때문에 복잡하고 불확실한 상황에서도 뛰어난 통찰력과 판단력으로 문제를 해결해 나갈 수 있기 때문이다. 이와 같은 중ㆍ장년의 풍부한 경험과 높은 수준의 문제해결능력

지휘하는 세대

덕택으로 회사 등을 비롯한 사회조직에서 '지휘하는 세대(command generation)'로서의 지위를 구가한다.

(2) 심리적 위기

Erikson(1963)은 중·장년기를 자신과 타인의 행동 방향을 제시하고 미래를 계획하고 타인의 욕구를 예측할 수 있는 시기라고 규정하고, 이 시기에 직면하게 되는 심리사회적 위기를 생산성 대 침체(generativity vs self-stagnation)라고 하였다. 중장년기에 생산성을 확립하기 위하여 중·장년기의 성인은 부모역할, 직업적 성취, 사회봉사 등의 활동에 적극적으로 참여해야 한다. 만약 직장에서의 승진탈락, 노부모 부양, 부부갈등과 이혼 등으로 인하여 무능력을 경험하거나, 새로운 기술의 발달과 생활양식의 변화에 적응하지 못할 때 침체 상태에 이르게 된다.

생산성 대 침체

중·장년기에는 신체적 노화, 직업생활 및 가족생활에서의 변화에 성공적으로 적응해야 하는 과업을 지니고 있고, 자아의 성장에 더 큰 관심을 가지므로 중년기 위기(mid-life crisis)를 경험할 가능성이 높다. Levinson 등(1978)의 연구결과에 따르면, 40~45세 남성의 80% 정도가 정서적 갈등이나 실망감을 경험하는 것으로 나타났다. 남성의 경우에는 직업 전환, 이혼과 결혼갈등, 교통사고 등으로 자살을 시도하거나, 우울, 불안, 피로, 수면장애 등의 정신장애를 경험하기도 한다. Troll(1982)의 연구에 따르면 여성의 경우에는 자녀에 대한 염려, 남편과 노부모 걱정, 자기실현의 문제를 더 많이 경험하기 때문에 남성보다 더 심한 위기감을 경험하는 것으로 나타났다. 그러나 중년기의 위기가 반드시 존재하는 것인가에 대해서는 아직 학자 간에 합의에 이르지 못하고 있으며, 문화에 따라 차이가 있다는 점에 대해서만 서로 동의하고 있는 실정이다.

중년기 위기

중년기 여성의 경우에는 자녀가 모두 집을 떠나고 부부만 남게 되는 빈둥지 시기(empty nest)에 인생의 무의미함을 느끼고, 자신이 더 이상 쓸모없게 되었다는 느낌을 갖기도 한다. 그러나 실제 빈둥지 시기가 되었을 때 부모로서의 책임에서 벗어나 자신을 더 이상 아내로서 또는 어머니로서 정의하지 않으며, 자아정체성에 다른 의미를 부여하고 자신감, 안정감, 독립심을 나타내기도 한다.

빈둥지 시기

3) 사회적 발달

(1) 가족생활 환경

중·장년기에는 가족성원의 성장과 발달을 지원할 수 있는 안정된 가족환경을 조성해야 한다. 즉, 중·장년기에 이른 부모는 가족성원의 욕구, 기호, 기술이

안정된 가족환경

나 재능의 차이를 인정하고 적절하게 반응할 수 있는 능력을 습득하며, 가족성원이 기술이나 재능을 개발할 수 있는 적절한 기회를 부여해 줄 수 있어야 한다. 이를 위해서 중·장년기의 부모는 가족성원의 지위에 따라 책임과 권리를 공평하게 배분하고 가족생활과 관련된 합리적 의사결정을 할 수 있는 능력을 지니고 있어야한다.

가족 의사소통 유형　　Newman과 Newman(1987)은 가족 내 의사소통 유형과 가족역동의 관계에 대해 다음과 같이 설명하고 있다. 단독 성인주도형 의사결정 구조를 가진 가족에서는 부모가 단독으로 책임을 지고 가족의 재산에 대한 결정권을 행사하며, 가족의 단독 집행자로서 보상과 처벌권을 지닌다. 그러므로 동일시의 대상이 됨과 동시에 잘못될 경우 비난의 대상이 되기도 하기 때문에 지속적 가족갈등을 유발할 수 있다. 성인주도형 의사결정 구조를 가진 가족은 부모가 가정사에 대한 책임을 분담하고 자녀가 종속적 지위에 머물기 때문에 불만이 야기될 수 있다. 가족주도형 의사결정 구조를 가진 가족에서는 가족성원 모두가 가족문제에 대한 의견이나 해결책을 제시하며, 성인의 영향을 받기는 하지만 자녀의 참여와 만족도가 높다. 우리나라의 경우에는 지금까지 남성주도적 의사결정 구조가 유지되고 있긴 하지만, 여성의 지위 향상으로 성인주도형과 가족주도형 의사결정 유형을 지닌 가족이 점차 늘어나고 있다.

가족 시간계획　　중·장년기에 성공적 가족관리를 하기 위해서는 가족을 위한 시간계획과 미래목표를 설정하여야 한다. 먼저 가족을 위한 시간계획은 1일에서부터 향후 10년 정도에 이르는 미래에 대한 시간계획까지 수립하여야 한다. 즉, 직업생활에 따르는 시간계획에 근거하여 가족을 위한 1일 계획을 수립하고 자녀의 성장을 예견하여 미래의 가족을 위한 계획을 수립하며 중간점검을 통해 계획을 수정·보완해 나가야 한다.

중년 부모와 청소년 자녀　　부모가 중·장년기가 되면 자녀는 청소년기에 접어들게 된다. 똑같이 삶의 전환기를 경험하는 중년 부모와 청소년 자녀 간에는 갈등이 일어날 가능성이 많아진다. 중년의 부모는 어려운 부모역할 이외에 자녀로서의 역할도 동시에 수행해야 하므로, 두 가지 상반되는 역할수행으로 인하여 어려움을 겪게 된다. 즉, 청소년 자녀는 오직 자녀로서의 역할만을 수행하면 되고, 가장 윗세대인 노부모는 부모로서의 역할만을 수행하면 되지만, 중간세대인 중·장년기의 사람들은 부모역할과 **샌드위치 세대**　　자녀역할을 동시에 수행해야 하는 '샌드위치 세대(sandwich generation)', 즉 '낀 세

그림 6-1 샌드위치 세대

출처: http://www.womenmisbehavin.com; http://www.ptm.org

대'가 된다.

중·장년기에는 가족구성원 이외의 친척 관계망, 직업 관련 단체, 종교단체 등 **사회관계망**
과의 상호작용을 통하여 원만한 외부적 관계를 유지하고, 외적 압력이나 요구로부
터 자신의 생활과 가족을 보호할 의무를 지닌다. 따라서 중·장년기의 성인은 외
부의 사회관계망과 가족생활 간에 역동적 균형성을 유지하기 위한 노력을 아끼지
말아야 한다.

(2) 자녀 교육 및 훈육

중·장년기 부모는 자녀의 발달 단계에 맞는 자녀 훈육방법을 습득하여, 자녀의 **자녀 훈육방법**
요구뿐만 아니라 변화하는 상황에 융통성 있게 대처하여야 한다. 자녀의 발달 단
계를 기준으로 볼 때 중·장년기 부모가 직면하는 가족 발달 단계는 자녀 아동기 **자녀 아동기**
에서부터 자녀가 모두 독립하는 자녀 독립기까지에 해당한다. 학령 전기부터 아동
기에 속한 자녀를 훈육하기 위해서는 부모가 규칙을 설정하고 자녀가 이에 순응하
도록 훈육하고, 자녀가 해야 할 일을 적절히 수행할 수 있도록 원조하는 교육자 또
는 비서로서의 역할을 수행하며, 부부 하위체계 내에 자녀를 위한 공간을 마련해
주어야 한다.

자녀가 청소년기로 이행하는 시기에는 청소년의 독립을 인정하는 방향으로 부 **자녀 청소년기**
모-자녀관계를 재조정해야 한다. 부모는 지나친 간섭이나 통제보다는 스스로 판
단하여 행동하도록 허락하면서 동시에 적절한 한계를 규정지어 줌으로써 부모로
서의 권위를 유지할 수 있어야 한다. 자녀 독립기에는 자녀를 성인으로서 인정하 **자녀 독립기**

고 그들의 의사를 존중해 주며, 결혼준비를 지원할 뿐만 아니라 출가한 이후에도 지속적인 관심과 지원을 할 수 있어야 한다. 이와 함께 부부관계를 친밀한 이인군 (dyad) 관계로 재조정하는 한편 동시에 며느리, 손자녀 등을 위한 공간을 마련하는 등 전체적인 가족관계를 재조정하여야 한다.

(3) 직업적 성취와 직업 전환

중·장년기의 직업생활은 가족의 생계유지, 사회관계의 유지뿐 아니라 자신의 생활 전반에 영향을 미칠 정도로 매우 중요한 요인이다. 중·장년기의 직무수행능력은 일의 종류에 따라 다르지만, 대부분의 직업분야에서 직무수행능력이 매우 높은 편이다. 체력이나 빠른 속도를 요구하는 직업에서의 직무수행능력은 다소 감소하기도 하지만, 그 외 직업분야에서는 오랜 경험을 통한 축적된 지식과 기술을 활용하여 높은 수준의 직무성취도를 보인다. Baltes와 Baltes(1990)는 중·장년기에 높은 수준의 생산성과 직무수행능력을 유지할 수 있는 것은 '선택적 능력 발휘를 통한 보상(selective optimization with compensation)'을 할 수 있기 때문에 가능하다고 하였다. 즉, 중·장년기의 근로자는 실용적 대안을 마련하여 자신의 약점을 최소화하고 강점을 최대화할 수 있는 능력이 있기 때문에, 높은 수준의 생산성과 직무수행능력을 유지할 수 있다.

중·장년기는 직업적 성취도가 최고조에 이를 가능성과 직업 전환을 해야 할 가능성이 공존하는 시기이기 때문에, 직업으로 인한 긴장이 많은 편이다. 연령에 따라서는 40대 성인이 다른 연령층보다 직업적 성취를 위한 열의가 가장 높기 때문에, 직업적 성공에 대한 긴장도 많은 편이다. 사회계층에 따라서는 중산층에 속하는 중년남성이 젊은이와의 경쟁에서 낙오할 수 있다는 두려움 때문에 직업적 성공에 있어 가장 많은 긴장을 경험한다. 이에 반해 하류층은 더 이상 잃을 것이 없기 때문에 그리고 상류층은 이미 안정된 생계기반을 갖추었기 때문에 직업적 성공에 대한 긴장은 별로 느끼지 않는다(Bischof, 1976).

중·장년기 성인의 직업만족도에 영향을 주는 변인은 급여 수준, 직업의 미래, 노력에 대한 결과의 만족도, 과업수행 과정에서의 즐거움, 직장동료와의 관계 등이다. 40대에는 직업활동에 몰두하기 때문에 자신의 직업만족도에 대해 현실적인 평가를 할 수 있는 여유가 많지 않은 반면 50대에 이르면 직업에 대한 현실적 성공 여부를 평가하게 된다. 그러나 최근 들어 노동시장 유연화 정책의 추진으로 인하

(좌측 여백 용어) 직무수행능력 / 선택적 능력 발휘를 통한 보상 / 직업적 긴장 / 직업만족도

여 고용불안이 심화되면서 30~40대에 이미 직업만족도가 낮아지고 정리해고 등 에 대한 불안을 강하게 경험하는 것으로 나타나고 있다.

고용불안

만족스러운 직업생활과 효과적인 과업수행을 위하여 중·장년기의 성인은 직 장의 상사나 동료에게서 신임을 얻을 수 있는 대인관계 기술을 습득하여야 한다 (김태련, 장휘숙, 1994). 직장에서 타인에게 영향을 미치기 위하여 사용하는 대인관 계 전술로는 독단, 합리성, 아첨, 제재, 상호 교환, 상관에게 호소, 방해, 제휴 등 매 우 다양한 전술이 있다. 직장동료와 경쟁관계에 놓인 경우에는 자신의 생산성 증 진과 타인의 생산성 저하를 위한 전술을 주로 사용한다.

대인관계 기술

중·장년기는 직업적 성공의 기회를 얻을 수도 있지만 직업을 바꾸어야 하는 위 기 상황에 직면하기도 한다. 자발적 직업 전환의 결정에는 개인의 동기나 성격, 취 업 기회, 가족생활의 안정도 등이 복합적으로 작용하지만, 맞벌이 가족, 비전문직 종사자, 적극적인 성격의 소유자가 직업 전환을 하는 경우가 많다. 그러나 직장에 서의 과도한 업무, 가족과 직업의 시간계획의 불일치, 직업활동에서 오는 피로 등 을 이유로 직업 전환을 하고 싶어도 배우자나 부모로서의 역할 때문에 직장을 바 꾸지 못하는 경우도 많다.

직업 전환

중장년기의 비자발적 직업 전환은 개인뿐만 아니라 전체 가족생활에도 중대한 위기를 초래할 수 있다. 비자발적 직업 전환은 개인의 낮은 직무수행능력, 경제적 불황, 그리고 정부의 노동시장 유연화 정책의 부정적 결과로 인해 많이 일어난다. 경기침체로 인하여 기업들이 강도 높은 구조조정을 단행하는 과정에서 명예퇴직, 조기퇴직, 정리해고 등과 같이 본인의 의사와는 관계없이 실직자가 되기도 하며, 고용사정이 불안해지면서 구직 단념자가 늘고 있는 실정이다. 그리고 대부분의 가 족은 비자발적 퇴직에 대한 재정적 대비를 하지 못하고 있기 때문에 가족성원 중 의 한 명이 가장의 역할을 대행하기 위하여 직업생활을 시작해야 하는데, 가장의 배우자인 중년 여성이 취업하는 경우가 대부분이다.

비자발적
직업 전환

조기퇴직

(4) 여가활동

여가활동(leisure activity)은 직업활동, 생리적 욕구 충족 등과 같은 생활시간을 제외한 잔여시간에 휴식, 기분 전환, 사회적 성취 및 개인적 발전을 도모하는 활동 이다. 현대사회에서는 이전에 비하여 자녀양육기간의 축소, 평균수명 연장, 조기 정년제도의 시행 등으로 여가가 큰 폭으로 증가하고 있어 여가활용의 문제가 매

여가활동

우 중요한 중·장년기의 과제로 등장하고 있다. 우리 사회에서는 여가활동을 시간 낭비로 보고, 무의미하고 부정적인 활동으로 간주하는 시선도 있지만, 주 5일제의 정착과 여가활동에 대한 인식의 확산으로 여가에 대한 인식이 변화되고 있다. 그러나 TV 시청이나 휴식과 같은 정적이고 소극적인 여가활동으로 소일하는 경우도 많다(문화체육관광부, 2019).

여가 예비사회화   여가를 적절하게 사용하기 위해서는 여가에 대한 예비사회화가 필요하다. 그러나 우리나라의 공교육제도에서는 학업적 성취나 지식의 습득에만 치중할 뿐 여가 교육의 중요성은 무시하고 있어 대부분이 여가에 대한 예비사회화의 기회를 갖지 못하고 있다. 따라서 중·장년기의 성인은 여러 가지 사회교육 프로그램이나 여가 선용 프로그램에 참여하여 미리 여가기술을 익혀 나가야 한다.

4) 사회복지실천에서의 관심 영역

(1) 신체적 발달의 관심 영역

중·장년기에 이르게 되면 신체구조의 변화와 신체 기능의 저하로 인하여 성인 병에 걸릴 위험성이 증가한다. 따라서 사회복지기관에서는 성인병 예방을 위한 건강교육이나 건강상담 프로그램을 실시하고, 건강 관리와 유지를 위한 운동시설을 **건강상담** 설치하여 지역주민에게 개방하여야 한다. 그리고 만성질병이나 장애를 앓고 있는 중·장년기 성인이 있거나 병약한 노인을 부양하는 중·장년기 성인이 있는 가족에 대하여는 요양보호사나 자원봉사자를 연결해 주고, 뇌졸중, 교통사고 등으로 **재활치료** 인한 중도장애인을 위한 재활치료 프로그램을 실시하여야 한다.

중·장년기에 나타나는 갱년기 장애로 인하여 나타나는 신체 변화에 적절히 적응할 수 있도록 원조하고, 우울증, 불안 등의 정신장애를 사전에 예방하기 위해서 **부부상담** 는 중·장년기 성인을 대상으로 한 개인상담, 집단상담, 부부상담 등을 강화하여야 한다. 그리고 가급적 성적 무능력으로 인하여 고통을 받는 중년 남성이나 그 배우자를 성치료 전문기관에 의뢰할 수 있는 체계도 갖추어야 한다.

(2) 심리적 발달의 관심 영역

사회복지기관에서는 생리적 변화, 직업에서의 실패, 부부갈등과 이혼 등이 원인 **중년기 위기** 이 되어 나타나는 중년기 위기를 성공적으로 극복할 수 있도록 효과적인 지원 프로그램을 실시하여야 한다. 중년기 위기극복을 지원할 수 있는 프로그램으로는 여성 평생교육 프로그램과 여가선용 프로그램을 들 수 있다. 이러한 프로그램은 중년 여성에게 자신의 잠재능력을 발견할 수 있는 기회를 제공해 줌으로써 이들의 자기실현을 원조할 수 있다. 하지만 사회복지기관이 재정적 안정성 확보를 위하여 과도하게 평생교육 프로그램을 개설하는 것은 지양하여야 한다. 이 외에 중년기의 위기 상황에 직면하여 각종 정신질환 증상을 보이는 중·장년기 성인들의 치료를 지원하기 위해서는 직접 심리치료를 실시하거나 정신병원에 의뢰할 수 있는 체계를 마련해 두어야 한다.

평생교육 및 여가선용 프로그램

(3) 사회적 발달의 관심 영역

사회복지기관에서는 지역주민이 중·장년기에 안정된 가족생활을 영위할 수 있도록 지원하여야 한다. 즉, 개인상담 및 가족상담을 통하여 가족 내 갈등이 야기되는 것을 사전에 방지하고, 아동, 청소년, 노인, 장애인의 보호와 재활을 지원하기 위한 각종 서비스를 실시하여 중·장년기 가족의 미흡한 기능을 보완해 주어야 한다. 샌드위치 세대로서의 역할 수행에 전념함으로써 중·장년기에는 자신의 노후준비를 할 수 있는 여력을 갖지 못하는 경우가 많다. 따라서 사회복지기관에서는 노후설계 프로그램을 운영하여 개인 및 가족의 은퇴 후 노후생활을 설계하고 준비할 수 있도록 지원해야 한다. 그리고 노숙인이나 부랑인을 위한 지원서비스, 시설보호사업 등을 실시하여 해체된 가족 기능을 대체해 주어야 한다.

가족상담과 지원

노후설계 프로그램

중·장년기의 사회적 발달을 지원하기 위하여 사회복지기관에서 가장 적극적으로 수행해야 할 서비스는 고용지원서비스이다. 먼저 중·장년기 직장인의 스트레스와 긴장해소를 위한 다양한 상담 및 여가 프로그램을 실시하여 직업적 스트레스가 다른 생활 영역에 부정적 영향을 미치는 것을 예방하여야 한다. 그리고 직업적 실패로 인하여 알코올이나 마약, 도박에 중독된 중·장년기 성인을 위하여서는 단주집단이나 약물치료 프로그램을 직접 실시하고 심각할 경우 전문의료기관에 의뢰할 수 있어야 한다.

고용지원서비스

중·장년기에 처음으로 취업을 원하거나 재취업을 원하는 경우에는 직업훈련과 고용알선사업의 실시가 필요하다. 그리고 자발적 직업 전환을 원하는 중·장년기 성인을 위해서는 심리상담서비스, 직업 및 창업정보 제공, 장단기 직업훈련, 고용알선 등의 서비스를 제공해 줄 수 있다. 비자발적 퇴직과 반복되는 재취업의 실

직업훈련과 고용알선

패로 인하여 장기실업자가 되거나 취업단념자가 되지 않도록 중 · 장년기의 실직자나 퇴직자를 위해서는 앞서 열거한 고용 관련 서비스 이외에 실직자를 위한 쉼터, 고용보험 수혜 절차에 대한 상담과 가족에 대한 재정지원서비스도 함께 실시하여야 한다.

2 노년기의 발달

노년기에는 시간의 흐름에 따라 유기체의 신체 · 심리 · 사회적 측면에서 나타나는 점진적이고 퇴행적 발달, 즉 노화(aging)가 이루어진다. 즉, 신체적 능력의 쇠퇴 및 질병 이환, 사회관계의 축소, 사회경제적 지위의 하락 등과 같은 노화 현상이 주로 일어난다. 따라서 노년기에는 신체 변화에 대한 적응, 인생에 대한 평가, 역할 재조정, 여가활용, 죽음에 대한 대비 등의 발달과업을 적절히 수행하고, 노후생활에 적합한 생활환경을 조성하여야 한다.

노화

발달과업

1) 신체적 발달

⑴ 신체구조의 변화

생물적 노화가 진행됨에 따라 신체조직을 구성하는 세포와 섬유물질의 변화가 나타나게 된다. 심장이나 근골격계 및 신경계 등에서 일명 노화색소라고 불리는 지방 갈색소가 많이 나타나며, DNA와 RNA 그리고 단백질 합성에 필수적인 분자들이 세포 내에서 생산되지 않게 됨으로써 세포노화가 촉진되고 결국 신체기관이나 조직의 노화를 일으키게 된다. 신체조직의 틀을 구성하는 섬유물질이 활발하게 교체되지 못하여 쉽게 손상되고 파편화되고 칼슘화됨에 따라 동맥, 폐 등의 신체조직의 기능저하를 초래하게 된다(권중돈, 2019).

노화색소

세포노화

생물적 노화의 결과로 나타나는 신체외형의 변화를 살펴보면, 먼저 체중은 60세부터 점차 줄어들며, 연골조직의 퇴화로 인하여 신장도 30대에 비해 90대에는 2%정도 줄어들게 된다. 그리고 치아는 60대에 14개, 70대에 11개, 80대에는 6개 정도로 줄어든다. 머리카락은 실제로 멜라닌 세포의 감소로 인하여 은빛(silver)으로 변하게 되는데, 이러한 머리색에 비유하여 노인을 실버세대라고 부른다. 노인의 피

신체외형 변화

실버세대

부는 창백해지고 얼룩반점이 생기고 건성화되며, 피하조직과 피부의 신경세포 감소로 인하여 체온유지능력이 감소되어 추위를 많이 느끼고 온도 변화에 쉽게 적응하지 못한다. 따라서 환절기에 호흡기질환에 걸리기 쉽고 새벽운동과 같이 갑작스런 온도 변화로 인하여 쓰러지는 경우도 종종 있다. 체온유지능력
호흡기질환

연령이 증가함에 따라 신체조직 구성성분 중 지방분은 증가하는 반면 고형분과 수분은 줄어드는 신체조직상의 변화가 일어나며, 뼛속의 칼슘분이 고갈되어 뼈의 질량이 감소하고 골밀도가 낮아짐으로써, 골절을 당하기 쉽고 골다공증에 걸리기 쉬워진다. 연골조직이 얇아지거나 탄력이 약화되어 관절염을 일으키기도 한다. 또한 팔다리 및 골격 일부에 붙어 있는 수의근(隨意筋)의 근육 용적이 감소되고 수축력이 약화되어 운동능력이 감퇴된다. 중추신경계의 변화를 보면, 뇌는 크기가 약간 감소하며, 노인반, 신경원섬유 농축체, 수상돌기의 감소 등으로 인하여 뇌의 기능이 저하되기도 하지만, 노화에 따라 현저하게 저하된다는 확실한 증거는 없다. 골다공증
관절염

중추신경계

(2) 신체 기능의 변화

신체 내부의 장기(臟器)는 40세부터 중량이 감소하는데, 25세 청년을 100으로 하였을 때 75세 노인의 뇌 중량은 95%, 신장 중량은 81%, 간장은 67%, 비장은 45% 정도로 줄어들지만 오히려 심장은 140% 정도로 증가하는 것으로 나타나고 있다(장인협, 최성재, 2010). 장기

장기의 조직 변화 또한 동시에 나타나게 되는데, 심장근육 주변 모세혈관의 동맥경화에 의한 심장비대, 지방분 증가 등이 원인이 되어 심장의 중량은 오히려 늘어나나 심박출량과 심장박동능력은 감소한다. 심장판막의 석회화로 인하여 세포가 사멸하게 됨으로써 노년기에는 각종 심장질환에 걸릴 가능성이 높아진다. 노화에 따라 동맥의 구조적 변화와 기능 저하로 혈액순환이 원활하지 못하여 고혈압, 동맥경화, 뇌졸중 등의 순환기계 질환을 앓게 될 가능성이 높아진다. 장기의
조직 변화

심혈관질환

노년기에는 폐조직의 탄성이 저하되고, 폐용적이 감소되고, 죽은 공간(dead space)이 증가하여 잔기량(殘氣量)이 많아지며, 기관지는 약간 확장되고 기관지 점액선은 증가하므로 호흡기질환에 걸릴 가능성이 높아진다. 노년기에는 치아결손, 타액과 위액 등의 소화효소 분비량의 감소, 위 근육의 약화 등으로 인하여 소화기능이 감퇴한다. 신장의 크기, 무게, 피질의 양 등이 감소되어 신장기능이 줄어들며 폐조직

소화기

신장

신장질환에 걸릴 가능성이 높고, 방광이나 요도 기능의 저하로 인하여 야간에 소변을 보는 횟수가 증가한다. 그리고 휴식 상태의 산소소모량인 기초대사율은 감소하는 반면 탄수화물 대사율은 증가하여 혈액 속에 혈당이 증가하고 당뇨에 걸릴 가능성이 높아진다.

성 기능

노화와 함께 성 기능 또는 생식 기능에서의 저하 현상이 나타나게 된다. 여성의 경우 폐경으로 인하여 월경이 중단되고 생식능력이 상실되는데, 폐경 이후의 성적 욕구 변화에 대해서는 상반된 연구결과가 제시되고 있다. 남성의 경우에도 생식 기능이 저하되고 성교능력이 저하되긴 하지만 여성보다는 그 기능 저하가 덜하며, 70대 이상에서도 충분히 성적 관계를 유지할 수 있다는 연구가 많이 있다(Matthias et al., 1997).

2) 심리적 발달

(1) 감각 기능

시각

노년기에는 감각기관의 기능이 저하된다. 먼저 시력은 40대 이후부터 약화되기 시작하여 70세 이후부터는 교정시력으로도 정상시력의 유지가 어렵다. 그리고 내이(內耳)에서 대뇌피질까지의 청각체계의 반응능력 감소, 중추신경계의 자극반응

청각

능력 감소 등으로 인하여 청력의 감퇴가 이루어진다. 55세 이후부터는 음의 고저에 대한 변별력이 감소하고 노년기 후기에는 보청기와 같은 청력 보조기구의 사용 필요성이 높아진다.

미각

미각은 20대에 최고 상태에 이른 후 50세부터 서서히 저하되지만 70세 이전까지는 큰 변화가 없고, 80세 이후부터 맛봉우리가 감소하여 미각 구별능력이 현격

후각

히 쇠퇴한다. 후각은 65세 이후부터 감소하기 시작하여 80세 이후 노인의 75% 정

촉각

도가 후각에 문제를 경험하게 된다. 촉각에 대한 감각은 45세 이후부터 급격히 저하되며, 통각(痛覺)은 젊은 사람에 비해 노인이 덜 민감하지만 통각의 저하는 연령과는 크게 상관성이 없는 것으로 나타나고 있다. 노년기에는 감각기관이 수집한 정보를 의식적 수준에서 처리하고 평가하는 지각기능의 반응속도가 저하되고,

안전사고

환경 변화에 즉각적으로 대처할 수 없게 되어, 안전사고에 노출될 가능성이 높아진다.

수면

연령이 증가함에 따라 일반적으로 수면시간이 감소하는데, 20대에는 하루 평

균 7~8시간의 수면을 취하지만 55세 이후에는 급격히 감소하여 65세 이상에서는 5~6시간 정도 수면을 취하는 것으로 나타나고 있다(아산사회복지사업재단, 1985). 이러한 수면시간의 감소와 아울러 노년기에는 취면장애, 조기각성, 주야전도, 숙면장애 등의 수면장애를 경험하는 경우가 많다. 특히 숙면시간이 감소함에 따라 피로회복률이 낮아짐으로써 낮 동안의 일상활동에 지장을 받는 경우가 많아진다.

(2) 인지 및 정신 기능

노년기의 인지 기능, 즉 지능, 기억력, 사고 및 문제해결 능력의 변화 양상에 대한 연구결과는 아직 일치된 의견이 제시되지 않고 있다. 노년기에는 일반적으로 지능이 쇠퇴한다고 보고 있으나, 지능에는 여러 종류가 있으므로 특정 영역의 지능만을 근거로 지능의 약화를 주장할 수는 없다. 따라서 지능은 연령 이외의 변인, 즉 교육수준, 생활경험, 직업, 동년배집단효과, 지능검사 시의 신체 및 건강 상태 등의 영향을 많이 받는다고 할 수 있다. 그리고 창의성은 30대에 정점에 이른 이후부터는 조금씩 감퇴되지만, 60~70세에도 20대와 동일한 수준의 창의성을 발휘할 수 있으며, 80세에도 여전히 중요한 일을 훌륭하게 수행하는 경우가 많다 (Simonton, 1990).

노년기에 이르면 일반적으로 단기기억과 최근기억의 능력이 약화되며, 암기보다는 논리적인 것의 기억능력이 더 많이 감퇴되는 것으로 알려져 있다. 보는 것보다는 듣는 것의 기억력이 뛰어나므로 노인의 학습능력 증진을 위해서는 청각을 활용한 교육방법이 효과적이다. 학습능력은 일반적으로 연령이 증가함에 따라 저하되는 것으로 알려져 있다. 사고능력과 문제해결능력은 연령이 증가함에 따라 저하되는 것이 일반적이지만, 연령과 교육수준, 인생경험, 지능, 직업, 동년배효과 등의 요인이 복합적인 영향을 미친다.

노년기에 주로 일어나는 사고능력과 기억력의 장애인 치매문제는 심각한 사회문제로 제기되고 있다. 치매는 뇌질량의 감소, 뇌혈관장애, 알코올 등과 같은 원인에 의하여 인지기능과 고등정신기능이 감퇴되는 기질성 정신장애로서 기억장애, 추상적 사고장애, 판단장애, 대뇌피질장애, 성격 변화가 수반됨으로써 직업, 일상적 사회활동 또는 대인관계에 지장을 주는 복합적 임상증후군이다(권중돈, 2004; 권중돈, 2012).

노인은 오랜 삶의 경험을 통하여 나름대로의 삶에 대한 지혜(wisdom)를 갖게 된

지능

창의성

기억능력

사고능력과 문제해결능력

치매

지혜

다. 노년기에는 반응속도의 저하와 같은 인지기능의 저하를 오랜 인생경험을 통해 획득한 지혜를 사용하여 보완해 나갈 수 있다(Vaillant, 2000). 노화 자체가 궁극적 존재의 이유에 대해 관심을 갖게 하고, 죽음에 대해 깊이 명상하게 하며, 보편적 가치를 추구하게 하므로, 노년기에는 영성(spirituality)이 더욱 깊어지는 경향이 있다. Tornstam(1994)의 연구에 따르면 대대수의 노인이 젊은 시절에 비해 영성이 훨씬 더 깊어지는 것으로 나타나고 있다.

영성

(3) 자아통합과 죽음

자아정체감

노년기의 자아정체감 변화에 대하여는 상반된 이론이 제시되고 있다. Miller (1965)는 노년기에 이루어지는 은퇴로 인하여 자아기반이 와해되면서 노인은 정체성 위기에 직면하게 된다는 정체감위기이론을 제시하였다. 이와 달리 Atchley와 Barusch(2003)는 정체감은 여러 가지 원천에서 파생되므로 은퇴 이후에도 여러 가지 역할을 통하여 정체감을 유지할 수 있다는 정체감유지이론을 제시하고 있다.

자아통합 대 절망

Erikson(1963)은 노년기의 심리사회적 위기인 자아통합 대 절망(ego integration vs despair)은 중·장년기의 생산성 대 침체의 위기를 어느 정도 성공적으로 극복하였는가에 따라 그 결과가 달라진다고 하였다. 자아통합은 자신의 과거 및 현재의 인생을 바라던 대로 살았다고 받아들이고 만족스럽고 의미 있게 생각하며 다가올 죽음을 인정하고 기다리는 태도를 갖는 것이다. 이와 달리 절망은 자기의 과거 및 현재의 인생을 후회스럽고 불만스럽게 생각하고 다시 한 번 기회가 주어진다면 다르게 살겠다는 생각으로 죽음 앞에 남은 시간이 너무 짧아 어떻게 할 수 없기 때문에 불안·초조해하는 것을 의미한다.

죽음에 대한 태도

인간의 죽음에 대한 태도는 아동기에 시작하여 노년기에 이르기까지 장기간에 걸쳐 형성되는데, 노년기의 죽음에 대한 태도는 자아통합성의 성취 정도에 따라 차이를 보인다. 만약 노인이 자아통합에 이르게 되면 자신이 살아온 인생을 수용하고 두려움 없이 죽음에 직면하는 능력이 높아지지만, 절망에 이른 경우에는 죽음을 수용하지 못하고 타인을 원망하며 우울증의 경향을 보인다. Kübler-Ross(1969)는 중년기에 말기 암에 걸린 환자는 '부정-분노-타협-우울-수용'이라는 5단계를 거쳐 죽음에 적응해 나간다고 하였다.

죽음에 대한 적응 단계

| 표 6-1 | Kübler-Ross의 죽음에 대한 적응 단계 |

단계	죽음에 대한 반응 양상
부정 단계	불치병을 인정하지 않고, 의사의 오진이라 생각함
분노 단계	'왜 나만 죽어야 하는가?'라고 건강한 사람을 원망하며, 주변 사람에게 화를 냄
타협 단계	죽음을 받아들이고, 해결하지 못한 인생과업을 해결할 때까지라도 살 수 있도록 기원하고, 불가사의한 힘과 타협함
우울 단계	주변 사람과 일상생활에 대한 애착을 보이고, 이런 것과 헤어져야 한다는 점 때문에 우울증이 나타남
수용 단계	죽음 자체를 수용하고, 마음의 평화를 회복하여 임종에 직면함

(4) 정서 및 성격 변화

노년기에 이르면 감정 표현능력의 저하가 이루어진다. 이러한 감정 표현능력의 저하는 연령의 증가에 기인한 것이라기보다는 사회문화적 요인에 더 큰 원인이 있다. 즉, 감정 표현이 저하되는 원인은 감정 표현을 억제하는 것이 사회문화적으로 더 바람직한 것이라는 사회압력에 순응한 결과라고 할 수 있다.

감정 표현

노년기의 성격 변화와 관련해서는 연속성과 안정성을 유지한다는 주장과 변화한다는 주장이 동시에 제기되고 있다. Kogan(1990)은 노년기에도 이전과 같은 방식으로 자극에 반응하고 자신의 사회환경을 조정해 나가기 때문에, 노년기에는 성격 변화가 일어나지 않는다고 주장하고 있다. 이와 달리 윤진(1996)과 Ruth(1996)는 노년기에 성격 변화가 일어난다고 보고 있다. 노년기에 나타나는 특징적 성격 변화는 ① 내향성 및 수동성의 증가, ② 조심성의 증가, ③ 경직성의 증가, ④ 우울 성향의 증가, ⑤ 생에 대한 회상의 경향, ⑥ 친근한 사물에 대한 애착 증가, ⑦ 성역할 지각의 변화, ⑧ 의존성의 증가, ⑨ 시간전망의 변화, ⑩ 유산을 남기려는 경향이다(윤진, 1996).

성격 변화

3) 사회적 발달

(1) 사회관계망과의 상호작용

노년기에는 퇴직, 배우자와 친구의 상실 등으로 인하여 사회관계망이 줄어드는 것이 일반적이다. 그리고 직장 등과 같은 2차 집단과의 유대관계 및 참여 정도는

사회관계망 축소

줄어들고 가족, 친구, 이웃 등과 같은 1차 집단과의 관계가 사회관계의 중심이 되며, 그중에서도 가족이나 자녀와의 관계가 핵심 관계축이 된다.

부부관계

노년기에는 평균수명의 연장과 출산 자녀수의 감소로 자녀양육 기간은 줄어들고, 배우자 사망 이후 독신으로 생활하는 기간과 여가는 늘어난다. 그러므로 노년기에 있어서 원만한 부부관계의 유지는 삶의 만족도를 유지하는 데 필수적인 요인이 된다. 노년기에 원만한 부부관계를 유지하기 위해서는 건강 및 경제적 자립, 생활범위 조정 등이 이루어져야 한다.

배우자의 사망

노년기가 되면 배우자의 사망이라는 상실을 경험하게 되는데, 이때 많은 노인이 슬픔, 불면증, 식욕상실, 체중감소, 사회활동 관심 저하, 불안, 우울, 분노, 비통, 죄의식 등과 같은 애도감정과 이와 관련된 행동을 나타낸다. 전통사회에서는 일부종사의 유교적 윤리에 근거하여 노년기의 이혼과 재혼을 금기시해 왔으나, 최근에는 황혼이혼이 증가하고 있으며 노년기 재혼에

황혼이혼과 재혼

대해서도 좀 더 허용적인 태도를 보이고 있다(권중돈, 2019).

성인 자녀와의 관계

노년기에는 성인 자녀와 적절한 유대관계를 형성해야 하지만, 노인이 부양자의 지위에서 피부양자의 지위로 전환하는 과정에서 많은 어려움을 겪기도 한다. 특

자녀 별거

히 핵가족화, 소가족화의 영향으로 자녀와 별거하는 비율이 높아짐에 따라 노인과 자녀 간의 연락이나 접촉빈도가 낮아지는 등 양적 관계에서의 변화뿐만 아니라 부모-자녀 간의 정서적 유대관계도 소원해지는 등 질적 관계에서도 많은 변화가 일어나고 있다. 노부모-자녀관계를 원만하게 유지하기 위해서는 자녀에게 일방적으로 의존하기보다는 상호지원 관계를 유지하고, 신체적 건강의 유지, 안정된 소득기반의 조성, 그리고 심리적 건강 등을 확보하여야 한다.

조부모로서의 역할

평균수명의 연장으로 인하여 조부모로서의 역할을 수행하는 기간이 증가하였지만, 이전처럼 조부모가 삶의 지혜를 가르쳐 주는 역할은 하지 못하고 성인 자녀에게 손자녀 교육을 위임하고 있는 실정이다. 최근 들어 조부모가 부모를 대신하여 손자녀를 양육해 주는 경우는 줄어들고 있으며, 필요에 따라 자녀의 가정을 방문하여 손자녀와 즐거운 시간을 보내고, 나머지 시간에는 노인 자신의 관심추구에 시간을 보내는 경우가 늘어나고 있다. 그리고 예전처럼 손자녀 훈육도 엄격하지 않고, 온화하고 관대해지는 경향이 강하게 나타나고 있으며, 성인 자녀와의 별거로 인하여 원거리형 조부모 역할 유형이 증가하고 있다.

친구관계

노년기에 있어서 친구관계는 노후 적응과 자아의 중요한 지지기반이 된다. 노년기에는 친구의 수가 줄어들게 되지만, 새로운 친구를 사귀기가 쉽지 않으며 대부

분 지역적으로 가까운 곳에 사는 이웃노인이 친구가 되는 경우가 많다. 따라서 노년기에 친밀한 친구관계를 유지하기 위해서는 경제적으로 안정되어 있어야 하며, 건강 상태가 양호하고, 동일한 지역에서 오래 거주하여야 한다(권중돈, 2019).

노년기에 주거환경을 바꿀 경우 사회관계망의 위축, 지역사회에서의 상징적 지위의 상실, 새로운 이웃과의 관계 설정과정에서의 어려움 등 부정적 영향을 받는 경우도 많다. 또한 질병이나 가족의 부양능력 한계 등으로 인하여 노인복지시설에 입소하는 경우가 점차 늘어나는 경향을 보이는데, 시설에 입소하게 될 경우 지역사회에서 거주하는 경우보다 외부 사회관계망과의 상호작용이 좀 더 많이 위축될 수 있다.

주거환경

노인복지시설 입소

(2) 사회화

한 사회의 연령규범이 명확할수록 구성원의 사회화 과정은 보다 쉽게 이루어질 수 있다. 이때 연령규범(age norms)이란 동시대인이 특정 연령대에 적합한 행동을 하도록 각 개인에게 요구하는 사회적 기대나 가치를 의미한다(Thorson, 2000). 노인은 사회의 연령규범을 기준으로 하여 자신이 무엇을 어떻게 할 것인지를 결정하게 된다. 그러나 급격한 변화를 경험한 우리 사회는 아직 노년기에 적합한 연령규범에 대한 합의가 이루어지지 않고 있다. 즉, 노년기에 대한 긍정과 부정의 시각이 혼재해 있고, 노년기의 사회적 역할과 연령 적합행동에 대한 사회적 합의가 이루어지지 못하고 있는 실정이다. 이로 인해 노년기에 적합한 가치, 기술, 지식, 행동 등을 사전에 학습하고 싶어도 할 수가 없게 되며, 예비사회화 과정을 거치지 못한 채 노년기에 진입하게 됨으로써 노후생활에 많은 혼란과 어려움을 경험하게 된다(권중돈, 2019). 노인이 연령에 적합하지 못한 행동, 즉 '나잇값(acting his age) 못 하는 행동'을 하게 되면, 노인은 사회구성원의 인정을 받지 못하고, 비난이나 사회차별을 받게 될 가능성이 높아진다.

연령규범

예비사회화 과정

노인차별

(3) 사회적 지위와 역할

사회적 지위나 역할은 일생을 통하여 변화하게 되는데, 일반적으로 성인기까지는 사회적 지위와 역할을 획득하는 경우가 많지만, 노년기는 중요하고 가치 있는 사회적 지위와 역할을 상실하는 경우가 더 많다. 즉, 노년기에는 친구와 가족의 죽음, 직업적 지위와 수입의 상실, 신체적 건강 상실, 아름다움의 감소, 전체적인 삶

역할 상실

의 목적 상실 등 얻는 것보다는 잃는 것이 더 많은 시기이므로, 상실의 시기 또는 역할 없는 역할(roleless role)을 갖는 시기라고도 한다. 그러나 노년기에 사회적 지위나 역할을 잃기만 하는 것은 아니며 새로운 역할을 얻기도 한다. 또한 동일한 역할을 수행하더라도 그 수행방법과 역할 자체의 중요성이 변화되는 등 다양한 역할 전환을 경험하게 된다.

역할 전환

Rosow(1985)는 일생을 통하여 사회적 지위와 역할의 종류와 수, 중요성이 달라진다고 하였다. 노년기에는 특정한 지위와 역할은 상실하는 반면 다른 지위와 역할을 획득하게 된다. 노년기에는 직업인의 지위에서 물러나 퇴직인의 지위를 갖게 됨으로써, 생계유지자 및 남편과 아내로서의 역할에서 피부양자, 독신, 조부모의 역할로 전환된다. 그리고 2차 집단에서의 지위와 역할의 종류와 수는 줄어들지만 1차 집단 내에서의 지위와 역할은 큰 변화가 없다. 그리고 Rosow(1985)가 말한 제도적 지위와 역할은 종류와 수 그리고 중요성이 줄어드는 반면 희박한 지위와 역할은 오히려 늘어나며, 비공식적 지위와 역할은 크게 변화가 없지만 노년기 후반에는 약간 줄어드는 것이 특징이다.

지위와
역할 변화

노년기에는 중요한 지위와 역할을 상실하고 사회적 가치가 낮은 지위와 역할을 획득하게 됨으로써 노인 스스로 자신의 가치를 평가 절하하게 되고, 그로 인하여 자기존중감, 삶의 만족도 등이 낮아지게 된다. 그리고 사회 역시 노년기의 지위와 역할 상실을 당연하게 받아들이거나 오히려 이를 조장하는 경향을 보임으로써 노인의 사회적 분리와 소외를 초래하는 경향이 있다. 그러나 노년기의 역할 전환이 항상 부정적 결과를 초래하는 것은 아니다. 노년기에 이루어지는 역할 변화는 대부분 점진적으로 이루어지기 때문에 심리적으로 준비할 수 있는 시간을 충분히 가질 수 있으며, 대다수의 노인은 이러한 역할 전환에 성공적으로 적응하고 있고, 새롭게 획득한 지위와 역할에 만족하는 경우도 많다.

역할전환의 영향

(4) 은퇴

노년기에 있어서 일 혹은 노동은 경제적, 사회적, 윤리적, 정서적 기능과 같은 다양한 기능을 수행한다(권중돈, 2019). 하지만 노년기에 이르면 신체 및 정신 기능의 약화로 인한 노동능력의 저하, 현대화에 따른 경제적 생산기술과 생산체계의 변화에 대한 적응능력의 부족 등으로 인하여 노인은 노동시장에서 탈락하는 경향이 있다. 노년기에 어떤 사회적 지위에서 물러나 그 지위에 관련된 역할수행을 중

일의 기능

은퇴

단하게 된 현상을 은퇴(retirement)라 하며, 은퇴의 가장 대표적인 유형이 일에서
물러나는 퇴직이다.

퇴직이라는 것은 일반적으로 고용 상태의 어떤 직위에서 물러나 그 직위에 관련   **퇴직의 개념**
된 역할수행을 중단하게 된 현상을 의미한다. 하지만 퇴직이라는 개념은 관심 영
역에 따라 사건(event), 과정(process), 역할(role) 또는 생활 단계(phase of life)라는
각기 다른 의미로 사용된다(Atchley & Barusch, 2003).

퇴직은 직업활동에서 물러나고 퇴직자로서의 역할을 받아들이는 일련의 과정
이다. 이러한 퇴직과정은 개인이 퇴직을 인식하면서부터 시작되는데, 퇴직에 대   **퇴직에 대한 태도**
한 태도는 퇴직 후의 경제사정에 대한 예상, 정년퇴직 연령, 노동에 대한 가치관,
퇴직의 자발성, 직업에 대한 헌신 · 사명감 정도, 퇴직 후 생활목표의 확실성, 퇴직
이후의 소득보장 정도 등과 같은 다양한 변인의 영향을 받는다(권중돈, 2019). 퇴직   **퇴직의 결정**
결정에 영향을 미치는 요인으로 일반적으로 지적되는 것은 정년제와 역연령 등의
조직의 공식 구조, 가족성원의 퇴직에 대한 태도, 가족의 경제 상태 및 예상 수입
정도, 본인의 건강 상태, 직업 및 교육수준, 배우자 유무와 부양책임 정도, 직업에
대한 만족도, 여가에 대한 태도 등이다.

퇴직을 고려하는 시점부터 질병이나 장애, 사망, 재취업 등으로 인하여 퇴직과   **퇴직의 단계**
정이 종결되기까지의 퇴직과정은 개인에 따라 다르게 나타나므로 퇴직의 단계
를 구분하는 것은 용이하지 않지만, 〈표 6-2〉와 같은 8단계로 구분된다(Atchley &
Barusch, 2003).

노년기의 주요 발달과업 중의 하나가 퇴직생활에 대한 적응일 정도로, 퇴직 이   **퇴직생활에**
후의 생활적응은 노년기의 삶의 질을 결정하는 가장 중요한 요인 중의 하나이다.   **대한 적응**
따라서 노년기에는 퇴직에 따르는 지위와 역할의 변화, 경제적 조건의 변화, 상황
적 요인의 변화, 사회관계망의 변화 등과 같은 생활 전반에 나타나는 변화를 수용
하고 자신이나 주변의 대처자원을 활용하여 능동적으로 적응해 나갈 수 있어야
한다. 이러한 퇴직생활에 대한 적응에 영향을 미치는 요인은 퇴직에 대한 태도, 퇴
직의 유형, 퇴직전 직업, 여가에 대한 예비사회화, 교육수준, 경제 및 건강 상태 등
이다.

표 6-2 퇴직의 단계

구분	단계별 특성
퇴직전 단계	• 먼 단계: 은퇴에 대해 막연하게 인식함 • 근접 단계: 은퇴를 의식하게 되고, 말년의식을 보이거나 퇴직 후 생활에 대한 환상을 가지기도 함
밀월 단계	• 일에서 해방으로 도취된 시기임 • 대부분의 시간을 자신의 관심사나 흥미와 관련된 영역에 소모함 • 경제적 지출이 요구되므로 재정 상태에 따라 밀월 단계 지속기간이 결정됨
안정 단계	• 퇴직 이전에 퇴직 후 활동이나 사회관계에 대한 선택을 한 사람일수록 퇴직 후 생활이 쉽게 안정화됨
휴식 단계	• 활동적인 밀월 단계와는 대조적으로 전체적인 활동의 양이 줄어들게 됨 • 충분한 이완과 휴식을 취하면서 지난 생을 반추해 보고, 퇴직 이후의 생활계획을 수립함
환멸 단계	• 퇴직생활에 대한 환상에서 벗어나 실망하거나 우울을 경험함 • 퇴직전 단계에서 퇴직에 대해 비현실적인 환상을 가진 경우에 환멸이나 공허감이 더 심하게 나타남 • 환멸 단계에 이르는 퇴직자는 많지 않으며, 대부분의 경우 이 단계를 거치지 않음
재지향 단계	• 재정 상태나 어떤 일의 실천 가능성을 재고하여, 비교적 정확한 현실인식을 하고 현실적 생활양식을 선택하려 함 • 새로운 인간관계 속에서 자아를 정립해 나감
일상화 단계	• 생활 변화를 일상적으로 처리할 수 있게 됨 • 예측 가능한 생활을 영위함 • 비교적 오래 지속되는 단계임
종결 단계	• 질병이나 장애에 의해 퇴직자의 역할이 중단됨 • 독립적 생활이 감소되고 가족 등의 지지망에 대한 의존성이 증가함

4) 사회복지실천에서의 관심 영역

(1) 신체적 발달의 관심 영역

만성질환

　노년기에 이르면 신체기능의 저하로 인하여 발생하는 만성질환으로 고통을 받을 가능성이 높아지는데, 거의 대부분의 노인이 만성질환을 앓고 있는 것으로 나타났다(보건복지부, 한국보건사회연구원, 2018). 이러한 노인성 질환은 대부분 만성적 경과를 거치며 치료보다는 장기간의 보호가 필요한 특성을 지니고 있기 때문에, 노년기에는 의료비 부담과 수발 및 간호에 대한 불안이 증가하게 된다. 따라서 사회복지기관에서는 건강교육, 건강상담, 운동 프로그램, 재활치료, 노인장기요양 보험제도의 재가 및 시설 서비스 등의 서비스를 적극적으로 실시해야 할 것이다. 또한 노인의 의료비 부담과 가족의 부양부담을 경감할 수 있는 다양한 의료비 경감 대책 및 가족지원사업을 전개해 나가야 한다.

노인장기요양보험제도

가족지원사업

(2) 심리적 발달의 관심 영역

노년기의 심리적 발달을 지원하기 위해서는 지금까지 사회복지실천에서 관심을 기울이지 못했던 노인상담을 더욱 강화해야 한다. 또한 노년기의 주요 심리문제 중의 하나인 고독과 소외를 극복하고 효과적인 여가활용을 도모할 수 있는 프로그램을 집중적으로 개발하여 실시해야 한다. 이러한 목적을 달성하기 위하여 사회복지기관에서 실시할 수 있는 프로그램으로는 노인대학 등의 평생교육 프로그램 등이 있으며, 앞으로 경로당 및 노인복지관 등의 여가 및 취미활동 프로그램을 다양화해 나가야 할 것이다.

노인상담

여가 및 평생교육

사회복지기관에서는 치매노인의 보호에도 많은 관심을 기울여야 한다. 먼저 사회복지기관에서는 치매를 예방할 수 있는 프로그램을 개발하여 실시하여야 하며, 치매로 의심되는 노인에 대하여는 정확한 진단을 받을 수 있도록 전문의료기관에 의뢰하는 체계를 갖추어야 한다. 치매의 경우 치료(cure)보다는 요양(care)이 필요하기 때문에 의료기관이 아닌 사회복지기관은 치매노인을 보호하기 위한 주간보호서비스, 방문요양서비스 등을 집중적으로 제공해야 한다. 그리고 치매노인 가족의 경우 가족관계의 부정적 변화, 노인과 부양자 관계의 악화, 사회활동 제한, 재정 및 경제 활동상의 부담, 심리적 부담, 건강상의 부담과 같은 다양한 부양부담을 경험하고 있다(권중돈, 1994). 따라서 사회복지기관에서는 이들 치매노인 부양가족을 지원할 수 있는 각종 상담 및 교육사업, 방문요양서비스, 주간보호서비스 등도 실시해야 한다.

치매 프로그램

부양부담

(3) 사회적 발달의 관심 영역

노년기의 건전한 사회적 발달을 지원하기 위하여 사회복지실천에서는 고용 및 소득보완사업에 역점을 두어야 한다. 국가적 차원에서는 사회보험체계의 완비와 공적 부조제도의 확충을 통하여 노년기의 안정적 소득기반을 보장하고 정년연장

고용 및 소득보완사업

정년연장

및 고령자고용촉진법의 엄격한 시행, 퇴직 후 재고용제도의 강화 등을 통해 노인에게 고용기회를 더 많이 부여해야 한다. 유급노동은 아니지만 사회공헌의 기회를 제공할 수 있는 노인 자원봉사활동에 대한 지원을 강화해 나가야 한다.

노인
자원봉사활동

은퇴준비교육
노인일자리사업

　　사회복지기관에서는 은퇴준비교육 프로그램, 노인일자리사업 등을 통하여 경제활동에 참여할 수 있는 기회를 부여하여 노년기의 무위의 문제를 해결함과 동시에 안정적 소득기반 확충에도 기여하여야 한다.

생각해 보아야 할 과제

1. '이태백, 삼팔선, 사오정, 오륙도'라는 신조어가 나올 정도로 우리 사회의 고용불안 문제는 심각하다. 청년실업, 정리해고, 명예퇴직 등 우리 사회의 고용불안 문제의 실태를 파악하고, 이를 완화할 수 있는 방안에 대해 토론해 보시오.

2. 샌드위치 세대, 일명 낀 세대로서의 중·장년기 부모가 경험하는 역할부담에 대해 토론해 보시오.

3. 귀하의 부모가 노인이 되면 누가 부양해야 한다고 생각하는지 견해를 제시해 보고, 가족의 부양을 받는 경우와 시설부양을 받는 경우가 갖는 장단점에 대해 논의해 보시오.

4. 주변에서 일어나는 노인차별과 학대 사례에 관한 정보를 수집·분석해 보고, 이에 대해 토론해 보시오.

5. 양로시설이나 노인요양시설 또는 독거노인의 가정을 방문하여 1주일 이상 자원봉사활동을 해 보고, 그 소감을 공유해 보시오.

제7장

정신분석이론

학 습 목 표

1. 정신분석이론의 인간관과 기본 가정을 이해한다.
2. 정신분석이론의 주요 개념을 이해한다.
3. 정신분석이론의 인간 발달 관점을 이해한다.
4. 정신분석이론을 사회복지실천에 적용할 수 있는 방안을 이해한다.

1 인간관과 가정

Freud는 인간을 비합리적이고 통제할 수 없는 무의식적 본능의 지배를 받는 존재로 보고 있다(이무석, 2006). Freud는 인간의 모든 사고, 감정, 행동은 신체적 긴장 상태에 의해 유발되는 무의식적인 성적 본능과 공격적 본능에 의하여 결정된다고 보는 생물학적 결정론을 따르고 있다. Freud는 인간의 자유의지, 책임감, 자발성, 자기결정과 선택을 할 수 있는 능력, 즉 인간의 자율성을 인정하지 않았으며, 인간의 모든 행동은 무의식적인 힘에 의하여 결정되고, 인간은 이런 힘의 지

인간관

비합리적 존재

● Sigmund Freud(1856~1939)

수동적 존재

불변적 존재

투쟁적 존재

배를 받는 수동적 존재라고 보았다. Freud는 인간의 기본 성격구조는 영·유아기에 어떤 경험을 하였는가에 따라 결정되며, 이러한 성격구조는 성인기가 되어서도 변하지 않는 불변적 존재라고 하여 현재보다는 과거를 중시하는 입장을 보인다. Freud는 개인의 쾌락원칙과 문명화된 사회 사이에는 많은 갈등이 존재한다는 점을 강조하며, 인간 존재를 사회와 지속적으로 대항하는 투쟁적 존재(Homo Volens)로 보고 있다(전병재, 1993).

기본 가정

정신결정론

무의식적 동기

갈등심리학 또는
심층심리학

    정신분석이론의 기본 가정은 정신결정론과 무의식적 동기로 요약할 수 있다(홍숙기, 1990; Stevenson & Hanerman, 2006). Freud는 영·유아기의 경험이 이후의 정신구조와 삶을 결정한다는 정신결정론적 관점을 고수하고 있다. Freud는 인간의 모든 행동, 사고, 감정이 무의식적 동기를 지니고 있다고 본다. 그리고 Freud는 인간의 정신활동은 바로 의식과 무의식, 원초아(id)와 초자아(superego) 사이에서 일어나는 갈등의 결과로 간주하였다. 이러한 특성 때문에 그의 이론을 갈등심리학 또는 심층심리학이라고 부르는 이들도 있다(Arlow, 1979).

2 주요 개념

1) 경제적 모델

본능

본능의 구성요소

Freud는 인간의 모든 행동은 본능의 지배를 받으며, 정신 에너지를 발산하는 데 그 목적이 있다고 본다. Freud가 신체구조의 긴장 상태에 의해 유발되는 정신적 표상, 즉 소망(wishes)의 집합체를 본능(instinct)이라고 규정하고 있기 때문에, 그에 따르면 모든 인간행동은 생물적 기원을 가진다. 본능은 원천, 목표, 대상, 추동(drive)이라는 네 가지 요소로 구성되어 있다(전병재, 1993).

정신 에너지

폐쇄체계

삶의 본능

    신체적 긴장 상태에 의해 만들어지는 정신 에너지는 어떤 형태로든 이용이 가능한 폐쇄체계이기 때문에 이용 가능한 에너지의 양은 고정되어 있다. Freud는 고정된 양의 정신 에너지가 삶의 본능과 죽음의 본능에 어떠한 비율로 배분되는가에 따라 각 개인이 보이는 행동은 달라진다고 본다. 삶의 본능(eros)은 성, 배고픔, 갈증 등과 같이 생존과 번식에 목적을 둔 신체적 욕구의 정신적 표상이다. 이러한 삶의 본능은 생명을 유지·발전시키고, 친밀하고 유쾌한 신체적 접촉을 갖고, 타인과 사랑을 나누며, 창조적 발전을 도모하는 본능이다. Freud는 초기이론에서 삶의 본능 중에서 성적 에너지를 리비도(libido)라고 하였으나, 점차 삶의 본능 전체를 의미하는 것으로 그 개념을 확대하였다.

리비도

죽음의 본능(thanatos)은 불변의 무기질 상태로 회귀하려는 충동으로 공격욕, 파괴욕 등이 속한다. 죽음의 본능은 파괴 및 공격적 행동의 근원으로서, 한 개인의 죽음의 본능이 과도하면 자학적 행위, 살인, 강도 등을 일으키지만, 국가 차원에서는 전쟁을 일으키기도 한다(Greene & Ephross, 1991). 하지만 삶의 본능과 죽음의 본능은 서로 영향을 미치며, 서로 융합되어 있기도 하다. 예를 들어, 음식물을 섭취하는 것은 생명을 위협하는 배고픔을 해결하고자 하는 삶의 본능의 표현이지만 음식물을 파괴하여 섭취한다는 점에서는 죽음의 본능이다.

죽음의 본능

2) 지형학적 모델

Freud는 눈에 보이지 않는 인간의 정신을 마치 빙산의 모습과 비슷하게 의식, 전의식, 무의식으로 구성되어 있다고 보았다([그림 7-1] 참조). 의식(consciousness)이라 불리는 정신과정은 한 개인이 어느 순간에 인식하고 있는 감각, 지각, 경험, 기억 등의 모든 것을 의미하는 것으로, 정신생활의 극히 작은 부분에 지나지 않으므로 일시적이며, 정신생활의 규칙(rule)이라기보다는 예외적인 것이다. 전의식(preconsciousness)이라는 정신과정은 즉시 인식되지는 않지만 조금만 노력하면 접근할 수 있는 영역이다. 무의식(unconsciousness)이라는 정신과정은 욕구나 본능이 깊게 자리하고 있는 영역으로, 인식할 수 없고, 직접적으로 확인할 수도 없는 접근 불가능한 창고에 해당한다. 무의식에는 개인이 태어나 살면서 경험한 것 중에서 기억되지 못하는 경험, 예를 들면 폭력적 동기, 부도덕한 충동, 비이성적 소망, 이기적 욕구, 수치스러운 경험, 수용할 수 없는 성적 욕구 등이 담겨 있는 상상할 수 없을 정도로 깊은 심연의 정신창고이다(김춘경 외, 2010; 이영돈, 2006).

의식
전의식
무의식

정신의 세 가지 상태 또는 마음의 층은 절대적인 범주로 볼 수 없고 단지 정도의 범주로 보아야 하지만, 개인의 사고와 감정의 대부분은 의식 외부, 즉 무의식에 존재한다. Freud(1965)는 개인의 내적 고통이나 쾌락의 강도가 임계치(臨界値, threshold value)를 넘어설 때 개인은 그것을 의식하게 되지만, 임계치를 넘어서더라도 반대충당(anti-cathexis)으로 인하여 의식화하지 못할 수도 있다고 하였다.

임계치
반대충당

무의식의 증거

Freud는 무의식이 작용하는 증거로 잘 알고 있는 사람의 이름이나 인상 그리고 생활상의 경험을 잊어버리는 경향, 소유물을 잃어버리는 경향, 말실수, 실수로 잘못 쓴 문장, 글자를 잘못 읽는 것, 행동상의 실수 등을 들고 있다(김서영, 2010). Freud는 무의식적 과정의 우월성을 받아들여 자유연상, 저항, 농담과 실수, 예술작품, 신경증, 꿈에 대한 연구를 하게 되었다. 특히 그는 꿈을 '무의식적인 어떤 것을 억압하고 왜곡하여 대치한 것'으로 간주하고, 무의식을 파악하기 위해서는 꿈을 해석해야 한다고 보았다(Freud, 1966).

꿈 해석

3) 구조적 모델

Freud는 성격이 원초아(id), 자아(ego), 초자아(superego)라는 세 부분으로 구성되어 있다고 보았다. 이들 부분이 상호 작용하여 전체 성격체계를 구성하고, 각각의 하위체계는 개인의 행동에 각기 다른 영향을 미친다. 이러한 성격의 각 부분은 실존하는 것이 아니며 개념화된 것으로서, 이를 도식화하면 [그림 7-1]과 같다.

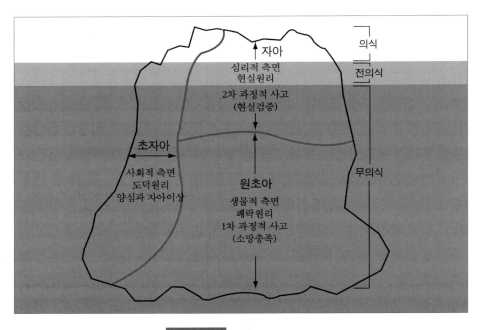

그림 7-1 Freud의 정신지도

(1) 원초아

원초아(id)는 성격의 원형이며 본질적인 체계로서 본능을 포함하고 있다. 이는 성격의 원형
출생 시부터 타고나는 것이며, 정신 에너지의 저장고이다. 생리적 긴장 상태에 의 정신 에너지의 저장고
해 야기된 본능적 충동은 원초아 속에 자리잡게 되며, 이러한 충동은 활동이나 꿈, 본능적 충동
환상과 같은 상징을 통해 긴장을 해소하려고 한다. 원초아의 기능과 분별력은 일
생 동안 유아적인 수준에 머물러 있으며, 외부 세계와 단절되어 있고 법칙, 논리, 외부 세계와 단절
이성 또는 가치에 대해 전혀 알지 못하므로 시간이나 경험에 따라서도 바뀌지 않
는다.

원초아의 첫 번째 특징은 1차적 사고과정(primary process)이다. 1차적 사고과정 1차적 사고과정
은 원초아 또는 무의식에서 유래되는 것으로 신체적 긴장을 경감하는 데 필요한
대상(object)의 기억표상을 만드는 과정으로, 논리와 시간성이 없고 질서정연하지 대상의 기억표상
못한 것이 특징이다. 이러한 형태의 사고과정은 객관적 현실을 알지 못하고, 본질
적으로 이기적이며, 낙천적이고, 전지전능하다. 1차적 사고과정은 초기 아동기에 전지전능
강하게 나타지만, 현실을 고려하지 않고 긴장 감소에 필요한 실제 대상을 대신할
수 있는 가상적 정신표상을 만들어 내는 소원충족(wish fulfillment)적 사고에 몰두 소원충족적 사고
하는 성인에게서도 나타난다.

원초아의 또 다른 특성은 고통을 피하고 쾌락을 추구하는 쾌락원칙(pleasure 쾌락원칙
principle)에 입각하여 작동한다는 것이다. 즉, 원초아는 단지 긴장감소와 본능적
충동의 만족에 관심을 둔다. Freud는 원초아가 본능적 충동을 충족해 주고 긴장을
감소해 줄 수 있는 대상에 정신 에너지를 투입하는 것을 대상선택(object choice) 또 대상선택 또는 대상충당
는 대상충당(object cathexis)이라고 하였다.

원초아에 의한 충동적 행동은 사회의 처벌을 받게 되므로 고통이나 긴장을 늘리
지만, 실제로 긴장을 줄이지 못하기 때문에 긴장해소의 효과적인 방편을 마련하기
위해서는 현실을 고려할 수 있는 자아의 형성이 불가피하다.

(2) 자아

자아(ego)는 성격의 조직적이고 합리적이며 현실지향적인 체계로서, 성격의 집 성격의 집행자
행자이며 경영자이다. 자아는 본능적 충동을 내포하고 있는 원초아와는 달리 이
성, 상식이라고 불리는 것을 내포한다. 자아는 개인이 객관적인 현실세계와 상호 이성
작용을 할 필요성이 있을 때 원초아에서 분화되기 시작하므로, 자아는 외적 세계 원초아에서 분화

의 직접적 영향에 의해 수정된 원초아의 일부이다(Freud, 1960). 자아에 배분된 정신 에너지는 초자아와 원초아 사이의 갈등을 조정하고 원초아를 통제하는 데 사용된다. 이 외에도 자아 에너지는 지각, 주의집중, 학습, 기억, 판단, 추리, 상상 등의 정신과정을 발달시키거나, 자아관심(ego interest)을 형성하는 데도 사용된다.

자아는 쾌락원칙이 아니라 현실원칙(reality principle)에 입각하여 작동된다. 그러나 현실원칙의 사용으로 쾌락원칙을 포기하는 것은 아니며 쾌락의 획득을 일단 유보하는 것으로 결국에는 쾌락을 획득하게 된다. 사회적으로 바람직한 또는 수용될 수 있는 본능의 방출방법이 발견될 때까지 긴장을 참아내고 실제적 만족을 얻어 내는 것이 자아의 1차적인 기능이며, 이것을 현실원칙이라고 한다.

자아의 또 다른 특성은 2차적 사고과정(secondary process)을 활용한다는 점이다. 2차적 사고과정은 긴장 감소를 위해 수립한 행동계획의 실현 가능성을 판단하는데, 이를 현실검증(reality test)이라 한다. 자아는 현실검증을 통하여 본능을 더욱 잘 지배할 수 있게 되며, 환상과 현실을 구분할 수 있는 능력이 강화된다. 만약 자아가 합리적으로 긴장을 줄이지 못하면 원초아의 에너지가 작동하게 되어 자폐적 사고, 소원충족적 사고와 같은 1차적 사고과정이 지배적으로 나타나게 된다.

자아가 지속적인 원초아의 요구와 외적 현실의 압력 사이에서 일어나는 갈등을 경험하게 되면, 성숙한 성인이라도 불안을 경험하게 된다. 불안은 자아에 위험신호를 보냄으로써 미리 위험처리 대책을 강구할 수 있도록 하는 기능을 하므로, Freud는 불안을 정상적인 부분으로 간주하였다. 그러나 자아가 이러한 위험신호에 반응하여 불안을 적절히 해결하지 못하면, 신경증을 유발한다. 불안은 원인에 따라 현실적 불안, 신경증적 불안, 도덕적 불안으로 구분된다. 현실적 불안(reality anxiety)은 외부 현실세계의 위험을 지각하는 데서 비롯되는 고통스러운 심리적 체험이다. 신경증적 불안(neurotic anxiety)은 본능에서 유발된 위험을 지각하는 데서 비롯되는 고통스러운 심리적 체험으로서, 자아의 반대충당이 원초아의 본능적 충동을 통제하는 데 실패할 것에 대한 염려에서 발생하는 불안이다. 도덕적 불안(moral anxiety)은 원초아가 부도덕한 방법으로 욕구를 충족하려 할 때, 초자아의 처벌이 따를 것이라고 생각함으로써 발생하는 불안이다.

불안을 다루고자 하는 시도를 하는 과정에서 자아방어기제(ego defense mechanism)가 발달하게 된다. 자아방어기제는 개인이 불안을 다루고, 자아가 불안이 만들어 낸 위기의식에 의해 압도당하지 않도록 하는 기능을 하므로 자아방어기

(좌측 여백 용어)
원초아–초자아의 조정
현실원칙
2차적 사고과정
현실검증
불안
현실적 불안
신경증적 불안
도덕적 불안
자아방어기제

제를 적응적으로 활용할수록 더 건강하다고 말할 수 있다. Freud와 그의 딸 Anna Freud가 제시한 자아방어기제는 다음에서 상세하게 논의하고자 한다.

(3) 초자아

초자아(superego)는 사회의 전통적 가치와 이상으로 구성되어 있으며, 현실적인 가치와 이상
것보다는 이상적인 것, 현실이나 쾌락을 추구하기보다는 완전을 추구하는 속성을 지닌다. 초자아는 성격의 도덕적인 부분이며 심판자로서, 자아와 함께 작용하여 도덕적 심판자
개인이 자신의 행동을 통제할 수 있게 해 준다.

초자아의 발달은 심리성적 발달 단계 중 남근기에 경험하는 갈등의 산물이다. 남근기
이 단계에서 아동은 부모의 도덕적 권위를 동일시하여 자신의 내적인 권위로 변화
시키게 된다. 즉, 부모를 동일시(identification)하는 과정에서 초자아를 형성하게 된 동일시
다. 아동의 초자아에는 부모의 실제 행동이 아니라 부모의 초자아가 반영되어 있
다. 그러나 반드시 부모를 동일시해야 초자아가 형성되는 것은 아니며, 목사, 학교
교사, 어린이집 보육교사 등과 같은 부성인물(father figure) 또는 모성인물(mother figure)에 의해서 형성되기도 한다.

초자아는 자아이상(ego ideal)과 양심(conscience)이라는 두 개의 하위체계로 구
성된다. 자아이상은 부모가 도덕적으로 바람직한 것이라고 간주하는 것으로서, 부 자아이상
모의 칭찬에 의해 형성되는 부분이다. 이와 달리 양심은 부모가 도덕적으로 나쁘 양심
다고 간주하는 것으로서, 부모의 처벌에 의해 형성된다. 이와 같이 초자아는 긴장
을 줄이는 물리 및 심리적 보상, 긴장을 늘리는 처벌이라는 두 가지 요인에 의해
발달하게 된다.

이러한 초자아는 자아로 하여금 도덕률에 무조건적으로 따르도록 강요하는 데
모든 에너지를 소비한다. 즉, 양심의 금지를 받을 경우 초자아는 원초아나 자아
를 통해 정신 에너지가 발산되는 것을 방지하게 되는데, 이를 초자아의 반대충당 반대충당
(anti-cathexis)이라고 한다.

4) 역동적 모델

역동적 모델에서는 궁극적으로 본능적 충동이 모든 행동을 결정하며, 정서적 긴
장을 해소하려는 욕구가 심리적이고 사회적인 행동을 일으킨다고 본다. 그리고 인

간 유기체를 신체 에너지가 정신 에너지로 변화되거나 그 반대의 에너지 흐름이 이루어지는 복잡한 에너지 체계로 본다. Freud는 정신 에너지가 흥분 상태와 사고, 감정과 같은 행동과 심리적 활동을 추진하는 힘을 만들어 낸다고 보았다. 정신적 과정과 신체적 과정이 결합하여 만들어진 흥분 상태는 인간으로 하여금 만족을 추구하도록 동기화한다.

정신 에너지

Freud는 유아가 유목적적으로 대상에 에너지를 표출하는 충동을 지니고 있다고 하였다. Wood(1971)는 충동의 작동과정을 '긴장 또는 욕구 → 감각운동 → 긴장 또는 만족의 중단'이라고 보았다. 이와 같은 직선적 모델(linear model)에서는 충동이 좌절되고 개인이 합리적인 정신 에너지의 방출수단을 찾는 과정에서 심리적 성장이 이루어진다고 본다(Hamilton, 1989). 만약 어떤 대상이나 사람에게 특정한 양의 정신 에너지가 고착되거나 과도하게 투입되고, 대상이나 사람의 심리적 중요성이 크면 클수록 그것에 투입되는 정신 에너지의 양은 많아진다.

직선적 모델

고착

Freud는 또한 성격은 에너지 체계이며, 에너지는 원초아, 자아, 초자아 사이에서 지속적으로 배분된다고 가정하였다. 성격을 움직이는 모든 에너지는 타고난 본능에서 나오며, 처음에 원초아에 저장된다. 그러나 점진적으로 일정량 또는 제한된 양의 에너지가 성격의 다른 하위체계인 자아와 초자아에 재배분된다. 만약 원초아에 에너지가 더 많이 배분될 경우에는 충동적이거나 공격적 행동이 특징적으로 나타날 것이다. 자아에 에너지가 더 많이 배분된 경우에는 현실적 적응을 잘하는 성격이나 행동이 형성될 것이며, 초자아에 정신 에너지가 집중된 경우에는 도덕주의자와 같은 행동을 하게 될 것이다(Nye, 1975).

에너지 체계로서의 성격

정신 에너지의 배분과 행동

5) 자아방어기제

자아가 갈등과 불안에 대응하고 대처할 때 활용하는 심리적 전략을 자아방어기제(ego defense mechanism)라고 한다. 자아방어기제는 정신내적 갈등의 원천을 무의식적으로 억압, 왜곡, 대체, 차단하며, 대부분 한 가지 이상의 방어기제가 동시에 사용되는 경우가 많다. 이러한 자아방어기제는 불안을 줄일 뿐만 아니라 긍정적인 사회적 결과를 가져오기도 하므로, 긍정적 자아상을 유지하고 사회적응을 도모하고 정신건강을 향상하기도 한다(김춘경 외, 2010).

자아방어기제

하지만 자아방어기제의 과다한 사용으로 인하여 다른 자아기능의 발달에 투입되어야 할 정신 에너지가 고갈되어 정신병리가 나타나기도 한다. Anna Freud (1965)는 자아방어기제가 정상적인지 또는 병리적인지는 ① 한 가지 방어기제를 사용하는지 혹은 여러 가지 방어기제를 사용하는지와 관련된 균형, ② 방어의 강도, ③ 사용한 방어기제의 연령 적합성, ④ 위험이 사라졌을 때 사용한 방어기제를 철회할 수 있는 가능성이라는 네가지 요소를 근거로 판단하여야 한다고 했다. 정신분석이론에서 제시된 주요 자아방어기제는 〈표 7-1〉과 같다.

정신병리

자아방어기제의
정상성

표 7-1 | **자아방어기제**

자아방어기제	개념과 예
억압 (repression)	• 자아가 고통스럽고 위협적인 충동, 감정, 소원, 환상, 기억 등을 무의식 속으로 추방시켜 의식화되는 것을 막아 주는 기제 • 예: 하기 싫고 귀찮은 과제를 하지 않고 '깜박 잊었다.'고 말하는 경우
반동형성 (reaction formation)	• 용납할 수 없는 감정이나 충동을 정반대의 감정이나 행동으로 대체하여 표현하는 기제 • 예: 미운 놈에게 떡 하나 더 준다.
퇴행 (regression)	• 실패 가능성이 있거나 불안한 상황에 대한 해결책으로 초기의 발달 단계나 행동양식으로 후퇴하는 기제 • 예: 동생이 태어나 부모의 관심이 동생에게 집중되자 갑자기 말을 하지 못하고 대소변을 가리지 못하는 유아
동일시 (identification)	• 용납할 수 없는 충동 그 자체는 부정하고 그 충동을 갖고 있는 사람 또는 그 사람의 일면과 동일화하여 받아들이는 과정 • 예: 아버지를 무서워하는 아들이 아버지를 닮아 가는 경우
보상 (compensation)	• 심리적으로 어떤 약점이나 제한점이 있는 사람이 이를 보상받기 위하여 다른 어떤 것에 몰두하는 기제 • 예: 자신의 친부모에게 효도를 하지 못한 사람이 이웃의 홀로된 노인을 극진히 부양하는 경우
합리화 (rationalization)	• 의식하지 못하는 동기에서 나온 용납할 수 없는 충동이나 행동에 대해 지적으로 그럴듯한 설명이나 이유를 대는 기제 • 예: 친구와의 경쟁에서 이기고 싶은 충동에서 친구의 잘못을 교사에게 고자질하고 그것이 자신의 의무라고 주장하는 경우
대치 (substitution)	• 정서적으로 아주 중요하지만 심리적으로 수용할 수 없는 대상을 심리적으로 수용 가능한 비슷한 다른 대상으로 무의식적으로 대치하는 기제 • 예: 오빠에게 매력을 느끼는 여동생이 오빠와 비슷한 사람과 사귀는 경우

전치 (displacement)	• 실재하는 어떤 대상에 향했던 감정 그대로를 다른 대상에 표현하는 기제 • 예: 도덕적 타락에 대해 강한 무의식적 죄책감을 느끼는 사람이 하루에 수십 번씩 손을 씻는 경우
투사 (projection)	• 용납할 수 없는 자기 내부의 문제나 결점이 자기 외부에 있는 것으로 생각하는 기제 • 예: 잘못되면 조상 탓한다.
상징화 (symbolization)	• 어떤 사람이나 사물에 부착된 감정적 가치를 어떤 상징적 표현으로 전치하는 기제 • 예: 아이를 낳고 싶은 강렬한 소망을 지닌 여인이 꿈에서 달걀을 보는 경우
분리 (isolation)	• 고통스러운 생각이나 기억을 그에 수반된 감정 상태와 분리하는 기제 • 예: 아버지가 죽었을 때 슬픔을 느끼지 못했던 청년이 아버지를 연상시키는 권위적인 남자 주인공이 죽는 영화를 보고 비통하게 우는 경우
부정 (denial)	• 엄연히 존재하는 위험이나 불쾌한 현실을 부정함으로써 그로 인한 불안을 회피하고 편안한 상태를 유지하는 기제 • 예: 어머니가 사망했음에도 돌아가신 것이 아니라 며칠 동안 딴 곳으로 갔다고 믿는 경우
승화 (sublimation)	• 원초적이고 용납되지 않는 충동을 적절히 억압할 수 없을 때 사회적으로 용납되는 다른 형태로 전환하여 표출하는 기제 • 예: 예술은 성적 욕망을, 종교는 막강한 아버지를 찾는 의존심을 승화한 것
해리 (dissociation)	• 마음을 편치 않게 하는 근원인 성격의 일부가 그 사람의 의식적 지배를 벗어나 마치 하나의 다른 독립된 성격인 것처럼 행동하는 기제 • 예: 이중인격자, 몽유병, 잠꼬대, 건망증 등
저항 (resistance)	• 억압된 감정이 의식화되면 너무 고통스럽기 때문에 억압된 재료가 의식화되는 것을 방해하는 기제 • 예: 자유연상을 통해 억압된 내용을 상기시킬 때 흔히 부딪히게 되는 연상의 단절, 당혹, 침묵, 불안 등
내면화 (introjection)	• 애증과 같은 강한 감정을 직접적으로 표현하는 것을 피하기 위하여 외부의 대상을 자기 내면의 자아체계로 받아들이는 기제 • 예: 어머니를 미워하는 감정을 수용할 수 없기 때문에 자기 자신을 미워하는 것으로 대치하는 경우
원상복귀 (undoing)	• 무의식에서 어떤 대상을 향해 품고 있는 자기의 성적 또는 적대적인 욕구로 인해 상대방이 당할 것이라고 생각되는 피해를 원래 상태로 되돌려 놓는 기제 • 예: 굿과 같은 의식
전환 (conversion)	• 심리적 갈등이 신체감각기관과 수의근 계통의 증상으로 표출되는 경우 • 예: 군에 입대하기 싫어하는 사람이 입영 영장을 받아 보고 시각장애를 일으키는 경우

3 심리성적 발달 단계

Freud는 생물적 성숙, 특히 성적 충동의 만족에 따라 심리적 발달이 이루어진다고 보았다. Freud는 특정 시점에서 1차적인 성적 만족을 제공해 주는 신체 영역, 즉 성감대(erotogenic zones)를 중심으로 출생에서부터 성인기에 이르기까지의 일련의 발달 단계를 제시하였는데, 이런 발달적 관점을 발생적 모델이라고 한다.

발생적 모델에서는 각 단계는 명확히 구분되지 않으며, 서로 중복될 수 있으며, 각 발달 단계를 성공적으로 통과하기 위해서는 적절한 정도의 만족을 얻어야 한다고 가정한다. 만약 특정 단계에서의 만족이 지나치거나 과도한 에너지를 투입한 경우에는 고착(fixation)이 이루어지며, 성인기에 고통스러운 감정을 경험하거나 스트레스를 받았을 경우 부분적으로 고착되어 있는 발달 단계, 특히 초기 단계에서 하던 행동으로 되돌아가려는 경향, 즉 퇴행(regression)이 일어난다. 이러한 맥락에서 볼 때 개인의 초기 발달사는 후기 행동의 주요한 결정인자이며, 성인기에 행하는 많은 것이 영·유아기의 경험에 의하여 결정된다고 할 수 있다(Nye, 1975). Freud는 성격 발달의 단계를 다음과 같이 5단계로 구분하고 있는데, 이를 살펴보면 다음과 같다.

1) 구순기

Freud의 심리성적 발달 단계상의 첫 단계는 구순기(口脣期, oral stage)이며, 이 단계는 출생~1.5세경의 시기에 해당한다. 이 시기에 유아의 생존 및 쾌락 획득과 밀접한 관련성을 지닌 신체 부위는 입, 입술, 혀이다. 따라서 유아의 성감대는 구순(口脣) 영역에 집중되며, 빨기와 삼키기가 긴장을 줄이고 쾌락을 성취하는 주된 전략이 된다. 이 단계는 대개 출생부터 6개월 정도까지 지속되며 구순적 빨기 단계 또는 구순동조적 단계라고 불린다. Freud는 빨기는 생존에 필요한 영양분을 섭취하는 것 외에 유아에게 또 다른 쾌락을 가져다주기 때문에 배가 고프지 않아도 가짜 젖꼭지나 손가락을 빨게 된다고 보았다. 이러한 쾌락을 Freud는 자애적(autoerotic)이라 하였는데, 1차적 나르시시즘(primary narcissism)과 일맥상통한다(최순남, 1999).

곁주:
생물적 성숙
성감대
발생적 모델
고착과 퇴행
영·유아기의 경험
출생~1.5세
성감대
구순동조적 단계
1차적 나르시시즘

생후 6개월 정도가 되면서 젖니가 나기 시작하면 유아는 좌절감을 경험할 때 깨물고 싶은 충동을 느끼게 된다. 이 단계는 약 18개월까지 지속되며, 구순적 깨물기 단계 또는 구순공격적 단계라고 불린다. 이러한 과정에서 공격성이 발달하게 되며, 자신이 어머니와 분리된 존재라는 것을 인식하고 동시에 어머니에 대한 개념을 발달시킨다. 이와 같이 입, 입술, 혀, 이빨의 자극이 모성인물(mother figure)과 연관되게 된다. 이러한 모성인물은 구순동조적 행동과 구순공격적 행동을 처음으로 받아 주는 사람이다.

구순기의 욕구를 적절히 충족하게 되면 개별화, 분리, 대상관계의 형성과 같은 발달과업을 적절히 성취할 수 있게 된다. 이 단계에서 구순적 욕구를 적절히 충족한 사람은 다른 사람과 쉽게 친밀한 관계를 형성할 수 있으며, 공개적으로 공격성을 보이거나 탐욕적인 행동을 하지 않는다. 구순기에 적절한 만족을 경험하지 못한 경우에는 성인기에 사회적 철퇴(withdrawal), 극도의 의존성, 그리고 친밀한 대인관계를 형성하지 못하는 문제를 일으키게 된다. 그러나 동일한 구순기라고 할지라도 어느 세부 단계에 고착되었는가에 따라 성인기에 서로 다른 성격 유형을 보이게 된다.

구순동조적 단계에서 과도하게 만족감을 얻거나 불만족한 경우에는 성인이 되었을 때 세상일에 대해 매우 낙관적이며, 타인을 믿고 의존하며, 모든 것을 희생해서라도 타인의 인정을 받으려고 한다. 이러한 사람은 수동적이며, 미숙하며, 안정감이 없고, 남에게 잘 속는 특성을 지닌다. 이에 반하여 구순공격적 단계에 고착되면, 논쟁적이고, 비판적이며, 상대방을 비꼬며, 자신에게 필요할 때까지 타인을 이용하거나 지배한다. 그리고 Freud는 구순 영역은 일생 동안 성감대로 남아 있게 된다고 보는데, 성인기에 나타나는 이 단계의 특성으로는 손톱 물어뜯기, 껌씹기, 흡연, 키스, 과식 등이 있다.

2) 항문기

1.5~3세는 성감대가 구순 영역에서 항문 영역으로 옮겨간다고 해서 항문기(肛門期, anal stage)라고 부른다. 이 시기의 유아는 신경계의 발달로 괄약근(括約筋)을 본인의 의지에 따라 조절할 수 있기 때문에, 자신이 원하는 바대로 배변이나 배뇨를 조절할 수 있게 되며 배설행동, 즉 변의 보유 및 배설과 관련된 행동을 중심으

(좌측 여백 용어) 구순공격적 단계 / 모성인물 / 대상관계의 형성 / 사회적 철퇴 / 구순동조적 단계 / 구순공격적 단계 / 1.5~3세 / 괄약근

로 하여 성격이 발달된다.

유아가 어느 정도 자라서 준비가 되면 부모는 배설물을 더러운 것으로 간주하여 유아에게 청결 습관을 가르치려 하는데, 이것이 바로 배변훈련(toilet training)이다. 이때 항문 영역에서 성적 쾌감을 추구하는 유아와 청결 습관을 기르려는 부모의 현실적 요구 사이에 일종의 전투가 벌어지게 되고, 그 과정에서 원초아에서 자아가 분화되기 시작한다. 유아는 자신의 본능적 충동의 만족을 방해하는 외부 세력과 직면하게 될 경우 배설과정을 공격적 무기로 사용함으로써 부모를 조종하는 방법을 배운다. 유아는 변기가 없을 때 부모에게 변기를 달라고 요구하거나, 몇 시간씩 변기 위에 앉아 어머니로 하여금 '착한 아이가 줄 최종의 선물', 즉 변을 초조하게 기다리게 만드는데, 이 기간을 항문적 배설 단계라 한다. **배변훈련**

자아분화

이에 반해 항문적 보유 단계에서는 유아는 변을 통제하여 내보내지 않고, 소유하는 것의 중요성을 배운다. 이 모든 것을 할 수 있는 능력을 인식할 때 전능감이 생길 수도 있다. 어쨌든 유아는 적절한 시간에 적절한 장소에 배설을 함으로써 부모에게 큰 가치가 있는 선물로 변을 줄 수 있는 것이다. 또한 부적당한 시간이나 장소에서 배설을 하여 부모를 화나게 하거나 일상의 흐름을 깨뜨림으로써 변을 처벌의 도구로 활용하기도 한다. **항문적 배설 단계**

항문적 보유 단계

항문기에서는 배변훈련이 주축이 되기 때문에, 부모와 자녀 사이의 통제문제는 매우 중요하다. 이러한 통제의 문제가 성공적으로 해결될 경우, 유아는 권위에 대해 균형 잡힌 존경을 표시할 수 있게 되지만 이 단계에 고착될 경우 자신에게 몰입하거나, 철퇴하거나, 타인에 대해 배려를 하지 못하는 성격 특성을 지니게 된다. **부모와 자녀 사이의 통제문제**

부모가 지나치게 엄격하고 강압적인 배변훈련을 할 경우 유아는 일부러 지저분한 행동을 하여 부모에게 대항하기도 한다. 이러한 성격은 항문배설적 성격(anal expulsive personality)의 원형으로서 성인기까지도 지속된다. 이러한 성격을 소유한 사람은 잔인하고 파괴적이며 난폭하고 적대감을 공개적으로 표현한다. 이와는 반대로 부모가 정한 규칙에 동조하고 순응하는 유아는 질서정연하게 정돈하고 결백한 행동을 하려는 강박적 욕구가 발달하여 지나치게 통제된 행동을 하는 항문강박적 성격(anal compulsive personality)이 된다. 이러한 성격 유형은 자신의 분노감정을 표현하지 못하고, 소극적이고 완고한 행동을 하며, 자신의 계획을 다른 사람에게 강요하며, 검소하고 깔끔하고 인색한 특성을 지닌다. 부모가 아이에게 애걸하거나 달래서 배변을 적절히 조절하게 하는 경우에는 창조성과 생산성으로 연결 **항문배설적 성격**

항문강박적 성격

되며, 관용, 자선, 박애행동의 특성을 지니는 성격을 가지게 된다.

3) 남근기

3~6세

성기

남근기(男根期, phallic stage)는 3~6세까지 지속되며, 유아의 성적 관심과 흥분은 더욱 강해지며, 생식능력이 없는 성기가 성감대가 되므로 이 부위에 성적 관심이 집중된다. 이 기간 동안에 유아는 자신의 성기를 자세히 관찰하고 자위행위를 하며, 부모에게 출생과 성에 대한 질문을 한다. 부모의 성행위 장면을 목격한 유아는 아버지가 어머니를 공격하는 것으로 간주하기도 한다(김서영, 2012).

오이디푸스
콤플렉스

엘렉트라
콤플렉스

Freud는 이 단계에서 유아는 이성의 부모에 대하여 무의식적인 성적 소망을 갖게 된다고 본다. Freud는 남아가 겪는 갈등을 오이디푸스 콤플렉스(Oedipus complex), 여아가 겪는 갈등은 엘렉트라 콤플렉스(Electra complex)라고 불렀다. 이 시기에는 유아가 동성의 부모를 적대시하고 이성의 부모에 대하여는 근친상간적 소망을 가지기 때문에, 동성 부모와는 경쟁자로서의 관계를 형성하고, 질투와 분노감정을 가지며 갈등을 경험하게 된다. 이러한 갈등관계의 형성에는 유아의 성에 따라 약간의 차이가 있다.

남아

거세불안

동일시

남아의 경우에는 처음에 어머니를 사랑하여 어머니를 소유하고 싶어 하므로 아버지와 경쟁관계를 맺게 된다. 남아는 어머니에 대한 사랑의 감정을 아버지가 용서하지 않을 것이라고 생각하고 아버지의 보복을 두려워하며, 언젠가는 아버지가 자신을 해칠 것이라는 불안과 공포를 경험하게 된다. 이러한 아버지에 대한 두려움이 바로 거세불안(castration anxiety)이다. 이러한 갈등 상황에서 남아는 가학적 또는 피학적 공상에 빠져들게 되는데, 남아는 억압을 통해서 무의식적인 오이디푸스 갈등을 억누르려 한다. 결국 아버지에게 느꼈던 적대감을 억압하고 아버지와 동일시함으로써 아버지와의 경쟁관계를 해결하고, 아버지를 통하여 어머니를 대리 소유하는 방식을 선택함으로써 오이디푸스 콤플렉스를 해결하게 된다.

여아

남근선망

여아의 경우에도 첫사랑의 대상은 역시 어머니이다. 그러나 여아는 자신이 이미 거세되었다는 사실을 인식하게 되며, 자신이 거세된 것이 어머니의 탓이라고 보고 어머니를 미워하게 된다. 그러고는 자신의 음핵(陰核, clitoris)이 남근처럼 자랐으면 하는 공상을 하게 되고, 가치 있는 기관을 갖고 있는 아버지를 소유하고 싶어 하는데, 이러한 공상을 Freud는 남근선망(penis envy)이라고 하였다. 그러나 여아

는 자신이 영구적으로 거세되었으며 남근을 갖는 것이 불가능하다는 사실을 인식
하게 되고, 이를 대치할 수 있는 대상, 즉 음핵에 대한 자위를 통해 성적 만족을 추
구하며, 자신과 같은 처지에 있는 어머니와 동일시하게 된다.

Freud는 남근기의 중요한 결과 중의 하나는 동성의 부모와 동일시하는 것이라 동일시
고 하였으며, 그 과정에서 초자아의 분화가 이루어진다고 보았다. 이러한 동일시 초자아 분화
를 통하여 유아는 부모의 이상과 가치를 받아들일 수 있게 된다. 유아가 부모의 도
덕적 금지를 수용함으로써 자신의 나쁜 생각이나 행동에 대해 스스로 나무라기도
하고 죄의식을 갖기도 한다.

남아와 여아 모두 외상적 갈등(traumatic conflict)을 성공적으로 해결할 경우 성
적 역할의 동일시와 성적 정체감을 가질 수 있게 된다. 이 단계의 발달과업을 적절 성적 정체감
히 이행하게 되면, 성인이 되어서는 성행위를 통하여 성적 욕망을 해소할 수 있고,
충성심, 효도, 헌신, 낭만적 사랑과 같은 많은 감정을 통하여 표현할 수 있다. 그리
고 초자아의 발달을 통하여 이전 세대의 문화를 받아들이고 이를 보존해 갈 수 있
게 된다.

하지만 남근기에 고착된 성인 남자의 경우에는 대부분 경솔하며, 과장이 심하고 고착
야심적이다. 이에 반해 남근기에 고착된 성인 여성의 경우에는 성관계에 있어서
순진하고 결백해 보이지만 반대로 난잡하고 유혹적이며 경박한 기질을 보이기도
한다. 또 어떤 여성은 이런 기질 대신에 자기주장이 아주 강하고 남성을 능가하는
슈퍼우먼이 되기 위하여 많은 노력을 기울이기도 한다. 남근기의 발달과업을 적절
히 완수하지 못할 경우 성인기에 신경증을 일으키게 되며, 특히 남성에게는 성적 신경증
무기력의 원인이 되고 여성에게는 불감증의 원인이 된다. 성적 무기력

4) 잠재기

잠재기(潛在期, latency) 또는 잠복기(潛伏期)로 불리는 이 시기는 6～12세 정도까 6～12세
지 지속되며, 유아적인 성적이고 공격적인 에너지가 무의식 속으로 잠복하여 외부
로 표현되지 않는 성적 정숙기다. 이와 같이 유아적인 성적 에너지가 무의식 속으 성적 정숙기
로 갇히게 되는 이유를 Freud는 생물적 발달에 기인하는 것으로 보고 있는데 남근
기의 충격적인 정신적 외상에서 벗어나 평온한 상태를 유지하기를 원하는 아동의
심리적 요인에 기인한다는 해석도 있다. 그러나 이러한 성적 소망은 완전히 사라

지는 것은 아니며 그 강도가 약화될 뿐이다. 그리고 남근기에서의 정신적 외상이 남아보다도 여아가 약하기 때문에, 여아의 잠재기 기간이 상대적으로 짧은 것이 일반적이다.

사회적 기술   이 단계에서 정신 에너지는 자아를 발달시키는 데 사용되어 학업에 대한 관심이 증가하고, 장차 인생을 영위하는 데 필요한 사회적 기술을 습득하고 훈련하는 데 주로 사용된다. 아동의 관심은 가족에 국한되지 않고 또래친구, 교사, 이웃으로까지 확대된다. 또래관계에서는 이성에 대한 관심이 매우 낮으며 심한 경우에는 이성의 또래와는 배타적 관계를 형성하고, 동성의 또래와만 어울리는 경우도 있다.

사회화   이러한 또래집단과의 놀이를 통하여 아동은 사회화의 기회를 갖게 된다. 그리고 학습활동, 취미활동, 운동 등을 통하여 성적 충동을 승화한다. 뿐만 아니라 특히

성격의 하위체계 정립   이 단계에 이르면 성격의 하위체계인 원초아, 자아, 초자아 간의 관계가 정립된다.

적응능력   잠재기의 발달과업을 적절히 성취하게 되면 학업이나 활동에 성취감을 느끼고 대인관계도 원만해져서 자신감과 적응능력이 높아진다. 그러나 성적이고 공격적인 충동을 적절히 통제하지 못하면 학습에 지장을 받고 연속되는 실패로 인하여

열등감   열등감을 갖게 된다. 반대로 과도하게 충동을 억제하면 오히려 성격 발달이 정체

강박적 성격   되고 심각한 강박적 성격으로 발전할 가능성도 있다(권석만, 2012).

5) 생식기

전생식기   구순기부터 남근기까지는 자기애적 성본능이 강한 전생식기(pregenital stage)에 해당하며, 성기기(性器期)로도 불리는 생식기(genital stage)는 사춘기 이후의 시기에 해당한다. 사춘기에는 생식기관이 발달하고 남성 또는 여성 호르몬의 분비가

사춘기   많아짐에 따라 2차 성징이 발달하게 된다. 이때 잠재기에 억압되었던 성적 관심이 다시 되살아나며, 성적 쾌락을 불러일으켰던 성감대는 생식기를 포함한 전신으로

성감대   확대되고 더욱 성숙해진다.

정신분석이론에서는 모든 인간은 거세불안이 여전히 남아 있는 사춘기 초반에는 일정 기간의 동성애 단계를 거친다고 본다. 새롭게 분출된 성적 에너지가 일정 기간 동안 동성 친구에게로 향했다가, 남근기 갈등해결 방식과 같은 방법으로 점차적으로 이성관계, 구애, 결혼, 가족형성, 집단활동, 직업에 대한 관심 등으로 옮아가게 된다. 이 단계의 중요한 특징은 생산적으로 활동하거나, 깊은 사랑을 하거

나, 성적 오르가슴을 느낄 수 있는 능력이 형성된다는 것이며, 대부분의 사람이 완전한 성숙을 성취할 수 있다. 그러나 Freud는 사춘기 이후의 주요 과제가 부모로부터의 독립이라고 지적한 것 이외에는 사춘기의 위기나 이후 성인기에서 이루어지는 발달에 대해 별다른 관심을 갖지 않았다.

> 부모로부터의 독립

4 사회복지실천에의 적용

1) 심리적 건강과 증상에 대한 관점

정신분석이론에서 심리적 건강은 이상에 불과하며, 병리적 관점에서 인간을 이해한다. Freud의 관점에서는 정신병리는 본능적 충동의 양과 질, 자아방어의 충동 표현 조절능력, 개인의 방어적 기능의 성숙 수준, 그리고 초자아의 승인 또는 죄의식의 정도와 밀접하게 관련되어 있다고 본다. 병리는 충동이 과도하게 좌절되거나 과도하게 충족되었을 때, 그리고 구순기, 항문기, 남근기에 정신적 외상을 입었을 때 발생한다. 따라서 유아기에 해결되지 않은 무의식적 갈등은 성인기에 경험하는 심리적 문제의 중요한 원인이 된다.

> 병리적 관점
> 정신병리
> 정신적 외상

상대적으로 건강한 개인은 성격의 하위체계가 조화를 이루고 있으며, 외부 세계와 적절한 교류를 할 수 있고, 자아방어기제를 효과적으로 사용하고, 자아가 만족을 지연하고 자신의 성적 및 공격적 충동을 통제하는 능력을 가지고 있다. 만약 엄격한 초자아가 개인의 본능을 통제하고 있는 경우에는 다른 부분에서 많은 대가를 치르게 된다. 이 경우 본능을 통제하는 데 많은 정신 에너지를 써야 하기 때문에, 현실을 다루는 데 쓸 수 있는 에너지가 부족하게 된다. 따라서 치료자는 내담자가 보다 현실적인 균형을 성취할 수 있도록 원조하여야 한다.

> 건강한 개인

2) 치료 목표와 과정

정신분석치료의 목적은 개인의 내적인 성격체계를 재구조화하여 좀 더 융통성 있고 성숙하게 만드는 것이다. 이러한 목적을 성취하기 위하여 정신분석치료에서는 무의식적 정신과정에 대한 의식적 통제력을 증진하기 위하여 자아를 강화한다.

> 성격 재구조화

치료목표   Mertens(1990)는 정신분석치료의 목표를 ① 부적응적 행동을 변화시키고, ② 증상을 제거하며, ③ 정신장애로 인해 중단 또는 지연되었던 발달과정을 재구성하는 것이라고 하였다.

무의식적   정신분석치료에서 치료자는 내담자가 무의식을 의식화할 수 있도록 무의식적
자료 분석   자료를 철저히 분석하는 치료방법을 택한다. 치료자의 주된 기능은 내담자가 자신의 문제에 대해 통찰(insight)을 갖고 자신의 문제를 변화시키는 방법을 인식하여 자신의 삶을 보다 합리적으로 통제할 수 있도록 돕는 것이다. 그러나 정신분석치료에서 치료자의 역할은 변화를 일으키는 주체가 아니므로, Freud는 치료자의 역
산파   할을 산파(産婆)에 비교하였다.

원조관계   내담자와 치료자의 관계, 즉 원조관계는 정신분석치료의 핵심이다. 원조관계는 과거에 내담자에게 중요한 타인과의 관계가 치환된 것으로, 내담자의 긍정적이거
전이   나 부정적인 느낌이나 환상이 치료자에게로 무의식적으로 옮겨가는 전이현상이다. 이런 전이를 통하여 내담자는 자신의 무의식적 정신역동을 통찰하게 된다. 내담자는 현재의 성격을 형성하는 데 영향을 준 오래된 과거의 영향뿐 아니라 과거 경험과 현재 행동 간의 관련성을 이해하게 되고, 억압된 과거에 대한 인식과 통찰을 할 수 있게 된다.

     정신분석치료에서 내담자는 자신의 과거 경험, 현재의 인상, 불만에 대해 이야
고백   기를 하고 자신의 소원과 정서적 충동을 고백한다. 치료자는 경청하고, 내담자의
해석   사고과정의 방향을 찾아내고, 특정한 사고의 방향에 주의를 기울이고, 설명과 해
관찰, 훈습   석을 하고, 내담자가 보이는 이해와 통찰 또는 거부의 반응을 관찰하고, 훈습(薰習, working-through)을 통하여 문제를 해결할 수 있도록 돕는다. 현대적 정신분석치료는 Freud의 이와 같은 기법을 활용하면서도, 내담자가 좀 더 효과적인 대인관계를 맺고 자신의 잠재력에 대해 현실적 평가를 하고 변화될 수 없는 것을 수용할 수 있도록 원조하는 것에 강조점을 두고 있다.

3) 치료기법

     정신분석치료에서 치료기법은 내담자의 증상에 대한 자각을 증진하고 비정상적 행동에 대한 통찰을 얻게 함으로써 증상의 의미를 이해하게 하고, 성격구조를
치료기법   재구조화할 목적으로 사용된다. 정신분석치료의 기본 기법으로는 자유연상, 해석,

꿈 분석, 전이 분석, 훈습 등이 있다.

자유연상(free association)은 내담자로 하여금 일상생활의 상념과 선입견을 제거 　　　　　자유연상
하고 어떤 감정이나 생각도 억압하지 않은 채 마음에 떠오르는 것이면 무엇이든
즉시 말하도록 하고, 이를 통해 내담자의 무의식 속에 숨겨진 억압된 생각이나 감
정을 확인하는 기법이다. 해석(interpretation)은 내담자의 행동의 의미를 설명하고 　　　　　해석
때로는 가르치기도 하는 것으로, 행동에 대한 단순한 설명이 아닌 자아가 더 깊은
무의식의 자료를 탐색할 수 있도록 도와주는 기능을 하며, 저항 해석(방어 해석),
치료자와 일상생활상의 주요 타인에 대한 전이 해석, 꿈 해석 등이 있다.

꿈 분석(dream analysis)은 꿈을 통하여 무의식적 욕구를 찾아내고, 내담자 　　　　　꿈 분석
의 해결되지 않은 문제에 대한 통찰을 얻을 수 있도록 해 주는 기법이다. 전이 　　　　　전이
(transference) 분석은 내담자가 과거의 중요한 타인과의 관계에서 해결되지 않고
남아 있는 부분을 치료자가 마치 과거의 주요 인물인듯 치료자에게 투사하는 전이
를 분석하고 해석하는 기법이다. 역전이(counter transference)는 치료자가 내담자 　　　　　역전이
에게 보이는 반응을 일컫는 용어로 역전이가 치료의 흐름을 방해하지 않도록 치료
자는 자신의 정신분석에 철저해야 하며 객관성을 잃지 말아야 한다. 훈습(working 　　　　　훈습
through)은 내담자가 이전에 억압하고 회피했던 무의식적 자료를 정확히 이해하고
통합하여 일상생활에 적용할 수 있을 때까지 치료자가 반복적인 해석과 지지를 제
공해 주는 연습과정을 말한다.

생각해 보아야 할 과제

1. Freud의 정신결정론적 입장과 과거를 강조하는 견해에 대한 의견을 제시해 보시오.

2. 직접 경험한 무의식의 실마리(clue)를 제시해 보고, Freud의 무의식 개념을 사회복지실천에 적용할 수 있는 가능성에 대해 논의해 보시오.

3. 귀하가 중요시하고 자주 사용하는 자아방어기제는 무엇이며, 그것이 자신의 생활에 어떻게 작용하고 있는지 구체적인 예를 제시해 보시오.

4. 10대 청소년은 연예인이나 운동선수에 대해 열광하는 경우가 많은데, 이러한 현상을 Freud의 이론에 입각하여 설명해 보시오.

5. 살바도르 달리(Salvador Dali)와 르네 마그리트(Rene Magritte)와 같은 초현실주의 작가의 작품을 감상해 보고, Freud의 정신분석이론과의 관련성을 유추해 보시오.

분석심리이론과 개인심리이론

1 분석심리이론

1) 인간관과 가정

"환자는 신경증이란 문제를 갖고 의사를 찾는 것이 아니라 그의 전체적 정신과 그가 관계하고 있는 전체 세계를 갖고 온다."(이죽내, 1995)는 Jung의 말에서 보듯이, 분석심리이론에서는 인간을 전체적 존재로 본다. Jung은 인간은 하나의 전체로 태어나며, 타고난 전체성은 일생을 통하여 분화되고 통합되어 가는 존재라고 본다. 또한 인간은 역사적인 동시에 미래지향적인 존재로

인간관

전체적 존재

역사적이고
미래지향적인
존재

● Carl Gustav Jung (1875~1961)

규정한다. 즉, 인간은 실재했던 과거의 영향을 받으면서 현재를 살아가지만 미래의 목표와 가능성을 달성하기 위하여 노력하고 자신의 행동을 조절하는 존재이다.

성장지향적 존재 인간의 미래지향성은 성장지향적 존재라는 의미와 연결되어 있다. Jung은 인간이 완성 또는 자기실현을 달성하기 위하여 앞으로 나아가고자 하는 경향을 지니고 있다고 보고 있는데, 이는 Adler의 우월추구에의 성향과 유사한 관점이다(Riedel, 2000).

가변적 존재 Jung은 Freud가 인간을 불변적 존재로 보는 것과는 달리 인간을 가변적 존재로 본다. Jung은 인간이 과거의 조상으로부터 물려받은 타고난 정신적 소인을 갖고 있지만, 이러한 정신적 소인의 발현은 한 개인이 개성화의 과정을 거치면서 서로 다르게 나타날 수 있으며, 인간의 정신구조는 삶의 과정을 통하여 후천적으로 변할 수 있다고 본다.

기본 가정 분석심리이론의 기본 가정을 살펴보면, 먼저 Jung은 무의식에 관한 Freud의 관점을 받아들이며 인간 정신 내에 존재하는 서로 다른 두 가지 힘에 의해 정신 에너지가 만들어지고 인간의 행동이 동기화된다고 보고 있다. 그러나 Jung은 Freud의

무의식적 동기 무의식의 개념을 더욱 확대·심화하였으며, 무의식의 병리적 측면보다는 창조적인 힘을 강조하고 있다. 그리고 Jung은 정신 또는 성격이란 이를 구성하는 부분들의 단순한 집합체가 아니라 하나의 전체를 이루고 있다고 보며, 성, 공격성, 배고

개성화 픔, 목마름과 같은 통상적인 본능 이외에도 개성화(individuation)를 향한 본능을 지니고 있다고 가정한다. 즉, 전체성을 회복하고자 하는 본능적 힘을 통하여 인간은

자기 정신의 중심이자 주인인 자기(self)를 실현해 가고, 그럼으로써 개인의 전체성과 인

과거와 미래 생의 특별한 의미를 발견하게 된다. Freud와 달리 Jung은 인간이 과거 때문에 행동하지만 동시에 미래를 위해서도 행동한다고 보고 있다. 그리고 인간의 행동은 개인의 과거 경험과 개인무의식뿐만 아니라 종족의 역사나 유산을 통해 전해 내려

집단무의식 오는 집단무의식의 영향을 받는다고 본다.

정신 건강 Jung은 정신적으로 건강한 사람은 외부 세계에 성공적으로 적응할 뿐만 아니라 무의식적 내면세계에 대한 의식화를 통하여 자기실현을 도모하는 사람이라고 본

정신병리 다. 이에 반해 정신병리는 의식적 자아와 무의식적 자기의 분리이며, 전체성을 상실한 것이라고 보고 있다. 그러나 Jung은 정신병리를 인과론적인 접근이 아니라

목적론적 관점 목적론적 관점에서 이해하려 한다.

2) 주요 개념

Jung은 성격 전체를 영(spirit), 혼(soul), 마음(mind)이라는 의미를 포괄하는 정신 정신
(psyche)이라 부른다(Hall & Nordby, 1973; Storr, 1983). Jung은 [그림 8-1]에서 보는
바와 같이 지형학적으로 정신을 의식, 개인무의식, 집단무의식이라는 세 수준으 정신의 수준과
구조
로 구분하고, 그 내부의 특수한 구조물이 다른 구조의 약점을 보상하거나, 대립하
거나, 결합하여 하나의 종합을 이루는 방식으로 상호 작용하고 있다고 본다(Hall &
Nordby, 1973).

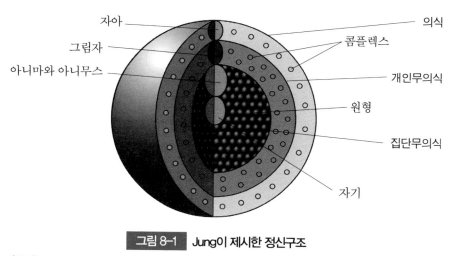

그림 8-1 Jung이 제시한 정신구조

출처: 이부영(2001).

(1) 의식, 자아와 페르소나

의식(consciousness)은 개인이 직접 인식할 수 있는 정신의 부분으로, 정신의 지 의식
극히 작은 부분에 지나지 않는다. 의식은 유아가 사고, 감정, 감각, 직관이라는 심
리적 기능을 서로 다르게 사용하고 내부 또는 외부로 의식을 향하게 하는 과정에
서 점차 분화되어 간다.

개인의 의식이 분화되어 가는 과정에서 자아(ego)가 생겨난다. 자아는 의식적인 자아
지각, 기억, 사고, 감정 등으로 이루어져 있으며, 의식의 중심부에 자리를 잡고 의
식의 주인으로서 의식을 지배한다. 인간은 이러한 자아를 통해 자신을 외부에 표 의식의 주인
현하고, 외부의 현실을 인식할 뿐만 아니라 자신의 내면세계를 탐색하게 된다. 자

아는 외부 세계와 접촉하는 과정에서 자신이 속한 사회집단의 견해나 가치관, 행동규범을 지각하게 되고, 그 집단의 요구에 적응하기 위한 여러 가지 행동양식을 익히게 된다.

페르소나

자아가 외부 세계에 적응하기 위하여 사용하는 여러 가지 행동양식을 Jung은 페르소나(persona)라고 하였다. 페르소나는 사회가 개인에게 요구하는 규범, 사명이나 본분, 윤리를 의미하는 우리말의 체면에 해당하며, 개인이 공개적으로 보여 주

가면

는 가면 또는 외관이다. 즉, 페르소나는 개인이 사회적 요구에 대한 반응으로 밖으

공적 얼굴

로 내놓는 공적 얼굴이다(노안영, 강신영, 2003). 그러므로 페르소나는 진정한 자신이 아닌 주위의 일반 기대에 맞춰 만들어 낸 자신의 태도이며, 외부와의 적응에서 생긴 기능적 콤플렉스로 적응의 원형(archetype)이라 할 수 있다(이부영, 1998; Hall & Nordby, 1999). 이러한 페르소나는 외부 세계에 적응하고 타인과 원만한 대인관

이중적 성격
본성에서 소외

계를 맺을 수 있게 해 주는 이점이 있지만, 자신을 은폐하고 이중적 성격을 형성하고, 자신의 본성에서 소외되고 고독해지게 만들 수도 있다.

(2) 개인무의식, 콤플렉스와 그림자

무의식

Jung은 무의식(unconsciousness)을 인간이 가지고 있으면서 아직 모르고 있는 정신의 모든 것, 즉 개인이 의식하고 있는 것 너머의 미지의 정신세계라고 보았다. Jung은 무의식이 개인무의식(personal unconsciousness)과 집단무의식(collective unconsciousness)이라는 두 개의 층으로 구성되어 있다고 하였다. 이러한 무의식은 의식의 작용에 구애받지 않고 스스로의 법칙에 따라 자율적으로 기능하며, 의식을 구속하기보다는 의식에 여러 가지 가능성을 제시하며, 의식에 결여된 부분을 보충하는 역할을 한다(이부영, 1998).

개인무의식

개인무의식은 개인의 경험 중에서 별로 중요하지 않고 강도가 매우 약해 의식에 도달하지 못하거나, 의식되긴 하였지만 그 내용이 중요하지 않거나, 고통스러운 것이어서 망각하거나 억압하여 의식에 머물 수 없게 된 경험으로 채워져 있다. 개인무의식은 정서적 색채가 강한 관념과 행동적 충동이라고 하는 콤플렉스를 중심으로 모여 있다.

콤플렉스

콤플렉스(complex)는 감정, 기억, 사고, 지각 등의 유사한 내용이 모여 하나의 무리를 형성하고 있는 정서적 색채가 강한 심리적 내용의 묶음이다(Corsini & Wedding, 2000). 콤플렉스는 어떤 핵심 요소를 중심으로 유사한 정신적 요소가 무

리 지어진 것인데, 마치 자석을 중심으로 철분들이 들러붙어 하나의 자장을 형성하는 것과 같다(이부영, 1998). 예를 들어, 사랑하는 주변 사람의 죽음을 체험한 사람은 죽은 사람에 관하여 연상되는 것들을 모아서 하나의 응어리를 형성하며, 보통 때는 무의식에 숨어 있으므로 그 존재를 느끼지 못하다가 죽음을 연상할 만한 상황에 이르면 자아로 하여금 슬픔과 같은 특정의 강한 감정반응을 보이게 만든다. 콤플렉스는 개인의 사고 흐름을 방해하거나 의식의 질서를 일시적으로 또는 장기적으로 교란하며, 감정적으로 동요하거나 흥분하게 만들고 강한 부정적 정서를 경험하게 하며, 이를 행동으로 표현하게 만들기도 한다.

사고의 흐름 방해
부정적 정서

개인무의식 속에는 자신도 모르는 또 다른 자신이 존재하고 있어 자신의 모습과 전혀 다른 모순된 행동을 하게 만들기도 한다. 즉, '등잔 밑이 어둡다.'는 말처럼 등잔이라는 자아의 이면에 자신이 모르는 자신의 분신인 그림자(shadow)가 존재한다(이부영, 1998). 그림자는 개인의 의식적인 자아와 상충되는 무의식적 측면으로, 자아가 처음 의식할 때 미숙하고 열등하고 부도덕하다는 등 부정적 인상을 받은 것으로서 자아가 자신의 일부로 받아들이기를 꺼리는 것이다. 그림자는 대체로 인간의 어둡거나 사악한 측면을 나타내는 원형으로서, 사회에서 부정되거나 부도덕하고 악하다고 생각되는 것은 그림자 원형과 관련되어 있다. 그러나 그림자는 반드시 부정적이라고만 할 수는 없으며 개인의 무의식 속에 버려져 있어서 분화될 기회를 잃어버린 심리적 특성이다(이부영, 1998). 만약 그림자를 사회적으로 수용 가능한 형태로 표출한다면 생명력, 자발성, 창조성의 원천이 되기도 한다(노안영, 강신영, 2003).

그림자

창조성의 원천

(3) 집단무의식과 원형

집단무의식은 개인적 경험이 아니라 사람들이 역사와 문화를 통해 공유해 온 모든 정신적 자료의 저장소이자 생명의 원천이며, 창조적 가능성을 지닌 인류의 지하 보물이 숨 쉬고 있는 심연의 무의식 영역이다(Riedel, 2000). 집단무의식은 인류 역사를 통해 동일한 대상에 대해 같은 방식으로 대응해 왔던 것이 유전을 통해 전승된 것으로, 인류의 조상으로부터 물려받은 개인의 지각, 정서 행동에 영향을 주는 타고난 정신적 소인이다(김성민, 2012). 집단무의식은 개인이 한번도 직접적으로 의식하지 못한 정신세계이며, 인류 역사의 산물인 신화, 민속, 예술 등이 지니고 있는 영원한 주제를 통해 간접적으로 관찰될 수 있다. 집단무의식은 조상으로

역사와 문화의
공유

유전

집단무의식

부터 물려받은 본래적인 잠재적 이미지와 소질이므로, 한 개인은 자신의 조상과 같이 세계를 경험하고 세계에 반응하는 잠재적 소질을 이미 지니고 있다. 그러나 **개인의 경험** 집단무의식이 어느 정도 발달하고 표현되는가는 개인의 경험에 달려 있다. 경험이 풍부할수록 집단무의식이 더욱 발달하고 표현될 수 있으므로, 풍부한 환경과 교육 그리고 학습의 기회가 필요하다(Hall & Nordby, 1973).

원형 집단무의식을 구성하는 것은 다양한 원형(archetypes)이다. 원형은 시간, 공간, 문화나 인종의 차이와 관계없이 모든 인간에게 보편적으로 존재하는 인류의 가장 **원초적 행동 유형** 원초적인 행동 유형을 말한다. 인류가 사랑과 증오, 어린이, 부모, 노인, 신과 악마, 탄생과 죽음, 남성과 여성 등에 대해 느끼고, 생각하고, 행동해 온 모든 것이 **보편적, 집단적, 선험적 이미지** 침전된 것이 바로 원형이다. 이러한 원형은 인간이 갖는 보편적, 집단적, 선험적인 이미지로, 그 수가 무수히 많으며 언제 어디서 생겼는지 알 수 없고 이미 형성되어 있는 것이다(이부영, 1998; Sharf, 2000). 이와 같이 이미 형성되어 있는 선험적 틀인 원형은 완전히 발달한 이미지가 아니라, 원시적 이미지가 의식되고, 그것이 의식적 경험으로 채워질 때에만 그 원시적 이미지의 내용이 명확하게 결정된다(Hall & Nordby, 1973).

원형의 융합 원형은 집단무의식 속에서 각기 별개의 구조를 이루고 있지만, 서로 융합되는 경우도 있다. 예를 들어, 영웅의 원형과 악마의 원형이 결합하면 '무자비한 지도자' 가 될 것이다. 이와 같이 여러 가지 원형이 서로 다르게 결합하여 서로 다르게 작용할 수 있기 때문에 개개인의 성격이 서로 달라질 수 있다. 그리고 동일한 원형이라도 어떤 조건하에서 표현되는가에 따라 개인차가 나타날 수 있다.

원형과 본능 이러한 원형과 본능은 거의 구별하기 어려우며, 뿌리를 같이하는 현상이다(이부영, 1998). 다만 본능이 인간의 복잡한 행동을 불러일으키는 충동이며 정동(affect)인 반면 원형은 그러한 복잡한 행동을 선험적으로 이해하는 관점이라는 점에서 차이가 있을 뿐이며, 서로 떼어 놓고 생각할 수 없는 하나의 생명현상이자 집단무의식을 형성하는 요소이다.

(4) 아니마와 아니무스

페르소나 인간은 외적 성격인 페르소나를 통해 외부 세계와 관계를 맺고 적응해 가는 것처럼 자신이 모르는 무의식의 세계인 내면세계에도 외적 성격과 매우 대조되는 태 **내적 성격** 도와 자세, 성향이 생기게 되는데 이를 내적 성격이라 한다. 아니마(anima)와 아니무스(animus)는 내적 성격으로서, 집단무의식으로 인도하는 매개체로서의 역할을 한다.

사회적 성역할 기대에 맞추어 가는 가운데 남성과 여성의 무의식에는 남성과 여성의 페르소나에 대항하는 내적 성격이 형성된다. 그리하여 남성의 무의식 내부에는 여성적 성격이, 여성의 무의식 내부에는 남성적 성격이 내적 성격으로 자리 잡게 된다. 남성 정신의 여성적 측면이 아니마이고, 여성 정신 내부의 남성적 측면이 아니무스이다. 남성성의 속성은 이성(logos)이고, 여성성의 속성은 사랑(eros)이다. 성숙한 인간이 되기 위하여 남성은 이성을 바탕으로 내부에 잠재해 있는 사랑을, 그리고 여성은 사랑을 바탕으로 내부에 잠재해 있는 이성을 개발하여야 한다 (노안영, 강신영, 2003).

아니마
아니무스

성격이 조화로운 균형을 유지하고 있으면, 남성 성격의 여성적 측면과 여성 성격의 남성적 측면이 의식과 외적 행동에 잘 나타날 것이다. 그러나 문화적으로 남아는 남성적 역할 그리고 여아는 여성적 역할을 학습하도록 기대하며 '여자 같은 남자아이'나 '남자 같은 여자아이'를 바람직하게 생각하지 않기 때문에, 페르소나의 발달은 조장하는 반면 아니마와 아니무스는 발달하지 못하게 억압한다. 그러므로 겉으로 보기에는 남자다워 보이고 남자답게 행동하는 사나이가 내면으로는 연약하고 고분고분한 특성을 보이게 된다(Hall & Nordby, 1973). 그리고 여성의 경우에는 외적으로는 매우 여성답지만 무의식적으로는 남자의 외적 행동에서 흔히 볼 수 있는 과격한 성격을 지니고 있는 경우도 있다. 그러나 의식수준에서 작용하는 강한 페르소나에 대항하여 집단무의식 속의 아니마와 아니무스가 더욱 강하게 표출될 수도 있다. 이 경우에는 남성은 남자다워 보이기보다는 여성다워지려 할 것이므로, 여장을 하고 싶어 하거나 남성과의 동성애를 꿈꾸기도 하며 성전환자 (transgender)가 되기도 한다.

성역할 기대

동성애
성전환자

(5) 자기와 자기실현

자기(self)는 집단무의식 내에 존재하는 타고난 핵심 원형으로서 모든 의식과 무의식의 주인이자 중심점이며, 모든 콤플렉스와 원형을 끌어들여 성격을 조화하고 통일하며 안정성을 유지하는 원형이다(Hall & Nordby, 1973). 자아가 '일상적 나' '경험적 나'라고 한다면 자기는 '본래적 나' '선험적 나'이고, 이러한 자기는 의식초월적 존재이므로 의식으로 파악될 수 없고 개인의 내부에서 스스로 작용하는 것이

자기

자아와 자기

성격의 주인

다. 즉, 자기는 성격의 주인으로서 의식과 무의식을 포괄하고 둘 사이의 균형을 유지하며, 모든 부분을 통일하고 일체성을 부여한다(권석만, 2012). 만약 어떤 개인이 자신과 세계가 조화를 이루고 있다고 느끼면 자기의 원형이 그 역할을 다하고 있다고 할 수 있으며, 반대로 불만족스럽게 느끼거나 심한 갈등을 느낀다면 자기가 그 역할을 하지 못하고 있다는 것을 의미한다.

자기실현

성격의 궁극적인 목표는 자기실현(self-actualization)이지만, 완전히 달성한 사람은 극소수의 성인 뿐이다. 자기실현을 위해서는 자기가 충분히 발달하고 드러나야 하는데, 자기는 타고난 정신적 소인이긴 하지만 다른 정신체계가 충분히 발달할 때까지 나타나지 않는다. 자기는 인생의 가장 결정적인 변화의 시기인 중년기에 이르기까지 표면화되지 않는다(Hall & Nordby, 1973). 왜냐하면 자기가 어느 정도 완전히 드러나기 위해서는 성격이 개성화를 통해 충분히 발달되어 있어야 하기 때문이다.

개성화

(6) 정신 에너지

리비도

Jung은 정신이 작용하는 데 사용되는 정신 에너지를 리비도(libido)라는 용어로 부른다. Jung이 말하는 리비도는 Freud가 말한 성적 에너지에 국한되지 않으며, 인생 전반에 걸쳐 작동하는 생활 에너지라고 보았다. 리비도는 자연 상태에서는 배고픔, 목마름, 성욕 및 정동(affect)을 포함하는 모든 본능이지만, 의식적인 차원에서는 개인의 지각, 기억, 사고, 감정, 본능, 의지, 기대 및 노력과 같은 심리적 활동을 가능하게 해 주는 잠재적인 힘이며 언제든지 현실적인 힘으로 바뀔 수 있다(Hall & Nordby, 1973). 이와 같이 인간의 모든 정신생활을 가능하게 해 주는 정신 에너지는 특정한 심리적 요소에 더 많은 에너지를 배분함으로써 특정한 심리적 요소가 더 강하게 나타날 수 있다.

생활 에너지

정신 에너지
배분

정신 에너지
원리

대립원리

정신 에너지는 대립(opposition), 등가(equivalence), 균형(entropy)이라는 세 가지 원리에 의해 작동한다고 보았다(노안영, 강신영, 2003). 대립원리는 반대되는 힘이 대립 혹은 양극성으로 존재하여 갈등을 야기하며, 이러한 갈등이 정신 에너지를 생성하는 데 필수적이라고 보고 있다.

등가원리

등가원리는 물리학의 에너지 보존원리를 적용한 원리로서, 어떤 조건을 생성하는 데 사용된 에너지는 상실되지 않고 성격의 다른 부분으로 전환되어 성격 내에서 에너지의 지속적인 재분배가 이루어진다고 본다. 그러므로 어떤 특정 영역에서 정신 에너지가 약해지거나 사라진다고 하여 정신 에너지가 소멸되는 것이 아니라 다른 정신 영역의 에너지로 전환되는 것이다.

균형원리는 물리학에서 에너지가 흐르는 방향을 말하는 엔트로피(entropy)의 원리를 적용한 것으로, 서로 다른 두 가지 욕망이 지니는 정신적 가치가 크게 다르면 에너지는 좀 더 강한 욕망에서 약한 욕망으로 흐른다는 것이다. 이상적으로는 이러한 정신 에너지가 완전한 균형을 이루는 것이지만 대립원리에 의해 정신 에너지를 생성하기 위해서는 갈등이 필요하기 때문에 완전한 균형이나 평형 상태는 이루어지지 못하고, 어느 정도의 균형만을 이룬다. 만약 정신 또는 전체적 성격의 구조 간에 에너지 불균형 상태가 야기되면 정신적 긴장, 갈등, 스트레스를 경험하게 되고, 불균형이 심할수록 더욱 큰 긴장과 갈등을 경험하게 된다. 균형원리 긴장과 갈등

(7) 성격 유형

Jung은 자아성향(ego orientation)과 정신기능(psychological function)이라는 두 가지 잣대를 근거로 성격의 유형을 분류하고 있다. 자아성향이란 삶에 대한 일반적인 태도로서 의식의 주인인 자아가 갖는 정신 에너지의 방향으로, 외향성과 내향성의 상반된 성향을 말한다. 내향성은 의식을 자신의 내적 주관세계로 향하게 하는 성격 태도인 반면 외향성은 의식을 외적 세계 및 타인에게 향하게 하는 성격 태도이다. 자아성향 내향성과 외향성

정신 기능은 사고, 감정, 직관, 감각이라는 네 가지 기능을 말한다. 개인은 외부 세계와 내면세계를 지각하고 이해하기 위하여 서로 다른 요소, 즉 사고, 감정, 감각, 직관을 이용한다. 이러한 요소는 정신의 반대원리에 따라 합리적 차원인 사고와 감정, 비합리적 차원인 감각과 직관으로 구분된다. 이러한 심리적 태도와 기능 중 어떤 기능을 우선적으로 사용하고 어떤 기능을 비교적 덜 사용하는가에 따라 개인의 기본 성격이 달라진다(이부영, 1998). 정신 기능 사고, 감정, 감각, 직관

Jung은 자아성향과 정신기능을 조합하여 외향적 사고형, 외향적 감정형, 외향적 감각형, 외향적 직관형, 내향적 사고형, 내향적 감정형, 내향적 감각형, 내향적 직관형이라는 여덟 가지 성격 유형이 결정된다고 보았다. Jung의 성격 유형론을 참작하면서 독창적인 부분을 가미한 측정도구가 MBTI(Myers-Briggs Type Indicator) 성격검사이다(김정택, 심혜숙, 1991). 이에 대해서는 제1부 제2장을 참조하기 바란다. 성격 유형 MBTI

3) 성격 발달에 대한 관점

Jung은 성격의 발달을 개성화(individuation)의 과정을 통한 자기실현과정이라고 보고 있다. 개성화란 고유한 자기 자신이 되는 것으로서, 무의식적 내용을 의식화하고 통합해 가는 과정이라 할 수 있다(Hall & Nordby, 1973). Jung은 성격 발달, 즉

개성화의 과정이 전 생애에 걸쳐 발달한다고 보고 있다.

개성화 과정을 Jung은 크게 인생의 전반기와 후반기로 구분하고 있는데, 인생의 전반기가 신체적 아기를 탄생시키는 시기라면 인생 후반기는 정신적 아기를 탄생시키는 시기이다(이죽내, 1995). 그러므로 인생 전반기의 삶과 후반기의 삶은 정반대의 방향으로 진행되며 삶의 목적과 과제도 다르다.

인생 전반기는 출생으로부터 시작되고 유아는 아직 집단무의식의 상태로서 심리적으로 전혀 분화가 이루어지지 않은 상태이다. 그러나 시간이 지남에 따라 자아가 생성·발달하게 되고 원형과 의식기능의 분화가 일어나고, 외적 현실에 적응하기 위하여 외적 성격인 페르소나가 발달하고, 그 과정에서 개인무의식에 존재하는 그림자가 형성된다. 이처럼 인생 전반기에는 타고난 잠재력을 발휘하기 위하여

정신 에너지의 흐름을 외부로 지향하고, 외부 환경과의 상호작용이 더 활발하게 이루어지며, 성격의 중심이고 주인인 자기의 존재를 인식하지 못하고 자아를 강화하고 분화함으로써 외부 현실 속에서 자기를 찾으려 한다. 그리고 인생 전반기에는 타인과의 관계를 확대해 가고 사회규범이나 사회적 요구에 자신을 맞추어 가는

집단화 과정을 거치게 된다. 이처럼 인생 전반기는 자아가 자기로부터 분리되어 나감으로써 자아를 강화하고 확대하는 시기이다.

중년기를 전환점으로 하는 인생 후반기에는 정신 에너지의 흐름이 내부로 향하게 되고, 자신의 내면세계에 대한 탐색이 강화됨에 따라 인생 전반기에 분리된 자아가 다시 자기에 통합되면서 개성화를 이루게 된다. 즉, 인생 후반기는 인생 전반

기의 자아 강화를 바탕으로 무의식의 내용을 의식화하고 이해함으로써 자아가 자기에게로 접근해 가는 과정, 즉 자아가 성격의 전체이고 주인인 자기로 변환되어

가는 과정이라 할 수 있다. 다시 말해 인생 후반기는 자아가 정신의 중심을 실현하는 중심화 경향, 무의식을 의식화하는 경향이며, 정신의 전체성을 다시 회복하려

는 힘이 강하게 나타나는 시기이다. 그러므로 인생 후반기에는 자아와 페르소나 간의 분리가 일어나야 하며, 이러한 분리 혹은 분화가 일어남으로써 자신의 본성

과 페르소나가 다른 것임을 깨닫게 되고 내면세계로 시선을 돌리게 된다. 페르소나가 외적 세계와 자아를 관계를 맺을 수 있게 해 주는 것이라면 내면세계, 즉 무의식과 자아 간의 관계를 형성해 주는 것은 그림자, 아니마와 아니무스이다.

4) 사회복지실천에의 적용

(1) 심리적 건강과 증상에 대한 관점

Jung은 정상과 이상, 건강과 질병이란 절대적인 구분이 아니고 극히 상대적인 구분이라고 보며, 건강한 사람의 심리와 정신병리를 보이는 사람의 심리 상태가 서로 다르지 않다고 본다(이부영, 1998). 따라서 Jung은 '병적이라고 불리는 현상'에 대해 심리학적 설명을 붙이고 있을 뿐 엄밀한 의미의 정신병리이론을 제시하지는 않았다(권석만, 2012).

정상과 이상
건강과 병리

Jung은 정신적으로 건강한 사람은 현재 자신이 직면한 과업을 효과적으로 처리하고 현재 상황에 잘 적응하면서, 자기인식을 위한 꾸준한 노력을 통하여 무의식을 의식화하여 자기실현을 이루어 가는 사람이라고 보고 있다. 즉, 정신구조가 전체로서의 조화를 이루고 있는 사람이 심리적으로 건강한 사람이라고 본다.

건강한 사람

Jung은 정신병리를 정상적인 기능에 장애가 일어난 것에 지나지 않으며, 자기실현을 향한 개인의 성장이 멈춘 것이라고 보았다(Bennet, 1995; Corsini & Wedding, 1992). Jung은 정신병리의 증상은 현재 개인에게 무언가 잘못되어 가고 있다는 것을 나타내는 표시, 즉 지금 충족하거나 이행해야 할 과제를 개인에게 제시하는 무의식의 메시지, 즉 내적 목소리의 부름이라고 보았다. Jung은 정신병리는 정신의 전체성에서 벗어남으로써 생기고 자기 자신을 모르는 상태이며, 전체성에서 벗어난 상태라고 본다(이부영, 1998; 이죽내, 1995). 그리고 인생 전반기의 정신병리는 사회적응의 문제, 즉 약한 자아의 문제이며, 인생 후반기의 정신병리는 자신의 내면세계에의 적응문제, 즉 정신의 전체성에서 일탈한 문제라고 할 수 있다(이죽내, 1995).

정신병리

인생 전반기
인생 후반기

(2) 치료 목표와 과정

Jung은 정신의 목적성을 강조하므로 내담자의 개성화와 성격통합의 과정에 목적을 둔다(권석만, 2012; Hall & Nordby, 1973). 분석심리치료는 통찰지향적 정신치

개성화와
성격통합

통찰지향적
정신치료

료(insight-oriented therapy)로서 내담자의 병리나 문제보다는 내담자를 하나의 전체로 보고(이부영, 1998), 아무런 희망 없이 굳어 버린 내담자의 존재에 유동성을 부여하고 변화와 발전을 이끌어 내는 것이다(Riedel, 2000). 즉, 분석심리치료에서는 정신의 전체성을 회복할 수 있도록 돕는 것이며, 자기인식의 증진과 무의식의 의식화를 도모하는 내담자의 개성화에 목적을 두고 있다.

전체성의 회복

　Jung은 이러한 정신치료의 목적에 있어서도 고정적 태도를 취하지 않았다. 인생 전반기에 속한 내담자는 페르소나의 강화와 성장을 통하여 외적 세계에 대한 적응을 지원하고, 인생 후반기에 속한 내담자는 인격의 성숙, 즉 자기실현을 촉진하는 것이 치료목표가 된다. 이와 같이 Jung은 치료자가 너무 확실한 목적이나 목표를 갖기보다는 내담자의 특성을 따라야 하며, 내담자 속에 들어 있는 창조의 싹을 분화·발전시키는 것이 치료목표가 되어야 한다고 하였다.

인생 전반기

인생 후반기

치료자 역할

치료자:
함께 체험하는
사람

　분석심리치료에서는 치료자-내담자의 관계가 내담자의 자기 인식과 치유를 촉진하는 데 중요한 역할을 한다고 본다. 그러나 치료자는 행동의 주체가 아니며 내담자의 발전과정을 함께 체험하는 사람으로, 치료의 방법을 갖고 있긴 하지만 치료자 자신을 치료의 수단으로 활용해야 한다(이부영, 1998). 이와 같이 치료자는 내담자와 함께 있으면서 내담자가 잃어버린 정신의 전체성을 되찾고 통합하며, 장래에 일어날 수 있는 전체성의 분리에 저항할 수 있도록 돕는 역할을 수행하여야 한다(Hall & Nordby, 1973). 그리고 치료자는 내담자를 치료함에 있어서 내담자의 병리적 측면보다는 내담자 내부의 건강하고 건전한 요소를 중시하여야 한다(Bennet, 1995).

치료의 과정

고백 단계

명료화 단계

교육 단계

변형 단계

　분석심리치료의 과정은 고백(confession), 명료화(elucidation), 교육(education), 변형(transformation)이라는 4단계를 거쳐 이루어진다. 고백 단계는 개인적 역사와 경험을 자세하게 표현하여 정화하는 단계이다. 명료화 단계에서 치료자는 전이관계에 관심을 두고, 현재의 상태를 유아기까지 연결하기 위하여 내담자의 꿈과 환상과 같은 상징에 관심을 기울인다. 교육 단계는 내담자가 사회환경에 적응할 수 있도록 페르소나와 자아와 관련된 개입을 한다. 변형 단계는 내담자와 치료자 간의 역동적인 상호작용을 통해 단순히 사회에 대한 적응을 넘어 자기실현으로의 변화를 도모하는 단계이다.

(3) 치료기법

Jung은 내담자의 정신의 전체성을 파악하지 않은 채 정신병리를 치료하기 위하여 기법을 적용하는 것은 인간을 조정하고 조작하는 것이라고 보았다(이죽내, 1995). 그리고 Jung은 실용주의자로서 이론이나 기법에 얽매이려 하지 않았고 내담자에게 도움이 되면 무엇이든 활용하였다. 즉, 내담자의 치료에 효과가 있는 한 그 어떤 것이라도 사용하려고 하였다(Corsini & Wedding, 2000). Jung의 실용적 자세로 인하여 Jung의 주요 개념을 응용한 다양한 치료방법이 개발되었으며, 현재 Jung 학파의 심리치료에서는 신체동작치료, 미술치료, 모래놀이치료, 연극치료 등의 대안적 치료의 기법까지도 절충적으로 활용하고 있다(Corsini & Wedding, 2000).

Jung이 활용한 치료기법에는 단어연상기법, 생애사 재구성기법, 전이 분석, 꿈 분석 등이 있다. 단어연상기법(word association)은 '머리, 푸른, 개구리, 씻는다……' 등과 같은 정서를 불러일으킬 수 있는 100개의 자극단어를 불러 주고 각각의 단어를 듣고 가장 먼저 머리에 떠오르는 단어를 대답하게 하여 반응시간과 반응하는 단어를 기록한 다음, 이를 다시 한번 반복하고, 검사가 끝난 후 내담자가 느낀 감정을 공유하는 시간을 갖는 기법이다. 생애사 재구성기법(life-history reconstruction)은 내담자로 하여금 과거 경험에 대해 회상하도록 하여, 현재의 증상이나 병리를 일으킨 발달 유형을 파악하여 생애를 재구성하는 기법이다. 전이 분석(transference analysis)은 내담자가 치료자에게 투사하는 전이감정을 분석하여, 내담자의 개인적 역사와 무의식, 집단무의식을 파악함과 아울러 내담자의 자기지각과 자기실현을 조장하고, 공감적인 관계를 형성하기 위한 기법이다. 꿈 분석(dream analysis)은 내담자의 숨겨진 내적 생활을 파악하고 내담자가 기대하는 경험과 사건을 미리 준비할 수 있도록 도울 목적으로 사용되는 기법으로 Jung은 일련의 꿈을 함께 분석함으로써 내담자의 무의식에 지속적으로 반복되는 주제나 문제를 발견할 수 있다고 보고, 꿈이 보여 주려는 의미를 파악하기 위하여 확충법(amplification)을 사용하였다.

정신의 전체성

도움이 되면
무엇이든

대안적 치료

단어연상기법

생애사
재구성기법

전이 분석

꿈 분석

2 개인심리이론

1) 인간관과 가정

● Alfred Adler (1870~1937)

인간관

Adler(1956)는 심리이론에서 우연성이나 결정론은 있을 수 없는 것이라는 점을 강조하면서, 목적론적이고 사회심리적인 관점에서 인간을 이해하고자 했다. 즉, 개인이 사회환경 속에서 나름대로의 인생목표를 추구하는 과정에서 주관적 평가와 선택을 하는 창조적 존재이자 목표지향적 존재라고 보았다.

창조적이고 목표지향적 존재

Adler는 인간이 창조적인 능력이 있기 때문에 그들이 인생목표를 직시할 수 있고, 스스로 결정을 내리며, 그들의 목적과 가치와 일치되는 여러 삶의 방식을 선택할

합리적 존재

수 있는 합리적 존재라 하였다. 그러나 모든 인간이 반드시 합리적인 존재는 아니라는 점도 동시에 인정하고 있다.

전체적 존재

Adler는 인간을 전체적 존재, 즉 인간은 부분으로 분리하여 파악될 수 있는 존재가 아니며, 더 이상 분리할 수 없는 전체로서 통합적으로 기능하는 존재로 바라보

주관적 존재

고 있다. 그리고 Adler는 인간이 주관적 존재이므로 객관적으로 분석하여 파악하는 것이 어렵다고 본다. 즉, 인간을 환경에 단순하게 반응하는 존재가 아니라 환경의 의미를 해석하여 주체적으로 받아들이는 존재로 보고 있다(김춘경 외, 2010). 따라서 개인을 정확히 이해하기 위해서는 개인의 경험 전체와 형이상학적 철학을 이해하여야 하는데 개인적 경험과 형이상학을 이해한다는 것은 불가능하므로, Adler

불가지성 사회적 존재

는 인간본성의 불가지성(不可知性)을 인정한다. Adler는 인간이 본질적으로 사회적 존재이며, 인간행동은 사회적 충동에 의해 동기화된다고 보고 있다. 인간은 태어날 때부터 사회적 관심을 발달시킬 수 있는 능력을 갖고 있으며, 이런 능력을 기반으로 다른 사람을 이해하고 공감하며 협동할 수 있다고 본다.

기본 가정

개인심리이론에서의 인간행동에 대한 가장 중요한 가정은 인간이 전체적 존재

목적론적 존재

이며, 성장지향적 동기를 지닌 목적론적 존재라는 점이다. 즉, 인간은 하나의 전체로서 기능을 하며, 인간의 모든 행동은 미완성을 극복하여 완성에 도달하려는 힘

에 의해 동기화된다고 본다. 개인심리이론의 또 다른 인간행동에 대한 기본 가정 은 모든 행동은 예외 없이 사회관계 속에서 일어나며 인간 본성은 사회관계의 이 해를 통해서만 파악될 수 있다고 보는 점이다(권석만, 2012). 그래서 모든 개인은 협동하고 상호 작용하는 사회관계를 맺을 수 있는 선천적 능력, 즉 공동체 의식이 나 사회적 관심(social interest)을 가지고 있다. Adler는 인간의 주관성을 인정하여 모든 개인은 자신의 통각 도식(schema of apperception)과 일치하는 방향으로 행동 한다는 점을 강조한다(이수연 외, 2013).

[여백 주석: 사회관계 / 사회적 관심 / 행동의 주관성]

2) 주요 개념

(1) 열등감과 보상

Adler는 "인간이 된다는 것은 자신이 열등하다는 것을 느끼는 것을 말한다."라 고 할 정도로 열등감의 개념을 중시하였다(Rundin, 2001). Adler는 인간이 생애 초 기에 육체적으로 아주 나약한 존재로서 타인의 도움 없이 생존할 수 없는 무력한 존재라는 사실에 주의를 기울였다. 그리고 자신의 경험을 바탕으로 태어날 때부터 열등한 신체 부분이 발달이 덜 되고 기능이 잘 안 되어 질병에 걸리기 쉽지만, 신 체 기관이 선천적으로 약하거나 기능이 저조한 것, 즉 신체열등(organ inferiority)은 삶에서 괄목할 만한 성공을 가져다주는 동인(動因)이 될 수 있다.

[여백 주석: 신체열등]

개인은 신체나 기관의 열등감뿐만 아니라 실제로 신체적인 약점이나 손상 그리 고 심리적인 또는 사회적인 무능감에서 생기는 주관적 열등감도 보상하고자 한다. Adler(1956)는 열등감이 근본적으로 모든 인간의 우월 추구에 대한 동기유발의 근 거가 된다고 보았다. 모든 개인의 성장과 발달은 상상에 의한 것이든, 사실에 입각 한 것이든 열등감을 극복하려는 시도에서 나온다. 이처럼 Adler는 열등감과 보상 을 위한 노력이 모든 발전과 성장의 근원이 된다고 믿었고, 열등의식이 결코 약점 이나 비정상이 아니고 모든 사람에게 공통으로 존재한다고 보았다. 그러나 열등감 그 자체만으로는 위대함 또는 완성을 이룰 수 없으며, 이 열등감이 재능, 용기, 사 회적 관심과 연결되어야만 완성을 향해 전진할 수 있게 된다.

[여백 주석: 주관적 열등감 / 우월 추구의 동기 / 열등감과 보상 / 재능, 용기, 사회적 관심]

Adler는 열등감 또는 부적절감(inadequacy)은 유아기 때부터 시작되며, 모든 사 람이 피할 수 없고 공통으로 갖고 있는 것으로, 인간이 성숙하고 자신의 잠재력 을 실현하기 위해서 필요한 것으로 보았다. Adler는 인간의 모든 전진이나 상승

열등감의
보상 시도

을 위한 움직임은 그 자신의 열등감을 보상하기 위한 시도에서 나온다고 보았다. 열등감에 대한 보상 시도가 성공적으로 이루어지지 못했을 경우에는 병적 열등감

병적 열등감

(inferiority complex)에 빠지게 된다. Adler는 병적 열등감에 이르기 쉬운 세 가지

양육환경

자녀양육환경을 ① 신체 열등, ② 버릇없이 또는 응석받이로 양육, ③ 방임이라고 보았다. 이와 반대로 과잉보상으로 인해 병적 우월감(superiority complex)을 갖게

병적 우월감

되는 사람도 있다. 병적 우월감은 자신의 신체적·지적·사회적 기술을 과장하는 경향을 말한다. 병적 우월감을 가진 사람은 과장되고, 건방지고, 자만하고, 이기주의적이고, 풍자적이며, 남을 업신여김으로써 자신이 권위 있는 존재라는 인상을 남기려고 한다.

(2) 우월에 대한 추구

우월의 개념 변화

인간생활의 궁극적 목적에 대한 Adler의 이론은 ① 공격적이 되는 것, ② 강력하게 되는 것, 그리고 ③ 우월하게 되는 것이라는 순서로 바뀌어 갔다. Adler는 초기

공격성

에 인간행동의 동기를 공격성, 즉 방해물을 극복하기 위한 역동적 힘이라고 믿었

권력에 대한 의지

다. 그러나 곧 그는 공격적인 충동을 포기하고, 권력에 대한 의지(will to power)로 생각을 바꾸게 된다. 이 개념 속에서는 유약성을 여성적인 것으로, 권력을 남성적인 것으로 동일시하였다. 이때 Adler는 남녀가 열등감을 대체하려는 노력의 과정

남성적 추구

에서 과잉 보상하게 되는 남성적 추구(masculine protest)라는 개념을 제시하였다. 그러나 Adler는 남성적 추구의 개념이 정상인의 동기유발을 만족스럽게 설명하지

우월에 대한 추구

못하자 이를 포기하고, 그 대신 우월에 대한 추구(striving for superiority)의 개념을 채택하였다.

Adler는 우월에 대한 추구가 인간 생활의 기초라고 결론을 내리고 있다. 즉, 모든 사람은 위대한 향상의 동기(great upward motive), 즉 마이너스(-)에서 플러스

미완성에서 완성

(+)로, 아래에서 위로, 미완성에서 완성으로 나아가는 동기를 공유하고 있다. 우

타고난 우월 추구
동기

월이나 완성을 향한 추구의 동기는 선천적으로 타고난다(Adler, 1964). 그러나 우월에 대한 추구가 선천적으로 타고난 것이긴 하지만 인생 발달 단계에서 적절히 신장되어야 한다. 출생 시 우월 추구의 동기는 실재가 아닌 잠재력으로 존재하며, 이 잠재력을 자기 나름으로 현실화하는 것은 각 개인에게 달려 있다. 이런 잠재력

인생목표

을 실현하는 과정은 아동이 자신의 인생목표를 설정하기 시작하는 5세 때부터 시작된다. 인생목표는 유년기에 처음 형성될 때는 어느 정도 모호하고 일반적으로

무의식적이지만, 동기의 방향을 결정하고 심리적 운동을 구체화하고 또 의미를 부여한다.

(3) 생활양식

생활양식(life style)은 인생목표뿐 아니라 자아개념, 타인에 대한 감정, 세상에 대한 태도를 포함한 한 개인의 독특한 특징을 포괄하는 개념이다. 개인의 생활양식은 열등감과 이를 보상하려는 노력에 의해 형성된다. Adler는 모든 개인은 어릴 때 모두 상상이든 실제로든 열등감을 경험하고 어떤 방법으로든 보상을 하려 하며, 이 과정에서 생활양식이 형성된다고 보았다.

Adler에 따르면 생활양식은 4~5세경에 거의 형성되며, 그 이후에는 커다란 변화가 일어나지 않고, 어릴 때 정착된 기본구조의 개정이나 확대만 이루어진다. 개인의 독특한 생활양식은 그가 생각하고 느끼고 행동하는 모든 것의 기초가 된다. 일단 생활양식이 형성되면, 이것은 개인의 외부세계에 대한 전반적인 태도를 결정하게 된다.

Adler는 개인의 생활양식은 인생문제에 접근하고 해결하는 방법을 통해 알 수 있다고 보았다. 일, 우정, 사랑과 결혼의 문제는 모든 사람이 해결해야 할 세 가지 중요한 인생과업이다. Adler(1956)는 이러한 인생과업의 해결방법은 개인의 생활양식에 달려 있다는 것을 강조했다. 그리고 인생과업은 개인이 인생을 유지하고 진전시키는 이유이며, 개인은 그 속에서 자신의 의미를 발견하게 된다. Adler는 개인을 그의 일, 우정, 사랑과 결혼이라는 세 가지 주요 인생과업에 대한 태도와 행동에 따라 분류하는 소위 생활양식의 유형론을 제시하였다(Dreikurs, 1967). 이 분류는 사회적 관심이 한 차원이 되고, 활동수준이 다른 차원이 되는 2차원적 모델이다. 활동수준이란 인생과업과 문제를 해결하려는 개인의 움직임을 말하며, 소위 분투 또는 에너지를 쏟아붓는 수준을 의미한다. 그리고 사회적 관심(social interest)은 인간 개개인에 대한 감정이입을 말하며, 이는 개인의 이익보다는 사회발전을 위해 다른 사람과 협력하는 것을 뜻한다.

Adler는 생활양식을 지배형, 획득형, 회피형, 사회적으로 유용한 생활 유형으로 구분하였다. 지배형은 독단적이고 공격적이며 활동적이지만, 사회 인식이나 관심이 거의 없다. 획득형은 기생적인 방법으로 외부 세계와 관계를 맺으며, 다른 사람에게 의존하여 대부분의 욕구를 충족하는 생활 유형이다. 회피형은 사회적 관심도

생활양식의 개념

열등감 보상
노력

4~5세경 형성

인생과업

생활양식의 유형

활동수준과
사회적 관심

지배형

획득형

회피형

사회적으로 유용한 형

적고 어떤 형식으로든 인생에 참여하려는 활동도 하지 않는다. 사회적으로 유용한 형은 사회적 관심과 인생과업을 성취하기 위한 활동 수준이 모두 높아서 자신과 타인의 욕구를 동시에 충족하는 한편, 인생과업을 완수하기 위해 기꺼이 다른 사람과 협동한다. Adler의 생활양식에 관한 2차원적 모델에서는 한 가지 조합, 즉 높은 사회적 관심과 낮은 활동수준을 지닌 생활 유형이 빠져 있다. 그러나 인생과업을 성취하기 위한 활동수준이 낮으면서 높은 사회적 관심을 갖는다는 것은 거의 불가능하므로 이런 생활 유형은 현실세계에서 존재할 수 없다.

높은 사회적 관심과 낮은 활동수준

개인적 위기 관찰

생활양식을 이해하기 위해서는 개인적 위기에 처해 있는 사람을 관찰해야 한다. 긴박한 위기 상황에서 개인의 진정한 생활양식이 나타나고, 그의 본래 모습을 알 수 있다. 내적 역량이나 용기를 가진 사람은 이런 능력을 효과적으로 사용하여 스트레스를 가져오는 문제를 해결할 것이다. 반면에 응석받이로 양육된 사람은 일상 생활에서는 사회지향적으로 보이더라도 스트레스 시기에는 사회적으로 비효과적인 방식으로 행동할 것이다.

(4) 사회적 관심

사회적 관심(social interest)은 인류와의 동일시 감정과 인류 각 구성원에 대한 감정이입으로서, 공동체의식(Gemeinschaftsgefühl)이라고도 부른다(Corsini & Wedding, 2000). 사회적 관심의 개념은 개인의 우월 추구나 생활양식의 개념과 대립되는 것이 아니며 인간이 사회적 동물이라는 Adler의 강한 신념을 반영하고 있는 것이다. 초기 이론에서 Adler는 개인은 잠재된 열등감을 극복하려는 욕구에 의해 동기화되고 더 우월해지려는 욕망에 의해 이끌린다고 주장했다. 그러나 Adler의 후기 이론에서는 사람이 자비로운 사회적 충동에 의하여 강하게 동기화된다는 관점을 제시하고 있다. 특히 Adler는 인간은 사회의 이익을 위해서 개인적 이익을 포기하는 선천적·사회적 본능에 의해 동기화된다고 생각했다. 즉, 개인은 이상적인 공동사회의 목표를 달성할 수 있도록 사회를 원조하려 한다고 보았다.

공동체의식

사회적 동물

사회적 충동

이상적 공동사회

Adler는 사회적 관심은 선천적으로 타고나는 것이긴 하나 의식적인 개발이 필요하다고 보았다. 개인의 사회적 관심을 발달시키기 위하여 최초에는 어머니, 다음에는 다른 가족성원, 그리고 마지막으로 가족 이외의 사람들이 참여한다. 아동과 가장 먼저 접촉하고, 대인관계에 가장 많은 영향을 주고, 사회적 관심의 발달에 가장 커다란 영향을 주는 사람은 어머니이다. Adler는 사회적 관심과 어머니의 자

어머니

녀양육 방식이 서로 밀접하게 관련되어 있다고 생각했다. 이상적으로는 어머니가 자녀에게 진실하고 깊은 사랑을 보여 주어야 하며, 이런 건강한 애정관계는 사람들에 대한 진실한 관심에서 발달이 시작되고 아동의 사회적 관심이 발달하도록 해 준다.

어머니가 남편, 다른 자녀, 그 외의 다른 사람에 대해 갖는 애정이 아동에게는 본보기가 된다. 아동은 어머니의 넓은 사회적 관심을 통하여 이 세상에는 다른 중요한 사람이 있다는 것을 배운다. Adler는 아동에게 사회적 관심을 키워 주는 능력은 세 가지 중요한 인생 과업, 즉 일, 우정, 사랑과 결혼에서 만족감을 느끼는 사람만이 가진다고 보았다. 만일 어머니가 단지 자기 자녀에게만 몰두해 있다면, 자녀가 사회적 관심을 타인에게 돌릴 수 있도록 가르칠 수 없을 것이다. 마찬가지로 어머니가 남편만을 사랑하고 아동과 사회를 기피한다면, 아동은 자기가 쓸모없는 존재이며 기만당했다고 느낄 것이다. 따라서 아동의 사회적 관심에 대한 잠재력은 발달하지 못한 채로 남아 있게 될 것이다.

Adler는 아동의 사회적 관심에 영향을 미치는 두 번째 중요한 인물로서 아버지를 들고 있다. 아버지는 우선 아내, 일, 사회에 대해 긍정적 태도를 지녀야 한다. 또 자녀와의 관계에서 성숙한 사회적 관심을 보여 주어야 한다. Adler는 이상적인 아버지란 자녀 모두를 동등한 인격체로 대하고 아내와 동등한 위치에서 협력하며 자녀를 돌보는 사람으로 보고 있다. 아버지는 정서적 격리나 가부장적 권위주의와 같은 잘못을 피해야 하는데, 이 두 가지는 놀랍게도 비슷한 영향을 미친다. 아버지의 정서적 격리는 자녀가 사회적 관심을 갖는 것을 방해한다. 이를테면 아버지의 정서적 격리를 경험한 아동은 사회적 관심은 매우 낮은 상태에서 개인적인 우월감을 위한 목적만을 추구하게 된다. 마찬가지로 아버지의 권위주의도 잘못된 생활양식을 초래하게 되는데, 권위적 아버지를 둔 아동은 사회적 우월감이 아닌 권력과 개인적인 것을 추구하는 법을 배운다.

Adler는 부모의 부부관계가 자녀의 사회적 관심의 발달에 지대한 영향을 미친다고 했다. 부모의 결혼생활이 불행할 경우 자녀는 사회적 관심을 발달시킬 기회를 거의 갖지 못한다. 아내가 남편 대신에 자녀에게만 정서적 지지를 제공한다면 과잉보호가 되고 그것은 사회적 관심을 억누르기 때문에 자녀가 피해를 입게 된다. 만일 남편이 아내를 공공연히 비난한다면, 자녀는 부모에 대해 존경심을 갖지 못한다. 부부 사이에 불화가 있으면 자녀는 부모를 서로 이간하여 중간에서 어부 지리를 취하는 방법을 배우게 된다. 이 경우 피해를 입는 것은 역시 자녀이다. 즉, 부모가 서로 사랑하지 않을 때 자녀들이 피해를 입는 것은 불가피한 일이다.

(5) 창조력

자기의 창조력

생활양식

Adler가 오랫동안 추구해 온 인생의 생생한 원리, 즉 생의 의미를 제공해 주는 원리가 바로 자기(self)의 창조력(creative power)이다. Adler는 개인의 창조력에 의해 생활양식이 발달한다고 주장했다. 바꾸어 말하면 각 개인은 자기 자신의 생활양식을 창조할 자유를 가지고 있다는 것이다. 창조력은 인생목표와 그 목표를 추구하는 방법을 결정하며, 사회적 관심의 발달에도 기여하고, 지각, 기억, 상상, 환상, 꿈에도 영향을 주어 각 개인을 자주적인 사람이 되게 만든다(Adler, 1964).

주관적 판단과 선택

창조력의 실재를 설명함에 있어, Adler(1956)는 인간행동을 형성하는 결정 요인으로 유전과 환경의 영향을 부인하지 않았지만, 개인의 주관적 판단과 선택을 중시하였다. 개인은 유전과 경험이라는 재료를 조합하여 성격을 형성하지만, 더 중요한 것은 개인이 '무엇을 소유하고 있느냐'가 아니고 '그것을 어떻게 사용하느냐'는 것이다. 따라서 성격 형성에 있어서 주어진 재료는 이차적인 것이며, 사람들은 스스로가 자신을 만들어 가게 된다. 개인마다 재료를 이용하는 방법이 다르기 때

성격적 차이

문에 사람 간에 성격 차이가 나타나게 되는 것이다.

(6) 가족형상

가족과정

사회적 요인이 성격에 미치는 영향을 강조하면서, Adler(1931)는 유아기의 성격발달에 있어서 가족과정(family process), 즉 가족성원 사이의 관계 분위기가 매우 중요한 역할을 한다고 하였다. 특히 Adler는 부모가 같고 거의 같은 가족환경에서 성장한 아동일지라도, 그들이 동일한 사회적 환경을 갖는 것은 아니라고 했다. 가족성원 사이에 형성된 가족관계상의 분위기는 자녀양육에 대한 부모의 태도와 양육의 질을 결정하며, 부모의 양육태도와 질에 따라 자녀가 경험하는 열등감이 달라질 수 있다. 그리고 자녀들은 양친의 개인적 특성을 통합하고, 그들을 관찰하고, 그들과의 상호작용을 통하여 생활에 대한 모든 것을 배운다. 아울러 부모의 행동특성에 따라 자녀의 사회 관심도가 달라진다. 이런 점에 근거하여 볼 때 가족 분위

가족 분위기 또는 가족형상 부모의 양육태도

기 또는 가족형상(family constellation) 그리고 부모의 양육태도를 통하여 각 개인은 생활양식의 기본이 되는 대인관계 기술을 학습하고, 이것이 궁극적으로는 성인기

의 성격과 생활양식을 결정짓는 기본 토대가 된다고 할 수 있다.

　Adler에 따르면 가족성원 간의 정서적 유대, 가족의 크기, 가족의 성적 구성, 출
생순위, 가족역할 모델 등의 가족분위기를 의미하는 가족형상은 이후의 성격 발달
에 지대한 영향을 미친다. Adler는 가족형상 중에서 형제의 출생순위를 매우 중시
하였으며, 출생순위에 수반되는 상황에 대한 개인의 지각이 더 중요하다고 하였
다. 그러나 일반적으로 어떤 특정 출생순위에 태어난 아이는 비슷한 특징을 갖고
있는 것으로 알려져 있다.

　첫째 자녀는 처음 태어나서 독자(獨子)인 시기에는 부러워할 만한 위치에 있다.
보통 부모는 첫아이의 출생에 대해 불안감까지는 아니더라도 스릴을 느끼며 신생
아를 위해서 좋다는 일은 모두 하기에 바쁘다. 그래서 첫아이는 부모의 끊임없는
사랑과 관심을 받는다. 아이는 다음 아이가 태어나서 자신의 즐거웠던 자리를 빼
앗기기까지는 안전하고 평화스러운 생활을 즐긴다. 동생의 출생은 첫아이의 처지
와 세계관을 극적으로 바꾸어 놓는다. Adler는 가끔 첫아이를 폐위된 왕에 비유했
고, 이것이 마음의 상처가 될 수도 있다고 했다. 어린 동생이 부모의 관심이나 사
랑을 얻기 위한 경쟁에서 이기는 것을 보았을 때, 첫아이는 자연히 과거의 위치를
다시 얻기 위해 저항하려는 경향을 나타낸다. 그러나 본래의 위치를 되찾겠다는
경쟁은 애초부터 실패하게 되어 있다. 이러한 가족 간의 투쟁의 결과로 첫아이는
스스로 고립해서 적응해 나가며, 다른 사람의 애정이나 인정을 얻고자 하는 욕구
에 초연해지고, 독자적 생존 전략을 습득한다.

　둘째 아이는 처음 태어날 때부터 형이나 누나라는 속도 조정자를 가지고 있
으므로, 그들의 장점을 능가하기 위한 자극과 도전을 받는다. 이런 사실이 둘째
아이에게 박차를 가하고, 첫째보다 훨씬 빠른 비율로 발전하게 만들기도 한다.
Adler(1931)는 마치 경주를 하는 것처럼 그리고 자기의 한두 발짝 앞에 누군가가
있어서 그를 앞지르기 위하여 서둘러야 하는 것처럼 행동하며, 항상 전속력을 다
하고 있다고 묘사하였다. 그 결과 둘째 아이는 아주 경쟁심이 강하고 큰 야망을 가
진 성격이 된다.

　중간 아이는 위아래로 형과 누나, 동생을 두고 있으므로 압박감을 느낀다. 한편
으로는 형과 누나를 따라잡으려 하고 다른 한편으로는 동생보다 앞서가기 위해 노
력해야 한다. 중간 아이는 자기 능력에 대한 확신을 갖지 못하고 무력감을 느끼며
다른 형제자매에게 의존하는 태도를 보일 수 있다. 그러나 친구를 사귀거나 사회

출생순위

첫째 자녀

폐위된 왕

**어린 동생과의
경쟁**

독자적 생존

둘째 아이

경쟁심과 야망

중간 아이

관계를 맺는 일에서 강점을 가지며, 가족갈등 조정자의 역할을 담당하기도 한다.

막내 아이

　막내 아이의 상황은 여러 가지 측면에서 독특하다. 첫째, 막내는 동생에게 자리를 빼앗기는 충격을 경험하지 않고, 가족의 귀염둥이로 부모나 형제에 의해 응석받이로 자라게 된다. 둘째, 만일 부모가 경제적으로 넉넉하지 못할 경우, 막내는 자기 것이라고는 아무것도 없고 다른 가족에게서 물려받아야 하는 '늘 귀찮게 붙어 다니는 아이'의 위치로 전락할 수도 있다. 셋째, 모두가 자기보다 크고 힘이 세고 특권이 있는 형제에게 둘러싸여 있으므로, 독립심의 부족과 함께 강한 열등감을 경험하기 쉽다. 그럼에도 막내는 한 가지 이점을 가지고 있는데, 자유롭게 자신의 길을 추구하여 독특한 영역에서 탁월한 능력을 보이기도 한다. Adler는 때때로 도전적인 막내가 혁명가로 성장할 가능성이 많다고 했다.

외동아이

　외동아이는 경쟁할 형제가 없는 독특한 위치에 있다(Adler, 1931). 그러므로 어머니가 응석받이로 기르기 쉬운 약점이 있고, 아버지와 강한 경쟁의식을 갖게 된다. 그는 '엄마 치마끈에 매달려서' 응석을 부리고 다른 사람에게서도 보호받기를 원한다. 따라서 독자의 생활양식에서는 의존심과 자기중심성이 현저하게 나타난다. 독자는 어린 시절 계속해서 가족의 관심의 초점이 된다. 독자는 결코 중심 위치를 나누어 가지거나 그 위치를 차지하기 위해 형제와 경쟁해 본 일이 없는데, 나중에 자신이 이미 관심의 주요 대상이 아니라는 것을 어렴풋이 깨닫게 된다.

　위에서 설명한 것은 첫째, 둘째, 중간 아이, 막내, 독자가 갖는 특징에 대한 전형적인 설명이며, 각 출생순위에 속한 모든 아동들이 Adler가 제안한 일반적인 생활양식과 꼭 일치하는 것은 아니다. Adler가 강조하려는 것은 가족 내에서의 아동의 위치에 따라 독특한 종류의 문제가 나타나기 쉽다는 것이다.

(7) 가상적 최종목표

목적론적 관점

　Adler는 인간을 목적론적 관점에서 이해하고 있으며, 인간의 모든 행동은 어떤 목표를 지향하고 있다고 보았다. 그러므로 인간은 누구나 자신의 인생에서 실현하고자 하는 궁극적 목표를 갖고 있는데, 이를 가상적 최종목표(fictional finalism)라고 하였다. 예를 들면, 어떤 사람은 열심히 일하고 조금만 운이 따르면 하지 못할 일이 없다는 신념으로 이 세상을 살아갈 수 있는데, 이러한 신념은 실제가 아니라 허구인 것이다. 왜냐하면 열심히 일하지만 아무것도 성취하지 못한 사람이 수없이

가상적 신념

많기 때문이다. 인생을 살아가는 데 영향을 주는 여러 가지 가상적 신념의 예를 들

면, '정직이 최상의 정책이다.' '모든 인간은 평등하게 태어났다.' 등이다.

   Adler는 개인의 가상적 최종목표는 자기 스스로 결정한 것이므로, 자기의 창조력에 의해 형성되고 각 개인마다 독특한 것이라고 하였다. 그러므로 개인의 우월성의 추구 성향, 생활양식, 사회적 관심 등은 이들이 갖고 있는 가상적 최종목표에 의해 결정되며, 그 외의 다른 행동이 지니는 의미도 알 수 있게 된다.   *개인적 독특성*

   개인마다 가상적 최종목표를 갖고 있지만, 대부분의 경우 그것을 명확하게 자각하지 못하는 경우가 많다. 그럼에도 가상적 최종목표는 성격통합의 원리로 작동하고, 개인의 삶을 인도하는 초점이 된다(권석만, 2012). 가상적 목표는 현실에 효과적으로 대처하는 데 큰 도움이 된다. Adler는 일상생활을 수행해 나가는 데 그러한 목표가 도움이 되지 못한다면 그런 목표는 수정되어야 하거나 포기해야 한다고 주장했다. 가상적 최종목표가 최종적으로 성취되지는 못하더라도 삶에서 매우 유용하다. 반면에 가상적 최종목표가 사람들에게 위험하고 해를 끼칠 수도 있다. 그 예로 아픈 것처럼 행동하는 우울증 환자나 학대받고 있는 것처럼 행동하는 편집증 환자를 들 수 있으며, 가장 극단적인 예는 히틀러가 가졌던 아리안 민족이 우수한 민족이라는 신념일 것이다.   *가상적 최종목표의 유용성과 위험성*

3) 성격 발달에 대한 관점

   Adler는 특별한 성격 발달 단계를 제시하지 않고 있다. 그러나 Adler는 Freud와 마찬가지로 생후 5년까지를 성격 형성의 절대적 시기로 보며, 그 이후에는 성격의 기본 구조가 거의 변화되지 않는다고 보는 결정론적 관점을 취하고 있다. 그러나 개인심리이론에서는 불변성(不變性)의 가정이 Freud이론에 비하여 그 강도가 매우 낮다. 개인심리이론에서 불변성의 근본사상은 Adler의 생활양식의 개념에 잘 반영되어 있다. 초기 열등의식과 보상에 의해 형성되기 시작한 생활양식은 5세경에 구체화되며, 그 이후 행동의 모든 국면에 걸쳐 영향을 미친다. 사실 생활양식을 통해 사람들은 그들의 여생을 우월에 대한 추구와 또 아동기 초반에 설정한 가상적 최종목표를 성취하기 위해 노력하면서 살아간다. 그리고 생활양식은 시기에 따라 다른 방식으로 나타나기는 하지만 기본적인 변화는 이루어지지 않는다.   *결정론*   *생활양식*

   Adler는 성격 발달에 미치는 유전과 환경의 영향은 인정하였지만, 주로 개인적 주관성에 의해 결정된다고 보았다. 예를 들어, 아동의 객관적 출생순위보다는 그   *주관성*

출생순위에 대한 주관적 지각이 성격 형성에 더 중요하다고 보았다. 그리고 사회적 관심은 어머니의 행동이 지니는 객관적인 내용보다는 아동이 어머니의 행동을 어떻게 해석하느냐에 따라 달라지므로 근본적으로 다르게 발달한다. 이러한 인간 발달에 대한 Adler의 주관성의 가정은 가상적 최종목표 개념에 뚜렷하게 나타나는데, 실제로 가상적 목표는 현재 체험되는 주관적인 가상의 최종목표인 것이다 (Adler, 1931). 이러한 점에서 볼 때, Adler의 개인심리이론에서는 인간의 발달과 생활양식은 그 개인의 유일한 주관적인 목표를 중심으로 형성된다고 본다.

상향적 발달 성향　　Adler의 개인심리이론에서는 인간 발달은 기본적으로 상향적 발달 성향(upward tendency)을 지니고 있다고 본다. Adler(1931)는 인간은 선천적으로 성장 경향을 지니고 태어나며 인간 발달은 미래지향적인, 그리고 완전과 우월을 성취하기 위해 **미래지향** 인간이 노력한 결과라고 본다. 유아기와 아동기에 주관적으로 경험한 열등감은 미래지향적인 가상적 최종목표를 성취하기 위한 우월 추구의 동기로 작용하게 된다. 그리고 이런 우월 추구의 과정에서 긴장을 경험한다고 할지라도 인간은 이를 극복 **성장 노력** 하고 성장하려는 노력을 멈추지 않는다고 보고 있다. 따라서 개인심리이론에서는 외적인 환경적 자극에 대해 단순히 반응함으로써 발달이 이루어지는 것이 아니라 개인의 자기발생적인 그리고 미래지향적인 노력의 결과로 발달이 이루어진다고 규정하고 있다.

4) 사회복지실천에의 적용

(1) 심리적 건강과 증상에 대한 관점

환경적 장애물　　Adler는 열등감을 보상하고 우월을 추구하는 과정에서 만나게 되는 환경적 장 **적응적 개인** 애물에 어떻게 반응하느냐에 따라 적응의 정도가 결정된다고 본다. 적응적 개인, 즉 심리적으로 건강한 사람은 용기를 가지고 문제에 직면하며, 삶을 현실적으로 바라보며, 타인의 안녕과 행복에 기여하려는 의지를 갖고 있다. 반면에 Adler는 정 **정서장애** 서장애를 생활에서 실패한 것으로 간주한다(Corey, 2000). 즉, 심리적 장애와 행동장애는 잘못된 생활양식 또는 잘못된 가정이라고 본다. Adler는 정서적으로 문제가 있는 사람은 불완전한 생활양식을 지니고 있으며, 잘못된 인생목표를 지니고 있거나 사회적 관심이 부족한 사람이라고 하였다.

부적응적인 개인　　부적응적인 개인은 현재의 자신과 이상적 목표 사이에 상당한 거리를 두고 있는 사람이다. 이런 사람은 개인의 이익 추구에만 관심이 있을 뿐 타인의 안녕과 복지에는 관심이 없으며 회피형, 지배형, 획득형 생활양식을 지니고 있는 사람이 많다. 적응을 잘하지 못하는 사람은 사회적 관심도 부족한 사람이다. 이런 사람은 자기 중심적이고, 남보다 우월하기 위해서 노력하며, 사회 목적의식이 부족하다. 단지 사적인 의미를 가진 삶, 즉 자기 이익과 자기 보호에 사로잡힌 삶을 살게 된다.

(2) 치료 목표와 과정

개인심리치료에서는 내담자의 생활양식을 이해하고, 부적응적인 목표와 신념을 파악하여 사회적 관심을 증진하고, 좀 더 적응적인 목표와 생활양식으로 변화시키는 것을 목표로 삼는다(Dreikurs, 1967). 즉, 내담자로 하여금 삶에 대한 잘못된 신념과 목표를 확인하고 변화시키도록 돕는 데 그 목적을 두며, 증상의 경감이나 제거보다는 기본적인 삶의 전제를 수정하고 왜곡된 삶의 동기를 수정하는 데 초점을 둔다. 이러한 개인심리치료의 치료목표를 구체적으로 상술하면, 사회적 관심의 증가, 열등감 극복, 인생목표와 생활양식의 변화, 왜곡된 동기의 수정, 타인과 평등한 존재라는 인식 증진, 사회에 기여하는 성원으로의 변화가 그것이다.

개인심리이론에 입각한 치료에서는 치료자와 내담자와의 관계는 상호 신뢰와 존경에 기초를 둔 동등한 관계라고 본다. 내담자로 하여금 자신이 수동적인 존재가 아니라 어떤 우월한 자도 열등한 자도 없는 관계에서 치료의 활동적 주체임을 깨닫게 하고 자기 행동에 책임의식을 갖게 한다. 그러나 치료자는 치료과정에서 단지 수동적인 경청자나 해석자로 머무는 것이 아니라, 내담자가 현재를 변화시키고 미래행동과 목표를 선택하고 추구하도록 제안하는 능동적 인물이다.

개인심리이론의 치료적 절차는 내담자로 하여금 자신의 역동성과 삶에 대한 잘못된 신념을 확인하고 자신의 부적응적 정서와 행동을 야기하는 잘못된 생각과 신념을 변화시키도록 돕는 것이다. 개인심리이론에 입각한 치료의 과정은 ① 적절한 치료관계의 형성, ② 개인의 역동성 탐색과 분석, ③ 통찰의 격려, ④ 재교육과 재지향(reorientation)의 원조라는 4단계로 구성되어 있다(Dinkmeyer, 1983).

(3) 치료기법

개인심리이론의 치료자는 일반적으로 기법을 선택하는 데 절충적이므로, 치료자는 특수한 절차에 구애되지 않고 특정 내담자에게 가장 알맞은 기법을 자신의

치료목표

삶의 전제 수정

치료자–내담자 관계

활동적 주체

능동적 인물

치료 과정

임상적 판단에 따라 광범위하게 적용한다. 개인심리이론에 입각한 치료에서 자주 사용되는 기법 중에서 **즉시성**은 치료기법이라기보다는 치료원리에 가까운데, 현재 이 순간에 무엇이 일어나고 있는지를 다루는 기법이다. **격려**는 내담자의 신념을 변화시킬 수 있는 가장 강력한 방법으로, 내담자가 자기 신뢰와 용기를 갖도록 원조하는 기법이다. 역설적 개입은 내담자의 의도와 반대되는 방향으로 개입하는 것을 의미하며, 여기에는 **처방, 제지** 등이 속한다. 마치 ~인 것처럼 행동하기(as if) 기법은 내담자가 마치 자신이 그런 상황에 있는 것처럼 상상하고 행동하도록 하는 **역할극** 기법이다. **수프(soup) 엎지르기** 기법은 치료자가 내담자가 보는 앞에서 어떤 행동의 유용성을 줄임으로써 부적절한 게임을 종식하게 하는 기법이다. **단추 누르기** 기법은 내담자에게 의도적으로 유쾌한 감정이나 불유쾌한 감정을 갖도록 하고, 그런 경험에 수반되는 감정에 대해 토론하는 기법이다(Mosak, 1979). **직면**은 내담자로 하여금 자신의 잘못된 목표나 신념을 회피하지 않고 정면으로 마주하게 하는 기법이다. **과제부여** 기법은 내담자의 문제해결을 위하여 치료자가 특정한 과제를 개발하여 내담자에게 이를 부과하고 이행하도록 하게 함으로써 내담자가 성취감을 맛보고 새로운 일에 대한 자신감을 갖고 도전할 수 있도록 하는 기법이다. 이 외에도 개인심리이론에 입각한 치료에서는 **조언, 유머, 침묵** 등 다른 접근방법의 기법을 내담자의 특성에 따라 절충적으로 활용한다.

생각해 보아야 할 과제

1. 귀하가 가장 사랑하고 존경하는 사람이 지니고 있는 특성 중에서 귀하가 가장 좋아하는 특성을 파악해 보고, 귀하의 아니마와 아니무스가 어떻게 투영되고 있는지 분석해 보시오.

2. MBTI 검사를 받아 보고, 자신의 성격이 Jung이 제안한 성격 유형과 어떤 연관성을 지니고 있는지 파악해 보시오.

3. 현재 자아를 강화하기 위해 준비하고 노력하고 있는 것이 무엇인지 스스로 성찰해 보시오.

4. Adler는 모든 개인은 열등감을 극복하고 우월을 추구하려는 속성이 있으며 이에 의해 행동이 동기화 된다고 보고 있는데, 주변에서 이러한 Adler의 주장에 맞는 인물과 맞지 않는 인물을 찾아 그 이유를 설명해 보시오.

5. '꿈은 이루어진다(Dreams come true).'는 말이 있다. Adler의 관점에서 보면 이때의 꿈은 우월 상태 또는 완성에 이르는 것이라고 할 수 있다. 귀하는 자신의 꿈을 이루기 위하여 어떤 노력을 하고 있는지, 그리고 그 꿈을 이루기 위하여 앞으로 무엇을 해야 하는지에 대해 생각해 보시오.

자아심리이론과 인본주의이론

1 자아심리이론

1) 인간관과 가정

심리사회적 이론(psychosocial theory)이라고 불리는 Erikson의 이론에서는 사회적 힘이 성격에 미치는 영향과 자아의 기능을 강조하므로 자아심리이론(ego psychology)으로 분류된다. 이러한 Erikson의 이론에서는 인간행동이 의식 수준에서 통제가 가능한 자아에 의해 동기화된다고 보며, 인간을 합리적이고 창조적인 존재로 보고 있다. Erikson은 자아가 개인이 직면하는 갈

Erik Homburger Erikson
(1902~1994)

심리사회적 이론

인간관

합리적이고
창조적 존재

등이나 문제에 대한 합리적인 해결 방안을 탐색하고, 현실을 검증하고, 창조적으로 문제를 해결해 나가며, 실패하였을 경우에는 새로운 대안을 모색할 수 있는 존재로 규정하고 있다.

전체적 존재
환경 속의 존재

Erikson은 인간을 전체적 존재로 보고 있으며, 환경 속의 존재(person in environment)로 규정하고 있다. Erikson은 인간을 신체 · 심리 · 사회적 총체(entity)로 보았으며, 모든 인간이 신체적 질서(somatic order), 심리적 질서(personal order), 사회적 질서(social order)를 모두 따른다고 보았다(Erikson, 1975; Hjlle & Ziegler, 1976). 또한 Erikson은 인간을 가변성(可變性)을 지닌 존재로 보고 있는데, 개인은 인생의 전환점에 직면하여 끊임없이 새로운 발달과업과 투쟁하고 새롭고 더 나은 자아를 획득하려 하며, 그런 가운데 변화와 성장을 하는 존재로 본다.

가변성 존재

기본 가정

Erikson은 기본적으로 Freud의 성격에 관한 가정을 받아들이지만, 인간의 행동이 ① 사회적 관심에 대한 욕구, ② 환경을 지배하고자 하는 유능성에 대한 욕구, ③ 사회적 사건의 구조와 질서에 관한 욕구라는 세 가지 사회적 충동에 의해 시작된다고 보았다. Erikson은 자연환경, 역사적 환경, 기술환경이 개인의 자아정체감의 일부분이 되기 때문에, 개인을 이해하기 위해서는 환경적 요인의 영향을 이해해야 한다고 보았다.

사회적 충동

환경적 요인

점성설

기본 도안

Erikson의 전 생애에 걸친 발달에 대한 관점은 각 단계는 이전 단계의 경험이 어떻게 해결되었는가에 따라 달라진다고 보는 점성설(漸成說, epigenesis)이다. 점성설에서는 개인이 기본 도안(ground plan)을 갖고 태어나며, 이후 사회관계망과의 상호작용을 통하여 모든 부분이 전체적으로 기능할 수 있을 때까지 각 부분으로 분화된다고 본다(Erikson, 1959, 1982).

분화

자아정체감

Erikson의 심리사회적 이론에서는 개인이 자아정체감을 발전시키는 과정에 초점을 둔다(Erikson, 1959). 자아정체감 형성은 인생에 대한 개인적 철학과 통합된 가치체계의 형성을 포함하는 발달적 과업으로, 일생 동안 지속되는 과정이다. 심리사회적 정체감은 개인의 생활사(life history)와 사회의 역사를 포괄하며, 여러 단계를 거쳐 위계적으로 재구조화(hierarchical reorganization)된다.

생활사와
사회의 역사

2) 주요 개념

Erikson의 심리사회적 이론의 핵심 개념인 자아정체감(ego identity)을 비롯한 주

요 개념은 8단계의 심리사회적 발달의 명칭에 모두 포함되어 있다. 그러므로 여기 심리사회적 발달
에서는 이러한 심리사회적 발달의 개념을 이해하는 데 필요한 자아(ego)에 대해서
만 살펴보고자 한다.

Erikson은 자아를 일생 동안의 신체·심리·사회적 발달과정에서 외부 환경에 자아의 특성
대처하고 적응하는 과정에서 형성되는 역동적인 힘으로 규정하였다. 이러한 자아
의 발달과 특성을 Goldstein(1984)은 다음과 같이 설명한다.

① 자아는 개인이 환경에 성공적으로 적응하는 데 필수적인 기본적 기능을 수 환경적응
  행하는 성격의 일부분이다.

② 자아기능은 타고난 것이며, 성숙과 신체·심리·사회적 요인 간의 상호작용 타고난 기능
  을 통하여 발달한다.

③ 자아는 욕구의 충족, 타인과의 동일시, 학습, 발달과업의 성취, 문제해결, 스
  트레스 및 위기에 대처하는 과정에서 지속적으로 발달하게 된다. 지속적 발달

④ 자아는 자율적으로 기능하지만, 성격의 일부분이므로 내적 욕구와 충동 그리 자율적 기능
  고 내면화된 타인의 특성과 기대, 규범, 가치와 관련지어 이해하여야 한다.

⑤ 자아는 개인과 환경 간의 관계를 중재할 뿐 아니라 성격의 다양한 요인 사이의 개인-환경 중재
  내적 갈등을 중재하고, 불안과 갈등에서 보호할 수 있는 방어기제를 사용한다.

⑥ 사회환경은 성격을 형성하며, 성공적인 대처능력을 고양하거나 방해하는 조 사회환경
  건을 제공해 준다.

⑦ 자아의 대처능력 결여뿐만 아니라 개인의 욕구와 능력이 환경적 조건이나 자아의 대처능력
  자원과 합치되지 않을 때, 사회적 기능상의 문제가 나타난다.

3) 심리사회적 발달 단계

Erikson(1959)은 사회적 힘이 성격 발달에 중요한 역할을 하며, 인간 발달이 성 성숙의 점성원칙
숙의 점성원칙을 따른다고 보고 있다. 즉, Erikson의 전 생애에 걸친 심리사회적
발달의 점성원칙이란 인생주기의 각 단계는 이 단계가 우세하게 출현되는 최적의
시간이 있고, 모든 단계가 계획대로 전개될 때 완전한 기능을 하는 성격이 형성될
수 있다는 것이다. Erikson(1963)은 심리사회적 발달 단계마다 개인 내부의 변화와
개인과 환경 사이의 상호 연관성의 변화를 일으키는 전환점이 되는 심리사회적 위 심리사회적 위기

자아 기능 재정립

기에 직면하게 되고, 개인은 이런 위기를 통하여 자아 기능이나 균형을 재정립하게 된다고 보았다.

　　Erikson은 각 발단 단계의 위기해결책은 문화에 따라 달라지며, 특정 단계의 심

이전 단계의 성패

리사회적 위기해결은 이전 단계의 성패와 직결된다고 하였다. 만약 성장과정에서 발생하는 심리사회적 위기를 만족스럽게 해결하게 되면 긍정적 자아 특질이 강화

자아 특질

되는 반면 그 반대의 경우에는 자아 발달은 손상을 받고 부정적 자아 특질이 강화되는 것이다.

　　Erikson의 전 생애에 걸친 심리사회적 발달의 8단계 중에서 1~4단계는 유아기와 아동기에, 5단계는 청소년기에, 그리고 6~8단계는 성인기에서부터 노년기에 걸쳐 일어난다고 하였다. 이와 같은 Erikson의 8단계의 심리사회적 발달의 단계별 특징을 요약하여 제시하면 〈표 9-1〉과 같다.

| 표 9-1 | Erikson의 심리사회적 발달 단계 |

단계	생활주기	연령	심리사회적 위기	주요 관계 범위	자아 강점	주요 병리	심리성적 발달 단계
I	영아기	출생~2세	신뢰감 대 불신감	모성(母性) 인물	희망	철퇴	구순기
II	유아기	2~4세	자율성 대 수치심	부성(父性) 인물	의지	강박	항문기
III	학령전기	4~6세	솔선성 대 죄의식	핵가족	목적	억제	남근기
IV	아동기	6~12세	근면성 대 열등감	이웃, 학교	유능성	비활동성	잠재기
V	청소년기	12~22세	정체감 대 정체감 혼란	또래집단	성실	거절	생식기
VI	성인기	22~34세	친밀감 대 소외감	우정, 성, 경쟁·협동 상대	사랑	배타성	
VII	중·장년기	34~60세	생산성 대 침체	직장과 확대가족	보호	거부	
VIII	노년기	60세~사망	자아통합 대 절망	인류	지혜	경멸	

(1) 기본적 신뢰감 대 불신감

심리사회적 발달의 첫 번째 단계인 기본적 신뢰감 대 불신감(basic trust vs mistrust)이라는 위기는 출생~2세에 일어나며, Freud의 구순기에 상응하는 단계이다. Erikson은 이 단계에서의 심리성적 활동이 주로 입 주변에서 이루어진다는 Freud의 관점을 받아들이고 있다. 그러나 Freud와는 달리 Erikson은 구순기에 해당하는 이 시기에 영아는 평안하게 지낼 수 있고, 마음 놓고 영양을 섭취하고, 편안하게 배설할 수 있어야 한다고 보았다. Erikson은 영아는 생래적으로 양육적 보호자와 사회적 상호작용을 하려는 강한 욕구를 지니고 있다는 점을 강조하였다. Erikson은 영아가 신뢰를 형성할 수 있는 정도는 어머니와 할머니, 또는 보육교사와 같은 모성인물(mother figure)로부터 받는 양육의 질에 의해 결정된다고 보고 있다. 즉, 모성인물의 따스한 눈길과 웃어 주고, 먹여 주고, 어루만져 주는 보살핌을 통하여 영아는 신뢰감을 형성하게 된다.

출생~2세
구순기

보호자와의
사회적 상호작용

모성인물

신뢰감은 다른 사람을 믿을 수 있고 또 그들의 행동이 예측 가능한 것이라고 인식하는 것이다. 영아가 처음으로 갖게 되는 신뢰감은 모성인물(mother figure)에 대한 기본적인 믿음이다. 만약 영아가 모성인물을 믿을 수 있게 되면 욕구가 생긴 즉시 어머니가 보살펴 주지 않아도 적당한 시기에 어머니가 와서 보살펴 주리라는 것을 알기 때문에 보채지 않고 기다릴 수 있게 된다. 이와는 반대로 영아에 대한 어머니의 보살핌이 적절하지 못하여, 일관성이 없고 거부적인 경우에는 영아는 불신감을 형성하게 된다.

신뢰감

불신감

Erikson(1959)은 각각의 심리사회적 위기를 해결하게 되면 기본적 강점 또는 자아 특질(ego quality)이 형성된다고 보았다. 그는 처음으로 나타나는 심리사회적 강점은 희망, 즉 기본적 소원을 성취할 수 있다는 신념이라고 하였다. Erikson은 첫 번째 위기의 부정적 결과를 사회관계로부터의 철퇴 경향(social withdrawal)이라 하였으며, 인생 후기의 낮은 자존감, 우울증, 사회적 철퇴 경향과 연결되어 있다고 본다.

자아 특질

희망

사회적 철퇴

(2) 자율성 대 수치심과 의심

Freud의 항문기에 해당하는 두 번째 심리사회적 발달 단계는 자율성 대 수치심과 의심(autonomy vs shame and doubt)이다. 이 단계에 속하는 2~4세경의 유아가 관계를 맺는 주요 범위에는 모성인물과 부성인물이 포함된다. 이 단계에서 유아의

2~4세

부성인물

독립적 환경 탐색

신체 및 인지적 발달이 빠르게 나타난다. 유아는 말을 할 수 있게 되고, 사회적으로 수용될 수 있는 행동을 인식할 수 있게 되며, 독립적으로 주변 환경을 탐색하려 한다. 특히 이 시기에는 생리적 성숙으로 인하여 배변의 보유와 방출, 혼자 서기, 손을 사용할 수 있는 능력이 발달되어 무엇이든 스스로 하려는 경향이 강해진다.

통제

자율성

수치심과 의심

이 시기의 유아는 자기통제와 주위 사람으로부터의 통제라는 두 가지 요구에 직면하게 된다. 이때 자존감을 상실하지 않고 자아통제를 발휘하거나 타인의 통제에 적응할 수 있게 되면, 자율성의 방향으로 위기가 해결된다. 이에 비하여 다른 사람의 눈에 자신이 좋지 않게 보이지 않을까 하는 두려움도 갖게 되는데, 이것이 바로 수치심과 의심이다. 특히 부모가 아이의 고집을 꺾기 위하여 지나치게 수치스럽게 만드는 경우에는 부모와 소원한 감정을 갖게 되고 자기확신을 얻는 데 실패하기 때문에 수치심이 강화된다.

배변훈련

선택권

Erikson은 이 단계가 배변훈련 시에 유아가 갖는 선택권과 관련되어 있으며, 부모상과의 상호작용을 통하여 해결된다는 Freud의 관점을 수용하고 있다. 그러나 Erikson은 이 단계의 심리사회적 위기를 어떻게 극복하느냐는 유아의 이러한 행동을 자유롭게 조절하도록 허용하는 부모의 의지에 달려 있다고 본다. 그러므로 부모는 유아에게 생활공간 내에서 선택의 자유를 보장하여 자율성을 경험할 수 있도록 노력하면 자율성이 강화될 것이다. 이에 반하여 부모가 인내를 갖지 못하고 유아를 대신하여 일을 처리하거나 유아가 할 수 없는 것에 대해 혼자서 해야 한다고 지나치게 요구할 경우 수치심을 갖게 된다.

의지

강박증

자율성 대 수치심이라는 심리사회적 위기를 성공적으로 해결하게 되면 의지라는 긍정적 자아 특질이 형성되며, 성인기에 정의감으로 확대 발전된다. 자율성 대 수치심의 부정적 결과는 강박증, 즉 충동을 제한하기 위하여 반복적 행동을 하는 것이다. Erikson은 과도하게 수치심을 느낀 유아는 자기 자신을 싫어하고, 부담스러울 정도의 수치심을 가지고 살아가게 된다고 하였다.

(3) 솔선성 대 죄의식

4~6세

핵가족

남근기

Freud의 남근기에 상응하는 4~6세의 세 번째 심리사회적 발달 단계는 솔선성 대 죄의식(initiative vs guilt)이며, 주요 관계의 범위는 부모와 형제자매 등 핵가족으로 확대된다. Erikson(1959)은 남근기의 오이디푸스 콤플렉스와 관련된 전통적 정신분석이론의 관점을 유지하고 있다. 하지만 Erikson은 Freud처럼 불평등의 원천

이 생물적으로 결정되는 것이 아니라 사회적 상호작용에 의해 결정된다고 보았다. 사회적 상호작용
Erikson은 이 단계에서 유아는 성적 관심보다는 놀이와 자신이 선택한 활동에 더
많은 관심을 가지고 있다고 주장하여, 전통 정신분석적 사고와 다른 관점을 제시
하였다.

이 시기의 발달적 위기의 결과는 유아의 놀이, 탐구, 시도 및 실패, 장난감을 사
용한 연습 등의 결과에 달려 있다. 유아는 육체적 놀이와 아울러 상징놀이를 하는
데, 성인의 행동을 모방함으로써 유아는 성인처럼 되는 것이 어떤 것인가를 알게 상징놀이
된다. 이때에 유아는 자신이 한 인간으로서 인생의 목적이 있음을 느끼고, '나는
내가 원하는 바대로 될 수 있다.'고 생각하게 된다.

유아의 솔선성의 발달 정도는 부모가 유아의 솔선적 행동에 어떻게 반응해 주는 솔선성
가에 달려 있다. 부모가 유아 스스로 환경을 탐색하고 스스로 행동할 수 있도록 격
려하게 되면, 유아는 솔선성을 형성하게 된다. 반면 부모가 유아 스스로 어떤 일을
완수하도록 기회를 부여하지 않고, 꾸지람을 하게 되면 죄의식을 갖게 된다. 죄의식

이 단계의 심리사회적 위기를 성공적으로 극복하게 되면, 유아는 목적의식을 발 목적의식
전시킨다. 그러나 과도하게 방해받게 되면, 목표달성에 대한 의지와 용기가 부족
하고, 금지의 감정, 즉 생각과 표현의 자유를 방해하는 억제가 강하게 나타난다. 억제
이 단계의 위기를 성공적으로 극복한 건강한 성인은 세계의 다양한 측면에 정열적
으로 관여하게 되는 반면, 죄의식이 깊은 성인은 소극성, 성적 무기력, 불감증 등
의 정신병리를 유발하게 된다.

(4) 근면성 대 열등감

Freud의 잠재기에 상응하는 Erikson의 네 번째 심리사회적 위기인 근면성 대 열
등감은 아동기인 6~12세에 일어나며, 주요 사회관계의 범위는 가족, 이웃, 학교 6~12세
가족, 이웃, 학교
의 구성원으로 확대된다.

이 시기의 아동은 공식적 교육을 통하여 문화에 대한 기초기능을 배우게 된다. 공식적 교육
이 시기의 아동이 성취해야 할 중요한 과업은 인지적 기술과 사회적 기술을 숙달 사회적 기술
하는 것이다. 즉, 이 시기의 아동은 정해진 놀이 규칙에 따라 또래와 협동하고 어
울릴 수 있는 능력뿐만 아니라 연역적 추리, 자기통제 등의 능력을 발전시켜야 한
다. 그리고 이 시기에 사회적 기술을 쌓고 의미 있는 일을 성취하기 위하여 열정적
으로 참여하고 그 과업을 완수하게 될 경우, 주변 사람의 강화가 뒤따르게 되며 결

국 근면성이 발달된다. 이에 반하여 아동이 자신의 능력이나 지위가 또래에 비하여 열등하다고 느끼면 학습추구에 대한 용기를 잃게 되고, 부모나 교사가 요구한 과업을 성취할 수 있는 능력이 없다고 느낄 때 열등감을 경험하게 된다.

근면성 대 열등감의 위기는 긍정적으로 해결될 경우 유능성(competency)을, 그리고 부정적으로 해결될 경우에는 생산적 작업을 방해하는 사고와 행동의 마비를 의미하는 비활동성(inert)이라는 결과를 낳는다.

(5) 자아정체감 대 정체감 혼란

심리사회적 발달 단계의 다섯 번째 단계인 자아정체감 대 정체감 혼란(identity vs identity confusion)은 청소년기이자 Freud의 생식기에 해당하는 12~22세이며, 주요 사회관계의 범위는 친구나 또래집단으로까지 더욱 확대된다. Erikson(1968)에 따르면 자아정체감은 사회적 지지가 아동기부터 연속적이고 잠정적인 동일시를 형성할 수 있도록 허용해 주는 정도에 따라 달라진다. 청소년기에 개인은 자신이 어떠해야 하며, 자신을 다른 사람과 어떻게 공유할 것인가라는 문제로 고민하게 되며, 또래집단이 상호작용의 초점 영역이 된다(Erikson, 1959).

청소년기에는 성격 특성이 새로운 유형으로 통합된다(Erikson, 1959). 즉, Erikson(1964)은 자아정체감을 이전의 동일시와 새로운 동일시의 부분들을 새롭게 조합한 것으로 보았으며, 자아정체감 형성은 일생에 걸친 발달과정이라고 하였다. 그러므로 자신의 생활양식과 직업뿐만 아니라 자기 자신에 대한 신념을 유지할 수 있는 능력은 일생을 통하여 발달할 수 있어야 한다. 이러한 자아정체감은 내적 충동, 타고난 재능, 기회, 그리고 아동기에 획득한 자아가치(ego values)가 모두 합해져서 내적 동일성과 개인이 타인에게 주는 의미에 대한 확신감과 연속성을 형성하게 되었을 때, 비로소 형성된다(Erikson, 1959).

이 시기의 청소년은 이성에 대한 관심이 증가하며 처음에는 이성에 대한 동일시 현상이 일시적으로 일어나지만, 결국에는 동성에 대한 성적 동일시를 하게 된다. 이러한 성적 동일시가 생기면 적절한 성적 특질을 갖춘 건강하고 조화된 성격이 발달하지만, 만약 성적 정체감이 형성되지 못하면 양성혼란(bisexual diffusion)을 초래하게 된다.

청소년기에는 이상적 가정, 종교, 철학, 사회를 동경하지만 현실적 조건이 이러한 이상향을 충족해 주지 못하기 때문에 고민을 하게 된다. 이러한 상황에서 청소년은 중요한 결정을 해야 한다고 생각하지만, 그러한 결정을 내릴 수 없기 때문에 역할 혼란 또는 정체감 혼란 현상을 경험하게 된다. 이들의 고민은 다른 사람의 눈에 좋지 않게 보이거나 기대에 어긋날지도 모른다는 두려움, 현재 자신의 존재에 대한 불확신, 자신이 앞으로 사회에서 어떤 지위와 역할을 갖게 될지에 대한 불안감 등이다. 이러한 자기확신의 결여로 인하여 많은 청소년은 매우 파당적이고 편협하며, 타인에 대해 배타적인 소속집단에 동일시하여 파벌집단을 형성하기도 한다. 특히 한 문화의 종교, 과학, 정치사회적 사고를 반영한 이데올로기에 도취되면 기존 문화나 권위에 대해 도전하고 반항하며, 비행이나 폭동 등의 비사회적 또는 반사회적 행동에 가담하기도 한다.

정체감 혼란

자기확신의 결여

반사회적 행동

이 단계에서의 발달위기를 성공적으로 극복하게 되면 성실, 즉 충성심을 유지할 수 있는 능력이 형성되는 반면 정체감 혼란은 주요한 발달 단계에서 동일시의 가장 위험하고 바람직스럽지 못한 측면이 축적된 결과이다(Newman & Newman, 1987). 정체감 대 정체감 혼란 단계에서의 심한 갈등은 거절(repudiation), 즉 생소한 역할과 가치를 거부하는 자아 특질을 낳는다.

성실

거절

(6) 친밀감 대 소외감

Erikson의 여섯 번째 발달 단계인 친밀감 대 소외감(intimacy vs isolation)은 22~34세에 일어난다. 이 단계에서는 주요 관계의 범위가 친구나 애인, 배우자 등으로까지 확대된다. 이 시기에 젊은 성인은 구혼과 결혼을 하고 또 자신의 적성에 맞는 직업을 찾으려 하며 자기 자신을 찾기 위한 노력을 한다. 즉, 자신이 장차 어떤 사람이 될 수 있는지, 다른 사람의 눈에 어떻게 비칠지에 대한 관심이 강해진다. 이 단계의 초기에는 이성에 매혹되어 사랑에 빠지기도 하지만, 이성과 사귀는 동안에 자신의 이성에 대한 감정, 자신의 미래와 희망, 그리고 미래 계획에 대한 끊임없는 탐색과 도전을 통하여 자아탐색을 하게 된다. 그러나 이와 같은 자아탐색에 대한 몰입은 오히려 친밀감 형성을 방해하며, 스스로 고독하고 불안하여 자아고립 상태에 처하게 된다. 따라서 진정한 친밀감은 합리적인 자아정체감이 형성되었을 때에만 가능하다. 확고한 자아정체감을 확립한 사람만이 타인과의 상호관계에 몰두할 수 있기 때문이다.

22~34세
친구나 애인,
배우자

직업

사랑
미래 계획
자아탐색

자아정체감

Erikson이 말하는 친밀감이란 그 범위와 의미가 매우 다양한데, 친구, 배우자, 가족과 친밀한 관계를 형성하는 것으로 보았다. Erikson은 친밀감이 사랑하고 신

친밀감

성적 친밀감
타인의 복지

뢰감을 공유하고 있는 사람과 성적 상호성을 형성하고, 일과 여가의 주기를 지속하고 자녀출산까지 포함되는 것으로 보았다. 즉, Erikson은 친밀감이 성적 친밀감 이상의 것으로 보고, 타인의 복지에 대한 관심과 지적인 자극을 유발하는 상호작용에 대한 관심까지도 친밀감에 포함된다는 점을 강조하였다.

소외감

이 단계의 위기를 만족스럽게 극복하지 못하면, 자아도취 상황이나 친밀한 사회관계를 회피하는 고립 상황에 놓이게 되고 소외감을 느끼게 된다. 자아도취 상황에 처한 사람은 단순히 공식적이고 피상적인 인간관계를 추구하며, 친밀한 관계를 형성하는 데 대해서 위협을 느끼기 때문에 타인으로부터 자신을 소외한다. 그리고

자아도취

자아도취에 빠진 사람은 직업을 쓸모없는 것으로 여기며, 직업에서 소외감을 갖기 쉽다.

(7) 생산성 대 침체

34~60세
직장과 확대가족

Erikson의 일곱 번째 심리사회적 발달 단계인 생산성 대 침체(generativity vs self-stagnation)는 34~60세에 일어나며, 주요 관계의 범위는 직장과 확대가족의 성원으로까지 확대된다. Erikson(1968)은 이 단계에서 자녀를 양육하는 것을 더 중요한 과업이라고 보았는데, 자녀를 낳은 것에 더하여 부모로서 자녀를 잘 양육하고 지도하여야 한다고 했다. 생산성에는 자녀를 출산하고 양육하는 것 이외에 학

자녀 양육
직업과 여가활동
다음 세대로 전수

생, 동료 또는 친구를 잘 보호하고, 직업이나 여가활동에 참여함으로써 얻게 되는 창조성(creativity)이 포함되고, 더 나아가 다음 세대로의 사상의 전수까지도 포함된다. 인간은 이와 같은 생산성으로 인하여 후세대를 양육하고 가르치며 지도감독하는 활동을 함으로써, 이전 세대의 문화와 의식이 후세대로 연결될 수 있게 만든다.

보호

생산성 대 침체의 위기를 성공적으로 극복할 경우 타인을 배려하고 보호(care)할 수 있는 능력이 형성된다. 그러나 타인을 충분히 보호하고 그들에게 관심

권위주의

을 기울이지 못하게 될 경우 부정적 자아 특질인 거부(rejectivity) 또는 권위주의(authoritism)가 형성된다. 이러한 사람은 개인적 욕구충족과 안위가 주된 관심사이며, 자기탐닉을 위한 것을 제외하고는 누구에게도 관여하지 않고 보호하지 않는다. 이와 같이 생산성이 결여된 사람은 사회의 일원으로서 생산적 기능을 다하지 못하고 자신의 욕구만을 충족하기 위하여 살아가기 때문에, 인간관계가 황폐화되

중년기의 위기

고 중년기의 위기, 즉 절망과 인생의 무의미함을 느끼게 된다.

(8) 자아통합 대 절망

심리사회적 발달 단계의 마지막 단계를 Erikson은 자아통합 대 절망(integrity vs despair)이라 하였다. 이 단계는 노년기에 일어나며, 60세부터 시작하여 사망할 때까지 지속되고, 사회관계의 범위는 인류 전체로 확대된다. 이러한 심리사회적 위기의 문제는 죽음을 눈앞에 둔 노년기에 어느 정도 자아의 통합성을 유지할 수 있는가 하는 문제와 관련되어 있다. 후회가 별로 없고, 생산적인 인생을 살았고, 성공뿐만 아니라 실패에도 잘 대처한 개인이 통합을 성취할 수 있다. 자아통합을 성공적으로 성취한 사람은 과거, 현재, 미래 경험이 연속성을 지니게 된다. 이러한 개인은 생활주기를 수용하고, 인생의 불가피성을 인정하고 완전감을 경험할 수 있을 것이다. 이 단계의 위기를 성공적으로 해결한 개인은 지혜, 즉 죽음에 직면하여 삶에 대한 적극적 관심을 갖게 된다.

절망은 죽음을 두려워하고 새롭게 살 수 있는 기회를 갖기를 원하는 사람에게 지배적으로 나타난다. 강한 절망감을 가진 노인은 인생이 너무 짧다고 느끼고, 인간 존재에 대해 별다른 의미를 느끼지 못하며, 자신과 타인에 대한 신념을 상실하게 된다. 절망감을 강하게 느끼는 개인은 세계 질서와 영적 통합감을 거의 느끼지 못한다. 자아통합과 절망의 위기를 성공적으로 해결하지 못한 사람에게서는 경멸이라는 부정적 자아 특질이 특징적으로 나타난다.

Erikson은 인생의 한 단계는 다른 단계와 밀접하게 관련되어 있으므로 인생이 막을 내릴 때 발달이 완성된다고 보았다. 세대 간의 욕구와 능력이 상호 연관성을 지니고 있기 때문에, 아동이 신뢰감을 발달시킬 수 있는 정도는 이전 세대가 어느 정도의 통합성을 유지하고 있는가에 따라 달라진다고 보았다. 즉, Erikson은 노인이 죽음을 두려워하지 않을 만큼 통합성을 유지하고 있다면, 그들의 건강한 자녀들은 인생을 두려워하지 않을 것이라고 하여, 세대 간의 상호 관련성을 강조하였다.

4) 사회복지실천에의 적용

(1) 심리적 건강과 증상에 대한 관점

자아심리이론에서는 자아의 학습 및 행동 능력에 초점을 두고 정신건강과 적응을 설명하고 있다. 전통적 정신분석이론에서 충동이나 본능에 강조점을 둔 것과

자아의 대처 및 지배 능력

달리, 자아심리이론에서는 환경에 대한 자아의 대처 및 지배 능력과 관련된 행동을 중시한다. 그리고 Erikson은 성격의 발달을 개인과 환경 사이의 지속적인 상호 작용의 결과물로 보는 비직선적 원인론을 갖고 있으며, 인간을 전체적 존재로 보기 때문에 하나의 병리에 하나의 원인이 존재한다고 보지 않는다. 즉, Erikson은 성인기의 병리나 증상은 각 개인이 심리사회적 발달 단계에서 야기되는 신체·심리·사회적 측면이 융합되어 있는 갈등과 긴장에 적절히 대처하지 못하여 자신의 정체감에 대해 혼란을 겪기 때문에 야기된다고 보고 있다.

비직선적 원인론

병리나 증상

발달과정의 사정

따라서 Erikson은 내담자의 과거 발달과정의 왜곡에 대한 정확한 사정이 필요하다고 보고 있다. Erikson은 표현된 감정이나 행동 유형을 탐색함으로써 병리를 야기한 원인이 되는 개인의 발달적 역사를 재구성할 수 있는 실마리를 찾아낼 수 있다고 보았다. 치료자가 내담자의 발달상의 성공과 실패를 재구성함으로써 성인기의 행동과 장애의 근원을 사정할 수 있게 된다.

(2) 치료 목표와 과정

통찰

Erikson의 정신치료에서는 내담자가 통찰을 통하여 정확한 자아인식을 갖게 하고, 환경과 활발하고 긍정적으로 상호 작용하고 환경에 대한 자아지배력을 회복하고, 또 자아기능을 회복하고 병리적 증상에서 벗어날 수 있도록 돕고, 자신의 인생에 대한 선택권을 자유롭게 행사하고 삶을 창조적으로 영위할 수 있도록 원조하는데 목표를 둔다.

자아기능의 회복

인생에 대한 선택권

치료자의 역할

Erikson(1964)에 따르면 정신치료에서는 치료자가 해석을 통하여 내담자에 대한 체계적 분석을 지지해 주는 것이 임상적 치료관계의 핵심이라고 하였다. 내담자는 치료적 관계에서 의사소통되는 의미를 의식하지 못하므로, 치료자는 해석을 통하여 내담자의 발달적이고 역사적 통찰을 확대해 주어야 한다(Erikson, 1982). 그리고 치료자는 정신분석치료에서보다 좀 더 지지적인 태도를 취하며, 내담자가 감정을 명확화하여 표현할 수 있도록 원조하는 역할을 수행한다(이수연 외, 2013). 그러나 Erikson(1964)은 제안이나 칭찬보다는 해석이 치료적 관계를 형성하는 데 더 유용하며, 내담자와 치료자의 문제해결 양식을 결합하며, 치료를 더욱 촉진한다고 보고 있다.

통찰

감정의 명확화

제안보다 해석

(3) 치료기법

Erikson이 주로 사용한 치료기법으로는 치료자가 자유로운 입장에서 주의를 집중하여 경청하는 것, 부적절한 추론을 억제하고(추적), 내담자가 치료적 명확화(curative clarification)를 추구할 수 있도록 허용하고 해석하는 것이 포함된다 (Erikson, 1964). 그리고 격려나 제안은 삼가며, 치료적 관계에서 나타나는 전이나 꿈에 대한 해석도 한다.

경청, 추적
치료적 명확화,
해석

내담자의 자기분석을 통하여 발달 역사를 재구성할 수 있다는 Erikson의 치료적 전제는 노인에 대한 치료와 서비스에 많은 영향을 미쳤다. Butler(1963)는 과거 사건을 재구조화하는 인생회고(life review) 기법을 사용할 경우 과거 경험으로 점진적으로 되돌아감으로써 과거의 왜곡된 경험을 해결하고 통합할 수 있으며, 마지막 발달과업인 자아통합 대 절망의 위기를 해결할 수 있다고 보았다. 이러한 인생회고 또는 회상기법은 사회복지실천에서 폭넓게 사용되고 있으며, 노인이 노화과정에 대처할 수 있도록 원조함에 있어서 대인관계 기능과 적응 기능을 증진해 준다 (권중돈, 2004; Greene, 1986; Pincus, 1970).

내담자의
자기분석

인생회고

2 인본주의이론

1) 인간관과 가정

Rogers는 인간은 기본적으로 자유로우며, 자신의 행동에 책임을 지고, 유목적적이며 합리적인 방향으로 지속적으로 성장해 나가는 미래지향적 존재라고 보고 있다. 따라서 선천적 잠재력을 발휘할 수 있는 조건이 적절히 갖추어진다면 인간은 무한한 성장과 발전이 가능하다고 결론지었다. 이러한 Rogers의 인간관은 자유와 자기주도성, 합리성과 자기실현의 경향이 서로 연결되어 있다(김춘경 외, 2010; Frick, 1971). 즉, 인간은 선천적으로 타고난 성장 가능성을 실현하는 과정에서 자신의 인생목표와 행동 방향을 스스로 결정하고 이러한 결정에 따르는 책임을 수용하

인간관

성장해 나가는
미래지향적 존재

자기실현적 존재

Carl Ransom Rogers (1902~1987)

합리적 존재

는 자유로운 존재로 규정하고 있다. 이와 아울러 Rogers는 인간을 합리적 존재로 규정한다. 일상적으로 나타날 수 있는 살인, 강간, 이상적 충동, 반사회적 행동 등은 진정한 인간의 내적 본성과 화합하지 못한 결과라고 할 정도로 Rogers는 인간이 합리적 존재라는 사실을 굳게 믿고 있다. 또한 Rogers는 인간을 통합적 존재로

통합적 존재

규정하고 있다. Rogers(1961)에 따르면 자기는 항상 더 원대한 전체성으로 이동해 간다. 즉, 인간의 발달은 유아의 미분화된 현상적 장에서 출발하여, 자기개념(self-concept)의 발달로 그 장(field)이 자기와 환경으로 분화되고, 각 개인이 자기일치성(self-consistency)을 계속 추구하는 데서 발달의 최정점에 이를 수 있다. 이와 같이 Rogers는 인간을 항상 전체성과 통합성을 향하여 발전해 가는 존재로 보고 있다.

기본 가정

Rogers의 인간행동에 대한 기본 가정은 주관적 경험론에 입각하고 있다. Rogers는 다른 현상적 심리학자들과 마찬가지로 모든 인간에게 있어서 객관적 현실세계

주관적 현실세계
내적 준거체계

란 존재하지 않으며 주관적 현실세계만이 존재한다고 보고 있다. 모든 인간은 자신의 사적 경험체계 또는 내적 준거체계(internal frame of reference)와 일치하는 방향으로 객관적 현실을 재구성하며, 이러한 주관적 현실에 근거하여 행동하는 것이다.

Freud는 인간행동의 기본 동기를 긴장 감소에 두고 있으나, Rogers는 모든 인간은 내적 긴장이 증가하더라도 자기실현을 위하여 그 고통을 감내하고 행동한다고

주관적 이해방식

보고 있다. 인간의 현재 행동은 현재 존재하는 환경에 대한 개인의 주관적 이해방식에 따라 달라지지만, 모든 행동은 궁극적으로 그들 자신의 능력을 증대하고 그들 자신을 실현하려는 목적을 지니고 있다. 모든 인간은 긴장과 고통을 줄여 내적 평형 상태에 안주하려는 욕구보다는 내적 긴장이 다소 높아지더라도 성장과 발달

자기실현

을 추구하려는 욕구가 더 강하다. 따라서 인간은 자기실현을 위한 끊임없는 도전과 투쟁의 과정에서 발생하는 고통을 감내하는 것이다. 그러므로 인간의 자기실현 경향, 즉 미래지향성은 인간행동의 기본 동기라고 할 수 있다.

2) 주요 개념

(1) 현상적 장

경험적 세계
주관적 경험

현상적 장(phenomenal field)이란 경험적 세계(experiential world) 또는 주관적 경험(subjective experience)으로도 불리는 개념으로 특정 순간에 개인이 지각하고 경험하는 모든 것을 의미한다. Rogers는 동일한 현상이라도 개인에 따라 다르게 지

각하고 경험하기 때문에 이 세상에는 객관적 현실이 아니라 개인적 현실(individual reality), 즉 현상적 장만이 존재한다고 보고 있다. 현상적 장에는 개인이 의식적으로 지각한 것과 지각하지 못하는 것까지도 포함되지만, 개인은 객관적 현실이 아닌 자신의 현상적 장에 입각하여 재구성된 현실에 반응한다. Rogers는 인간이 자극에 단순히 반응하는 존재가 아니라 전체적으로 조직화된 체계(total organized whole)로 보고 있기 때문에 이러한 현상적 장, 즉 현실에 대한 지각도표(perceptual map)에 따라 행동하고 생활할 때, 모든 개인은 조직화된 전체로서 반응한다고 보고 있다. 이와 같이 Rogers는 인간행동에 대한 현상적 관점을 강하게 주장함과 아울러 전체론적 관점(holistic view)을 고수하고 있다.

개인적 현실

재구성된 현실

지각도표
조직화된 전체

전체론적 관점

(2) 자기와 자기개념

Rogers는 자기(self)와 자기개념(self-concept)이라는 용어를 혼용하고 있다. Rogers는 유아가 자신의 내부에서 지각되는 자기경험과 외부의 타인에 대한 경험을 구별하기 시작하면서 자기 존재에 대한 인식이 발달한다고 보고 있다. Rogers(1959)는 자기와 자기개념을 개인의 현상적 장이 분화된 부분이며, '내가 지각하는 나', 즉 'I'와 '남들이 바라보는 나에 대한 나의 지각', 즉 'me'에 대한 의식적 지각과 가치를 포함하는 것으로 보았다. 자기 또는 자기개념은 개인이 자신에 대해서 지니고 있는 '자신이 어떤 존재인가?'에 대한 체계적 인식으로, 자기 자신에 대한 자기이미지(self image)이다.

자기 존재에 대한 인식

I와 me

자기이미지

Rogers는 자기개념이 현재 자신의 모습에 대한 인식, 즉 현실적 자기(real self)와 앞으로 자신이 어떤 존재가 되어야 하며, 어떤 존재가 되기를 원하고 있는지에 대한 인식, 즉 이상적 자기(ideal self)로 구성되어 있다고 본다. Rogers는 현재 경험이 자기개념과 불일치할 때 개인은 불안을 경험한다고 보았다.

현실적 자기

이상적 자기

Rogers는 이러한 자기가 사용하는 기본 방어기제로서 지각의 왜곡(distortion)과 부정(denial)을 제시하고 있다. 지각의 왜곡은 받아들이기 어려운 경험을 자신의 현재 자기이미지와 일치하는 형태로 변형하여 받아들이는 것을 의미한다. 부정은 위험한 경험이 의식화되는 것을 회피함으로써 자기구조를 유지하는 것을 말한다. 이 방어기제는 자기개념과 불일치하는 경험이 존재한다는 사실을 완전히 무시해 버린다.

방어기제

지각의 왜곡

부정

(3) 자기실현 경향

Rogers(1951)는 인간에게는 많은 욕구와 동기가 있지만 그것은 단지 하나의 기본 욕구의 일부분에 지나지 않는다고 하였다. 그 기본 욕구가 바로 자기를 유지하고 증진하며 실현하려는 욕구이다. Rogers는 이러한 기본 욕구를 하나의 용어로 규정할 수 없다는 점을 지적하면서, 자기유지(self-maintenance), 자기향상(self-enhancement), 자기실현(self-actualization)이 모두 포함되는 것으로 이해하여야 한다고 보았다.

Rogers는 모든 인간은 자신을 유지하려는 경향과 성장잠재력을 선천적으로 지니고 태어난다고 보고 있다. 인간은 음식물을 섭취하여 필요한 자양분을 공급받고, 위험에 직면하여서는 방어적으로 행동함으로써 자기유지의 목적을 성취하려는 성향을 지니고 있다. 그리고 성숙을 지향하고 상향이동 경향(upward-moving tendency)을 가지고 있다. 이러한 상향이동의 경향 속에는 자기실현의 경향이 포함되는데, 인간은 자기개념과 기능의 분화를 통하여 이런 경향을 실현하려고 한다. 즉, 인간은 외적인 힘에 의해 통제를 받고 의존하기보다는 독립성, 자기책임성, 자기규제, 자율성, 자기통제의 수준이 높은 수준으로 나아가려는 속성을 지니고 있다.

Rogers는 모든 인간은 성장과 자기 향상을 위하여 끊임없이 노력하며, 그 노력의 와중에서 부딪히게 되는 고통이나 성장 방해요인에 직면해 극복할 수 있는 성장지향적 존재라고 보고 있다. 하지만 현실지각이 왜곡되어 있거나 자기분화의 수준이 낮은 개인의 경우에는 퇴행적 동기가 더 강하게 작용하여 유아적 수준의 행동을 나타내는 경우도 있다. 그러나 Rogers는 모든 인간이 퇴행적 동기를 지니고 있긴 하지만 그보다는 성장지향적 동기, 즉 자기실현욕구가 인간의 기본 행동동기라고 보았다.

(4) Maslow의 욕구위계이론

Maslow는 인간을 자기실현을 위하여 노력하는 존재라고 규정하면서, 태어날 때부터 두 가지 경향성, 즉 생존적 경향(survival tendency)과 실현적 경향(actualizing tendency)을 갖고 있다고 보았다. 생존적 경향은 결핍욕구(deficiency needs) 혹은 박탈동기(deprivation motivation)라고도 하며, 인간의 생존을 단순히 생리적 차원에서 유지하려는 경향이다. 여기에는 생리적 욕구, 안전의 욕구, 소속

과 애정의 욕구, 자존감의 욕구가 포함된다. 한 개인이
이러한 욕구를 충족하지 못하게 되면 신경증이 유발된
다. 실현적 경향은 성장욕구(meta need) 혹은 성장동기
(growth motivation), 즉 자신의 잠재능력, 기능, 재능을
발휘하려는 욕구로서 생존적 경향이 충족되었을 때 나
타나는 것이다(Maslow, 1970).

● Abraham Maslow (1908~1970)

실현적 경향
성장욕구
성장동기

욕구의
위계구조

Maslow(1970)는 [그림 9-1]에서 보는 바와 같이 인간
의 욕구는 그 중요성과 강도에 따라 위계적으로 배열
되어 있으며, 개인에 따라 차이가 있고 특정 시기에 강
하게 나타나는 욕구가 있긴 하지만 모든 욕구가 동시에 존재한다고 보고 있다. 만
약 생리적 욕구를 85% 정도 충족하면, 안전의 욕구는 70%, 소속과 애정의 욕구는
50%, 자존감의 욕구는 40%, 자기실현의 욕구는 10%를 충족한다(Maslow, 1970).
이러한 욕구의 위계구조는 절대적인 것은 아니지만, 보편적으로는 대부분의 인간
이 하위 단계의 욕구가 어느 충족된 후에 상위 단계의 욕구를 충족하기 위한 노력
을 경주한다고 보고 있다.

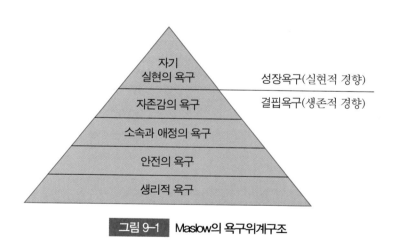

그림 9-1 Maslow의 욕구위계구조

생리적 욕구(physiological needs)는 인간의 욕구 중에서 가장 기본적이고 강하며   생리적 욕구
분명한 욕구로서 음식, 물, 공기, 수면, 성, 추위나 더위로부터의 보호, 그리고 감각
적 자극에 대한 욕구 등이 포함된다. 모든 사람은 더 높은 단계의 욕구를 충족하기
위하여 노력하기 전에 생리적 욕구가 어느 정도 만족되어 있어야 한다.

안전의 욕구

생리적 욕구가 어느 정도 만족되면 개인은 안전의 욕구(safety need)에 관심을 갖게 된다. 이러한 욕구가 생기는 주된 이유는 모든 개인이 확실하고, 잘 정돈되고, 조직화되고, 예측할 수 있는 환경 내에서 생활하고 싶어 하기 때문이다. 아동기에는 이러한 안전의 욕구가 성인에 대한 의존으로 나타나지만, 성인이 되어서는 재정적으로 안정되고 싶은 욕구와 같은 것으로 전환된다. 성인기에서의 안전욕구는 직업생활을 통하여 의식주를 해결할 수 있는 정도의 재정 수입을 확보하고, 이와 아울러 퇴직이나 실업, 질병 등에 대비하여 저축이나 보험에 가입하며, 종교를 통하여 안전감을 획득하는 행동 등으로 표현된다. 이러한 안전의 욕구는 사회가 실업위기, 전쟁, 범죄, 사회조직의 해체, 자연재해와 같은 상황에 직면하였을 때 특히 강하게 나타난다.

재정 수입

저축이나 보험

종교

실업위기
자연재해

소속과 애정에 대한 욕구

소속과 애정의 욕구(need for belonging and love)는 생리적 욕구와 안전의 욕구가 어느 정도 충족되었을 때 나타나는 욕구이다. 이런 욕구에 의해 동기화된 개인은 타인과 애정적인 관계를 형성하고, 인생의 동반자와 가족이나 집단에 소속되고 싶어 하는 갈망을 가진다. 소속과 애정의 욕구는 사랑을 받는 것뿐만 아니라 사랑을 주는 것을 모두 포함한다. 모든 개인은 사랑을 받고 수용되는 것을 통하여 자신이 가치 있는 존재라는 감정을 갖게 되며, 사랑을 받지 못할 때 공허감, 무가치감, 적대감 등을 갖게 된다. 지나치게 소속과 애정의 욕구가 강하여 집단 외부의 사람에 대해 적대적인 태도나 행동을 보이는 경우가 있는데 그 대표적인 예가 청소년 갱(gang)집단이다.

애정 관계

주고받는 사람

청소년 갱집단

자존감의 욕구

사랑받고 남을 사랑하려는 욕구가 어느 정도 충족되고 나면, 자존감의 욕구(self-esteem need)가 나타난다. 이러한 자존감의 욕구는 자기존중과 다른 사람으로부터의 존경을 모두 포함하는 것이다. 전자는 능력, 신뢰감, 개인적 힘, 적합성, 성취, 독립, 자유 등을 포함하는 것으로, 자기 자신을 가치 있다고 생각하는 것이다. 다른 사람으로부터의 존경은 명성, 인식, 수용, 지위, 평판 등을 포함하는 것으로 타인으로부터 좋은 평가를 받기 때문에 자신을 가치 있는 사람으로 간주하게 된다. Maslow는 가장 건전한 자존감은 명성, 지위 또는 아첨보다는 다른 사람에게서 존경을 받는 것이라고 하였다. 자존감의 욕구를 충족하지 못할 경우 개인은 타인에 대하여 열등의식을 느끼고 자기비하를 하며, 삶에 대처하는 데 있어서 무력감을 경험하게 되며, 자신이 무용지물이라는 인식을 갖게 된다.

자기존중
타인으로부터의 존경

열등의식
자기비하
무력감

자기실현의 욕구

이상에서 논의한 욕구가 충분히 만족되면, 자기실현의 욕구(self-actualization

need)가 나타난다. 이 욕구는 자신이 원하는 종류의 사람이 되고, 자기가 성취할 수 있는 모든 것을 성취하려는 욕구이다. 이러한 자기실현은 자기향상을 위한 개 인적 갈망이며, 잠재적 능력을 실현하려는 욕구이다. Maslow(1970)는 자기실현의 욕구를 충족한 사람도 나름의 약점을 지니고 있기 때문에 결코 완벽한 인간이라고 는 할 수 없지만, 이와 동시에 자기실현의 욕구를 성취하는 사람은 극소수에 불과 하다고 주장하였다.

자기향상

잠재적 능력 실현

3) 성격 발달에 대한 관점

Rogers(1961)는 개인의 현상적 자기(phenomenal self)의 형성에 초점을 두고 인 간의 성격 발달을 논의하고 있다. 그러나 성격 발달 그 자체에 특별한 주의를 기울 이지 않은 관계로 자기개념을 형성해 나가는 주요 단계에 대해서는 구체적인 시기 를 언급하지 않았다. 그 대신 Rogers는 유아기나 아동기 초기에 타인이 한 개인을 평가하는 방법이 자기개념의 긍정적 또는 부정적 발달을 촉진한다는 점을 강조하 고 있다.

현상적 자기

자기개념

신생아는 신체적 감각이든 또는 외적 자극에 의한 것이든 모든 경험을 하나로 지각한다. 즉, 유아는 다른 대상과 분리된 존재인 'I'로서의 자신을 지각하지 못하 며, 'me'와 'not me'를 구분하지 못한다. 이와 같이 인생의 초기 단계에서는 자기라 는 것이 존재하지 않으며, 단지 포괄적이고 미분화된 현상적 장만이 존재한다. 모 든 인간은 자기실현 과정의 일부분인 분화를 지향하려는 경향이 있기 때문에 유아 는 점차 자기 자신을 제외한 나머지 세계와 자신을 구분하기 시작한다. Rogers는 개인의 자기개념은 이와 같이 현상적 장을 구분하는 과정에서 출현한다고 보았다.

I와 me

미분화된 현상적 장

분화 지향

자기개념

Rogers(1983)는 자기가 처음 형성될 때 유기체적 가치평가 과정(organismic valuing process)의 지배를 받는다고 보았다. 유아나 아동은 내적 평가기준을 지니 고 있기 때문에 부모의 도움이 없이도 새로운 경험이 자신의 선천적인 자기실현경 향을 촉진하는지 또는 방해하는지를 평가하고, 이에 따라 반응한다는 것이다. 예 를 들어 배고픔, 목마름, 추위, 고통과 갑작스러운 소음 등은 자기실현경향을 방해 하는 것이기 때문에 부정적으로 평가되는 반면 음식, 물, 안정, 사랑 등은 긍정적 으로 평가된다. 이러한 점에서 유기체적 가치평가 과정은 유아의 욕구충족을 도모 하는 점검체계(monitoring system)이다.

유기체적 가치평가 과정

내적 평가기준

욕구충족 점검체계

외부 세계의 평가

아동이 발달함에 따라 자신과 외부 세계를 구분할 수 있게 되고, 자신에 대한 외부 세계의 평가를 받아들이고, 그럼으로써 유기체적 가치평가 과정의 점진적인 변형이 이루어진다. 점차 개인은 부모, 이웃, 친구, 교사, 마지막으로 고용주와 권위적 인물이 자신을 어떻게 생각하는가에 따라 스스로를 평가하는 방법을 배우게 된다(Raskin, 1985). 이와 같이 개인의 자기개념 발달은 환경과의 상호작용을 통해 형성되며, 점차 분화되고 복잡해진다.

긍정적 관심에 대한 욕구

주요 타인의 기대와 태도

자기개념의 발달에 결정적인 역할을 하는 것이 바로 긍정적 관심에 대한 욕구이다. 자기에 대한 의식이 생기면 모든 사람은 타인으로부터 온화함, 존경, 숭배, 수용, 사랑 등과 같은 긍정적 처우를 받고 싶은 기본적 욕구가 생긴다. 긍정적 관심을 받고자 하는 욕구의 충족은 타인에 의해서 가능해지기 때문에, 아동은 성장하면서 점점 더 다른 사람에게서 긍정적 관심을 받으려 하며, 점차로 주요 타인(significant others)의 자기에 대한 기대와 태도에 영향을 받고 민감해진다(Rogers, 1959).

조건적 가치부여

무조건적인 긍정적 관심

수용

대부분의 성인은 아동에게 조건적인 긍정적 관심을 보이는데, 그 예는 "네가 내가 바라는 사람이 되면, 나는 너를 사랑하고 인정할 것이다."라는 표현을 들 수 있다. 이러한 조건적인 긍정적 관심을 조건적 가치부여(conditions of worth)라고 한다. 이것은 아동이 타인의 기대에 따라 행동함으로써 칭찬받고, 주의를 끌며, 인정이나 또 다른 형태의 보상을 받는 상황을 의미한다. Rogers는 무조건적인 긍정적 관심(unconditional positive regard)을 주고받는 것이 가능하다고 하였다. 이것은 어떤 개인에게 만약(if), 그리고(and), 그러나(but)라는 조건 없이 있는 그대로 수용하고 존경하는 것을 의미하는 것으로, 어머니가 아동의 행동이나 사고, 감정이 어떻든지 자신의 자녀이기 때문에 사랑을 베푸는 것에서 잘 엿볼 수 있다. 즉, 무조건적인 긍정적 관심은 한 개인을 있는 그대로 수용하고 존중하는 것을 의미하는 것이다. Rogers는 개인이 무조건적인 긍정적 관심을 주고받을 때 완전히 기능하는 사람으로 변화될 수 있으며, 자기개념이 더욱 심화되어 간다고 보았다.

완전히 기능하는 사람

4) 사회복지실천에의 적용

(1) 심리적 건강과 증상에 대한 관점

자기인식

Rogers(1980)는 모든 내담자는 정확한 자기인식(self-awareness)을 얻으려는 동일한 욕구를 가지고 치료를 받으러 온다고 하였다. 즉, Rogers는 모든 내담자가 공통으로 '나는 누구인가?' 등의 의문을 가지고 있는 것으로 보았다. 이와 같이 부적 응적 개인은 자기이미지와 현실 사이에 괴리가 심하며, 이로 인하여 높은 수준의 불안을 경험하는 존재이다(Goldberg & Deutsch, 1977). 이에 반하여 Rogers(1961)는 적응적 개인은 실제적으로 행동하고, 생각하고, 경험하는 방식에 대해 좀 더 정확한 지식을 갖고 있는 사람이라고 하였다. 그러나 적응적 개인이라고 하여 반드시 자기실현을 완성할 수 있는 것도 훌륭한 삶(good life)을 사는 것도 아니라고 하였다. 그 이유는 인간이란 완성의 존재가 아니라 바로 '되어 가는 존재(becoming)'이기 때문에, 자기인식을 갖고 있고 자기실현을 했다고 해서 완성 상태에 도달한 것은 아니며, 지속적으로 더욱 훌륭한 삶을 획득하기 위하여 자신의 잠재력을 개발해 나간다.

나는 누구인가
부적응적 개인
적응적 개인
훌륭한 삶
되어 가는 존재

Rogers(1961)는 훌륭한 삶을 살아가는 사람을 '완전히 기능하는 사람'이라고 규정하고, 경험에 대한 개방성을 갖춘 사람, 실존적 삶(existential living)을 살아가는 사람, 자기 자신을 신뢰하는 사람, 자유의식을 지닌 사람, 창조적 삶을 사는 사람이라는 다섯 가지 특성을 지니고 있다고 보았다. 이러한 Rogers의 완전히 기능하는 사람은 Maslow의 자기실현자, Allport의 성숙한 인간과 유사한 개념이다.

완전히
기능하는 사람

Maslow(1970)는 자기실현의 욕구를 충족한 사람은 ① 현실을 정확히 지각하며, ② 불만 없이 자신의 본성과 타인을 수용하며, ③ 행동, 내적 생활, 사고, 충동에 가식이 없으며, ④ 자신보다는 외부의 문제에 대한 관심이 크며, ⑤ 자신에게 해롭거나 불편해하지 않으면서 혼자 생활할 수 있으며, ⑥ 물리적·사회적 환경으로부터 독립성을 유지하며, ⑦ 자연, 어린아이와 같은 삶의 기본적인 것에 대한 경외심을 갖고 감사하는 능력을 지니며, ⑧ 절정경험이라는 신비한 경험을 하며, ⑨ 모든 인간에 대해 강한 감정이입과 애정을 느끼며, ⑩ 보통 사람보다 더 깊은 대인관계를 형성하고 유지하며, ⑪ 민주적 성격을 가지며, ⑫ 목적을 수단보다 훨씬 더 중요시하며, ⑬ 유머감각이 있으며, ⑭ 어린아이와 같이 순진무구하고 폭넓은 창조성을 지니고 있으며, ⑮ 사회 압력에 저항하고 특정 문화를 초월하는 특성을 지니고 있다고 보았다.

자기실현자

Allport(1961)는 성숙한 인간(mature mind)을 자신의 삶에 대해 책임을 느끼고 각자가 특유하고 개별적인 방법으로 발달하는 과정이라고 하면서, 궁극적인 정신건강의 요소로 ① 넓게 확장된 자기개념, ② 우호적 인간관계, ③ 정서적 안정, ④ 객관적 현실감, ⑤ 자기객관화, ⑥ 철학적 삶을 들었다.

성숙한 인간

(2) 치료 목표와 과정

독립성과 통합성

인본주의적 접근방법에서는 개인의 보다 큰 독립성과 통합성을 달성하는 데 치료목표를 둔다. Rogers(1977)에 따르면 치료적 초점은 현재의 문제가 아니라 인

인간 그 자체

간 그 자체이며, 내담자의 성장과정을 원조함으로써 그가 현재 대처하고 있는 그리고 미래에 대처하게 될 문제에 대해 더 잘 대처할 수 있도록 돕는 것이다. 즉,

현상적 장 이해

Rogers(1977)는 내담자가 자신의 내적 준거틀, 즉 현상적 장을 정확히 이해하게 함으로써, 내담자의 내적 및 환경 내에서 긍정적인 행동 변화가 이루어질 수 있도록 하는 데 치료목표를 두고 있다.

이러한 치료목표를 달성하기 위하여 치료자는 내담자가 자신의 경험세계를 탐색하고 존중할 수 있도록 자극하는 촉진적 조건을 제공하여야 한다. 이러한 원조관계를 통하여 내담자는 자기 가치평가 과정을 새롭게 하고 강화할 수 있게 된다.

촉진적 원조관계

즉, 촉진적 원조관계를 통하여 내담자는 긍정적 자기존중을 하는 방향으로 변화할 수 있으며, 개인은 평가의 내적 중심을 회복하고, 융통성 있고, 높은 수준의 분화를 유지하고, 다양한 과거 경험과 현재 경험을 고려할 수 있는 사람으로 변화될 수

치료적 변화의
조건

있다. Rogers(1957)는 진실성, 무조건적인 긍정적 관심, 감정이입적 이해를 치료적 변화를 일으키는 필요충분조건이라고 하였다. 그리고 이러한 조건이 갖추어질 경우 내담자의 자연적 성장이 이루어질 것이라고 하였다.

역할이 없는 상태

Corey(2000)는 인간중심적 접근방법에서 치료자가 수행해야 할 역할은 '역할이 없는 상태가 되는 것'이라고 했다. 이 말은 내담자에게 무엇을 하라고 요구하는 기

치료자의 태도

법을 사용하지 않는다는 의미이다. 인간중심적 접근방법에서는 치료자의 역할 중에서 가장 중요한 요소를 태도라고 본다. 치료자는 내담자의 경험과 감정에 대해 많은 관심을 보여야 하며, 내담자를 진실하게 대하고 감정이입적 이해를 바탕으로 존중하는 것이 내담자의 성장과 자기실현을 증진할 수 있다.

현재의 경험

인간중심적 접근방법을 활용하는 치료자는 원조관계에서 일어나는 현재의 경험을 중시하지만, 중요한 것은 현재의 문제가 아니라 내담자가 그러한 문제에 더

성장과정

잘 대처할 수 있게 해 주는 성장과정이다. 치료과정의 목표는 더 높은 수준의 독립성과 통합성을 성취할 수 있도록 도와주는 원조관계 내에서 내담자가 가치평가 과정에 참여하게 하는 것이다. 이러한 방식으로 내담자의 자기평가를 유발하고 개인적 성장을 이루도록 한다.

(3) 치료기법

인본주의적 접근방법에서는 치료기법의 의도적 사용을 최대한 자제하며, 치료자의 인간성, 신념, 태도, 치료적 관계가 치료의 성패를 좌우하는 것으로 본다. 인본주의적 접근방법에서의 치료기법은 수용, 존경, 이해를 표현하고 전달하며, 생각하고 느끼고 탐색하는 것을 통해 내담자가 내적 준거틀을 발전시키도록 원조하는 것이다. 만약 치료자가 전략의 하나로서 기법을 사용하면 관계를 비인간화하게 된다. 치료기법은 치료자의 솔직한 표현이어야 하며, 내담자에게 어떤 변화를 일으키기 위해 치료기법을 의도적으로 사용하는 것은 지양해야 한다.

치료기법

치료적 관계

수용, 존경, 이해

기법 사용 지양

생각해 보아야 할 과제

1. 영유아기에 성격의 기본구조가 형성된 이후에 기본성격이 변하지 않는다는 Freud의 정신 결정론과 전생애에 걸쳐 점성적 발달을 한다는 Erikson의 관점에 대해 찬반 토론을 해 보시오.

2. 귀하의 발달이나 성격에 가장 중요한 영향을 미친 인물을 찾아내고, 그의 행동, 사고, 정서가 당신의 발달에 구체적으로 어떤 영향을 미쳤는지를 Erikson의 심리사회적 발달 단계에 근거하여 분석해 보시오.

3. 청소년의 비행과 자아정체감 혼란은 어떤 관련성을 지니고 있는지 탐색해 보시오.

4. 자신의 현실적 자기와 이상적 자기 사이의 괴리가 어떤 것인지 논의하고, 그 괴리를 경감 또는 해소할 수 있는 방안을 제시해 보시오.

5. 급우 중의 한 명을 선택하여 그가 최근에 경험한 어려운 생활문제나 긍정적 또는 부정적 감정을 불러일으키는 사건에 대해 3분 정도 경청한 다음, 이를 감정이입적으로 반응해 보시오. 그런 이후에 역할을 바꾸어 실험을 계속해 보시오.

제10장

행동주의이론과 인지이론

1 행동주의이론

1) 인간관과 가정

행동주의이론의 인간관은 Skinner를 비롯한 전통적 행동주의자의 관점과 Bandura를 비롯한 사회학습이론가와 인지적 행동주의자 사이에 많은 차이점이 있다. 첫 번째 차이는 인간행동의 결정요인에 대한 시각의 차이이다. Skinner(1971)는 자율적 인간이란 존재할 수 없다고 주장하면서 인간의 자기결정과 자유의 가능성을 완전히 배제하고 있다. 이에 반하여 Bandura는 인

인간관의 차이점

자율적 존재

● Burrhus Frederic Skinner
(1904~1990)

● Albert Bandura (1925~현재)

간은 단지 사회문화적 조건의 산물은 아니며 그 자신의 환경을 산출해 내는 주체자라고 보고 있다(Bandura & Walters, 1963). 즉, Skinner는 환경적 요인에 의해 인간의 본성이 결정된다는 기계론적인 환경결정론의 입장을 강하게 취하고 있는 반면, Bandura는 인간행동은 인지 특성, 행동, 환경이 상호 작용한 결과라고 보는 상호결정론(reciprocal determinism)에 입각하여 인간의 본성을 설명하고 있다.

환경결정론

상호결정론

합리적 존재

인간이 어느 정도 합리적 존재인가에 대해서도 관점의 차이를 보인다. Skinner(1971)는 인간의 내면세계, 즉 성격, 정서, 목적, 의도 등은 연구할 필요조차 없다고 하여 인간본성이 합리적인지 아니면 비합리적인지에 대한 논의 자체를 거부하였다. 이에 반하여 Bandura는 인간은 자신의 인지능력을 활용하여 사려 깊고 창조적인 사고를 함으로써 합리적 행동을 계획할 수 있는 능력이 있다고 본다.

주관성 또는 객관성

Skinner와 Bandura는 인간본성의 주관성 또는 객관성에 대한 관점에 있어서도 차이를 보인다. Skinner는 인간행동을 객관적인 자극-반응의 관계에서만 설명할 수 있다고 보고 인간본성에 대해 강한 객관적 관점을 갖고 있다. 이에 반하여 Bandura는 환경으로부터의 객관적 자극에 반응할 때 인간 내면의 주관적인 인지적 요소가 관여한다고 보고 있기 때문에, 인간에 대한 주관적 관점과 객관적 관점을 동시에 지니고 있다.

인간관의 공통점

Skinner와 Bandura의 인간관에 있어서는 이상과 같은 차이점뿐만 아니라 공통점도 존재한다. Skinner와 Bandura는 모두 인간의 행동을 불러일으키는 요인은 환경적 자극이라는 점에 동의하고 있다. 그리고 Skinner는 강화 속성을 바꿈으로써 인간행동은 얼마든지 변화가 가능하다고 보며, Bandura는 자기강화와 환경적 자극과 강화의 변화를 통하여 인간행동의 변화가 가능하다고 보기에 이 두 사람은 인간본성이 가변적 속성을 지니고 있다는 점을 인정하고 있다 하겠다. 또 다른 공통점은 두 사람 모두 관찰 가능한 행동에 초점을 두고 있기 때문에 과학적 연구를 통하여 인간본성을 설명할 수 있다고 보고 있는 점이다.

환경적 자극

인간행동의 변화 가능성

관찰 가능한 행동

과학적 연구

기본 가정

모든 행동주의이론에 동일하게 적용되는 기본 가정을 제시하는 것은 쉽지 않으므로, 여기서는 Skinner와 Bandura의 인간행동에 대한 기본 가정에 대해서만 논의하고자 한다. Skinner는 인간의 행동은 환경적 자극에 의해 동기화되며, 행동에 따르는 강화에 의해 전적으로 결정된다고 보고 있다. 이러한 Skinner의 인간행동에 대한 기본 가정을 ABC 패러다임이라고 하는데 이를 도식화하면 [그림 10-1]과 같다.　　　　ABC 패러다임

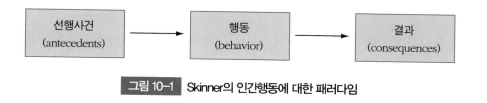

그림 10-1 Skinner의 인간행동에 대한 패러다임

이러한 인간행동에 대한 환경결정론적인 Skinner의 기본 가정과는 달리 Bandura는 인간행동은 외적 환경의 자극과 인간 내적 사건이 상호 작용하여 결정된다는 상호결정론을 취하고 있다. 이러한 Bandura의 인간행동에 대한 기본 가정을 도식화하면 [그림 10-2]와 같다.　　　　상호결정론

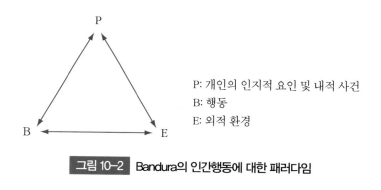

P: 개인의 인지적 요인 및 내적 사건
B: 행동
E: 외적 환경

그림 10-2 Bandura의 인간행동에 대한 패러다임

2) 주요 개념

(1) 고전적 조건화와 반응적 행동

고전적 조건화는 Pavlov의 개실험에서 그 유래를 찾을 수 있다. Pavlov의 개실험에서 음식은 타액 분비라는 무조건 반응(unconditional response)을 유발하는 무조건 자극(unconditional stimulus)이다. 종소리는 원래 타액 분비와는 관계가 없는 중성자극(neutral stimulus)이었으나, 개가 조건화됨으로써 무조건 자극뿐만 아니라 중성자극에도 반응을 보이게 된다. 이와 같이 고전적 조건화는 중성자극을 1차　　　　Pavlov의 개실험

무조건 반응

무조건 자극

중성자극

1차적 유발자극

적 유발자극(primary eliciting stimulus), 즉 무조건 자극과 교차하여 유기체에 투입함으로써 중성자극에도 특정 반응을 유발하는 힘을 형성하는 과정이다. 즉, 행동을 유발하는 힘이 없는 중성자극에 반응유발능력을 불어넣어 조건자극(conditional stimulus)으로 바꾸는 과정이 고전적 조건화이다.

조건자극

고전적 조건화는 어떤 자극에 유기체가 자동적으로 또는 수동적으로 어떤 반응을 일으키게 만드는 속성 때문에 반응적 조건화(respondent conditioning)라고도 불리며, 이러한 조건화에 의해 형성된 행동을 반응적 행동이라 한다. 즉, 반응적 행동이란 인간 유기체가 특정 자극에 대해 자동적으로 반응을 보이는 것을 의미한다. 이러한 반응적 행동의 대표적 예로는 타액분비, 눈물, 재채기 등과 같은 반사행동과 수업시간에 교수가 질문을 하면 초조해하는 행동, 타인의 칭찬을 받았을 때 수줍은 미소를 짓는 것 등이 있다.

반응적 조건화

반응적 행동

(2) 조작적 조건화와 조작적 행동

도구적 조건화

조작적 조건화는 Thorndike가 실시한 도구적 조건화(instrumental conditioning)의 실험에서 유래하였다. Thorndike는 음식물을 얻기 위하여 지렛대를 조작하여야만 빠져나올 수 있는 미로상자에 동물을 넣어 놓고 실험을 실시하였다. 동물들은 실제로 여러 번의 시행착오를 거친 이후 지렛대를 조작하여 음식을 먹고 미로상자를 빠져나오는 방법을 학습하였다. 이러한 과정을 효과의 법칙(law of effect)이라 하는데, 보상적 행동과 비보상적 행동을 포함한 모든 행동의 효과(effect)는 그 행동을 방출하는 유기체가 앞으로 취할 행동의 원인이 된다는 것이다. 즉, 특정 행동에 따르는 결과가 다음 행동의 원인이 되며, 행동은 결과, 즉 강화와 벌에 의해 유지 또는 통제된다는 것이다.

미로상자

지렛대

효과의 법칙

조작적 조건화

조작적 행동

Skinner(1938)는 도구적 조건화와 같은 원리에 근거를 둔 조작적 조건화에 의해 습득된 행동을 조작적 행동이라 하였다. 하지만 Skinner는 조작적 조건화는 실험실 장면의 동물에만 적용되는 것이 아니라 인간 유기체에도 적용된다고 보았다. 예를 들어 부인이 자신의 개인적 문제를 남편과 의논하려고 할 때, 남편이 계속 신문만 보고 있다면 앞으로 부인이 남편에게 속마음을 터놓을 가능성은 낮아지는 것이다. 그리고 아버지의 애정표현이 딸이 대학에 진학하느냐 진학하지 못하느냐에 따라 달라진다면 아버지는 현실적으로 딸의 행동을 통제하고 있는 것이다. Skinner는 자극이나 특수한 조건에 의해 어떤 반응이 유발되는가에 대한 기능적 분석을 실시하여 행동의 원인과 결과를 발견하고, 원인인 자극을 조정함으로써 그 결과인 반응을 통제할 수 있다는 조작적 조건화의 원리를 임상 실제에 활용하였다.

(3) 변별자극

조작적 조건화에서 어떤 자극은 변별적 기능을 한다. 특정한 반응이 보상되거나 보상되지 않을 것이라는 단서 혹은 신호로 작용하게 되는 자극을 변별자극(discriminative stimulus)이라 부른다. 즉, 어떤 행동이나 반응을 보여야 바람직한 결과를 얻을 수 있을 것인지를 알려 주는 신호이다. 예를 들어, 무인속도측정기는 운전자가 교통위반범칙금을 물지 않기 위하여 속도를 줄이게 만드는 신호가 된다. 변별자극이 우리의 행동을 완전히 통제할 수 있는 것은 아니다. 하지만 어떤 바람직한 결과 또는 덜 위협적인 결과를 성취하려면 어떤 행동을 선택해야 할지를 미리 알려 주는 기능을 하는 것만은 분명하다. 따라서 변별자극을 통하여 인간은 외부 세계를 더 잘 관리하고 예측하고 통제할 수 있게 된다.

변별자극

무인속도측정기

외부 세계 예측

(4) 강화와 벌

조작적 조건화의 기본 전제는 행동이 그 결과에 의해 통제된다는 것이다. 그러나 어떤 결과는 행동이 다시 일어날 가능성을 높이는 반면 또 다른 결과는 행동이 재현될 가능성을 낮추는 경우가 있다. 특정 행동에 뒤따르는 결과 중에서 행동 재현 가능성을 높여 주는 것이 강화(reinforcement)이며, 가능성을 낮추는 것이 벌(punishment)이다.

강화와 벌

그러나 어떤 것이 강화이고 벌이 될지는 기능적 분석, 즉 행동의 증가나 감소가 일어나는지를 관찰하여야만 구분이 가능하다. 예를 들어 어떤 사람은 아이스크림을 사 주면 강화가 되지만 또 다른 사람은 강화가 되지 않을 수 있다. 이러한 강화와 벌의 관계를 제시하면, 〈표 10-1〉과 같다.

표 10-1 | 강화와 벌의 관련성

자극의 종류	제시하면	철회하면
유쾌 자극	정적 강화	벌
혐오 자극	벌	부적 강화

① 강화

행동 재현 가능성

강화는 행동 재현 가능성을 높여 주는 것으로, 두 가지 종류가 포함되어 있다. 강화에는 즐거운 결과를 의미하는 정적 강화(positive reinforcement)와 혐오적 결과를 제거하는 부적 강화(negative reinforcement)가 포함되며, 이 두 가지 강화는 모두 행동의 빈도를 증가시킨다. 정적 강화의 예로는 어머니가 자녀에게 매일 자기 침대에서 잠을 자면 일주일에 한 번씩 영화를 보여 주겠다고 하면, 그 아이가 자기 침대에서 자는 경우가 많아지는 경우를 들 수 있다. 부적 강화의 예로는 어머니가 아이에게 침대에서 자라는 잔소리를 하지 않게 되면, 아이가 자기 침대에 가서 자는 경우가 많아진다는 것을 들 수 있다.

정적 강화

부적 강화

② 벌

혐오 자극

유쾌 자극

벌에도 두 가지 종류가 있다. 한 가지는 혐오 자극을 제시하는 것이며, 다른 한 가지는 유쾌 자극을 철회하는 것이다. 이러한 혐오 자극과 관련된 벌의 예를 들면 적색 신호등에 정지하지 않은 사람에게 범칙금을 부과하여 교통위반 빈도를 줄이는 것이다. 유쾌 자극의 철회와 관련된 예를 들면 다른 아이들이 바깥에서 신나게 놀고 있을 때 교실에 남아 있게 하면, 수업시간에 소란스러운 행동을 멈춘다는 것이다.

회피행동

벌을 사용하였을 때와 강화를 사용하였을 때, 그에 따르는 결과는 매우 다르다 (Martin & Pear, 1983). 벌은 벌을 가하는 사람에 대해 공격적 행동을 하게 만들거나 나쁜 감정을 갖게 할 수 있으며, 회피행동을 자극할 수 있다. 그리고 벌은 그 효과를 유지하기 위하여 계속적인 감독을 해야 하며, 새로운 행동의 학습에는 부적절하다. 따라서 벌보다는 행동의 빈도를 줄이는 또 다른 방법인 소거를 사용하는 것이 더욱 바람직할 것이다.

소거

소거(extinction)는 어떤 자극이 있은 후에도 특정 행동이 일어나지 않는 것을 말한다. 소거의 예로는 학급에서 바보처럼 행동하는 아동의 경우를 들 수 있다. 교사와 다른 학생은 그 아이의 우스꽝스러운 행동에 관심을 기울이지 않고, 웃지도 않기로 약속한다. 이러한 조건하에서 처음에는 아동의 우스꽝스러운 행동의 빈도가 증가하지만 결국 그런 행동은 중단되게 된다.

③ 강화계획

행동증가를 목적으로 사용하는 강화물을 제시하는 빈도, 즉 강화계획 (reinforcement schedule)은 매우 중요하다. 그 이유는 강화계획에 따라 반응속도나 강화물이 제시되지 않는 상황에서도 동일한 반응이 유지되는 정도가 달라지기 때문이다. 강화계획은 강화간격과 강화비율이라는 두 가지 기준에 따라 구분할 수 있다. 먼저 연속적 강화계획은 행동이 일어날 때마다 강화물을 제시하는 것이며, 고정간격 강화계획은 정해진 시간간격으로 강화를 하는 것이다. 간헐적 강화는 예측할 수 없는 시간간격으로 강화를 하는 것이다. 고정비율 강화계획은 정해진 특정한 수의 반응이 일어날 때만 강화를 하는 것이다. 가변비율 강화계획은 평균적으로 정해진 어떤 수의 반응이 일어난 후 강화를 하는 것이다.

강화간격과 강화비율

④ 2차적 강화

1차적 강화물과 계속 짝지어진 중립자극은 그 자체가 강화물이 되는데, 이것이 2차적 강화물(secondary reinforcement)이다. 이러한 2차적 강화물의 예로 1차적 강화물인 음식과 함께 보여 주는 어머니의 미소, 칭찬 등을 들 수 있다. 특히 유아에게 있어서 어머니는 항상 2차적 강화물이라 할 수 있는데, 그 이유는 어머니가 1차적 보살핌(예: 우유, 기저귀 교환 등)과 함께 미소, 칭찬, 인정을 해 주기 때문이다.

2차적 강화물 음식, 미소

(5) 행동조형

조작적 조건화에 의해 학습되는 인간행동의 대부분은 모 아니면 도(all-or-nothing)의 방식으로 습득되는 것이 아니라 점진적으로 학습된다. 이를 행동에 대한 점진적 접근이라 하는데, 그 대표적인 개념이 행동조형(shaping)이다. 이러한 행동조형은 복잡한 행동이나 기술을 학습시키는 데 매우 유용한 방법으로, 기대하는 반응이나 행동을 학습할 수 있도록 기대에 부응하는 행동에 대해 강화를 함으로써 행동을 점진적으로 만들어 가는 것이다.

점진적 학습

(6) 일반화

모든 행동을 조작적 조건화를 통해 하나하나 학습해야 하는 것은 아니며, 일반화의 원칙이 적용된다. 일반화(generalization)는 특정 자극 상황에서 강화된 행동이 처음의 자극과 비슷한 다른 자극을 받았을 때 다시 발생하게 되는 것을 의미한

자극일반화

다. 이러한 일반화는 자극일반화와 반응일반화로 구분할 수 있다. 자극일반화를 예를 들어 설명하면 아주 어린 유아가 삼촌을 보고 '짬촌'이라고 불렀을 때 칭찬을 해 주었다면, 그 유아는 비슷하게 생긴 성인 남자를 보아도 '짬촌'이라고 한다. 이

반응일반화

때 삼촌이란 자극이 다른 성인 남자에게로까지 일반화된 것이다. 그리고 반응일반 화는 강화를 통해 학습한 반응양식을 다른 반응양식으로 확대하는 것을 말한다. 예를 들어 책을 눈에서 30cm 정도 거리를 두고 읽는 행동에 대해 어머니의 칭찬을 받았다면, 텔레비전을 볼 때도 눈에 무리를 주지 않는 안전거리에서 시청하는 경 우를 들 수 있다.

(7) 대리적 조건화와 대리학습

인간행동은 자극과 반응, 강화와 벌이라는 절차에 의해서만 학습되는 것이 아니 라 이러한 절차를 밟지 않고도 학습될 수 있다. 직접 자극-반응-강화와 벌을 경험

모델관찰

하지 않더라도, 인간은 특정한 행동을 하는 모델을 관찰함으로써 이미 알고 있는 행동이 강화되는 경우도 있다. 이와 같이 모델이 하는 행동을 보고 강화를 받는 것

대리 강화

을 대리 강화(vicarious reinforcement)라고 한다. 예를 들면 식당에서 좋은 서비스 를 받고 지배인에게 팁을 주는 것을 보았을 때, 그 행동을 본 사람은 좋은 서비스 를 받기 위하여 팁을 줄 가능성이 높아진다. 벌의 경우에도 마찬가지인데 경찰관 이 속도위반 운전자에게 범칙금을 부과하는 장면을 관찰하였을 때 자기 차의 속도

모델행동

를 줄이는 행동을 보일 수 있다. 이와 같이 사람들은 타인의 모델행동을 정적 강화 로 경험하면 그 행동을 더 많이 하려고 하고, 벌로 경험하면 그 행동을 회피하려고 한다.

대리적 조건화

대리적 조건화(vicarious conditioning)에 의한 학습도 이루어질 수 있다. 예를 들 어 어떤 사람에게 벨소리에 이어 고통스러운 전기 충격을 주는 장면을 계속하여 보여 주면, 그 모델행동을 관찰한 사람은 대리적 조건화가 이루어져 벨소리에 공 포를 느끼게 된다. 이와 같이 사람들은 직접적인 개인적 경험이 아니라 타인의 경 험을 봄으로써 새로운 행동을 학습하거나 이미 알고 있는 행동이 더욱 강화되기도

관찰학습

한다. 이러한 대리적 조건화에 의한 학습을 관찰학습 등으로 부른다.

모방학습,
사회학습,
대리학습, 모델링

(8) 관찰학습

관찰학습(observational learning)은 모방학습, 사회학습, 대리학습, 모델링 등으로

도 불린다. 관찰학습은 인간이 단순한 환경적 자극에 대한 반응을 통하여 행동을 학습하는 것이 아니라 타인의 행동을 관찰함으로써 학습한다는 것이다. 예를 들면, 청소년은 TV에 출연한 아이돌 가수들의 춤을 보고 최근에 유행하는 춤을 배우며, 부모의 흡연동작을 보고 자녀가 흡연을 학습하는 것 등이 있을 수 있다.

인간은 단순히 타인의 행동을 기계적으로 모방만 하지는 않는다. 즉, 인간은 서로 상이한 모델 및 사례에서 선택하여 그것을 종합해서 새로운 행동을 만들어 내기도 한다(Bandura, 1974). 예를 들면 연예인 지망생은 스타 연예인의 연기동작을 모방하지만 자기 나름대로의 개성 있는 연기를 새롭게 만들어 낸다. 이 예에서 연예인 지망생은 모델행동에 대한 정보를 기억 속에서 처리하고 부호화하고 저장하여, 차후에 자신의 필요에 따라 다른 행동을 만들어 낸다.

이러한 관찰학습의 과정은 다음의 [그림 10-3]에서 보는 바와 같이 4단계로 구성되어 있다(Bandura, 1977). 　　　　　　　　　　　　　　　　관찰학습의 과정

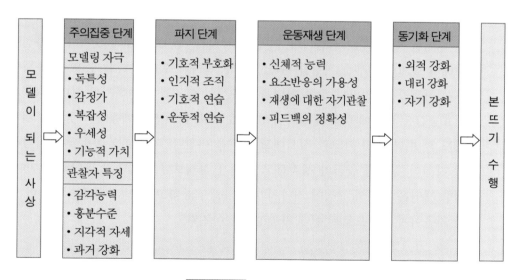

그림 10-3 관찰학습의 단계

(9) 자기강화와 자기효능감

Bandura(1977)는 개인의 감정, 사고, 행동을 통제할 수 있는 자기반응능력을 지니고 있기 때문에 개인의 행동은 자기강화(self reinforcement)와 외부 영향요인에 의해서 결정된다고 본다. 따라서 외적 강화나 벌에 의해 행동이 학습된다는 급진

자기강화

적 행동주의자와 강화에 대한 관점을 달리하고 있다. 이러한 자기강화는 각 개인이 수행 또는 성취의 기준을 설정하고 자신의 기대를 달성하거나 초과하거나 또는 그 수준에 미치지 못하는 경우에 자신에게 강화 또는 벌을 내린다는 개념이다.

자기강화의 기준

선택적 강화

개인은 자기강화의 기준을 학습을 통해 획득하게 된다. 그중 하나가 변별적 혹은 선택적 강화를 통해 획득하는 방법이다. 부모는 자녀가 바람직한 기준을 초과하였을 경우에는 호의적 반응을 보이지만 기대치에 미치지 못했을 경우에는 실망감을 표현한다. 예를 들어, 동생을 때려서 어머니의 꾸중을 들은 아이는 자신의 공격적 행동과 어머니의 사랑의 감소를 연관하여 생각하게 된다. 결국 이 아이는 폭력이 나쁘다는 어머니의 기준을 따르지 못할 경우에는 애정의 감소가 뒤따른다는 사실을 알게 된다. 이후에 공격적 행동을 하려는 충동이 일어났을 때 어머니에 의

내적
행동평가기준

해서 설정된 행동평가기준에 따를지의 여부를 스스로 평가하여 반응을 하게 된다 (Bandura & Kupers, 1964).

자기효능감

Bandura(1982)는 내적 행동평가기준과 자기강화기제에 의하여 자기효능감 (self-efficacy)이 형성된다고 보고 있다. 자기효능감은 자신이 특정 행동을 성공적으로 수행할 수 있다는 신념이다. 개인은 자신의 자기효능감에 근거하여 자신이 행동해야 할지의 여부를 결정할 뿐만 아니라, 얼마나 오래 수행할 수 있을지, 행동을 수행하였을 때 얼마나 많은 처벌을 감수해야 할지를 결정하기도 한다. 그리고 자기효능감은 과제에 대하여 얼마나 많이 준비할지, 어떤 과제를 선택할지를 결정하기도 하며, 개인의 사고와 정서에도 영향을 미친다. 자기효능감이 낮은 사람은 종종 자신의 결함을 곰곰이 생각하고 과제가 실제보다 어렵다고 판단하게 된다. 이러한 개인은 자신의 결점에 지나치게 주의를 집중하고 당면 과제에는 충분한 주의를 기울이지 못함으로써 실패 가능성이 높아진다.

3) 행동 발달에 대한 관점

행동주의이론가는 눈으로 확인할 수 없는 성격 구조와 그 발달에 대해서 논의하는 것은 불필요한 일이라고 보고 있다. 오히려 행동주의 이론에서는 관찰 가능한

행동의 발달과
변화 성격

행동의 발달과 변화를 논의하는 것이 더 적절하다고 본다. Skinner는 성격이란 각 개인이 지니고 있는 행동 유형의 집합, 더 나아가 한 개인의 행동과 그에 따르는 강화 사이의 관계 유형이라고 보고 있다. Skinner는 자극-반응이라는 학습원칙은

누구에게나 동일하게 적용되지만, 그것을 경험하는 개인이 지닌 유전 배경과 독특한 환경적 조건이 결합되어 개인 특유의 행동 유형이 형성되기 때문에 모든 사람의 행동 발달 유형은 각기 다르다고 보고 있다. 따라서 Skinner는 인간의 행동 발달을 단계별로 구분하여 그 특성을 논의하는 것은 의미가 없다고 보고, 별도의 성격 또는 행동 발달 단계를 제시하지 않았다.

행동의 개인차

Bandura의 사회학습이론에서는 생활주기와 관련된 다양한 현상에 관심을 기울이고 있다. Bandura는 각 개인이 처해 있는 생활주기상의 단계에 따라 행동의 선행사건과 강화와 벌의 효과성이 차이를 보인다는 점은 인정한다. 먼저 생활주기상의 단계에 따른 행동의 선행사건의 효과성 인식에 대한 차이의 예를 들면 책이라는 것은 유아에게는 찢을 수 있는 물건이며, 아동에게 있어서는 동화를 들을 수 있는 기회로 보이고, 학생들은 학습해야 하는 것으로, 학자에게는 성공을 위한 요구 조건으로 받아들여지는 것이다. 그러나 Skinner와 같이 인간의 행동 발달을 이해하는 데 있어서 단계이론이 유용하지 않다고 보고, 각 개인 간의 차이점을 이해하는 데 더욱 강조점을 두었다.

사회학습이론

생활주기

행동의 개인차

Bandura가 말한 행동에 따르는 강화와 벌의 효과성에 대한 예를 들어 보면, 매우 어린 아동은 도로를 무단 횡단하지 말라는 직접적 명령이나 무단 횡단하였을 때의 비난과 같은 외부 자극에 1차적으로 반응할 것이다. 그러나 조금 나이가 든 아동은 도로를 횡단하기 전에 양쪽 방향의 도로를 살피는 것을 염두에 두는 것과 같은 인지적 실마리를 채택할 수 있을 것이며, 나이가 들어감에 따라 조건화 과정은 강화나 벌이 따르는 모든 자극으로 확대되어 간다. 이와 같이 Bandura와 같은 사회학습이론가는 행동의 선행사건과 행동에 따르는 강화와 벌의 효과성은 각 개인의 목표, 계획, 자기효능감 등에 따라 차이가 있기 때문에, 생활주기에 따른 단계별로 행동 발달의 공통적 특성을 설명한다는 것은 무의미하다고 본다(Bandura & Walters, 1963).

인지적 실마리

자기효능감

생활주기

4) 사회복지실천에의 적용

(1) 적응 행동과 부적응 행동에 대한 관점

행동주의이론에서는 행동의 적응도는 각 개인이 경험한 조건화 또는 강화와 벌의 역사에 의해 결정된다고 보고 있다. 행동주의이론에서는 부적응적 행동은 내

조건화, 강화와 벌의 역사 부적응적 행동

면적 갈등의 산물이 아니라 단순히 특정 자극에 대해 적합한 반응을 하지 못한 것 뿐이라고 본다. 그러므로 인간의 부적응 행동은 매우 다양하지만, ① 행동결여, ② 행동과다, ③ 환경적 자극의 부적절한 통제, ④ 자극에 대한 부적절한 자기규제, ⑤ 부적절한 강화유관(reinforcement contingencies)에 의해 야기된 행동문제라는 다섯 가지 유형으로 구분할 수 있다(Kanfer & Grimm, 1977).

Bandura 역시 부적응 행동이 강화와 벌의 역사에 그 기원을 두고 있다는 점을 인정하지만 인지적 요인, 특히 자기강화와 자기효능감을 중시한다. 어떤 사람이 특정 행동이나 상황이 벌을 가져올 것이라고 예상하거나, 자기효능감이 낮다고 생각하게 되면 그는 회피행동을 하게 될 것이다. 이러한 회피행동 또는 방어행동을 지속적으로 사용하게 되면 자기효능감을 증진하거나 강화의 역사를 바꿀 수 있는 기회 자체를 차단해 버리는 결과를 초래하게 된다. 따라서 개인은 낮은 자기효능감과 잘못된 강화의 역사를 계속해서 유지할 수밖에 없고, 그 결과로 부적응적인 행동 유형은 굳어지게 된다.

(2) 치료 목표와 과정

전통적 행동치료의 목표는 새로운 학습환경을 구성하여 잘못 학습된 부적응적 행동을 제거하고, 더욱 효과적이고 바람직한 행동이나 기술을 새롭게 학습하도록 내담자를 원조하는 것이다. 전통적 행동주의자와 달리 최근의 사회학습이론이나 인지행동치료에서는 자기통제나 자기효능감의 증진에 목표를 두고 있다.

행동치료에서는 동일한 증상 행동을 지닌 내담자라고 할지라도 강화의 역사가 각기 다르기 때문에 과학적인 행동사정에 근거하여 내담자에 따라 개별화된 치료목표를 설정하여야 한다고 본다. 따라서 행동치료 또는 행동수정에서는 포괄적 치료목표를 배격하고 내담자의 특성에 맞는 구체적이고 명료한 행동목표를 설정한다.

행동주의적 접근방법을 사용한다고 할지라도 초점 영역은 각기 다르다. 전통적 행동주의 치료자는 관찰 가능한 행동과 환경적 사건에 초점을 둔다. 따라서 행동주의이론에서는 응용행동분석(applied behavior analysis), 즉 선행사건, 행동, 결과 사이의 관계를 분석한다. 인지행동치료자나 사회학습이론에 입각한 치료자는 인지를 선행사건과 결과의 매개요인으로 작용한다고 보고 있다. 이들은 문제행동의 변화를 일으키는 사고를 파악하고 바꾸려 한다. 이러한 접근방법을 인지행동수정이라 한다.

행동치료자는 치료과정에서 교사, 지도자, 전문가로서의 능동적이고 지시적인 교사, 지도자,
전문가
지시적 역할

역할을 수행한다. 행동치료자는 관찰 가능한 구체적 행동에 초점을 두고 그 행동

을 일으킨 선행사건과 그 결과에 초점을 두며, 행동 모델로서의 기능을 적극적으 행동 모델

로 수행한다. 그리고 행동주의 치료자는 치료과정에서 ① 경험적 결과에 근거하여 실무원칙

개입계획을 세우고, ② 내담자가 개입목표를 설정하도록 원조하고, ③ 환경적 자

극이 내담자의 목표성취를 방해 또는 지지하는 정도를 사정하여, ④ 개입의 절차

를 명확하게 기술하고 개입 결과의 효과성을 평가해야 한다는 실무원칙을 따른다.

(3) 치료기법

행동주의이론에서는 다양한 치료기법을 제시하고 있다. 이완훈련기법은 내담 이완훈련

자의 긴장된 근육 부위를 이완하는 전통적인 조건화 기법을 활용한 불안 대처기법

중의 하나로 체계적 둔감화, 자기주장훈련, 명상 등의 기법과 통합하여 사용하는

경우가 많다. 체계적 둔감화 기법은 불안을 일으키는 자극을 행동적으로 분석하고 체계적 둔감화

불안 유발 상황에 대한 위계목록을 작성한 다음 이완훈련을 하고, 불안을 유발하

는 상황을 위협을 가장 적게 느끼는 것부터 상상하게 하여 치료하는 방법이다. 토

큰경제(token economy)는 특정 행동을 직접적 강화인자를 사용하여 강화하는 대 토큰경제

신에 토큰으로 보상하였다가 후에 내담자가 원하는 다양한 물건이나 기회와 교환

할 수 있도록 하는 기법이다.

벌을 사용하여 바람직하지 못한 행동을 소거하려는 기법으로는 타임아웃, 과잉 벌

교정, 반응대가, 혐오기법이 있다. 타임아웃 기법은 부적응적 행동을 했을 때 긍정 타임아웃

적 강화를 받을 수 있는 기회를 박탈함으로써 부적응적 행동을 소거하려는 기법이

다. 과잉교정 기법은 부적응 행동이 과도하게 일어났을 경우에나 적절한 강화인자 과잉교정

가 없을 때 사용하는 것으로, 부적응 행동을 한 이후에 즉각적으로 정상적 상황으

로 회복시키도록 요구하는 기법이다. 반응대가 기법은 부적응 행동을 했을 때 자 반응대가

신에게 이익이 되는 물건이나 권리를 내놓게 하여 대가를 치르게 하는 기법이다.

혐오기법은 부적응적 행동이 나타날 때마다 고통스러운 혐오자극을 가하여 문제 혐오기법

행동을 소거하는 기법이다.

인지행동수정 기법은 역기능적 행동을 하게 만드는 사고를 수정할 수 있도록 원 인지행동수정

조하는 데 널리 활용되고 있는 기법으로 인지재구조화, 인지적 자기지시, 인지적

인지적 재구조화

심상기법 등이 있다. 인지적 재구조화 기법은 내담자의 사고에 내포되어 있는 잘 못된 논리를 표현하게 하고 불합리한 사고과정을 논리적이고 합리적인 사고 유형

인지적 자기지시

으로 대치하는 기법이다(Mahoney, 1988). 인지적 자기지시 기법은 내적 대화와 겉으로 드러나지 않은 자기진술을 하게 함으로써 어려운 생활사건에 대처하고 행동

인지적 심상기법

문제를 해결하게 하는 기법이다(Meichenbaum, 1977). 인지적 심상기법은 공포나 불안을 야기하는 사건에 대한 비생산적 반응을 소거하기 위한 기법으로, 내담자가

홍수기법

실제로 두려움을 느끼는 상황을 상상하게 하는 홍수기법과 두려운 사건이나 자극

내파기법

중에서 가장 두려웠던 경우를 상상하게 하는 내파기법이 있다. 합리적 심상기법은

합리적 심상기법

불안이나 두려움을 느끼는 상황에서 즐겁고 유쾌한 상황이나 사건을 상상하게 하는 기법이다(Lazarus, 1971).

자기주장훈련

자기주장훈련은 내담자가 어떤 상황에서 자신의 의사를 정확히 표현할 수 있는 행동을 할 수 있도록 내담자의 행동목록을 늘리고, 타인의 감정이나 권리에 대해 민감하게 반응하는 방식으로 자기표현을 할 수 있도록 가르치는 데 목적을 두고 있으며, 지시, 환류, 모델링, 행동연습, 사회적 강화, 과제부여 등의 임상 전략을 주로 활용한다.

BASIC ID

BASIC ID는 절충적 행동치료 기법으로 행동(behavior), 정서반응(affective response), 감각(sensation), 상상(image), 인지(cognition), 대인관계(interpersonal relationship), 약물·생물적 기능(drug/biological functioning)을 동시에 다룬다. 이를 위해 행동연습, 생리적 자기제어, 대화치료, 유관계약, 최면, 명상, 모델링, 역설적 기법, 긍정적 상상, 이완훈련, 자기지시훈련, 사회기술훈련, 자기주장훈련, 빈의자 기법, 사고중단기법 등과 같은 기존에 개발되어 있는 기법을 종합적으로 활용한다 (Lazarus, 1981).

2 인지이론

1) 인간관과 가정

인간관

인지이론에서는 인간을 매우 주관적인 존재로 규정하고 있다. 즉, 인지이론에

주관적 존재

서는 각 개인의 정서, 행동, 사고는 개인이 현실을 창조해 내는 방식, 즉 현실세계

를 구성하는 방식에 따라 달라진다고 본다(Beck, 1976; Kelley, 1955). 인지이론은 인간 본성에 대해 비결정론적 시각을 지니고 있으며, 변화와 성장 가능성을 인정하고 있다. 즉, 인지이론에서는 인간이 유전적 요인에 의해 결정되는 존재가 아니며, 환경적 영향을 받기는 하지만 이러한 환경적 자극을 인지를 활용하여 능동적으로 중재하고 재구성할 수 있는 능력이 있으며, 지속적으로 성장·발달할 수 있는 잠재력을 지니고 있다고 본다.

● Jean Piaget (1896~1980)

가변적 존재

인지이론에서는 인간이 환경과의 상호작용 과정에서 능동적 역할을 담당한다고 보고 있다(전윤식, 1995; Kelly, 1963; Vygotsky, 1981). 즉, 인간의 모든 행동은 환경적 자극, 특히 그가 속해 있는 사회적·역사적 상황의 영향을 받는다는 점을 인정하고 있지만 동시에 환경적 자극을 능동적으로 중재할 수 있는 능력이 있다고 본다. 인지이론에서는 인간을 미래지향적 존재로 보고, 인간 성격이 개인의 현실세계에 대한 구성 개념체계가 달라짐에 따라 지속적으로 변화되는 것으로 보았다.

능동적 존재

미래지향적 존재

인지이론가 사이에 인간이 과연 합리적 존재인가 하는 점에 대해서는 이견이 존재하지만, Ellis(1979)는 인간은 합리적이고 올바른 생각과 비합리적이고 잘못된 생각을 할 수 있는 가능성을 동시에 갖고 태어나는 존재라고 보고 있다. 즉, 인간은 합리적인 자기와의 대화, 자기평가를 통하여 자신을 유지할 수 있는 존재로서 성장 가능성을 지니고 있지만 동시에 잘못된 사고나 학습으로 인하여 형성된 자기패배적 사고 때문에 성장을 스스로 방해할 수 있는 존재라고 보고 있다.

합리적 또는
비합리적 존재

인지이론에서는 인간의 기능, 성장, 변화 잠재력에 대해 상대적으로 낙관적이고 비결정론적인 관점을 취하고 있으며, 인간의 인지가 모든 기능을 수행하는 데 있어서 중재역할을 한다고 가정한다. 그리고 인지, 감정, 행동은 역동적 체계로서 상호 간에 영향을 미친다. 이들 세 부분 모두가 작용하여 특정 상태나 결과를 낳으며, 한 부분의 변화는 다른 부분의 변화를 야기하기도 한다고 가정한다. 또한 환경과 인간은 서로 영향을 주고받는다는 상호결정론의 가정을 따른다.

기본 가정

비결정론적 관점

인지중재역할
인지, 감정,
행동의 역동성

상호결정론

2) 주요 개념

(1) 인지의 개념과 영역

인지의 개념
인지(cognition)란 일정한 자극과 정보를 조직화하여 지식을 얻는 심리적 과정 (이정균, 1981)이다. 이러한 인지라는 용어는 협의로 또는 광의로도 정의가 가능

인지=사고
하다. Werner(1982)는 생각하기에 따라 행동은 달라질 수 있다고 하여 인지를 사고와 동일시하는 좁은 의미로 사용하고 있지만 최근에는 거의 받아들여지지 않고 있다.

최근에는 인지를 지식, 의식, 지능, 사고, 상상, 계획과 전략의 개발, 합리화, 추

고등 정신 기능 전체
론, 문제해결, 개념화, 분류 및 유목화, 상징, 환상, 꿈과 같은 소위 고등 정신기능 전체를 모두 포함하는 개념으로 받아들이고 있다. 여기에 더하여 지각, 기억, 주의

모든 정신과정
집중, 학습 등이 포함되기 때문에 인지에 속하지 않는 정신과정(mental process)은 없다고 할 수 있다(Flavell, 1985).

인지와 정서
의미 있는 사고(meaning thinking)를 말하는 인지(cognition)와 의미 있는 감정 (meaning feeling)을 의미하는 정서(emotion)를 구분하기도 한다. 그러나 이 두 가지는 복잡한 연관성을 지니고 있으며 명확하게 구분되지도 않는다. 한 개인이 인식하고 지각하고, 그러한 지각을 생각한다는 것은 감정과 밀접한 관련성을 지닌다.

합리성 또는 비합리성
사고와 신념과 같은 인지는 합리적이거나 비합리적일 수 있다. Ellis(1962)는 비합리적 신념은 개인의 생활목표를 방해하거나 성취하지 못하게 하는 것으로 규정

사고와 지식
하였다. 사고와 지식은 즉각적인 인식이며, 개인은 다른 인지적 과정, 감정, 행동에 미치는 영향력을 인식하기도 하며, 인식하지 못할 수도 있다. 이러한 묵시적 지식이나 사고는 우리가 말할 수 있는 것 이상의 것으로 규정할 수 있다. 즉각적으로

자동적 사고
인식되지 않는 사고는 자동적 사고(automatic thought)라고 부른다(Beck, 1976). 만약 개인이 사고과정을 점검한다면 자동적 사고는 접근이 가능하다.

(2) 인지과정

인지과정
개인이 활용 가능한 정보를 지각하고, 조직화하고, 평가하는 정신과정이 인지과정(cognitive process)이다. 이러한 인지과정에는 다양한 세부 과정이 포함된다. 먼저 기억의 과정은 탐색, 재생, 저장과정을 포함한다. 인지 실행과정(executive process)은 문제해결에 기여하는 과정으로서, 문제와 상황의 명확화, 인지적 규칙

과 전략의 활성화, 융통성, 불안과 혼란의 통제를 포함한다(Kagan, 1984). 그리고 추론과 유목화와 같은 과정은 정보나 사건에 의미를 부여한다.

인지 기능에 대한 정보처리 모델은 인지체계를 상호 작용하는 부분들의 복잡한 구성으로 보는 체계이론의 기본 개념을 활용하고 있다. 환경에서 정보가 투입되면, 컴퓨터의 정보처리과정과 유사하게 정보를 조직화하고 판별하는 등의 심리적 규칙과 절차를 통하여 정보를 처리하는 전환과정을 거쳐, 다시 외부 환경으로 정보처리 결과를 산출하고, 이를 다시 투입으로 연결하는 환류과정이라는 일련의 정보처리과정으로 구성된다(Siegler, 1983). 이러한 관점에서 볼 때, 인지는 단지 개인이 생각하는 것 그리고 그러한 생각을 하는 이유에 국한되는 것이 아니라, 개인이 다양한 일상생활의 측면을 처리할 수 있도록 정보를 변환하는 정신의 조직화된 구조, 규칙, 문제해결 전략이라고 보는 것이 타당하다.

정보처리 모델

체계이론
투입

전환
산출
환류

(3) 인지구조

인지구조는 개인이 현실을 구성하고 해석하며, 의사결정, 문제해결과 다른 인지활동에 관련된 정보를 제공하는데, 인지를 구성하는 요소와 관련된 주요 개념을 살펴보면 다음과 같다.

인지의 구성요소

① 도식, 개념 및 명제

인지의 기본 단위로는 도식(schema), 개념(concept), 명제(proposition)가 있다(Kagan, 1984). 도식은 사건이나 자극의 특징에 대한 추상적 표상이다. 즉, 사건이나 자극을 인식하고 그것에 대응하는 데 사용되는 기본적인 이해의 틀이다. 유아는 빨기반사나 파악반사와 같은 기본적인 몇 가지 반사능력만을 갖고 태어나지만 대부분의 도식은 타고난 것이 아니라 환경과의 접촉을 통해 형성되고 확대되는 것이다.

도식

개념은 다양한 경험에서 나온 정보가 공유하고 있는 특성을 통합하여 계층 또는 범주로 조직화한 것이다. 즉, 개념은 어떤 현상이나 사상의 의미를 머릿속에 그려 보는 관념적 구성물이다. 따라서 개념은 현상 자체가 아니라 순전히 지적인 또는 상징적 의미의 집합체이다. 이러한 개념은 개인이 어떤 현상을 조직적이고 질서정연하게 관찰할 수 있게 해 주고, 자신이 지각한 것이 어떤 중요성과 의미를 갖는지를 판단하고, 행동노선을 결정할 수 있도록 도와주며, 타인과의 의사소통을 가능

개념

하게 해 주는 기능을 한다(김경동, 이온죽, 1995).

명제   명제는 두 가지 이상의 개념 사이의 관련성을 토대로 규칙, 신념, 가설을 설정한 것이다. 예를 들어 정보를 어떻게 유형화하고 조직화하느냐, 즉 신념이나 규칙을 자기 자신에 대한 관점에 어떻게 적용하느냐에 따라 행동뿐만 아니라 타인에 대한 지각을 어떻게 해석할 것인가 하는 점이 달라진다(Markus et al., 1985). 개인은 과거 경험에서 나온 이러한 해석적 편견을 근거로 하여 현재 경험의 의미를 파악하고 때로는 그러한 경험을 왜곡하기도 한다.

② 구성

Kelly(1955)는 인간은 자신이 만들어 낸 모델이나 틀을 통해서 세계를 바라보며 세상을 구성하고 있는 실체를 그것에 끼워 맞추려는 속성이 있다고 하였다. 이러한 개인이 지니고 있는 틀을 바로 개인적 구성(personal construct)이라고 한다. 즉, 구성이란 개인이 자신의 개인적 경험세계를 해석하고 이해하는 사고의 범주를 말하며, 개인이 현실의 어떤 특징을 유사성이나 대비성과 같은 견지에서 이해하는 지속적인 방법을 의미한다. 개인적 구성의 예를 들면 흥분 대 침착, 세련 대 저속, 지적인 것 대 어리석은 것, 아름다움 대 추함, 선 대 악 등이다. 이러한 구성은 개인이 일상생활에서 직면하는 경험을 개인적으로 해석하고 이해하는 데 사용된다. Kelly는 외적 현실은 개인이 갖고 있는 구성을 통해 자신에게 알맞게 여과되며, 이에 따라 행동하기 때문에 개인적인 경험을 통제할 수 있다고 본다. 즉, 개인은 자신의 구성을 토대로 경험을 질서정연하고 의미 있는 형태로 일반화하고 예측 또는 통제할 수 있기 때문에 혼란에 빠지는 경우는 드물다. 그러나 이러한 개인적 구성에 혼란이 초래되면 개인의 전체 생활이 혼란 상황에 빠져들게 된다.

인지의 행동 전환   Kelly(1955)는 인지가 행동으로 전환되는 과정을 설명하기 위하여 신중-선취-통제(circumspection-preemption-control: C-P-C) 과정을 제시하였다. 먼저 신중 단계에서 개인은 특정 상황과 관련되는 여러 가지의 개인적 구성을 동원하여 다양한 가능성을 심사숙고한다. 그다음의 선취 단계에서는 그 상황에 적절한 몇 가지 대안적인 개인적 구성으로 압축하고, 마지막으로 통제 단계에서 행동을 결정하게 된다. 이와 같이 Kelly(1955)는 인간은 행동을 결정하기 전에 여러 차례의 신중-선취-통제의 과정을 거치지만, 결국 그 과정은 개인적 구성에 달려 있기 때문에 개인적 구성을 변화시킬 수 있다면 개인의 행동은 얼마든지 변화시킬 수 있는 가능성이 있다고 본다.

③ 귀인

귀인(歸因, attribution)은 수행에 영향을 미치는 행동의 원인에 대한 추론과 신념 귀인의 개념
이다(Heider, 1958). 개인이 행동의 원인과 결과의 관계를 어떻게 지각하느냐, 즉
귀인에 따라 환경에 대한 반응뿐만 아니라 환경 속의 사건에 부여하는 정서적 의
미가 달라진다.

Fleming(1981)은 사회복지실천과 특별히 관련성이 있는 귀인의 세 가지 영역 귀인의 영역
으로 통제의 중심, 오귀인, 자기귀인을 제시하였다. 통제의 중심(locus of control) 통제의 중심
은 내담자가 현재 문제가 자신의 영향력 또는 통제범위 내에 있다고 보는가와 관
련된 것이다. 오귀인(misattribution)은 내담자가 사건의 연쇄과정을 잘못 지각하거 오귀인
나 결과를 일으킨 원인을 잘못 파악하고 있는가와 관련된 것이다. 자기귀인(self- 자기귀인
attribution)은 내담자가 과도하게 자기를 비난하거나, 사회적으로 부정적인 진단명
을 내면화하거나, 자신을 희망이 없는 존재로 보고 있는가와 관련된 것이다.

사회복지사 및 내담자와 상호작용하는 다른 체계 그리고 내담자의 주요 타인의 귀인의 탐색
인지적 기능 속에는 내담자와 관련된 기대나 귀인이 포함되어 있다. 사회복지사는
내담자의 이전 경험 또는 내담자의 범주에 근거하여 형성된 이와 같은 기대와 오
귀인을 탐색하고 변화시켜야 한다.

(4) 인지 기능

인지 기능은 유전적으로 물려받은 인간의 기본 경향으로서, 주요 인지 기능으로
는 적응, 구조화, 평형화가 있다(성현란 외, 2001). 인지의 적응(adaptation) 기능은 적응
개인과 환경 사이의 상호작용을 설명하는 과정으로 모든 인간은 환경에 적응하려
는 경향을 가지고 있으며, 이를 가능하게 해 주는 것이 인지의 적응 기능이다. 적
응은 동화(assimilation)와 조절(accomodation)이라는 두 가지 과정을 통해 이루어진
다. 동화는 개인이 이미 갖고 있는 도식을 이용해서 새로운 자극이나 정보를 그 도 동화
식에 맞게 이해하는 사고과정이다. 즉, 동화는 새로운 경험, 사건 또는 개념을 기
존의 도식으로 받아들이는 통합과정이다. 이와 달리 조절은 외부의 자극이나 정보 조절
에 맞게 자신이 현재 가지고 있는 도식을 변화시키는 과정이다. 즉, 자신의 도식을
수정하여 외부 자극이나 정보를 받아들이는 것이다. 이와 같이 인지의 동화와 조

절과정을 상호 보완적으로 활용하여 개인은 환경에 적응할 수 있게 된다.

조직화

조직화(organization)는 개인이 자신이 갖고 있는 여러 가지 도식을 하나의 통합된 체계로 만드는 기능이다. 개인은 자신이 가지고 있는 각기 독립적인 도식을 서로 연결하고 통합하여 하나의 인지구조를 만들어 나가는데, 이를 인지조직화라 한다. 개인은 인지조직화를 통해 더욱 다양한 도식을 만들어 내고 더 높은 차원의 인지 기능을 수행할 수 있게 된다.

평형화

인지의 평형화(equilibration)라는 것은 동화와 조절이 균형을 이루어 어느 한쪽도 지배적이 아닌 상태를 만들려는 인지 기능을 말한다. 동화와 조절이 상호 간에 균형을 이루고 있지만, 시간이 지나고 자기 자신과 환경이 변화하게 되면 불균형이 야기되는데, 이때 다시 새로운 평형 상태에 도달하려고 노력하는 것을 인지의 평형화 기능이라 한다. 즉, 지금까지의 인지구조에 갈등이 생기면 이러한 갈등을 해결하기 위해 인지 재조직화를 통해 새로운 인지구조를 만들게 되고 다시 인지적 균형을 찾게 된다. 이러한 평형화는 적응과 조직화의 기능을 조절하는 인지의 자기조절 기제이며, 이를 통해 인지구조의 발달이 가능해진다.

(5) 자기개념과 자기효능감

자기개념

자기개념(self-concept)은 인지 기능을 이해하는 데 필수적인 인지구조 간의 역동적인 상호작용, 상호 관련성, 유형화를 보여 준다. 자기의 다양한 도식은 타인과의 상호작용, 물리적 세계에 대한 경험, 지식, 반영과 통찰을 통하여 발달하며, 유목화되고 계층화된 도식은 자기개념을 형성한다.

사고의 주체인 동시에 대상

'나는 너보다 더 뚱뚱하다. 세상 사람들은 뚱보를 좋아하지 않으며, 나 또한 좋아하지 않는다. 만약 내가 너하고 친해지고 싶어 한다면, 나는 거부당할 것이 분명하다.'는 예에서 보듯이, 자기개념은 사고의 주체인 동시에 대상이다. 이와 같은 예는 자기평가, 세계, 그리고 세계 속의 자신에 대한 신념, 자신이 행동을 취했을 때 나타날 수 있는 미래의 결과에 대한 투사 및 기대와 관련된 명제를 보여 주고 있다. 이러한 자기평가와 관련된 사고 유형은 환경에 대한 대처능력의 질과 효과성에 중요한 영향을 미칠 것이다(Nurius, 1989).

환경에 대한 대처능력

개인의 조직화된 자기평가의 명제는 자신에 대한 신념체계로 간주할 수 있다. 이와 같은 자기평가에 근거한 신념체계인 자기효능감(self-efficacy)은 특정한 목적을 성취하는 데 필요한 행동노선을 조직화하고 실행에 옮기는 능력에 대한 개인적

자기효능감

판단으로, 개인이 가지고 있는 기술이 아니라 소유하고 있는 어떤 기술을 활용할 수 있는 정도에 대한 개인적 판단을 말한다. 이러한 자기효능감은 행동의 선택, 노력의 정도나 일관성, 과업에 대한 정서적 반응, 그리고 사고의 조직화에 영향을 미치며, 자기효능감 정도에 따라 개인의 대처능력과 문제해결능력이 증진되거나 방해를 받을 수도 있다.

대처능력과
문제해결능력

인지적 기능의 또 다른 측면인 개인의 자기개념과 자기효능감에 대한 관념은 상황에 따라 매우 다양하다. 개인은 미래에 대한 목적과 희망, 자기 나름의 관점을 가지고 있다. 따라서 사회복지사가 내담자를 원조하고자 할 때 내담자의 자기개념과 자기효능감에 대해 과도하게 일반화된 관점을 가져서는 안 된다. Nurius(1989)는 동적 자기개념(working self-concept)을 전체 자기개념의 레퍼토리 중에서 특정한 상황에서 작동하는 자기개념의 측면이라고 하였다. 동적 자기개념은 상황과 시간에 따라 자기개념이 달라질 수 있다는 것을 말한다. 동적 자기개념의 특수한 예가 바로 가상적 자기(possible self)라는 개념이다. 이 가상적 자기는 자신이 무엇이 되고 싶고, 되고 싶지 않은지에 대한 개인적 관념이다. 가상적 자기는 미래의 목적, 야망, 동기, 공포와 위협에 대한 인지적 표상이다(Nurius, 1989). 가상적 자기에 대한 인식은 개인의 변화에 대한 기대와 이러한 변화를 지지 또는 예방하는 행동 사이의 연관성을 파악할 수 있는 준거틀을 제공해 준다.

동적 자기개념

가상적 자기

인지적 표상

3) 인지 발달에 대한 관점

Piaget의 인지발달이론에서는 아동이 세상에 대한 자기 자신의 이성적 견해를 적극적으로 구성한다는 점을 강조한다(Sheehy, 2009). 아동이 발달하면서 새로운 기능과 능력이 성숙해짐에 따라 인지 구조와 과정에서 발달과 변화가 일어나며, 이러한 인지의 변화와 변형에 토대해 다음 인지 발달 단계로 옮아가게 된다고 본다. 그리고 인지단계이론에서는 지식습득과정은 동화(assimilation)와 조절(accommodation)이라는 상호 보완적이고 동시적인 정신과정, 즉 적응(adaptation)의 산물로 본다. 즉, 인지발달이론에서 인지성장이란 동화와 조절이라는 기제를 활용하여 새로운 상황이나 환경에 적응하는 능력이 강화된다는 의미이다.

동화와 조절

적응

Piaget는 감각 및 운동 능력의 결과로 이루어지는 인지 발달에서 출발하여 추상적이고 논리적 사고의 습득과 표현, 즉 형식적 사고로 완결되는 인지 발달의 4단계를 제시하였다. 각 단계에서 나타나는 사고의 특성, 정상적 발달연령 등은 다음과 같다.

(1) 감각운동 단계

출생~2세

감각 및 운동 능력

출생~2세경에 이루어지는 감각운동 단계(sensory motor stage)에서의 인지 발달은 영아의 반사적이고 급격히 발달하는 감각 및 운동 능력의 결과이다. 영아는 신체적 성장과 환경에 대한 탐색을 통하여 더 높은 수준의 인지의 기반이 되는 개념을 발달시키고, 물리적 세계의 속성에 대한 기초적인 이해를 얻게 된다. 이러한 이해에는 ① 대상이 보이지 않을 때라도 대상이 계속해서 존재한다는 사실을 인식하는 것을 의미하는 대상영속성(object permanence), ② 유아가 원인과 결과 사이의 관계에 대한 인식을 표현하기 시작한다는 것을 의미하는 인과론, ③ 목적지향적 행동의 출현에 동반되는 의도성의 획득이 포함된다.

대상영속성

인과론

의도성

표상적 지능

이 단계에서의 사고는 표상적 지능이 특징적으로 나타나는데, 이것은 정신적으로 대상을 표상하고 감각운동적 문제를 해결할 수 있는 능력을 성취하는 것을 말한다. 이와 같은 특성을 지닌 감각운동 단계는 6개 세부 단계로 구분되는데 각 세부 단계의 특성은 〈표 10-2〉에서 보는 바와 같다.

표 10-2 | 감각운동 단계의 세부 단계별 특성

세부 단계	연령	인지 발달
반사기	출생~ 1개월	• 빨기반사, 파악반사, 미소반사 등 타고난 반사행동을 통하여 환경과 접촉하고 적응적 방향으로 수정됨
1차 순환반응기	1~4개월	• 우연히 어떤 행동을 하여 흥미 있는 결과를 얻었을 때 이러한 행동을 반복함(예: 손가락 빨기) • 점차 대상의 특성을 발견하고 그 물체의 요구에 따라 반응을 수정해 가는데, 이를 위해서는 감각체계 간의 협응이 이루어져야 함
2차 순환반응기	4~8개월	• 활동 자체의 흥미에서 벗어나 환경 변화에 흥미를 가지고 활동을 반복(예: 딸랑이 흔들기) • 자신의 행동과 예상되는 결과를 예측하며, 자신의 욕구충족을 위하여 의도적으로 행동함 • 예상하지 못한 행동결과가 나타나면 놀라기도 함

2차 순환반응 협응기	8~12개월	• 친숙한 행동이나 수단을 통해 새로운 결과를 얻으려고 하므로, 이 단계의 행동은 의도적이고 목적적임 • 1차 도식(예: 엄마의 옷을 잡아당기기)과 2차 도식(예: 엄마를 다른 곳으로 데려가기)의 협응이 이루어짐
3차 순환반응기	12~18개월	• 친숙한 행동으로 목표에 도달할 수 없을 경우 전략을 수정하여 사용함 • 도식 자체가 크게 변화하게 되고, 능동적으로 새로운 수단을 발견함 • 시행착오적 행동을 함(예: 높은 곳에 물건을 내리는 것에 실패할 경우 의자를 가져다 놓고 높은 곳에 있는 물건을 내림)
정신적 표상기	18~24개월	• 행동하기 전에 생각을 함으로써 돌연한 이해와 통찰을 얻을 수 있음 • 수단과 목적의 관계에 대한 정신적 조작이 가능해짐 • 몸으로 행동하는 대신 마음속으로 행동의 결과를 예측함

(2) 전조작적 사고 단계

전조작적 사고 단계(preoperational stage)는 2~7세의 시기로 이때 조작(operation)이란 정보의 전환을 이해하는 정신능력, 즉 처음으로 되돌아갈 수 있는 능력을 의미한다. 전조작적 사고 단계에 속한 유아의 조작능력을 예를 들어 설명해 보면, 반으로 나뉜 동그라미가 다시 하나의 동그라미로 될 수 있다는 사실을 깨닫지 못한다. 이와 같이 정신적 표상에 의한 사고는 가능하나 아직 개념적 조작능력은 충분히 발달하지 않은 상태이다.

이 단계에서는 언어의 습득을 통하여 유아는 상징적 표상능력을 지닐 수 있게 되고 개념적 사고를 하기 시작한다. 지능은 지각에 의해 지배되는 경향이 있으며, 유아 자신의 관점과 사고가 옳다고 보는 자아중심적 관점을 갖게 된다. 이 단계에서의 사고는 비논리적이며, 환상이나 놀이를 통한 상징적 표상이 문제해결과 지배감을 갖게 되는 중요한 통로가 된다. 이러한 특성을 지닌 전조작적 사고 단계는 전개념적 사고 단계와 직관적 사고 단계로 구분되는데, 이를 좀 더 상술하면 다음과 같다.

① 전개념적 사고 단계

이 단계는 2~4세의 시기로 영아기에 발달한 도식이 내적으로 표상되는 전환

조작

개념적 조작능력

상징적 표상

자아중심적 관점
비논리적 사고

2~4세

표상기술

기로서, 상징적으로 사물을 조작할 수 있도록 해 주는 표상기술을 획득하게 된다. 즉, 이 단계에서는 마음속으로 사물의 이미지를 만들 수 있으므로 모방, 심상, 상징화, 상징놀이, 언어기술이 획득된다. 따라서 아동은 더 이상 만지거나 보지 않아도 되며, 표상기술을 사용하여 과거에 일어났거나 미래에 일어나기를 원하는 사건을 표현할 수 있다.

전개념적 사고의
특성

상징놀이

전개념적 사고는 상징적 사고, 자기중심적 사고, 물활론적 사고, 인공론적 사고, 전도추리가 특징적이다. 이 단계에서는 상징적 사고의 발달과 함께 상징놀이(symbolic play)를 통하여 사회, 신체 및 내적 세계를 실험하고 이해하며, 현실적으로 불가능한 것도 다룰 수 있고, 언어적 제한성을 보충할 수 있게 된다.

② 직관적 사고 단계

4~7세

직관적 사고의
특성

이 단계는 4~7세의 시기로 여러 사물과 사건을 표상하기 위하여 많은 개념을 형성하지만 아직 불완전하며, 부분적 논리를 통해 추론을 한다. 이러한 직관적 사고 단계의 특성은 다음과 같다.

불완전한
분류능력

첫째, 이 시기의 유아는 상위 개념과 하위 개념을 완전히 구분하지 못하므로 분류능력이 불완전하다.

둘째, 사물이나 사건의 개별적 특성만을 고려하여 추리하고, 특수한 것에서 특수한 것을 추리하는 전도추리 경향이 나타난다.

전도추리

셋째, 전체 상황 중에서 하나의 차원이나 측면에만 주의를 기울이고, 다른 중요한 차원은 무시하는 중심화 경향이 나타난다.

중심화 경향

불가역적 사고

넷째, 일련의 논리나 사건을 원래 상태로 역전할 수 없는 불가역적 사고 특성이 나타난다.

다섯째, 타인의 관점과 역할을 고려하지 않은 채 자신의 입장에서 세계를 지각하는 자아중심적 사고 특성이 나타난다.

자아중심적 사고

(3) 구체적 조작 사고 단계

논리적 사고

구체적 조작 사고 단계(concrete operational stage)는 7~11세의 시기로, 비논리적 사고에서 논리적 사고로 전환된다. 이때 보존기술, 가역성, 연속성, 분류기술과 같은 기본 논리체계가 획득된다. 보존기술(conservation)은 형태와 위치가 변화하더

보존기술

라도 물질의 양, 수 등이 동일하게 유지된다는 개념이다. 가역성(reversibility)은 시 가역성
작한 곳까지 합리적으로 거슬러 올라갈 수 있는 능력을 말한다. 연속성(seriation) 연속성
은 크기가 증가하고 감소함에 따라 요소를 정신적으로 배열할 수 있는 능력이다.
분류기술(classification)은 대상을 구분하고, 동시에 2개 이상의 계층을 고려할 수 분류기술
있는 능력이다(Wadsworth, 1971). 구체적 조작 사고능력을 획득함으로써 아동은
논리적으로 사고할 수 있지만 이러한 논리를 언어나 가설적 문제에 적용하지는 못
한다.

(4) 형식적 조작 사고 단계

형식적 조작 사고 단계(formal operational stage)는 11∼15세의 시기로, 아동은 자
신의 지각이나 경험보다는 논리적 원리의 지배를 받으며, 추상적 사고가 가능하기 논리적 원리
추상적 사고
때문에 경험하지 못한 사건에 대한 가설적이고 추상적인 합리화를 통하여 과학적 과학적 사고
사고를 할 수 있게 된다. 이러한 형식적 조작 단계에서 나타나는 인지 발달의 특성
을 요약하면 다음과 같다.

① 구체적인 상황을 초월하여 상상적 추론이 가능하다. 상상적 추론
② 가설 설정과 미래사건의 예측이 가능하며, 제시된 문제가 자신의 이전 경험 가설설정과
미래사건의 예측
   이나 신념과 어긋난다 할지라도 처리가 가능하다.
③ 있을 수 있는 모든 개념적 조합을 체계적으로 고려하고 검증할 수 있다. 개념적 조합
④ 관련된 모든 변인의 관련성을 파악하여 적절한 문제해결 방법을 찾아낼 수 변인의 관련성
   있다.

이러한 형식적 사고능력은 13∼15세에 가장 큰 진보가 나타나며, 지능지수와
정적 상관관계가 있는 것으로 나타났다(Neimark, 1975). 그리고 형식적 사고는 이 형식적 사고의
촉진과 효과
질적 성원으로 구성된 동년배집단에 참여할 경우 더욱 촉진되는 것으로 나타났
으며, 교과과정을 통한 학습이 형식적 사고의 발달을 촉진하는 것으로 나타났다
(Looft, 1971). 그리고 다양한 사회 경험을 통해 자아중심성이 감소하고, 학교와 단
체생활을 통하여 점차 타인을 배려할 수 있는 사회적 인지가 발달함에 따라 자기
성찰이나 자기개선을 할 수 있게 된다.

4) 사회복지실천에의 적용

(1) 심리적 건강과 증상에 대한 관점

합리적
정서행동치료

● Aron T. Beck (1921~현재)

인지적 역기능

정서장애

● Albert Ellis (1913~2007)

대표적인 인지치료이론가는 Beck과 Ellis이다. Beck(1976)의 인지치료에서는 특징적 사고 유형이 우울증 및 불안장애를 유발하는 원인을 정교하게 설명하고 효과적으로 개입할 수 있는 방법을 제시하였다. Ellis(1962)의 합리적 정서행동치료(rational emotive behavior therapy: REBT)는 자기패배적 행동과 정서적 고통을 야기하는 비합리적 사고와 신념에 초점을 두고 있다.

학자에 따라 다르긴 하지만 대부분의 인지이론가는 인간이 합리적 사고와 비합리적 사고를 할 수 있는 존재라고 보고 있다. 만약 개인이 인지적 역기능, 왜곡 또는 결손 없이 합리적 사고를 할 경우에는 심리적으로 건강한 삶을 영위해 갈 수 있다고 본다. 그러나 인지적 역기능, 왜곡 또는 결손이 발생할 경우에는 사회적 기능수행에 방해를 받게 되며, 정서적 역기능과 정신장애를 일으키게 된다(Beck, 1976). Ellis는 정서장애는 비합리적 사고의 산물이라고 보고 있다. 즉, 정서장애는 개인이 독단적이고 무력하게 믿고 있는 비논리적이며 타당성이 없는 사고에 그 원인이 있으며, 자기패배적 감정에 휩싸이게 되어 이를 행동화한 결과라고 보고 있다(박경애, 1997).

이와 같이 개인이 비합리적인 신념이나 사고로 인하여 부적응적인 정서와 행동에 고착되는 과정을 Ellis(1991)는 [그림 10-4]와 같이 도식화하여 제시하고 있다. 선행사건(activating event)은 개인에게 정서적 혼란을 야기하는 사건을 의미하여, 신념체계(belief system)는 어떤 사건이나 행위 등과 같은 환경적 자극에 대해 개인이 지니고 있는 태도나 사고방식을 의미한다. 그리고 결과(consequence)는 선행사건에 직면하였을 때 비합리적 태도나 사고방식을 가지고 그 사건을 해석함으로써 느끼게 되는 불안, 원망, 비판, 죄의식 등과 같은 정서적 결과를 의미한다. 논박

ABCDE
성격 모델

선행사건

신념체계

결과

논박

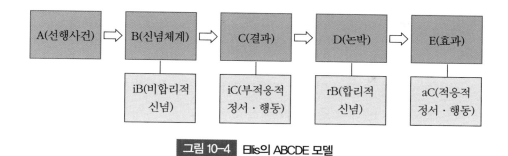

그림 10-4 Ellis의 ABCDE 모델

(dispute)은 개인이 가지고 있는 비합리적 사고나 신념에 대해서 도전해 보고 과연 그 사상이 합리적인지를 다시 한 번 검토해 보도록 치료자가 촉구하는 과정이다. 효과(effect)는 내담자가 가진 비합리적 신념을 철저하게 논박함으로써 합리적인 신념으로 대치한 이후에 느끼게 되는 자기수용적인 태도와 긍정적인 감정의 결과 를 의미한다.

효과

이러한 Ellis의 성격 모델에 근거하여 볼 때 정서장애는 바로 잘못된 신념체계에 의해 야기됨을 명백히 알 수 있는데, Ellis(1979)가 제시한 대표적인 비합리적 신념 체계는 다음과 같은 것이 있다.

비합리적 신념체계

① 더 나쁜 결과를 가져올지라도 이제까지의 생각이나 행동을 쉽게 바꾸지 못 하는 경향

② 분명히 바람직하지 못한 목표인데도 이에 대한 욕망을 버리지 못하거나, 극 단적으로 집착하고 자신에게 확산하는 경향

③ 어렸을 때부터 가지고 있는 편견이나 신념에 집착하는 경향

④ 분명히 비효과적인 습관인데도 그것을 포기하지 못하는 경향

⑤ 주의집중만 하여도 되는 일에 지나치게 경계하고 조심하는 경향

⑥ 자신이 다른 사람보다 우월하고 어떤 측면에서는 완벽하다는 것을 입증해 보이려는 욕구에서 벗어나지 못하는 경향

⑦ 자신의 생각이 그릇된 근거에 토대를 두고 있음이 입증되었을지라도 사고의 검토과정 없이 그와 반대되는 견해로 쉽게 넘어가는 경향

⑧ 심사숙고하면 더 좋은 방법이 있는 데도 아무 생각없이 상투적인 습관대로 행동하려는 경향

⑨ 이롭지 못하다는 증거가 분명히 있는데도 그러한 사실을 자주 잊어버리는 경향

⑩ 지나치게 낙관적인 경향

⑪ 바람직한 일을 위하여 열심히 노력하거나 자기를 훈련하기보다는 구실을 대며 게으름을 피우고 일을 연기하려는 성향

⑫ 다른 사람이 자신을 정당하게 대우해 주었으면 좋겠다는 정도를 넘어 당연히 정당하게 대해 주어야 하는 것처럼 다른 사람에게 요구하고 그렇게 대해 주지 않을 경우 그 사실을 집요하게 생각하는 경향

⑬ 자신의 어리석은 행동을 가지고 자기 자신을 비난하려는 경향

⑭ 과거에 일어났거나 미래에 일어날지도 모르는 일에 대하여 지나치게 일반화하려는 경향

⑮ 정신적으로 당황하게 되었을 때 신체적으로 쉽게 영향을 받는 경향

이러한 비합리적이고 자기패배적인 경향의 특징은 인간은 모든 것이 자기 뜻대로 이루어지기를 바라고, 그렇게 되어야 한다고 믿고 있으며, 그것이 즉시 이루어지지 못했을 때는 자기 자신과 타인 및 세상을 비난하는 경향이 나타난다는 점이다.

(2) 치료 목표와 과정

비합리적 신념의 최소화

치료목표

인지치료의 목표는 내담자가 보이는 정서장애나 문제행동의 제거가 아니라 문제행동의 배후에 있는 비합리적이고 자기패배적인 신념을 최소화하고 삶에 대하여 더욱 현실적이고 합리적인 가치관을 형성하는 데 있다. Ellis는 합리적 정서행동치료(REBT)에서 달성하여야 할 치료목표를 자기관심, 사회적 관심, 자기지향, 관용, 융통성, 불확실성의 수용, 창조적 추구, 과학적 사고, 자기수용, 모험시도, 장기적 쾌락 추구, 반이상주의, 정서장애에 대한 자기책임의 수용이라고 하였다(박경애, 1997).

지시적 치료 권위적 인물

Ellis의 합리적 정서행동치료는 지시적 치료이므로 치료자는 권위적 인물 또는 교사의 역할을 수행하여야 한다. 치료자는 내담자를 근본적으로 실수를 할 수 있는 존재이며, 전적으로 선하거나 악하기 만한 존재가 아닌 그저 인간일 뿐이라고 본다. 합리적 정서행동치료에서는 Rogers가 말하는 진실성, 무조건적인 긍정적 관

심, 감정이입적 이해와 같은 촉진적 치료관계의 핵심 요소가 포함되기는 하지만, 치료자가 내담자에게 지나치게 온화한 태도를 보이지 않기 위하여 절제한다(홍경자, 1995). 왜냐하면 만약에 치료자가 내담자의 애정적 지지에 대한 욕구를 승인해 준다면 오히려 내담자의 비합리적 신념을 강화하고, 욕구가 좌절된 데 대한 인내심을 약화할 우려가 있기 때문이다.

촉진적 치료관계

비합리적 신념 강화

이러한 치료자가 수행해야 할 구체적인 기능과 역할은 ① 내담자에게 치료방법을 강의 또는 설명하여 치료과정으로 끌어들이고, ② 내담자의 문제점, 특히 비합리적 신념체계에 대한 진단과 평가를 실시하고, ③ 비합리적 신념체계의 구체적 내용을 밝혀내며, ④ 내담자가 지적 통찰과 정서적 통찰을 얻을 수 있도록 논박하는 것이다.

치료자의 기능과 역할

(3) 치료기법

합리적 정서행동치료에서는 내담자의 사고, 감정, 행동을 변화시키기 위하여 다양한 기법을 사용하고 있는데, 이는 크게 인지적 기법, 정서적 기법, 행동적 기법으로 구분할 수 있다.

내담자의 비합리적 신념체계, 특히 당위적이고 요구적인 신념체계를 인식하게 하고 합리적 사고방식을 갖도록 하는 인지적 기법에는 다음과 같은 것이 있다.

합리적 사고방식

① 합리적 정서행동치료의 자가치료 양식(self-help form)을 사용한다.
② 합리적인 자기진술을 기회가 있을 때마다 읽게 한다.
③ 합리적 정서행동치료와 관련된 서적을 읽어 오게 하는 등의 과제를 부과한다.
④ 재정의 기법을 활용하여 부정적 언어의 의미를 변화시킨다.
⑤ 비합리적 신념체계를 은유적으로 표현하여 이에 대한 내담자의 인식을 증진한다.

내담자가 자신을 정직하게 표현하도록 하고, 정서적 모험을 경험할 수 있도록 자신을 개방하도록 하기 위하여 사용되는 정서적 기법에는 다음과 같은 것이 있다.

정서적 기법

① 유머를 사용하여 내담자의 불안을 줄인다.
② 치료자 자신이 비슷한 문제로 고통을 당한 경험을 솔직하게 내담자에게 피력한다.

③ 비유나 우스꽝스러운 노래를 사용한다.

④ 수치심을 극복하는 어떤 행동을 시도해 보도록 한다.

내담자에게 어떤 행동을 하게 하여 그의 비합리적 신념체계를 변화시키고, 이 변화된 신념체계를 통해 정서장애에서 벗어나게 하며, 역기능적 증상에서 벗어나 좀 더 생산적인 행동을 할 수 있도록 원조하는 행동적 기법에는 다음과 같은 것이 포함된다.

행동적 기법

① 행동과제를 부여한다.

② 내담자가 일상생활에서 모험을 하고 새로운 경험을 함으로써 비능률적인 습관을 버리도록 한다.

③ 만성적 불안감정을 장시간 경험해 보도록 권장한다.

④ 일을 미루는 습관을 교정하기 위해 바로 일에 착수하도록 유도한다.

⑤ 합리적인 인간이 된 것처럼 연출하여 매사에 합리적으로 생각하고 행동하도록 지시한다.

생각해 보아야 할 과제

1. 최근에 새롭게 학습한 행동을 선택하여 그 행동의 학습과정을 Skinner의 조작적 조건화의 개념에 입각하여 분석해 보시오.

2. 나쁜 습관 중 하나를 선택하고 행동주의 치료기법 중에서 적합한 기법을 골라 적용하여 습관을 바꾸어 보시오.

3. 두 명이 짝을 지어 빈곤지역 주거환경이 담긴 사진을 놓고 각자가 그 사진을 개인적으로 어떻게 구성(construct)하는지에 대해 토론해 보시오.

4. 행동의 원인을 잘못 인식했던 경험, 즉 오귀인했던 경험을 회상해 보고, 그로 인해 대인관계에서 발생한 문제를 탐색해 보시오.

5. 바람직하지 못한 행동을 하게 되었을 때 자신이 주로 사용하는 비합리적 신념이 무엇인지 Ellis가 제시한 15개(제2절 제4항 참조) 신념에 근거하여 분석해 보고, 그 신념의 비합리성을 논박해 보시오.

제11장

일반체계이론과 생태학적 이론

학 습 목 표

1. 일반체계이론과 생태학적 이론의 사회관과 기본 가정을 이해한다.
2. 일반체계이론과 생태학적 이론의 주요 개념을 이해한다.
3. 일반체계이론과 생태학적 이론의 체계 발달 관점을 이해한다.
4. 일반체계이론과 생태학적 이론을 사회복지실천에 적용할 수 있는 방안을 이해한다.

1 일반체계이론

1) 사회관과 가정

일반체계이론에서는 인간과 사회를 하나의 통합된 체계로 간주하는 전체적 인간관과 사회관을 갖고 있다. 일반체계이론에서는 체계를 상호 의존적이고 지속적으로 상호작용하는 부분들의 총체로 규정하고 있다. 그리고 체계 내 어느 한 부분의 변화는 다른 부분 간의 상호작용의 속성을 변화시키기 때문에 체계 전체의 속성을 변화시킨다고 보고 있다. 이러한 일반체계이론의 체

인간관 · 사회관

전체적 존재

● Karl Ludwig von Bertalanffy (1901~ 1972)

계관에 근거하여 볼 때, 인간은 신체 · 심리 · 사회적 부분으로 분리된 존재가 아니라 통합된 전체로 기능한다. 이러한 전체의 기능수준은 신체 · 심리 · 사회라는 각 부분의 기능 정도를 단순히 합한 것 이상의 것이며, 한 부분의 변화는 전체 인간의 사회적 기능에 영향을 미친다고 보고 있다.

환경 속의 인간

일반체계이론의 인간과 사회의 본성에 대한 또 다른 관점은 '환경 속의 인간'이라는 관점이다. 일반체계이론에서는 하나의 전체적 존재인 인간은 외부 체계와 끊임없이 상호 작용하며 상호 의존하는 존재로 보고 있다. 즉, 인간은 자신의 욕구에 맞게 환경을 수정할 수 있을 뿐만 아니라 환경의 요구에 맞게 자신의 행동을 수정할 수 있는 능력을 지니고 있다. 이와 같이 일반체계이론에서는 인간행동이 환경과의 끊임없는 역동적 상호작용의 산물이라고 본다. 즉, 체계적 관점에서는 인간의 행동을 집단, 가족, 또는 다른 사회적 단위를 포함하는 전체적인 사회적 상황의 결과로 본다(Shafer, 1969). 따라서 한 개인의 부적응 행동은 한 개인에게 원인이 있는 것이 아니라 그를 둘러싸고 있는 사회체계와의 역기능적 상호작용에 그 원인이 있다고 할 수 있다.

기본 가정
체계

체계는 어떤 형태의 규칙적 상호작용이나 상호 의존성에 의해 통합된 조직이다(Bardill & Ryan, 1973). 즉, 체계는 전체를 형성하기 위하여 서로 조화를 이룬 통합된 부분들로 구성되어 있다. 이러한 체계는 자체의 경계를 초월하여 외부 환경과

에너지 교환
체계 변화
환경 변화

도 지속적인 에너지 교환을 함으로써 생존이 가능해지고, 내적 기능에 있어서의 변화와 발달이 이루어진다. 그리고 한 체계의 변화는 체계 자체의 변화에 머무르는 것이 아니라 환경의 변화를 야기한다.

체계는 비교적 안정된 구조를 지닌다. 체계는 부분 간의 지속적인 관계를 맺음

상호작용 유형

으로써 비교적 안정된 상호작용 유형을 지니고 있다. 예를 들어, 사회체계는 조직화된 행동능력을 가진 상호작용하고 상호 의존하는 사람들의 구조이다. 사회체계가 시간의 흐름에 따라 발달해 가면서, 각 성원이 분화된 역할을 담당함으로써 체계는 독특한 특성을 지니게 된다. 일반체계이론은 체계성원 사이의 상호작용을 조직화하고 통합된 방식으로 파악할 수 있는 방법을 제시해 준다.

체계의 수준

체계는 다양한 수준에 걸쳐 존재한다. 체계는 인간의 정신기능을 만들어 내는 뇌세포 사이의 행동체계에서부터 가족체계 성원 간의 상호작용 유형에 이르기까지 그 수준이 매우 다양하다. 이와 같이 하나의 총체로서 기능하는 체계는 다른 체계의 하위체계인 동시에 또 다른 체계의 상위체계이다. 예를 들어, 가족은 하나의

체계이면서 동시에 사회의 하위체계이며, 가족성원의 상위체계인 것이다.

    대표적인 사회체계인 가족은 강한 상호 간의 애정 및 충성심에 의해 밀접한 관계를 맺고 있는 개인으로 구성된 사회체계로서, 영속되는 가구 또는 가구의 집합이다(Terkelsen, 1980). 일반체계이론에서는 가족을 이해하기 위해서는 각각의 성원을 분리하여 분석하여서는 안 되며, 오히려 가족성원 사이의 관계를 파악하여야 하며, 각 개인의 행동이 전체적인 사회적 상황의 결과로 보고 있다(Shafer, 1969).

[우측 여백: 체계, 하위체계, 상위체계 / 가족체계]

2) 주요 개념[1]

(1) 구조 및 조직적 속성

① 체계 내부의 구조와 조직

    모든 체계는 독특한 구조를 가지고 있다. 구조(structure)는 체계 성원 사이에서 지속적으로 나타나는 안정된 관계 유형을 의미하며, 각 체계 성원이 수행하는 기능에 기반을 두고 있다. Buckley(1967)는 체계의 조직적 속성인 체계성(systemness) 또는 전체성(wholeness)의 정도를 기준으로 하여 체계적 관계 유형을 분류하였다. '전체는 부분의 총합 그 이상이다.'라는 비합산성(nonsummativity)의 원리는 전체로서의 체계는 부분 간의 관계체계와는 다른 관계 특성을 지닌다는 의미이다.

[우측 여백: 구조의 개념 / 전체성 / 비합산성]

    조직(organization)은 에너지 교환을 촉진하는 체계 성원의 집합이라고 할 수 있다. 하나의 체계가 조직화되는 방식은 체계의 구조와 작동 순서와 밀접히 관련되어 있다. 체계는 부분 간의 지속적인 상호 교환활동에 의해 조직화되는데, 하나의 체계가 작동하고 기능을 하기 위해서는 상위체계(suprasystem)에 의존하여야 하며, 또한 그 체계의 하위체계(subsystem)에 방향을 제시해 주어야 한다. 이와 같이 부분 간의 반복적인 상호작용 과정에서 체계 내 구성요소 간에 역할이 분화되고, 하위체계와 위계질서가 형성된다.

[우측 여백: 조직 / 상위체계 / 하위체계 / 반복적 상호작용 / 위계질서]

    하위체계는 홀론(holon), 즉 부분인 동시에 전체인 총체(entity)로 볼 수 있다. 홀론은 '부분인 동시에 전체'라는 의미를 지닌 그리스어 'holos'에서 유래한 용어로

[우측 여백: 홀론]

---

[1] 일반체계이론은 다양한 수준의 체계에 적용되지만, 가족체계에 가장 잘 적용되므로 다음에서는 가족체계를 중심으로 논의하고자 한다.

서, 체계와 체계성원이 하나의 체계 이상의 수준에서 어떻게 작동하고 행동하는지를 이해하는 데 도움이 된다. 가족 내에서는 세대, 성, 흥미, 기능에 따라 하위체계가 형성된다. 상호 작용하는 개인의 하위체계 중에서 가장 오랫동안 지속되는 것이 부모하위체계와 형제하위체계이다. 하위체계 간의 역동적 상호작용은 가족의 기능 정도를 결정하는 가장 중요한 요소이다(Minuchin, 1974).

| 하위체계의 상호작용 |

역할(role)은 특정한 지위와 연관된 문화적 유형의 총합이며(Linton, 1936), 모든 사람은 여러 가지 역할을 동시에 갖고 있다(Anderson & Carter, 1984). 모든 사회체계는 두 가지 상호 관련된 역할체계, 즉 사회경제적 과업과 관련된 수단적 역할과 정서적 과업과 관련된 표현적 역할을 가지고 있다. 이러한 역할의 상호 보완성은 가족체계의 기능과 관련된 매우 중요한 문제이다. 역할보완성(role complementarity)은 역할관계의 적합성과 가족집단의 성장과 창조적 적응과 관련된 개념이다(Sherman, 1974; Spiegel, 1968). 가족체계의 성원은 다른 성원이 필요한 것을 제공하기 위하여 행동함으로써 역할의 보완성을 성취할 수 있다. 역할보완성을 성취하지 못하였을 때, 가족체계 내에서는 스트레스가 야기되고, 개인은 역할 변화에 대한 요구를 받는 등 가족체계는 역할긴장을 경험한다. 가족성원 개인이 이러한 압력에 대처하는 방법에 따라 가족체계의 적응성과 개인의 능력이 달라진다(Greene, 1986).

다양한 가족성원 간의 위계질서, 권력과 통제는 체계의 또 다른 조직 특성이다. 기능적 가족이든 역기능적 가족체계이든 모두 위계질서를 가지고 있다. 가족내의 위계질서는 연령과 성이라는 기준에 의해 자연발생적으로 형성되지만, 가족성원의 역할이나 권력에 변화가 일어나면 위계질서에도 변화가 일어나게 된다. 예를 들어 아버지와 딸이라는 이인군이 형성되거나, 일상생활에서 의사결정을 하는 과정에서 더 많은 권력을 얻기 위해 2명 이상이 권력동맹(power alliance)을 맺거나, 전제적인 아버지에 대항하기 위해 어머니와 딸이 세대 간 결탁을 하는 경우가 나타나면, 가족체계 내의 지위와 역할 더 나아가 위계질서에서의 변화가 일어나게 된다. 가족체계가 권력의 분화와 위계서열을 규정하고 변화시키는 과정은 가족의 독특한 관계 유형, 즉 가족구조를 형성하고 변화시키는 데 매우 중요한 요소이다.

② 체계 외부와의 관계

체계의 경계선(boundary)은 환경과 구별짓는 체계 주변의 상상적 테두리 또는 점선이라고 할 수 있다. 경계선의 예로는 나무의 껍질, 사람의 피부, 국가의 국경 등을 들 수 있다. 경계선은 체계에 참여하는 사람을 규정하는 개념적이고 임의적인 방법이다. 경계선은 체계 내·외부의 성원을 규정할 뿐만 아니라 환경과 체계를 구분한다.

경계선과 관련하여 이해해야 할 체계의 속성은 경계선의 개방성과 침투성의 정도이다. 개방체계는 체계 내에서의 자유로운 정보교환과 자원교환을 허용하며, 외부로부터와 외부로의 상대적으로 자유로운 에너지 흐름을 인정한다. 폐쇄체계는 외부 환경과 고립되어 있다. 이와 같은 체계 경계선의 개념은 상대적으로 개방적인 경계선을 가진 가족이 지역사회 자원을 이용하고 서비스를 요청하는 이유를 이해할 수 있게 해 주기 때문에 사회복지사에게 매우 중요한 개념이다. 개방성과 침투성
개방체계
폐쇄체계

개방적인 경계선을 가진 가족은 내적 에너지가 부족할 때 부가적인 에너지를 획득하거나 유입하기 위하여 성원이 주변 체계와 접촉하고, 가족성원이 생각이나 자원 등의 형태로 에너지를 외부 체계로 방출하는 것을 허용한다. 외부 체계에 접근함으로써 가족은 체계의 성장과 정교화에 필요한 에너지를 획득할 수 있게 된다. 모든 체계는 성장하거나 변화할 수 있는 능력이 있어야 하며, 동시에 모든 체계는 스스로를 유지할 수 있는 능력이 있어야 한다. 가족은 내적 안정성을 유지하고, 외부 환경으로부터의 투입을 선별적으로 받아들임으로써 독특한 특성을 형성해 나간다. 이러한 선별 과정을 통하여 가족은 내적으로 재조직화되어 간다. 에너지 유입과
방출

변화와 안정

경계선이 폐쇄적일수록 가족은 자신의 경계선 내부에서만 작동한다. 이러한 폐쇄적 체계는 융통성이 없고, 분화가 이루어지지 않고, 덜 효과적인 역기능적 체계이다(Goldenberg & Goldenberg, 1980). 역기능적 체계는 체계의 목적을 성취하는 데 불충분한 조직을 갖고 있는 경향이 있다. 역기능적 체계

(2) 역동 및 진화적 속성

체계는 완전한 변화나 완전한 현상유지 상태로는 존재하지 않는다. 체계는 지속적으로 변화를 추구함과 동시에 균형 상태를 유지하려 하는데, 이러한 체계의 속성을 역동적 속성이라 한다. 이와 같이 체계 내에는 성장, 개혁, 변화를 창출해 내려는 자기지향적 과정(self-directing process)이 있을 뿐만 아니라 체계 내부의 규칙과 가치를 보존하고 안정성을 유지하려는 자기규제적 과정(self-correcting process)이 있다. 이와 같은 체계 내의 변화의 힘을 형태변형적 속성(morphogenesis)이라 변화와 역동적
균형 상태

자기지향적 과정
자기규제적 과정
형태변형적 속성

형태정체적 속성 하며, 체계 자체를 유지하려는 속성을 형태정체적 속성(morphostasis)이라고 한다.

체계 내의 균형이나 현상유지 속성을 설명하기 위하여 가장 보편적으로 사용
항상성 되는 항상성(homeostasis)은 체계가 균형을 위협받았을 때 이를 회복하려는 경향
을 말한다. 즉, 지속적인 변화의 상태에 놓여 있는 동시에 역동적인 균형 상태를
균형 유지하는 것을 의미한다(Compton & Galaway, 1989). 균형(equilibrium)은 외부체계
로부터의 투입 없이 평형 상태를 유지할 수 있는 체계의 능력을 의미한다. 그러나
균형은 성장과 발달을 일으키는 일시적인 불안정을 유발한다. 체계의 균형 상태
안정 상태 를 가장 적절히 표현한다고 할 수 있는 안정 상태(steady state)는 전체 체계가 균형
을 이루고 있고, 부분 간의 관계를 유지하고 쇠퇴하여 붕괴하지 않게 하기 위해 환
경과의 융통성 있는 에너지 교환관계를 유지하고 있는 상태를 말한다(Anderson &
Carter, 1984).

시간의 흐름에 따라 복잡한 적응적 체계가 발달하기 때문에 모든 사회체계 내에
긴장 서는 내적인 구조적 스트레스를 말하는 어느 정도의 긴장 상태가 존재한다. 긴장
은 체계가 환경과 상호 작용하는 과정에서 이루어지는 체계 진화의 자연스러운 부
스트레스 분이다(Stein, 1971). 외부 에너지원에 대해 좀 더 개방적인 가족은 스트레스와 긴
장을 경험하지만, 이러한 긴장을 처리하고 성장할 수 있는 능력을 지니고 있다. 이
기능적 체계 러한 가족은 보다 융통성 있고, 적응적이고, 목적성취적인 기능적 체계라고 할 수
있는데, 기능적 가족의 판단기준은 목적을 성취하는 데 있어서 구조적 또는 행동
적 유형을 어느 정도 활용하는가에 따라 달라진다(Walsh, 1980).

(3) 과정적 속성

① 의사소통

의사소통의 개념 의사소통은 두 사람 또는 그 이상의 개인 사이에서 정보를 전달하는 체계이며,
개인 간의 관계를 형성하는 기반이 되는 축적적인 상호 교환이다(Bloom, 1984). 두
사람 또는 그 이상의 사람들 사이의 의사소통을 통하여 상호작용과 사회 경험을
상호작용 공유하게 된다. 상호작용은 두 사람 또는 그 이상의 사람들 사이에서 일어나는 연
공유 속적이고 상호적인 일련의 접촉이다(Gouldner, 1960). 이런 점에서 의사소통은 공
유(sharing)의 과정이며, 상호 보완적 과정이다.

한 체계 내에는 항상 의사소통이 이루어지며, 언어적 의사소통뿐만 아니라 침
비언어적
의사소통 묵, 입을 씰룩거림, 어깨를 어쓱거림, 웃음 또는 눈물 등과 같은 비언어적 의사소

통을 통하여 정보의 교환이 이루어질 수 있다. 정보를 의사소통하는 것은 가끔 매우 미묘하게 이루어지기 때문에, Bateson은 의사소통을 '차이를 만들어 내는 차이'라고 규정하였다. 체계의 의사소통 유형을 파악하기 위해서는 언어 및 비언어적 정보의 내용과 처리과정을 살펴보아야 한다. 차이를 만들어
내는 차이

체계가 자신들이 수행하는 것과 체계가 보이는 반응, 즉 환류에 대한 정보를 수집하는 방법에 따라 체계의 기능이 달라진다. 환류(feedback)는 체계의 작동을 점검하고, 적응적 행동이 필요한지를 판단하고, 수정할 수 있는 능력으로서, 체계가 현상을 유지하기 위한 일종의 규제신호이다(Janchill, 1969). 체계가 효과적인 환류와 의사소통 유형을 형성할 수 있는 능력은 체계의 적응성과 밀접하게 관련되어 있기 때문에 면밀히 관찰하여야 한다. 환류 체계의 적응성

가족치료자는 가족의 통제방식을 파악하기 위하여 의사소통의 개념을 정교화하여야 한다. Jackson(1965)은 가족은 규칙에 의해 작동하며, 가족규칙을 이해함으로써 가족조직을 더 잘 이해할 수 있다고 하였다. 규칙이란 일반적으로 가족이 성원 사이의 규정된 관계를 유지하거나 회복하기 위하여 노력하는 방법이라고 할 수 있다. 예를 들면 '우리는 그렇게 해서는 안 된다.' 또는 '어느 누구도 그를 그렇게 취급해서는 안 된다.' 등이 있을 수 있다. 이러한 체계의 규칙은 명확하게 드러나 있거나 숨겨져 있을 수 있다. 규칙

Satir(1972)는 가족 내에서의 역할이 의사소통 유형을 형성하는 데 기여한다고 하였다. 가족성원 두 사람이 의사소통을 할 때 제3자가 상호작용에 합류하는 경우가 많은데, 이러한 가족 의사소통을 통해 삼각관계가 형성된다. 3명의 가족성원 사이의 의사소통 유형인 삼각관계는 가족 내에서 혼란을 불러일으킬 가능성이 있으며, 어떤 경우에는 역기능을 만들어 낼 수 있다. 각 가족이 나름대로의 의사소통 체계를 가지고 있기 때문에, 가족의 특별한 의사소통 유형을 분석하여야 한다. 이러한 유형은 장기간에 걸쳐 발달한 것이며, 이를 통하여 가족성원은 역할이나 규범을 공유하게 된다. Satir(1972)는 가족치료의 핵심은 바로 가족이 역기능적 의사소통 유형을 이해할 수 있도록 원조하는 것이라고 하였다. 의사소통 삼각관계

가족은 매우 복잡한 의사소통 유형을 가지고 있다. 일반적으로 기능적 의사소통에서는 명확하고 직접적인 메시지를 활용한다. 기능적 의사소통을 하는 개인은 필요할 경우에 메시지를 재언급하거나, 명확화하거나 수정하며, 환류를 받아들이고, 자신의 지각을 점검하고, 구체적인 예를 들어줄 것을 요구한다. 역기능적 의사소 기능적 의사소통

역기능적
의사소통

통은 불명확하다. 역기능적 의사소통을 하는 개인은 대화 내용의 연결성이 없고, 질문을 무시하고, 상황과 동떨어진 반응을 하고, 부적절하게 행동한다(Satir, 1972).

② 투입-전환-산출

에너지

행동하고 유지하고 변화를 일으킬 수 있는 체계의 능력을 의미하는 에너지는 체계가 유지될 수 있게 하는 일종의 정보나 자원이다. 가족체계에서 사용하는 에너지로는 임금, 대학교육, 여행 등이 있을 수 있다. 이러한 에너지는 내적으로 산출되기도 하지만 외부에서 유입되기도 한다. 체계 내부 또는 외부와의 상호작용이

상승작용

증가함으로써 체계 내에 에너지의 양이 증가하는 현상을 상승작용(synergy)이라고 하며, 체계가 다양한 힘을 연합할 때 일어난다. 이와는 반대로 체계가 소멸해 가거

엔트로피

나, 무질서해지고 비조직화되는 과정을 엔트로피(entropy)라고 한다.

투입

체계가 외부로부터 정보나 에너지를 받아들여 필요한 자원을 만들어 내는 과정을 투입-전환-산출이라 한다. 투입(input)이란 체계가 환경으로부터 에너지, 사물, 정보 등을 받아들이는 과정을 말한다. 체계의 생존과 성장을 위해서는 외부 환경으로부터 적절한 투입이 있어야 한다. 일단 외부 환경으로부터 체계 내부로 투입이 이루어지고 나면, 체계는 자신에게 투입된 에너지를 적절하게 변형하는 재조직화 과정을 거치게 되는데 이를 전환(through-put)이라 한다. 체계가 이러한

전환

산출

전환과정을 시작하게 되면 체계는 적극적으로 외부 환경에 반응하게 된다. 산출(output)은 체계 내에서 변형된 에너지를 환경으로 방출하는 것을 의미한다.

동등종결성

산출과 관련된 일반체계이론의 주요 개념으로는 동등종결성(同等終結性, equifinality) 또는 다중종결성(多重終結性, multifinality)이 있다. 동등종결성은 처음의 조건이 어떠하든 그리고 수단이 어떠하든 그 결과는 동일하다는 개념으로, 투입이나 전환에 관계없이 산출은 동일하다는 의미이다. 이와는 달리 다중종결성은

다중종결성

처음의 조건과 수단이 비슷하다고 할지라도 다른 결과가 야기된다는 것이다. 따라서 가족치료자가 어떤 치료적 접근방법을 사용하든 간에 가족의 역기능적 문제가 해결될 수 있지만, 동일한 치료적 접근방법을 사용하여도 그 치료결과의 질은 체계에 따라 달라질 수 있다는 것이다.

환류

체계의 에너지 전환과정에 의해 만들어진 산출은 환류를 통하여 다시 체계 내부로 투입된다(Meyer, 1983). 이러한 환류는 체계의 평형을 유지하거나 변화를 촉진함으로써 체계를 혼란하는 작용을 하기도 한다. 체계의 항상성을 유지하고, 변

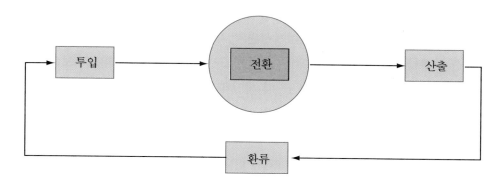

그림 11-1 **체계의 에너지 전환과정**

화를 극소화하면서 체계 자체를 유지시키는 환류를 부적 환류(negative feedback)   부적 환류
라고 한다. 이러한 환류는 체계 내의 부분만을 변화시키고 체계 전체는 유지하는
기능을 한다. 이와 같이 부적 환류에 의해 일어난 부분의 변화를 1차 수준의 변화   1차 수준의 변화
(first-order change)라고 한다. 이에 반하여 체계에 급진적이고 불연속적인 변화를
통하여 체계 전체를 변화시키는 환류를 정적 환류(positive feedback)라고 하며, 이   정적 환류
러한 환류에 의해 일어난 변화를 2차 수준의 변화(second-order change)라고 한다.   2차 수준의 변화

3) 체계 발달에 대한 관점

(1) 개인체계의 발달

개인체계의 발달은 복잡한 신체 · 심리 · 사회적 요인이 상호 작용한 산물이다.   신체 · 심리 ·
이와 같은 인간행동의 중요한 세 가지 영역은 복잡한 방식으로 상호 작용한다. 이   사회적 요인의
                                                                                            상호작용
는 추상적인 원칙이기는 하나 일반체계이론의 관점은 개인체계의 발달을 이해할
수 있는 전체적 관점을 제공해 주고 있다. Buckley(1967)는 사회심리적 존재이며
행동하는 존재인 개인체계는 다른 사람과 지속적으로 상징적 상호 교환을 함으로
써 발달하고 유지된다고 하였다.

일반체계이론의 관점에서는 상호작용적 준거틀을 활용함으로써 대처행동의 구
성요소를 규정할 수 있다고 보고 있다. Hearn(1969)은 일반체계이론의 관점에서
대처행동을 논의하면서 목적지향적이고 요구적인 환경을 효과적으로 다루는 데   대처행동
활용되는 폭넓은 범위의 관찰 가능한 행동목록을 고려해야 한다고 하였다.

성장, 성숙,
변화의 과정

    인간 발달에 관한 연구는 시간의 흐름에 따른 성장, 성숙, 변화의 과정에 중점을 두고 있다. 일반체계이론에서는 체계성원 간의 상호작용을 통하여 개인체계에게 중요한 변화가 일어나며, 전체로서의 체계에도 중요한 영향을 미친다고 보고 있다 (Buckley, 1967). 이러한 맥락에서 볼 때 개인체계의 행동을 이해하기 위해서는 개인체계의 현재 기능 상태에 대한 역동적 관점을 가져야 한다. 즉, 개인체계가 체계의 구성원으로서 참여하는 방식, 시간에 따른 참여의 변화 정도뿐만 아니라 체계 자체의 변화속성 등을 추가로 고려하여야 한다.

(2) 가족체계의 발달

가족생활주기

생활전이

● Salvador Minuchin (1921~2017)

    일반체계이론의 등장과 함께 가족체계를 발달적 단위로 간주하는 연구가 활발하게 이루어지게 되었다. 가족에 대한 발달적 접근에서는 가족이 일련의 규범적인 생활 단계, 즉 가족생활주기를 거치는 단위라고 본다. 가족은 각 단계에서의 변화로 인하여 일어나는 새로운 환경에 적응하여야 한다. Minuchin(1974)은 가족이 적절한 생활전이(life transition)를 하지 못할 경우 가족은 정신건강 또는 사회복지기관에 원조를 요청하게 된다고 하였다. 일반체계이론은 가족체계에서 일어나는 변화가 내적 상태와 외적 요구와 어떠한 관련성을 갖는지를 파악할 수 있는 준거틀을 제시해 주었다.

수직적 스트레스
유발요인

수평적 스트레스
유발요인

가족위기

    가족체계는 여러 세대에 걸쳐 전해지는 관계와 기능적 유형, 가족의 태도, 금기, 기대감, 성장과정에서 부과된 요구를 의미하는 수직적 스트레스 유발요인 (vertical stressor)과 결혼, 자녀출산, 자녀출가, 죽음 등의 발달적 변화와 전쟁, 만성 질환, 장애, 여성해방운동 등과 같은 외적 스트레스 유발요인을 포함하는 수평적 스트레스 유발요인(horizontal stressor)을 경험함으로써 일련의 변화를 겪게 된다. Rhodes(1980)는 가족생활주기를 통하여 가족성원은 내적 조직에서의 변화와 적응을 요구하는 발달 또는 성숙적 과업과 요구에 대처하는 방법을 배우게 된다고 주장하였다. 가족체계의 각 생활 단계에서는 신체 · 심리 · 사회적 과정이 수렴됨으로써 야기되는 일반적으로 예상할 수 있는 가족위기가 나타난다. 가족체계는 이를 극복하기 위한 단계별 과업에 직면하고 수행하고 성취해야 한다. 이러한 가족과업은 개별 가족성원의 발달과업이 특정 시점의 가족생활에 중요한 영향을 미친다는 가정에 근거를 두고 있으며, 성원 개인뿐만 아니라 집단으로서의 가족체계는 이러한 과업에 대처해야 한다. Carter와 McGoldrick(1980)이 제시한 가족생활주기와 발달과업을 요약하여 제시하면, 〈표 11-1〉과 같다. 가족생활주기와
발달과업

　가족체계는 생활 단계가 변화함에 따라 각기 다른 과업을 성취해야 한다. 만약 이러한 발달과업에 맞게 가족의 상호작용 유형을 변화시키지 못할 경우 가족체계 내에는 역기능적 가족관계가 형성될 가능성이 높다. 대부분의 역기능적 가족체계 역기능적 가족는 특정 단계에 고착되어 있는 경우가 많으며, 가족성원의 증감에 적절히 대응하지 못하고, 가족체계 내에서의 지위가 변화함에도 이전의 지위에 맞는 기능을 계속해서 수행하거나 관계 자체를 차단해 버리는 경우가 많다.

표 11-1　가족생활주기와 발달과업

가족 발달 단계	정서적 전이과정	발달과업
결혼전기 (본인 출생~결혼 이전)	자신에 대한 정서 및 재정적 책임 수용	① 자아와 원가족의 분화 ② 친밀한 또래관계의 형성 ③ 자아개념의 정착 및 재정적 독립
결혼적응기(결혼~ 첫 자녀 출생 이전)	새로운 체계에 대한 헌신	① 부부체계의 형성 ② 확대가족 및 친구와의 관계 재형성
자녀아동기 (첫 자녀 출생~자녀의 평균연령이 아동기)	새로운 성원의 수용	① 부부체계 내에 자녀를 위한 공간 마련 ② 자녀양육, 재정 및 가사에의 협력 ③ 부모, 조부모를 포함한 확대가족과의 관계 재조정
자녀청소년기 (청소년 자녀~자녀 모두 결혼하지 않은 시기)	자녀의 독립성과 부모의 의존성 증가에 대비한 융통성 있는 가족경계선 수립	① 청소년의 독립을 인정하는 방향으로 부모-자녀관계의 재조정 ② 중년기 부부생활 및 직업활동에 대한 노력 투여 ③ 노부모 부양에 대한 협력
자녀독립기 (첫 자녀 결혼~ 막내자녀 결혼)	가족성원의 증감 수용	① 이인군으로서의 부부관계 재조정 ② 자녀와 성인 대 성인으로서의 관계 형성 ③ 며느리, 손자녀를 포함한 가족관계로 재조정 ④ 부모의 장애나 사망에 대한 대처
노년기 (부부만 남는 시기)	최고세대로서의 역할 수용	① 신체적 노화에 대한 대비책 수립 ② 자녀세대에 지혜와 경험 전수 ③ 배우자, 형제, 친구 등의 상실에 대한 대처와 자신의 죽음에 대비

4) 사회복지실천에의 적용

(1) 적응적 체계와 증상에 대한 관점

적응적 체계

체계의
적응 정도

적응적 체계는 구조화하고, 구조를 해체하고, 재구조화함으로써 또는 더욱 분화되고 복잡한 체계가 됨으로써 환경적 요구에 대처한다(Buckley, 1968). 체계의 적응 정도를 이해하기 위해서는 체계의 어떤 속성이 체계를 보다 통합된 상태에 이르게 하고 외부 환경과 성공적으로 상호작용할 수 있게 하는지를 검토하여야 한다. 적응적 체계의 내적 조직은 환경과 구분짓고 환경에 작용하고, 환경에 반응할

선별적 적응과정

수 있어야 한다. 체계는 선별적 적응과정을 활용하므로 시간이 지남에 따라 체계는 더욱 정교화되고 환경에 선별적으로 적응해 간다(Buckley, 1968). 체계가 적응적 행동을 하기 위해서는 먼저 체계가 특정한 환경 조건에서 일어나는 변화에 대한 정보를 획득하고 이에 반응하여 행동을 수정할 수 있는 능력을 갖추어야 한다(Fordor, 1976). 자기규제적이고 자기지향적인 체계는 적응적 능력과 복잡해질 수 있는 능력을 더 많이 갖고 있다(Janchill, 1969; Leighninger, 1977).

개방성

Buckley(1967)는 개방성은 체계의 생존, 연속성, 변화능력의 기반을 이루는 필수 요인이라고 하였다. 개방체계는 융통성 있는 경계선을 가지고 있으며, 외부 환경과 활발한 에너지 교환을 한다. 개방체계가 환경과 활발한 상호 교환을 하기 때문에, 안정된 상태를 유지하고 체계와 환경 사이의 적합성을 성취할 수 있게 된다.

유연성과 반응성

하위체계 간의
역동적 상호작용

역할 분화

적응적 체계는 상호 교환을 유지하기 위하여 유연성(plasticity)과 환경에 대한 반응성(irritability)을 지니고 있어야 한다. 그리고 적응적 체계는 하위체계 간의 역동적인 상호작용, 시작 조건이나 방법이 다르더라도 동일한 최종 상태에 도달할 수 있는 능력, 역할의 수와 유형을 분화 또는 늘리는 능력, 개인적 발달을 조장하는 능력 등이 있다.

증상관

일반체계이론에서는 개인의 문제와 증상을 역기능적 체계에 대한 은유(metaphor)인 동시에 적응방법이라고 본다. 즉, 증상은 체계 내의 다른 구성요소와의 상호작용, 정서 및 인지적 밀착, 가족의 적응을 요구하는 생활 상황에 대한 대처 정도에 따라 야기되고 유지된다고 보고 있다. 따라서 일반체계이론에서는 개인과 그의 정신내적 갈등에서 증상의 원인을 찾기보다는 체계 내부 또는 체계와 환경 사이의 매우 복잡한 상호작용적 현상을 분석함으로써 증상의 원인을 찾으려고 한다.

이러한 증상은 역기능적인 것이긴 하지만 체계의 유지를 위해서는 필연적이고 필수적인 것이다. 즉, 증상은 체계의 역기능적 산물이지만 이러한 증상으로 인하여 체계는 역기능적 상호작용 유형을 지속적으로 유지함으로써 안정 상태를 유지하고 역기능적 상호작용의 결과로 나타날 수도 있는 체계의 파괴나 소멸을 방지해 주는 역할을 한다.

증상의 순기능
체계의 소멸 방지

(2) 개입 목표와 과정

일반체계이론에서는 문제나 증상을 일으키는 원인을 제거하는 데 초점을 두는 대신 체계 내부의 부분 간의 상호작용이나 체계와 환경 사이의 관계를 변화시킴으로써 증상을 제거하는 데 초점을 두고 있다. 일반체계이론에 근거한 체계적 접근방법에서는 체계성원 사이의 상호 의존성과 상호 관련성을 파악하여 증상을 일으키는 역기능적 상호작용 유형을 변화시킴으로써, 증상을 제거하고 개인의 기능을 증진하는 데 목적을 두고 있다(Greene, 1986).

체계와 환경의
관계 변화
역기능적
상호작용 변화

체계적 접근방법에서는 체계의 역기능적인 구조적 속성, 역동 및 진화적 속성, 그리고 과정적 속성의 변화를 통하여 증상이 유발되고 유지되는 기본 토양을 제거함으로써 증상이나 문제를 해결하는 데 개입의 목적을 두고 있다. 즉, 체계적 접근방법의 개입목적은 전체 체계의 변화, 즉 2차 수준의 변화를 통한 증상의 제거라 할 수 있다. 그러나 전체 체계를 곧바로 기능적 체계로 변환시키는 것은 불가능하기 때문에 중간 단계로서 일시적인 역기능적 체계를 만들어 낸 후 이를 다시 기능적 체계로 변환시킴으로써 문제나 증상을 제거하는 단계적 목적 성취방법을 활용한다.

전체 체계의 변화
일시적인
역기능적 체계

이러한 개입목적을 달성하기 위하여 체계적 접근방법에서는 과거보다는 현재 체계 내의 역기능적 상호작용 유형에 치료적 초점을 둔다. 이와 같이 체계적 접근방법에서 현재의 역기능적 상호작용에 초점을 두는 이유는 '현재는 과거의 축적물이기 때문에 현재를 변화시키기 위해서는 과거를 변화시켜야만 한다.'는 정신분석적 관점의 기본 가정과는 정반대되는 '과거는 현재 속에 용해되어 있기 때문에, 현재를 변화시키면 그 속에 녹아 있는 과거도 변화하게 된다.'는 가정에 근거를 두고 있기 때문이다.

과거보다는 현재

체계적 접근방법의 기본 개입단위는 개인이 아니라 그 개인이 관계를 맺고 있는 체계 모두를 포함한다. 문제나 증상을 가진 개인을 치료하기 위해서는 그와 상호

개입단위

작용하고 있는 광범위한 영역의 체계, 예를 들어 주거 상황, 소득, 교통편, 건강 상
태 및 건강보호 자원뿐만 아니라 비공식적 또는 공식적 지원체계까지도 고려해야
한다.

일반체계이론에서는 치료자를 변화대리인(change agent)으로 보고 있다.
Stein(1971)은 체계의 변화대리인이 수행해야 할 역할을 다음과 같이 제시한다.

변화대리인의 역할

① 내담자체계가 역기능의 원천과 문제해결에 대한 자기인식을 증진할 수 있도
록 원조하여야 한다.
② 가족이 구조적 유형과 의사소통 유형을 파악할 수 있도록 하여야 한다.
③ 가족이 문제와 어려움을 이해하고 해결할 수 있도록 원조할 수 있는 현재 행
동을 지적한다.
④ 가족에게 기능적 행동을 지도할 수 있는 질문과 기법을 활용한다.
⑤ 가족이 해결책과 자원을 발견하고 접근하고, 가족이 새로운 기능수준으로
옮아갈 수 있도록 하여야 한다.

(3) 개입기법

개입기법

일반체계이론에 입각하여 내담자의 문제해결을 지원하기 위하여 치료자가 활
용할 수 있는 개입기법이나 기술은 매우 다양하다. Compton과 Galaway(1989)
는 ① 내담자의 자아인식과 변화체계, 자원 및 표적체계 등에 대한 이해 증진 기
술, ② 경청, ③ 감정이입, 진실성, 존경심을 전달할 수 있는 능력, ④ 기본적인 의
사소통 기술, ⑤ 면접 및 자료수집과 사정기술, ⑥ 원조목표의 설정과 수행에 필요
한 기술, ⑦ 내담자의 참여와 판단을 촉진할 수 있는 기술, ⑧ 개입결과에 대한 평
가기술, 그리고 ⑨ 종결 및 분리기술 등을 골고루 갖추어야 한다고 하였다. 그러나
이러한 개입기법은 일반체계이론에 기반을 둔 접근방법뿐만 아니라 거의 모든 사
회복지실천에서도 적용되고 있는 기법이기 때문에, 이 장에서는 일반체계이론에
가족치료 기법
기반을 둔 가족치료에서 활용되고 있는 대표적인 기법에 대해 간단히 논의해 보고
자 한다.

상호작용 실연기법과 경계선 설정기법은 Minichin(1974)의 구조적 가족치료에
가족 재구조화 기법
상호작용 실연기법
서 활용하는 대표적인 가족 재구조화 기법이다. 상호작용 실연기법은 치료자가 치
료시간에 가족의 상호작용 유형을 직접 확인하고자 할 때 사용하는 기법으로, 가

족으로 하여금 가족 내에서 일어나는 상호작용을 말로 설명하는 대신에 실제 행동으로 재현해 보게 하는 기법이다. 경계선 설정기법은 하위체계 간의 독립성과 침투성을 허용할 수 있는 경계선을 만들기 위한 기법이다. 가족체계 내의 개별 성원의 경계선을 설정하기 위해서는 그 성원의 얘기를 경청하고 그의 관점을 인정해 주며, 다른 성원이 대신하여 답변하는 것을 통제하고, 한 성원이 가족의 기억창고(memory bank)로서의 역할을 하지 못하게 하는 방법이 있다. 하위체계 간의 경계선을 설정하기 위한 방법으로는 먼저 치료시간 동안에 자녀를 치료실 바깥에서 놀게 하고 부부하고만 대화를 함으로써 부부하위체계의 경계선을 설정할 수 있다.

　지시기법은 Haley(1976)의 전략적 가족치료에서 주로 활용하는 기법으로 직설적 지시, 은유적 지시, 역설적 지시가 있다. 직설적 지시는 치료자가 내담자에게 부적응적 행동을 중단하거나 과거와 다른 행동을 하도록 언어 또는 비언어적으로 치료시간에 명령하거나 과제를 부과하는 기법이다. 은유적 지시는 가족이 문제를 밝히기를 꺼려 하거나 토론하기를 원하지 않는 경우에 사용하는 기법이다. 역설적 지시기법에는 증상을 지속하게 하거나, 과장하게 하고, 자의적으로 증상을 통제할 수 있게 하는 처방, 재발을 경고하거나 변화의 속도가 지나치게 빠르다고 지적하는 제지, 증상행동보다 더 큰 어려움이 수반되는 행동을 하게 하는 시련기법(ordeal therapy) 등이 있다.

　재정의 기법은 MRI(Mental Research Institute)의 상호작용적 가족치료, Milan Group의 체계론적 가족치료 등 대부분의 가족치료 접근방법에서 사용하는 기법이다. 재정의기법은 주로 행동이나 사건이 지니는 부정적 의미를 긍정적 의미로 변화시켜 주는 기법으로, 재명명(relabeling) 또는 긍정적 의미부여(positive connotation)라고도 한다. 이러한 재정의 기법의 대표적인 예를 들면 부모의 잔소리를 듣기 싫어하는 청소년에게 치료자가 그것이 잔소리가 아니라 애정의 표현이라고 그 의미를 재해석해 주는 경우를 들 수 있다.

　순환적 질문은 Milan Group의 체계론적 가족치료의 대표적인 치료기법으로 개인의 증상행동을 가족성원 간의 관계상의 문제로 재규정하기 위하여 사용하는 기법이다. 그리고 이 기법은 가족 상호작용 유형이나 가족관계에 대해 질문을 함으로써 가족성원 간의 지각차이를 밝혀내는 데 목적을 두고 있다. 이러한 순환적 질문에는 차이에 관한 질문, 가설적 질문, 행동의 효과에 대한 질문, 삼인군 질문이 있다.

경계선 설정기법

개별 성원의
경계선

하위체계의
경계선

지시기법

직설적 지시

은유적 지시

역설적 지시

재정의 기법

순환적 질문

2 생태학적 이론

1) 사회관과 가정

환경 속의 인간

생태학적 이론에서는 '환경 속의 인간'이라는 전체적 관점을 갖고 있다(Germain, 1979). 즉, 생태학적 이론에서는 인간과 환경은 분리될 수 없으며, 인간과 환경은 지속적인 상호작용과 상호 교환을 통하여 서로에게 영향을 미치고 서로를 형성하

호혜적 관계

며 상호 적응하는 호혜적 관계(reciprocal relationship)를 유지하고 있다고 본다. 이와 같이 생태학적 이론에서는 인간본성에 대한 유전적 결정론, 정신적 결정론, 환경적 결정론 모두를 배격하고, 인간을 환경적 요구에 적응하고 때로는 환경을 자신의 요구에 맞게 수정 또는 변화시킴으로써 발달해 가고 만족스러운 삶을 영위하는 존재라고 보고 있다.

능동적이고 유목적적 존재

생태학적 이론에서는 인간을 능동적이고 유목적적 존재로 본다. 즉, 인간은 자기 내면세계의 요구와 외부 세계의 요구에서 비교적 자유로운 존재로서, 환경과의 상호 교류에서 성공적 경험을 획득하고 자율성과 자기규제능력 그리고 유능성을

사회문화적 존재

확보할 수 있는 능력이 있다고 보고 있다. 또한 생태학적 이론에서는 인간을 사회문화적 존재로 보고 있다. 즉, 인간은 생활환경 속에서 타인과 가치 있는 사회관계를 맺고 존경과 관심을 주고받음으로써 자아를 발달시키고 사회적 역할기대를 적절히 이행하고, 일생 동안 타인과 상호 의존성을 유지할 수 있어야만 생존을 보장받고 삶의 적절성을 확보할 수 있게 된다.

기본 가정

적응적·진화적 관점

생태학적 이론은 인간이 환경의 모든 요소와 지속적인 상호 교환을 하는 존재로 보는 적응적·진화적 관점을 지니고 있다(Germain & Gitterman, 1980). 인간과 환경은 분리될 수 없으며, 동시에 고려하여야만 한다는 것이 생태학적 이론의 기본 가정이다(Bronfenbrenner, 1989). 인간행동에 대한 생태학적 이론의 또 다른 가

단일체계

정은 인간과 환경이 서로를 형성하는 단일체계를 구성한다는 것이다. 생태학적 이론에서는 환경의 개인에 대한 영향이나 개인이 속해 있는 환경에 관심을 두

● Urie Brondenbrenner
(1917~2005)

는 것이 아니라 유기체와 환경 사이의 상호관계 또는 상호작용에 관심을 둔다. Garbarino(1983)는 개인과 환경은 관계를 협상하고, 개인과 환경 모두가 변화하며, 상호작용 과정에서 상호 의존한다고 하였다. 따라서 환경을 이해하지 못하고 개인의 미래를 예측할 수 없으며, 개인을 이해하지 못하고 환경의 미래를 예측할 수도 없는 것이다.

생태학적 이론의 핵심 가정은 개인과 환경이 상호 간에 영향을 미친다는 것이다. 상호 교류(transaction), 즉 개인과 환경 사이의 상호 교환은 개인-환경 단위 내에서 변화를 일으킨다. 상호 영향의 원칙은 순환적 원인론과 관련되어 있다. 이 관점에서는 '개인+환경'이라는 합산적 효과에 관심을 두는 것이 아니라 상호작용적이고 축적적인 효과에 관심을 갖는다. 사회복지적 관점에서 보면 이러한 개념은 개인이 자신이 생활하고 있는 사회에 적응할 뿐만 아니라 자신이 적응해야만 하는 조건을 창조하는 데 참여한다는 관점을 반영하고 있는 것이다(Hartman, 1958).

상호 교류

2) 주요 개념

생태학적 이론의 주요 개념은 크게 세 가지로 구분된다. 첫째, 인간의 특성과 관련된 것으로 관계, 역할, 유능성 등이 여기에 속한다. 둘째, 환경의 특성에 관한 것으로 인간의 성장과 발달을 촉진하는 물리 및 사회적 환경이 여기에 속한다. 세 번째 주요 개념은 인간과 환경 간에 일어나는 상호 교류와 관련된 것으로, 적합성, 적응, 스트레스와 대처 등이 여기에 속한다.

인간의 특성
환경의 특성
인간과 환경의 상호 교류

(1) 인간의 특성
① 관계

관계(relatedness)는 인간관계를 형성하거나 타인과 연결될 수 있는 능력이다. 생태학적 이론에 따르면 관계를 맺고자 하는 욕구와 능력은 초기의 양육과정에서 시작되고 일생을 통하여 상호적 보호행동의 유형을 결정하게 된다(Ainsworth & Bell, 1974; Germain, 1987). 예를 들어 애착이론가인 Bowlby(1973)는 인간은 환경을 탐색함에 있어서 애정적 결속의 형성과 행동을 위한 유전적 기반을 소유하고 있다고 주장하였다.

관계능력
애착

② 역할

역할과 지위

역할(role)은 특정 사회적 지위를 갖고 있는 개인이 타인에게 어떻게 행동해야 하는지에 대한 기대뿐 아니라 타인이 그 사람에게 어떻게 행동해야 하는지에 대한 기대까지도 포함하고 있다. 즉, 역할은 일련의 기대되는 행동 유형일 뿐만 아니라 상호적 요구와 의미의 유형이다. 감정, 정서, 지각, 신념은 역할수행과 직접적으로 연관되어 있다. 이러한 역할수행은 개인의 자기존중감과 밀접한 연관성을 지닌다.

자기존중감

③ 유능성

생태학적 이론에서는 유능성(competence)의 발달이 인간 발달에 필수적인 요소라고 본다(White, 1959). 유능성, 즉 자신의 환경 속에서 효과적으로 기능할 수 있는 능력은 환경과의 성공적 상호작용을 통하여 형성된다. 아동은 울거나, 대상을 붙잡고 조작하거나, 기어 다니고 걸어 다니면서 환경과 활동적으로 상호작용할 때, 자기효능감(self-efficacy)을 경험하게 된다(White, 1959). 일관성 있는 애정적 양육과 아동의 지속적 활동이 결합되면 이후에도 타인과 효과적인 관계 유형을 형성할 수 있게 된다. 유능성의 개념 속에는 확고한 결정을 내리고, 자신의 판단을 신뢰하고, 자기확신을 갖고, 환경에 바람직한 영향을 미칠 수 있는 능력이 포함되어 있다. 이와 아울러 환경적 자원과 사회적 지지를 유목적적으로 활용하는 것도 유능성의 개념에 포함된다(Maluccio, 1979).

자기효능감

자기확신

사회적 지지

생태학적 이론에서는 자아정체감과 자기존중감의 개념을 유능성과 밀접히 연관된 개념으로 본다. 자아정체감과 자기존중감은 초기관계와 애착의 질에 의해 형성되기 시작하며, 사회적 환경과 물리적 환경과의 지속적인 긍정적 상호작용을 통하여 그리고 생활과정에서 여러 차례 조정·재조정된다고 보고 있다(Germain & Gitterman, 1986). 이와 같이 생태학적 이론에서는 타인과 관계를 맺고 긍정적인 자아정체감과 자기존중감을 형성할 수 있는 인간의 능력은 일생에 걸쳐 확대된다고 본다.

자아정체감
자기존중감

(2) 환경의 특성

생태학적 이론에서는 생활상의 문제가 환경적 문제와 어떤 연관성을 지니고 있는가에 관심을 갖는다. 환경은 층(layer)과 결(texture)로 구성되어 있다. 층은 사회

층과 결

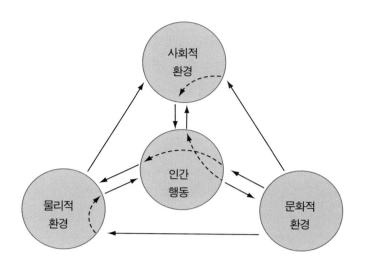

그림 11-2 인간행동과 환경과의 관계

적 환경과 물리적 환경이고, 결은 공간과 시간적 리듬이다(장인협, 1989). 사회적 사회적 환경
환경은 이인군의 관계에서 시작하여 사회 내에 존재하는 다양한 수준의 조직 내의
인간관계망까지를 포함하는 것이다. 물리적 환경은 인간에 의해 만들어진 인위적 물리적 환경
세계(built world)와 자연적 세계(natural world)를 포함한다. 이러한 사회적 환경과
물리적 환경은 복잡한 방식으로 상호 작용하며, 이들의 상호작용은 문화적 환경으
로까지 확대되어 나간다. 생태학적 이론에서는 생활을 영위하고 있는 물리적 환경
과 사회적 환경뿐만 아니라 문화적 환경에도 관심을 갖는다. 문화적 환경

① 사회적 환경

현대인의 생활에서 가장 많은 영향을 미치는 사회적 환경은 관료제 조직 관료제 조직
(bureaucratic organization)이다. 보건, 교육 및 사회 서비스 조직은 적절한 노동분
화, 정책과 절차, 그리고 권위와 의사결정 과정을 통하여 인간의 욕구를 효과적으
로 충족하기 위한 목적으로 만들어진 것이다. 그러나 이러한 조직은 본래 목적보
다는 체계 유지에 더 많은 관심을 기울이고 있기 때문에, 그 조직을 이용하는 인간 체계 유지
의 욕구나 인간에 대한 서비스 기능이 조직의 욕구와 관심사에 종속되는 현상을 인간의 욕구
초래하게 되었다. 따라서 조직은 이용자의 생활스트레스를 극복할 수 있도록 도와
주기보다는 오히려 생활문제를 야기하는 사회적 환경이 되어 버린 경우가 많다. 생활문제

사회관계망　또 다른 사회적 환경인 사회관계망(social network)은 가족, 친척, 친구, 이웃, 직장동료 등을 포함한 주요 타인 간의 관계체계이다. 사회관계망은 타인과 관계를 맺고 자원과 사회적 지지를 상호 교환할 수 있는 기회를 제공하기 때문에 성장과

사회적 지지적응에 상당한 기여를 한다. 사회관계망은 개인의 행동에 영향을 미치는 일련의 관계상의 연결성이며 의사소통 통로이기도 하다(Gitterman & Germain, 1981).

② 물리적 환경

물리적 환경은 자연적 환경과 인위적 환경으로 구성된다. 자연적 환경에는 기후와 지리적 조건 등이 포함되며, 인위적 환경에는 건축물, 대중매체, 교통체계 등의 자연적 환경 내에 인간이 배치한 구조나 대상이 모두 포함된다.

자연적 환경자연적 환경의 색상, 온도, 후각적 단서는 인간에게 있어서 자양분적인 자극이 되는데, 이러한 자극의 결핍은 대처와 적응에 부정적 영향을 미친다. 기압, 습도, 온도, 계절적 변화와 같은 기후적 특성 또한 인간의 감정과 행동에 영향을 미치며, 긴장의 원인으로 작용하기도 한다. 자연적 환경은 또한 밤과 낮, 하루, 계절, 1년이라는 리듬의 변화를 포함하고 있는데, 이러한 자연적 환경의 리듬 변화는 인간의 모든 생활 속에 반영되고 있다.

인위적 환경개인이 거주하는 건물, 이용하는 교통편의체계와 대중매체 등과 같은 인위적 환경도 인간의 생활에 영향을 미친다. 이러한 인위적인 물리적 환경은 이웃주민과의 상호작용, 생활양식에 영향을 미친다. 특히 인위적 환경의 변화는 개인의 사회관계망의 손실을 일으키며, 친숙한 장소와 구조를 상실하게 만들기 때문에 정체감의 혼란을 가져오기도 한다.

③ 공간과 시간적 리듬

공간개인의 안녕 상태에 중요한 영향을 미치는 환경적 측면은 공간(space)이다. 예를 들어, 사람들이 북적거리는 건물이나 소음과 오염물질을 내뿜는 차로 뒤덮인 거리와 같은 환경은 안녕 상태에 부정적 영향을 미칠 수 있다(Germain, 1978). 공간의 개념은 사회복지관, 병원, 공공기관, 요양원의 설계와 같은 건축양식에도 적용될 수 있다. 그리고 또래집단과 갱집단과 같은 관계 영역에도 적용될 수 있으며, 거리감이나 정서적 공간과 같은 개인적 지각에도 적용될 수 있다. 생태학적 이론에서는 공간과 관련된 변인이 개인-환경 단위의 적응에 중요한 영향을 미친다고 보고

있다.

생태학적 이론에서는 속도, 기간과 같은 시간적 리듬(temporal rhythms)이 적응시간적 리듬
과 밀접한 관련성을 지니고 있다고 본다(Germain, 1978). Germain(1978)에 따르면
시간적 리듬에는 ① 시계상의 시간, ② 위장운동, 생리주기, 호흡, 맥박, 혈압과 같
은 생리적 시간, ③ 기간 및 연쇄과정 감각의 발달과 같은 심리적 시간, ④ 생활사
건의 시점에 대한 신념과 태도에 근거한 문화적 시간, ⑤ 한 세대의 생활양식과 관
련된 사회적 시간이 포함된다. 특히 학교, 직장, 병원 등에서의 사회적 시간주기가사회적 시간주기
개인의 기본적인 시간리듬과 갈등을 일으킬 경우 인간은 생리 및 심리적 긴장을
경험할 수 있다. 생태학이론가들은 어떤 종(種)이 시대를 거치면서 적응하고 진화
해 가는 시간을 말하는 진화적 시간에도 관심을 갖는다.

사회복지기관에서는 이와 같은 시간적 리듬의 개념을 활용하여 서비스 약속시사회복지기관
간을 정해 놓기도 한다. 서비스를 주말이나 야간에 활용할 수 있는지는 서비스 전
달에 있어서 매우 중요한 요소이다. 기관 정책과 절차를 결정함에 있어서 해당 지
역사회의 시간과 관련된 문제를 고려하여야 한다. 그 이유는 조직활동의 리듬, 간
격, 시점이 서비스를 이용하는 사람들의 시간활용 유형과 일치하는 정도는 개인의
적응문제와 밀접히 관련되어 있기 때문이다(Gitterman & Germain, 1976).

④ 생활 영역과 거주환경

생활 영역(niche)과 거주환경(habitat)이란 용어는 인간의 문화적 환경을 설명
하기 위하여 생태학에서 차용한 것이다. 거주환경은 개인의 문화적 맥락 내에거주환경
존재하는 물리 및 사회적 환경과 관련된 개념이다(Germain & Gitterman, 1987).
생활 영역은 지역사회 성원이 차지하고 있는 직접적 환경이나 지위를 말한다.생활 영역
Bronfenbrenner(1989)는 생태학적 생활 영역을 특별한 개인적 특성을 지닌 개인
의 발달을 촉진 또는 방해하는 환경 내의 영역이라고 하였다. 생태학적 이론에
서는 이러한 생태학적 생활 영역의 개념에 입각하여, 개인적 발달의 결과는 문
화나 하위문화 그리고 시대에 따라 다르다고 보고 있다. 그러나 생활 영역의 개
념은 사람을 범주화하거나 개인을 사회계층으로 분류하겠다는 것은 아니다
(Bronfenbrenner, 1989). 오히려 생활 영역의 개념은 개인-환경단위 내에서 일어나
는 과정을 이해하기 위한 수단이다.

(3) 인간-환경의 상호작용

① 적합성

적합성(goodness of fit)은 개인의 적응적 욕구와 환경의 질이 어느 정도 부합되는가와 관련된 개념이다. 적합성은 다른 종(種)의 경우에는 진화에 의하여, 인간의 경우에는 일생을 통하여 성취된다(Germain & Gitterman, 1987). 적합성은 인간과 환경 사이의 상호 교류를 통하여 성취된다. 개인과 환경 사이의 적합성은 양자의 기능이다. 상호 교류는 적응적일 수도 있으며 부적응적일 수도 있다. 대부분의 개인과 환경 사이의 상호작용이 성공적이고 적응적일 때, 즉 주요 타인, 사회적 조직, 정치경제적 구조와 정책, 물리적 환경이 개인의 성장과 발달 그리고 물리 및 정서적 안녕을 지지할 때 적합성이 이루어진다(Germain & Gitterman, 1987).

생태학적 이론에서는 환경과 인간이 공동의 힘(conjoint forces)을 발휘할 때 각각이 발휘하는 개별적 힘의 총합보다 더 큰 효과를 생산해 낼 수 있다고 본다. 따라서 인간과 환경이 서로의 요구에 적응하면서 변화하고 발달해 감으로써 서로에게 더 유익한 효과를 얻어 낼 수 있다고 보고 있다. 하지만 인간과 환경 사이에는 항상 협력적 상호 관계가 유지되는 것은 아니며 어느 일방이 희생함으로써 다른 부분의 생존과 발달이 보장되기도 한다. 그러나 이럴 경우 양자 간에는 갈등과 힘의 불균형이 야기되고, 결국에는 양자의 생존과 발달을 저해하게 되는 부적합성이 야기된다.

② 적응

적응(adaptation)은 개인과 환경 사이의 활발한 상호 교환을 포함한 개인-환경이라는 하나의 단위 내에서 이루어지는 과정이다. 생태학적 이론에서는 개인과 환경이 상호 영향을 미치고 최적합 상태를 성취하기 위하여 상호 간에 영향을 주고받는다고 본다. 따라서 인간은 환경을 자신의 욕구에 적합하도록 변화시키고 이러한 환경의 변화에 또한 적응할 수 있어야 한다. 인간은 새로운 환경적 상황에 처할 경우 그 상황의 요구에 적응하고, 상황은 그 인간 존재로 인하여 구조적 변화를 경험하게 된다. 인간은 끊임없이 창조하고 재구조화하며, 환경이 인간에게 어떤 영향을 미친다고 해도 환경에 적응해 나간다. 이와 같이 적응은 인간의 내적 영향력과 생태적 환경의 영향력에 의해 이루어지는 상호 의존적인 과정인 것이다(Meyer, 1983).

적합성

상호 교류

공동의 힘

협력적 상호 관계

갈등과 힘의 불균형

상호 적응

구조적 변화

상호 의존

생태학적 이론에서는 적응 문제를 병리적 상태로 규정하지 않는다. 전통적으 **적응 문제와 병리**
로 많은 사회복지 접근방법에서는 내담자의 현재 문제를 병리적인 것으로 보았다
(Pardeck, 1988). 생태학적 이론에서는 개인-환경 간의 상호작용이 어느 정도 성공
적인지를 결정하기 위하여 타인, 사물, 장소, 조직, 관념, 정보, 가치와 같은 내담자
의 생태학적 체계의 모든 요소를 평가한다(Germain, 1973). 생태학적 이론에서는
개인의 정신병리를 개인적 욕구와 대처능력이 환경적 자원과 지지와 일치되지 못 **정신병리**
한 것으로 본다(Germain, 1979; Germain & Gitterman, 1980). 이와 같이 생태학적 이
론에서는 병리를 이해함에 있어서 스트레스를 일으키고 성공적 적응을 방해하는 **스트레스**
환경 요인을 중시하고 있다.

③ 스트레스

생태학적 이론에서는 초기 스트레스 이론가로부터 대처기술과 스트레스 결정 **스트레스와
대처과정**
요인과 관련된 개념을 차용하여 사용하고 있으며, 개인과 환경 간의 지속적인 관
계를 탐색함으로써 스트레스와 대처과정을 이해하려고 한다(Lazarus, 1980). 그러
므로 생태학적 이론에서는 환경의 지지 정도나 스트레스 유발 정도에 초점을 둔
다(Germain, 1978). 개인과 환경 사이의 상호 교류는 생활스트레스를 야기할 수도
있다. 스트레스(stress)는 개인이 지각한 요구와 이러한 요구를 충족할 수 있는 자 **스트레스의 개념**
원을 활용할 수 있는 능력 사이에 불균형이 일어난 것이라 할 수 있다(Germain &
Gitterman, 1986). 그리고 스트레스는 개인과 환경 사이의 상호 교류에서 나타나는
불균형에 의해 야기된 생리 · 심리 · 사회적 현상이라고 할 수 있다. 생리적 수준에
서의 신체적 스트레스 유발인자는 내분비 및 신체적 변화 등이 포함되며, 심리적
수준에서는 개인의 사건에 대한 지각, 의미, 평가가 포함되며, 사회적 수준에서는
상황적 요구나 긴장이 포함된다(Lazarus, 1980; Searles, 1960; Seyle, 1956).

스트레스는 반드시 문제가 되는 것은 아니다. 개인이 긍정적 자존심을 가지고
있고 유능성이 있다고 생각하는 경우에는 스트레스에 대한 반응은 부정적이지 않 **유능성**
을 것이다. 그리고 어떤 스트레스는 개인의 성장과 발전을 도모하는 하나의 동기 **성장 동기**
로 작용할 수 있다. 그러나 신체 및 사회적 요구와 이러한 요구에 대한 개인의 대
처능력 사이에 균형이 심하게 손상될 때가 있다. 이와 같이 개인과 환경 사이에 적 **적응적
균형 혼란**
응적 균형이 혼란되었을 때 생활문제가 발생하는 것이다.

④ 대처

생태학적 접근방법에서는 사람들이 생활문제를 완화할 수 있도록 원조할 수 있는 적응적 전략을 제공한다. 스트레스를 경험함으로써 자연적으로 발생하게 되는 **대처기술** 대처기술(coping skill)은 정서적 고통을 통제하기 위하여 개인이 수행하는 행동이다. 대처능력을 갖추기 위해서는 내적 자원과 외적 자원이 필요하다.

내적 자원
외적 자원 내적 자원에는 자기존중감과 문제해결 기술, 유능감 등이 포함된다. 외적 자원에는 가족, 사회관계망, 조직의 지원이 포함된다. 성격의 긍정적 측면을 강화하고 환경적 장애를 제거할 수 있도록 원조하는 것이 적응력과 생활만족도를 증진하는 중요한 수단이 된다(Bandler, 1963; Maluccio, 1979; Oxley, 1971).

3) 인간 발달에 대한 관점

생태학적 이론에서는 진화적 시간에 따른 유전적 변화뿐만 아니라 신체적 성숙 및 심리사회적 선택과정에 의해 인간이 형성된다는 발달관을 갖고 있다. 이러한 **교류의 유전적 잠재력** 관점에서는 인간은 환경과의 상호 교류를 지지 또는 방해하는 유전적 잠재력을 갖고 태어난다고 보고 있다.

생태학적 이론에서는 인간행동이 개인과 환경 사이의 상호작용의 산물이라고 본다. 단, 개인의 특성이 고립되어 존재하는 것이 아니라 전체적인 개인적 특성이 환경과의 상호작용을 통하여 의미를 갖고 표현된다(Gitterman & Germain, 1981). 생 **인간 발달 단계** 태학적 이론에서는 특정한 인간 발달 단계를 제시하지 않고 있다. 발달단계이론은 생활의 일부분 또는 특정 연령 및 발달 단계에 초점을 두는 경향이 있으며, 각 단계의 성공 여부에 따라 다음 단계의 성공 정도가 달라진다고 가정하고 있다. 이와 **개인과 환경의 상호 역할** 반대로 생태학적 이론에서는 발달을 논의할 때 일생을 통하여 일어나는 개인과 환경의 상호적 역할에 초점을 둔다.

생태학적 이론에서는 발달을 촉진하는 개인적 요인뿐 아니라 행동이 이루어지는 환경(behavioral setting)을 통하여 개인에게 영향을 미치는 복잡한 힘의 관계망을 탐색한다(Garbarino, 1983). Lewin의 행동결정요인에 대한 이론을 더욱 정교 $D=f(P \cdot E)$ 화한 Bronfenbrenner(1989)는 일생을 통해 이루어지는 상호 교류적 발달을 $D=f(P \cdot E)$, 즉 발달(D)이란 시간의 흐름에 따라 이루어지는 개인-환경(PE) 사이의 함수(f)라고 보았다. 이러한 공식에 따라 생태학적 이론에서는 개인과 환경을 발달의 산물이자 생산자라고 본다. 개인의 행동과 발달을 형성하는 상황적 힘의 결집체인 환경이 개인을 억압하거나, 개인적 발달을 지지 또는 방해하는 많은 상호작용적인 힘을 포함하고 있다고 할지라도, 개인 또한 발달에서 중요한 역할을 한다(Garbarino, 1983).

발달의 산물이자 생산자

인간이 발달의 산물이자 생산자라고 보는 관점은 인간이 스스로 결정하고 선택을 할 수 있는 능동적이고 유목적적인 존재라는 생태학적 이론의 신념에서 유래한 것이다(Germain, 1979). 즉, 생태학적 이론에서는 유아는 백지상태가 아니라 환경과 작용할 수 있는 잠재력을 갖고 태어난다고 본다. Bronfenbrenner(1989)는 환경과 강력한 상호작용적 효과를 창출할 수 있는 개인의 측면을 '발달적으로 유발된 특성'이라고 한다. 발달적으로 유발된 특성이란 환경으로부터의 반응을 불러일으키거나 억제함으로써 성장을 촉진 또는 저해할 수 있는 개인적 특질이다. 이와 같이 개인은 환경으로부터의 반응을 만들어 낼 수 있을 뿐만 아니라 외부 환경을 창출하고 일생을 통한 심리사회적 성장과정에 영향을 미칠 수 있는 잠재력을 갖고 있다(Bronfenbrenner, 1989).

능동적이고 유목적적 존재

발달적으로 유발된 특성

생태학적 이론의 인간 발달에 대한 관점이 가장 잘 반영되어 있는 개념이 생활과정(life course)이다. 생활과정은 사회구조와 관련된 생활사건과 이러한 생활사건에 영향을 미치는 역사적 변화의 시점과 관련되어 있다. 따라서 생활과정을 이해하기 위해서는 사회적 조건이 변화할 때 개인적 생활전이와 집합적인 가족 특성 사이의 일치성을 고려해야 한다(Hareven, 1982).

생활과정

발달을 상호작용적 생활과정이라고 보는 관점이 다양한 인간행동을 설명하는 데 어떻게 사용될 수 있는지를 보여 주는 또 다른 예가 동시대이론(cohort theory)이다. 동시대이론에서는 특정 시기 또는 동시대에 태어난 인간 집단의 발달과정이 동일하지 않다고 보고 있다. 오히려 동시대이론에서는 환경과 사상, 사회 변화와 정서 · 사회 · 행동적 발달 사이의 상호관계상의 차이를 분석한다(Germain, 1987). 이러한 접근방법에서는 역사적 맥락이 특정 시점의 개인과 환경 사이의 상호 교류를 형성하는 데 중요한 영향을 미친다고 보고 있다. 그 예로 중국이 고구려를 자신들의 역사에 넣으려는 동북공정 시도에 대해 나이 든 세대는 극단적인 반중감정을 표시하지만, 중국과의 교류에 익숙한 신세대는 별다른 반응을 보이지 않는 경우를 들 수 있다.

동시대이론

역사적 맥락

4) 사회복지실천에의 적용

(1) 적응과 부적응에 대한 관점

생활 모델

적합성

생태학적 이론에 근거를 두고 있는 생활 모델(life model)에서는 내담자가 환경과 상호 교류하는 과정에서 어느 정도의 적합성을 성취하는가에 초점을 두고 있다. 즉, 생활 모델에서는 환경과의 상호작용 과정에서 개인이 특별한 생활과업과 성숙 욕구를 충족할 수 있는 적합성을 성취함으로써 건강한 삶을 영위할 수 있다고 본다.

유능성 모델

자율성

능력에 대한
신뢰감

생태학적 이론에 근거한 또 다른 실천 모델인 유능성 모델(competence model)에서는 유능성의 성취 정도에 따라 개인의 적응과 부적응을 사정한다. 유능성 모델에서는 개인이 환경과의 상호작용에서 스스로 선택하고 결정할 수 있는 자율성을 유지하고, 자신에게 필요한 자원을 동원하고 의사 결정할 수 있는 능력을 갖고 있으며, 자기 자신에 대한 긍정적 시각과 자신의 능력에 대한 신뢰감을 지니고 있을 때, 적응적 삶을 영위할 수 있다고 본다.

생활 모델에서는 개인의 욕구와 능력과 환경적 자원 간의 불일치가 발생할 때, 심리사회적 스트레스를 경험한다고 보고 있다. 그리고 개인-환경 간의 관계가 스

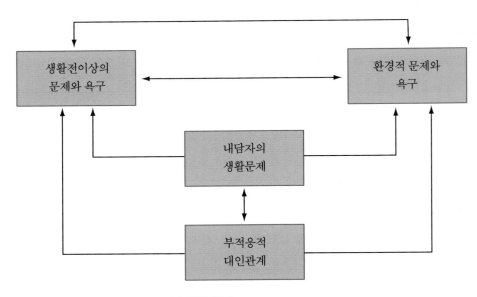

그림 11-3 **인간의 생활문제**

트레스를 받을 때 개인의 생활문제가 발생한다고 보았다. 이 접근방법의 주요 학자인 Germain과 Gitterman(1980)은 생활문제를 [그림 11-3]과 같이 도식화하고 있다. 즉, Germain과 Gitterman(1980)은 생활문제에는 ① 생활전이 또는 새롭게 부과된 발달상의 요구와 역할, ② 조직적 자원과 사회관계망의 자원 또는 물리 및 사회적 환경 내에서의 어려움을 포함하는 환경적 압력, ③ 가족 또는 다른 1차집단에서의 의사소통과 관계 유형에서의 장애를 포함하는 부적응적 대인관계과정이라는 상호 관련된 세 가지 생활 영역이 포함되어 있다고 하였다.

(여백 주석: 생활문제 / 생활전이 / 환경적 압력 / 부적응적 대인관계과정)

(2) 개입 목표와 과정

생태학적 이론에서는 환경과 상호 작용하는 개인을 개입의 기본 단위로 보고 있지만 개인뿐만 아니라 가족, 지역사회 또는 전체 사회에 개입이 필요하다는 것을 인정하고 있다(Meyer, 1976; Schwartz & Schwartz, 1964). 생태학적 이론에서는 내담자의 대처능력을 강화하고 환경을 개선하는 데 목적을 두며, 이를 통하여 내담자와 환경 사이에 더 높은 수준의 적합성이 이루어질 수 있도록 원조하고자 한다(Germain & Gitterman, 1976; Gordon, 1969). 즉, 생태학적 이론에서는 내담자의 개인적 성장을 도모하고, 개인적 독립성을 증진하는 경험을 통하여 자기존중감과 문제해결능력 및 대처기술을 증진하고, 조직, 사회관계망, 물리적 환경을 보다 양육적인 환경으로 변화시키는 데 개입의 목적을 두고 있다(Germain & Gitterman, 1981). 특히 환경적 수준에 개입할 경우에는 지역자원을 활성화하고, 지역사회를 조직화하며, 입법활동이나 옹호활동 등을 통하여 정책 형성에 영향을 미치는 데 개입의 목적을 둔다.

(여백 주석: 개입 단위 / 대처능력 / 적합성 / 자기존중감 / 양육적 환경 / 정책 형성)

생태학적 이론에 기반을 둔 생활 모델의 개입방법은 행동지향적이며, 단기 개입의 경향이 강하며, 내담자의 자연적 성장능력을 신뢰하기 때문에 내담자 스스로가 자신의 문제를 해결할 수 있는 능력을 고양하는 데 초점을 둔다. 생태학적 이론에서는 내담자와 원조자는 상호 교류과정에서 상호 간에 영향을 미치며, 내담자가 생활문제를 해결하는 데 있어 동반자라고 간주한다. 즉, 생태학적 이론에서는 내담자를 수동적 수혜자로 간주하고 원조자를 지배적 전문가로 보지 않으며, 상호 교류과정에서 보다 더 큰 상호성을 조장할 수 있는 역할을 수행하는 동반자 관계로 규정한다. 따라서 원조자는 내담자의 주관적 현실을 경청하고 이해하여야 하며, 내담자와 함께 문제를 일으키는 요인을 판별하고, 문제표현 방식을 파악하고,

(여백 주석: 행동지향적 단기 개입 / 동반자 관계)

문제를 경감하기 위한 방안을 수립해야 한다.

원조자 역할

내담자의 적응능력을 강화하기 위한 원조과정에서 원조자는 조력자, 교사, 촉진자, 중재자, 옹호자, 조직가 등의 역할을 수행하여야 한다(장인협, 1989). 그리고 이러한 역할을 수행하는 과정에서 원조자는 객관적인 중립성을 유지하기보다는 진실성, 무조건적 긍정적 존중, 감정이입적 이해 등을 내담자에게 전달하여 인본주

촉진적 원조관계

의적 접근방법의 촉진적 원조관계를 형성하여야 한다.

(3) 개입기법

내담자의 유능성

환경적 속성 변화

생태학적 접근방법에서는 내담자의 행동, 자율성, 자기존중감, 유능성의 증진을 통하여 적응능력을 고양하고 환경적 속성을 변화시키는 데 목적을 두고 있으므로 사회관계망 분석, 가계도, 역량강화기법 등을 사용한다.

생태체계도

생태체계도 그리기

사회관계망 분석을 위한 대표적인 기법이 생태체계도이다. 생태체계도는 생활공간 속에서 가족이 차지하는 위치를 도면으로 표시해 주며, 가족생활과 가족관계를 파악할 수 있는 수단을 제공해 준다([그림 11-4] 참조). 생태체계도를 그릴 때 가족과 다른 체계 사이에 서로 다른 형태의 선을 활용함으로써 가족과 다양한 체계 사이의 연결성을 파악할 수 있다. 예를 들어, 중요하거나 강한 연관성을 표시하고자 할 때는 실선이나 굵은 선을 활용하고, 연결성이 희박한 경우에는 점선, 갈등과 스트레스를 일으키는 경우에는 톱니바퀴 모양의 선을 사용하여 도표를 그릴 수 있다. 그 외에 교육, 종교, 건강, 여가, 정치, 경제, 이웃 및 민족의 영향력도 그림으로 표시할 수 있다(Swenson, 1979). 그리고 자원이 가족 내에 유입되는 정도를 표시할 수도 있다.

가계도

가계도(genogram)는 적어도 3세대 이상의 가족성원과 그들의 관계와 관련된 정보를 상징(symbol)을 사용하여 기록하는 도표이다. 이러한 가계도를 활용함으로

가족구조

써 원조자는 가족구조를 포함한 복잡한 현재 가족 유형의 전체적 형상을 파악할 수 있으며, 제시된 문제의 진화과정과 가족맥락(family context) 사이의 관련성 그

가족맥락

리고 주요 타인의 영향력에 대한 정보를 파악하는 것은 물론 가족구조, 관계, 기능적 측면을 수직적으로 그리고 수평적으로 평가할 수 있게 된다. 이와 아울러 가계도를 활용함으로써 원조자는 가족과 합류할 수 있는 방법을 발견할 수 있으며, 가

가족문제 이해

족성원은 새로운 관점에서 가족문제와 가족관계를 이해할 수 있게 된다.

가계도 정보

가계도에 포함되어야 할 정보로는 가족구조에 관한 정보, 가족성원의 사회인구

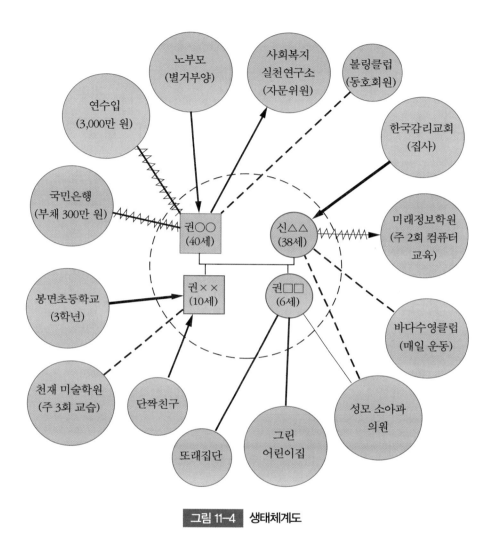

그림 11-4 생태체계도

적 특성과 기능에 대한 정보, 가족의 주요사건, 가족관계의 속성 등이다. 따라서
이러한 가계도를 작성하기 위한 가족면접에서는 ① 주요 가족사건에 대한 가족성
원의 인식 차이 ② 가족문제의 발달사, ③ 제시된 문제와 가족 상호작용의 관련성,
④ 동거가족과 확대가족의 현실 상황, ⑤ 가족생활에 중요한 영향을 미치는 사회
관계, ⑥ 가족관계와 역할, ⑦ 가족성원의 기능장애, 사회 경력 등에 대한 정보를
수집하여야 한다.

　가족과 관련된 문제를 해결함에 있어서 이러한 가계도를 활용할 경우 역기능
적 가족 상호작용 유형, 생활주기상의 발달과업 이행 정도, 여러 세대에 걸쳐 반복

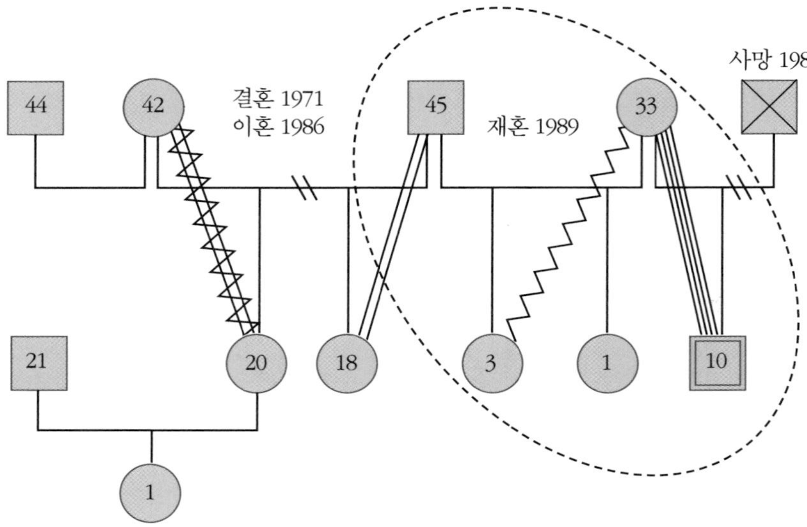

그림 11-5 가계도

사정과 치료적 효과

적으로 나타나는 관계 및 역할 유형, 가족 내의 삼각관계 유형, 가족체계의 균형과 불균형을 야기하는 요인 등을 정확히 사정할 수 있다. 그리고 이러한 사정기능 이외에 가계도는 그 자체로서도 치료적 효과까지 얻을 수 있는 매우 유용한 기제이다.

역량강화

내담자의 역량강화(empowerment)는 생태학적 원조과정의 핵심 요소이다. 생태학적 접근방법에서는 문제해결에 있어서 가장 중요한 요소로 내담자가 자신의 문제를 통제할 수 있다는 감정을 갖게 함으로써 유능감을 증진하고 나아가 내담자의 역량강화가 이루어지도록 하는 것이라고 본다. 역량강화는 발달을 촉진하고 대인관계상의 영향력을 증대해 주는 개인의 기술을 강화하는 과정이다. 여기에는 내담자 개인의 역량강화뿐만 아니라 효과적 지지체계를 개발하고 제도적으로 유발된 무기력함을 감소하는 데 목적을 둔 다양한 기법을 포함한다(Solomon, 1976). 현재까지 개발되어 있는 역량강화기법으로는 사회 변화에 대한 대처기술과 적응능력을 증진하는 기법, 동기증진기법, 정신적 안정감과 자기존중감 증진기법, 문제해결 및 자아지향성 증진기법, 사회적 변화 증진기법 등이 있다.

영향력 증대

지지체계 개발

생각해 보아야 할 과제

1. 자신이나 자신의 가족이 주로 사용하는 항상성 유지기제가 무엇인지 분석해 보시오.

2. 자신이 주로 사용하는 비언어적 의사소통이 지니는 의미를 분석해 보고, 언어적 의사소통과 불일치하는 비언어적 의사소통을 한 경험이 있으면 그 사례를 제시해 보시오.

3. 일반체계이론에서는 현재를 변화시키면 그 속에 녹아 있는 과거가 변화한다고 보고, 정신분석이론에서는 현재는 과거의 축적물에 불과하므로 과거를 변화시키지 않고는 현재의 변화가 이루어질 수 없다고 본다. 이 두 가지 상반된 관점 중에서 어느 관점이 더욱 타당하다고 생각하는지 그리고 그 이유는 무엇인지 제시해 보시오.

4. 현재 경험하고 있는 스트레스 중의 하나를 선택하여 그러한 스트레스를 유발한 요인을 생활 모델에 근거하여 분석해 보고, 그 스트레스가 고통(distress)을 유발한다면 성장을 촉진하는 스트레스(eustress)로 전환할 수 있는 방법을 제시해 보시오.

5. 자신이 현재 수행하고 있는 역할을 모두 열거하고 각각의 역할을 어느 정도 수행하고 있는지 평가해 본 다음, 타인이 기대하는 만큼 자기 역할을 수행하지 못하는 이유와 이를 극복할 수 있는 방안을 모색해 보시오.

제12장

구조기능주의이론과 갈등이론

1. 구조기능주의이론과 갈등이론의 사회관과 기본 가정을 이해한다.
2. 구조기능주의이론과 갈등이론의 주요 개념을 이해한다.
3. 구조기능주의이론과 갈등이론의 사회변동과 발전에 관한 관점을 이해한다.
4. 구조기능주의이론과 갈등이론을 사회복지 정책과 실천에 적용할 수 있는 방안을 이해한다.

1 구조기능주의이론

1) 사회관과 가정

구조기능주의이론은 인간과 사회를 유기체적 관점에서 상호 의존하는 방식으로 기능을 수행하는 것으로 이해한다. 구조기능주의이론의 인간과 사회에 대한 관점은 사회복지의 환경 속의 인간(person in environment)이라는 관점과 유사하다. 하지만 개인보다 전체를 중시하므로, 전체 체계가 개인 행위자를 통제하는 방식을 강조한다(최옥채 외, 2020).

유기체적 관점

환경 속의 인간

전체 중시

● Talcott Parsons (1902~1979)

생물적 유기체   인간은 하나의 생물적 유기체이며, 환경 속에서 균형과 안정을 유지하려는 존재로서, 사회구조 속에서 능력에 따라 배분된 지위와 역할행동에 따라 보상을 받는다. 그리고 인간은 자유의지를 가진 주체가 아니라 사회 속에 갇혀 있는 객체이므로, 사회화과정을 거쳐 사회에 순응하는 존재가 되어 간다. 또한 인간은 자신의 이
사회의 이익   익을 추구하지만 전체 사회의 이익에 봉사하는 역할을 수행하며, 사회규범에 위배되는 경우 사회적 일탈이나 역기능, 부적응의 문제를 일으키게 된다.

구조기능주의이론에서는 사회를 상호 의존하는 부분의 집합으로 구성된 체제로 보고, 사회의 부분은 전체의 존속을 위해서 협력하므로 사회는 균형과 안정을
균형과 안정   유지하게 된다고 본다. Durkheim은 사회 한 부분의 변화가 일어나면 전체 사회의 변화가 유발되며, 사회는 자기 유지를 위한 질서 또는 균형을 지향하며, 사회변동을 사회 내부의 긴장에 대해 적응하기 위한 반응으로 이해한다(Turner, 2019).
불평등구조   사회의 불평등구조는 보편적인 현상이고 사회존속과 질서 유지에 필요한 불가피
존속과 질서   한 현상으로 이해하며, 사회적 불평등 구조는 점진적 진화과정을 통해 변화된다고 본다.

구조기능주의이론에서는 사회는 그 자체가 하나의 총체(entity)이며, 독특한 하나의 실재(reality)로서, 상호 의존적 관계를 맺고 있는 부분의 집합으로 구성된 체
상호 의존   제로 본다. 즉, 사회는 부분 간의 상호작용과 상호 의존을 통해 유지·발전되며,
부분의 통합   부분들이 최소한도 이상으로 통합되어 있어야 사회가 존속할 수 있다고 가정한다. 인간은 안정된 사회, 즉 사회의 안정과 질서를 지향하며, 인간의 사회적 행위는 내적 성격이 아니라 사회제도의 구조와 같은 외적 영역에 있다고 가정한다. 이러한 사회가 존속되고 안정을 유지하기 위해서는 하위체계가 기능적 욕구를 적절히 충족시켜야 하며, 기존의 사회적 기준체계에 부합하는 행동을 함으로써 자신이 속해
전체의 선   있는 사회 전체의 선(goodness)이 증진된다고 가정한다.

2) 주요 개념

(1) 체계의 구조

구조의 개념   구조(structure)란 사람 사이의 사회적 행위(social action)가 반복되고 누적되어 만들어진 영속적이고 지속적인 유형을 말한다. Parsons는 사회구조의 첫 출발점은
단위행위   개인의 단위행위(unit action)라고 본다. 개인은 사회의 규범, 가치, 상황적 조건의

요구를 다각적으로 검토하여 자발적으로 특정 단위행위를 선택하지만, 사회규범 등의 영향을 받으므로, 사회는 질서와 통합을 유지할 수 있게 된다(Knapp, 1994).

개인 단위행위는 다른 행위자의 단위행위와 상호작용을 하게 되면서, 사회적 행위로 변환되며, 다시 사회 체계를 형성, 규정하며, 이의 반복과 누적으로 사회 구조와 제도가 형성하게 된다. 사회적 행위자인 개인은 ① 자신의 인지, 정서, 평가적 동기와 인지, 정서, 도덕적 가치를 반영한 주관적이고 내적인 지향(internal orientation)에 따라, ② 도구적, 표현적, 도덕적 행동을 주관적으로 선택하게 되며, ③ 다른 행위자들과 상호작용을 하게 되고, ④ 그런 상호작용이 반복되고 누적되어 상호작용이 일정한 유형을 갖게 되면, 즉 제도화(institutionalization)되게 되면, ⑤ 지위, 역할 규범의 행위체계 다시 말해 행위체계의 구조가 만들어지게 된다. 이렇게 발달하는 구조가 전체의 욕구를 유지하는데 수행하는 기능이 바로 그 구조를 출현시키는 원인이 될 수 있다. 이를 기능적 정명론(functionalism imperativism)이라 한다(Turner, 1984).

Parsons는 사회의 행위체계는 문화체계, 사회체계, 인성체계, 행동 유기체라는 네 가지 차원으로 구성되어 있다고 본다(Ritzer, 2016; Turner, 2019). 행동 유기체(behavioral organism)는 환경에 맞춰 자신을 조정하거나 환경을 변형시켜서 적응 기능을 수행하며, 다른 체계의 에너지원이며, 다른 체계에 적응하여야 한다. 인성체계(personality system)는 개인체계로 불리며, 체계의 목적을 규정하고 이에 필요한 자원을 동원하는 목적 달성 기능을 수행하며, 사회와 문화체계의 통제를 받는 수동적 체계이나, 고유한 인생 경험을 쌓는 독립적 체계이다. 인성체계의 기본요소는 선호, 욕망, 필요를 포괄하는 욕구성향(need disposition)이다. 욕구성향은 행동의 동기로 작용하며, 본능이 아니라 환경적 맥락 속에서 습득된 것으로, 사회적 애정과 인정 추구, 문화기준 준수, 역할기대를 형성하고 수용한다.

사회체계(social system)는 상호작용하는 다수의 행위체계를 통제하여 통합하는 기능을 수행한다. 이러한 사회체계는 일정한 지위와 역할의 부여, 권력의 사용, 사회안전망의 구축 등을 활용하며, 이를 통해 사회적 긴장과 일탈을 최소화한다. 문화체계(cultural system)는 행위자에게 행동을 동기화할 수 있는 규범과 가치를 제공하여 기존 유형을 유지하고 긴장을 관리하는 잠재적 기능을 수행한다. 문화체계는 사회에서 가치와 규범으로 나타나며, 행위자의 인성체계 안에 내면화되지만, 지식, 상징, 사상 등이 사회적으로 축적된 형태로서, 독립적으로 존재한다.

(여백 주석)
사회적 행위
사회구조

제도화
행위체계의 구조

기능적 정명론

행위체계의 차원
행동 유기체

인성체계

욕구성향

사회체계

문화체계

이러한 네 가지 행위체계의 구조는 일정한 위계를 지니고 있고, 상위체계는 정
보에 의해 하위체계를 통제하고, 하위체계는 상위체계가 필요로 하는 자원이나 에
너지를 공급하게 되는데 이러한 행위체계의 일반적 구조와 체계 사이의 위계구조
를 제시하면 [그림 12-1]과 같다.

**행위체계의
위계구조**

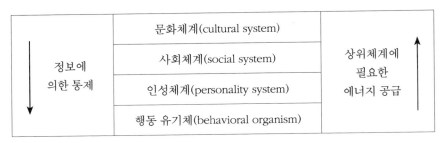

그림 12-1 **행위체계 간의 위계구조**

사회화, 사회통제
행위체계 간의 통합의 기제는 사회화와 사회통제이다. 이러한 통합기제가 제대
로 작동하지 못하면 사회적 일탈과 사회변동이 발생하게 된다. 그리고 위와 같은
사회의 네 가지 행위체계는 체계 자체이지만, 우주체계(물리화학적 체계, 유기적 체
계, 목적체계)와 상호 의존적 관계를 맺고, 일정한 기능을 담당하며, 각 체계가 자신
의 기능을 적절히 수행하면 우주체계의 통합이 가능해진다(Turner, 2019).

(2) 체계의 기능

모든 유기체와 하위체계는 생존, 성장, 발전을 위한 내적활동을 하며, 이때 다른
기능의 개념
체계와 관계를 맺는 외적활동을 수행한다. 그러므로 기능(function)이란 행위체계
의 욕구 혹은 요구들을 충족시키려는 활동들의 복합체(Ritzer, 2016)로서, 내적활동
과 외적 활동을 포괄한다.

사회 체계는 항상성, 균형, 안정을 추구하며, 하위체계에게 어떤 기능을 수행
기능적 요구
하도록 요구, 즉 기능적 요구(functional requisite)를 하며, 사회의 부분들은 기능
적 요구를 충족하기 위해 노력한다. 사회가 유지, 안정되려면, 각각의 하위체계
가 자기가 맡은 기능을 적절히 수행해야 한다. 사회가 하위 구성요소, 즉 부분에게
**제도화된
역할기대
사회통합**
역할을 부여하고 그 역할을 잘 수행해 주기를 기대하는 것을 제도화된 역할기대
(institutionalized role-expectation)라 하며, 각 부분이 역할기대를 잘 수행하면 사회

통합이 촉진된다.

사회체계의 적합성(goodness of fit)은 적응(adaptation)의 결과이므로, 하위체계 적합성, 적응
는 전체가 부여한 역할을 잘 수행하여, 사회통합의 기능을 수행할 수 있어야 한다.
사회의 적절한 기능을 위해서는 부분 간의 역할 정립이 중요한데, 부분 간의 역할 역할 정립
이 하나의 역할다발이 되고, 이것이 다시 유형을 형성하고, 다시 구조를 형성한다.
그러므로 구조기능주의이론에서는 전체 기능뿐 아니라 부분의 기능도 중시한다.

Parsons는 사회가 안정적이고 기능적인 이유를 탐색하여 모든 체계가 생존하
고 지속되려면 반드시 수행해야만 하는 네 가지 기본 기능, 즉 체계 유지의 기능
적 필수요건을 AGIL 모형으로 제시하고 있다(Ritzer, 2016; Turner, 2019; 강정한 외, AGIL 모형
2013).

적응(adaptation)은 체계가 환경의 요구에 대처하는 데 필요한 자원을 확보하고 적응
배분하며, 환경에 적응하고, 환경을 체계의 요구에 맞추는 기능으로, 행동 유기체
가 그 기능을 수행한다. 목적 달성(goal attainment)은 체계의 목적을 잘 정립하고 목적 달성
달성하기 위해 자원을 동원하는 기능으로서, 인성체계가 그 기능을 수행한다. 통 통합
합(integration)은 체계 부분 간의 상호작용을 조정, 유지하고 결속력을 만들어내
기 위해 다른 기능적 요건들을 관리하는 기능으로서, 사회체계가 담당한다. 잠재 잠재성
성(latency)은 개인의 행위동기를 유발하는 체계 특유의 문화와 가치를 창출, 지속,
변형시키는 기능으로, 유형유지와 긴장관리의 기능을 포함하며 문화체계가 그 기
능을 담당한다.

각각의 기능 영역은 다른 기능과 상호교환을 함에 있어서 서로 다른 교환매체를 교환매체
사용한다. 적응 기능은 화폐를, 목적달성 기능은 순응을 유도하는 능력인 권력을,
통합 기능은 설득할 수 있는 능력을 말하는 영향력을 그리고 잠재성 기능은 충성
을 확보하는 능력인 헌신을 교환매체로 활용한다.

사회조직은 더 큰 사회의 존속과 안정을 위한 한 가지 기능을 담당하며, 기능의 사회조직
중요도에 따라 자원이나 사회적 승인을 얻게 된다. 특정 기능을 수행하는 사회조
직 또한 [그림 12-2]에서 보는 바와 같이 네 가지 AGIL 기능을 동시에 수행하며, AGIL 모형
그 하위체계에서 다시 네 가지 기능으로 나누어진 기능을 수행함에 있어 다른 체
계와 상위체계의 영향을 받는다. 만약 하위체계 중 어느 하나라도 적절히 기능하
지 않으면 사회적 일탈과 역기능이 발생하게 된다. 사회적 일탈

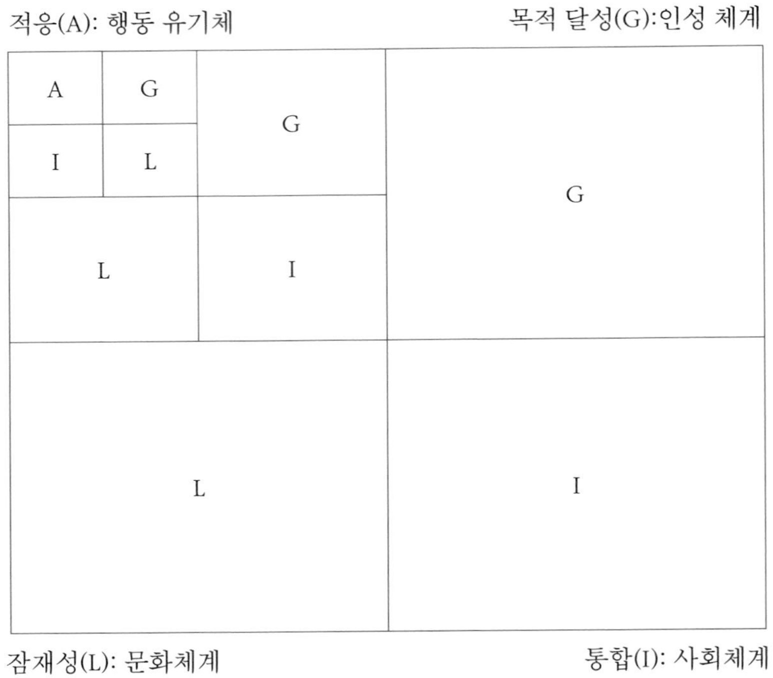
적응(A): 행동 유기체
목적 달성(G):인성 체계
A
G
I
L
G
L
I
G
L
I
잠재성(L): 문화체계
통합(I): 사회체계

그림 12-2 행위체계의 구조와 기능

(3) 사회적 분업과 연대

사회적 분업

Durkheim은 사회적 연대와 사회의 도덕적 통합이 갖고 있는 집단적 기능에 관심을 가졌다. 원시사회의 사회적 분업은 성별 분업 정도로 초보적이고 사회 성원은 상호 밀접하게 연결되어 있는 반면 산업사회에서는 사회의 분업이 가속화되고 복잡해지면서, 상호연결이 약화되고 사회통합의 문제가 부상하게 되었다.

사회적 연대

사회적 연대(social solidarity)는 사회의 모든 성원이 공유하는 가치, 습관, 신념에 작용하여 사람들의 집단적 의식을 형성하는 사회적 결속이다. 이러한 사회적 연대는 기계적 연대와 유기적 연대로 구분되며, 노동분화가 가속화되면서 기계적 연대에서 유기적 연대로 변화하게 된다(강전한 외, 2013).

기계적 연대

기계적 연대(mechanical solidarity)는 전통사회에서 사회구조가 단순하고 노동분화가 이루어지지 않아 개인과 타인이 생활양식의 동질성을 기반으로 정서적 공감대를 형성하는 사회적 연대를 말한다. 이러한 사회에서는 집합의식을 위반하는 행위를 범죄행위로 처벌하여 사회통합을 유지하며, 법률은 억압적이며, 권력의 명령에 대한 헌신과 동조를 강조한다.

유기적 연대(organic solidarity)는 산업사회에서 노동이 분화되고 역할이 전문화됨에 따라 전통적 동질성에 기초한 인간관계가 무너지고, 개인들 사이의 상호 의존과 상호 보완성에 기초하여 발생하는 사회적 연대의식을 말한다. 이러한 사회는 노동분화가 개별화되어 있고, 사회의 결속력은 기능적으로 상호 의존함으로써 형성된다. 그리고 법률은 피해자에게 보상을 하게 하거나 범죄자를 원래 자리로 복귀시키는 보상법 또는 복귀법의 특성을 지닌다.

유기적 연대

Durkheim은 산업사회는 직능단체의 관계망을 통하여 유기적 연대가 형성되고 새로운 도덕적 통합을 이룰 것이라고 예상했다. 그러나 그의 예상과는 반대로 계급 분화와 사회불평등을 촉진함으로써 사회적 연대가 약화되고, 사회통합을 이루는 도덕적 기반이 약화되는 문제가 발생하였다.

도덕적 통합
사회불평등

(4) 아노미와 자살

Durkheim은 행위자의 외부에 존재하면서 그들에게 강제적 영향력을 행사하는 사회구조와 문화적 규범과 가치를 사회적 사실(social facts)이라 하였다. 사회적 사실은 행위자 외부에 존재하면서 강제적인 압력을 행사하므로, 인간은 사회의 집합의식, 사회구조와 문화의 영향을 받게 된다.

사회적 사실

사회분화로 사회적 연대가 와해되고, 사회적 정체성을 형성하는 데 문제를 일으키게 됨으로써 개인의 역기능을 유발하게 되었다. 아노미(anomie)는 사회의 급격한 변화와 위기 등으로 기존 가치관이나 규범, 윤리관 등이 와해됨으로써, 개인이 겪게 되는 가치관이나 윤리관의 혼란이다. 즉, 개인이나 집단의 기준과 사회의 기준이 불일치할 때, 도덕적 규제가 불가능하고 합법적 소망이 존재하지 않는 등 사회적 윤리가 결핍된 사회적 규제의 결핍상태라는 병리현상(Szelenyi, 2009), 즉 무규범(normlessness) 상태를 말한다.

아노미

무규범

아노미는 지나치게 경직되고 개인의 자유재량을 인정하지 않는 사회에서 유발되므로, 사회의 도덕적 규범과 단절되었을 때 느끼는 감정이다. 아노미 상태에서는 개인주의의 증대, 즉 집합의식의 약화가 만연되므로, Merton은 사회가 인정하는 목표와 이를 성취하는 정당한 수준 사이에 불일치가 존재하게 된다고 하여 '사회규범 사이의 갈등'으로 규정한다(Ritzer, 2016).

개인주의

사회규범 사이의 갈등

Durkheim은 아노미 현상으로 인해 발생하는 사회병리 중에서 자살에 관심을 기울였다. 그는 자살이 개별적 행위가 아닌 사회적 조건에 의해 발생하는 것으로

자살

보고, 사회의 통합과 통제력의 정도에 따라 자살의 원인과 유형을 다음과 같이 네 가지로 구분하고 있다.

이기주의적 자살

이타적 자살

아노미적 자살

숙명론적 자살

자살률

이기주의적 자살(egoistic suicide)은 사회적 연대와 통합이 약화되었을 때 극도로 소외되거나 자신만 구원되기를 바라는 이기심에서 발생하는 자살이다. 이타적 자살(altruistic suicide)은 사회적 연대가 강하여 개인이 과도하게 사회에 통합되거나 사회 및 가족과의 연대감과 책임감이 강할 때 나타나는 자살이다. 아노미적 자살(anomic suicide)은 급격한 사회변화나 사회적 위기로 인해 발생한 무규범(normlessness) 상태의 사회에서 나타나는 자살이다. 숙명론적 자살(fatalistic suicide)은 사회적 규제가 너무 강할 때 나타나는 자살이다.

사회 통제가 지나치게 강하거나(숙명론적 자살) 약해도(아노미적 자살) 자살률이 올라가고, 사람 간 유대와 통합이 지나치게 강하거나(이타적 자살) 약해도(이기적 자살) 자살률이 올라가게 된다.

3) 사회변동과 발전에 대한 관점

안정>변동

통합

기능

행위체계 분화

진보와 발전

진화론적
사회변동

갈등과 일탈

인종차별

보수적

구조기능주의이론은 사회변동보다 사회의 안정적 구조를 강조하며, 사회변동 또한 긍정적 방향으로의 발전을 강조한다. 구조기능주의이론은 사회가 존속하기 위해서는 일정 수준의 통합을 확보해야 한다고 보고, 사회의 행위체계 간에 적절한 상호교환이 이루어지고 각 행위체계가 적절한 기능을 수행하면, 전체 체계는 유지, 안정, 통합된다고 본다.

문화체계 등 4개 사회 행위체계 간의 분화가 이루어지면 각 행위체계 내부에서의 분화가 촉진되고 기능적 상호 의존성이 증가하고 새로운 통합 기제가 만들어짐으로써, 전체 행위체계의 환경 적응 역량이 강화되어 사회는 점진적이고 단계적으로 진보와 발전을 도모할 수 있다. 구조기능주의이론은 사회가 진화하면서 새로운 하위체계가 분화되고, 새로 분화된 하위체계는 이전보다 적응력이 높아지므로, 사회문제에 더 잘 대처할 수 있는 방향으로 성장한다는 진화론적 사회변동 패러다임을 채택하고 있다.

구조기능주의이론은 모든 사회변동이 진화를 촉진하지는 않으며, 갈등과 일탈의 문제를 유발할 수 있다는 점을 간과하며, 인종차별적이고 종족주의적 현상을 낳았다는 비판에 직면해 있다. 구조기능주의이론은 정치적으로 매우 보수적이며 현 상태(status quo)를 지지하며, 조화, 합의, 협력, 통합이 모든 시대와 모든 사회에 　　　조화와 통합
서 나타난다고 규정한다.

구조기능주의이론은 작은 변동을 통하여 새로운 균형 상태에 도달할 수 있다고 　　　균형 상태
보고 있으므로, 사회변동, 사회갈등, 착취와 억압, 모순, 일탈, 불화 등의 탈통합적
상태에는 우선순위를 부여하지 않는다. 대신에 구조기능주의이론은 사회화 과정
과 사회통제를 통하여 사회의 안정된 질서와 균형을 유지하는 것을 중시한다. 사
회변동은 완만하고 질서정연하게 이루어지며, 급격한 사회변동이 일어나면, 새로 　　　새로운 균형
운 균형(reequilibrating)을 회복하기 위하여 사회를 조절해야 한다고 규정한다.

구조기능주의이론은 인구집중과 같은 물리적 밀도가 높아지면 도덕적 밀도가
높아지고 개인 간의 경쟁을 강화시키므로, 이를 예방하기 위해서는 사회적 분업을 　　　사회적 분업
통해 전문화된 역할들을 상정하고 서로 간에 적절한 상호교환관계를 수립한다고
본다. 사회변동은 행위체계가 서로 정보와 에너지를 교환하고, 내부 및 외부적 재
조정이 일어날 때 발생한다. 만약 행위체계 간의 상호교환에서 정보나 에너지 중
어느 하나가 과잉상태(과잉 통합)가 되거나 불충분한 상태(과소 통합)가 되면, 문제 　　　과잉 통합
가 발생하게 된다. 　　　과소 통합

구조기능주의이론은 사회를 조화, 합의, 협력, 통합이 이루어지는 지나치게 안 　　　안정된 체계
정된 체계로 보고, 갈등, 착취, 억압, 모순, 일탈, 불화 등의 사회 내부의 문제를 중
요시하지 않는 한계를 보이고 있다.

4) 사회복지 정책과 실천에의 적용

⑴ 사회문제에 대한 관점

구조기능주의이론에서는 사회의 하위 구성요소가 상위체계의 유지와 안정에
기여하면 순기능적(function)이고 그 반대이면 역기능적(dysfunction)이라고 규정한
다(남일재 외, 2011). Merton은 체계의 적응을 감소시키는 결과를 초래하는 것을 역 　　　역기능
기능이라고 보고, 전체적인 관점에서 개인의 기능-역기능을 판단해야 한다고 보
았다(Ritzer, 2016).

구조기능주의이론은 정상과 비정상적 상황을 전제하며, 체계의 부분인 하위체 　　　정상과 비정상
계가 자신에게 부여된 기능적 요구를 적절히 수행하면, 전체 체계도 안정되고 자 　　　기능적 요구
신도 적응적 행동을 할 수 있다고 본다. 이때 전체 체계 속에서 같은 역할을 하

기능적 등가물

는 기능은 서로 대체할 수 있는데, 이를 기능적 등가물(functional equivalence)이라 한다.

사회해체

사회의 부분들이 제 기능을 발휘하지 못하면 사회적 기능장애, 사회문제, 사회 해체가 발생한다. 구조기능주의이론은 사회적 안정과 균형상태의 부족이나 와해를 사회문제의 원인으로 규정한다. 사회는 적절한 사회화 기능과 통제기능을 발휘

자기규제 장치

하는 자기규제 장치(self-regulating system)가 있어야 한다. 만약 자기규제 장치가 제대로 작동하지 않으면, 전체 사회의 균형이 깨지거나 통합이 와해되어 사회문제가 발생한다.

구조기능주의이론에서는 사회문제의 원인을 개인과 사회제도의 일부에 있다고

개인과 사회제도

보기 때문에, 개입의 대상은 결국 개인과 사회제도라고 본다. 따라서 사회문제의

재사회화

해결을 위해 사회화 기능과 통제기능을 강화, 수정하여 재사회화 또는 사회의 물

분배기능

질적 및 기회의 분배기능을 수정하여 개인과 사회제도의 변화를 도모해야 한다.

구조기능주의이론에서는 개인적 역기능이나 문제는 사회적 기능의 테두리에서

일탈

일탈한 것으로 규정한다(이철우, 2017b). 범죄나 질병은 사회적 역할기능을 수행하지 못하여 전체 사회의 균형과 사회통합을 해치므로, 법률이나 의료 행위 등을 통해 사회적 중재를 해야 한다. 그리고 환자의 질병은 환자로서의 사회적 기능을 수행하는 것을 공식적으로 허가하는 것이므로 역기능적이라고 규정하고, 사회적 기

사회적 통제와 배제

능을 수행할 수 있도록 전문가가 개입하여 사회적 통제를 가하거나 사회적으로 배제하는 것도 가능하다(Segall, 1976).

(2) 사회복지 정책과 실천에 대한 함의

가치합의와 통합

구조기능주의이론은 사회성원의 가치합의와 통합이 사회 존속을 위해 사회가 필요로 하는 기본적인 기능적 요구라고 본다. 구조기능주의이론은 체계의 구조가

체계 유지 기능

체계 유지에 필요한 기능에 대한 관심은 많으나, 잘못된 사회구조의 변화와 갈등 해결에는 관심이 적다.

순응적 존재

구조기능주의이론은 인간을 수동적이고 순응적 존재로 이해하므로, 내담자의 사회화 과정에서의 실패, 사회규범과 가치 내면화의 실패, 그리고 역할수행의 부적절성, 적응의 실패, 일탈행위 등의 개인 내부의 결함이나 체계 내적인 문제에서

내적 결함

그 원인을 찾는다. 그러므로 사회복지적 개입에서도 이러한 내적 결함을 개선, 보

사후 개입

완하여 본래의 역할과 기능을 수행하도록 사후대책적 개입활동을 우선적으로 실

시한다(최옥채 외, 2020).

구조기능주의이론은 사회체계는 자기통제능력이 있으므로, 일정 수준의 체계이탈은 자연스럽게 회복할 수 있다고 본다. 사회복지제도 역시 사회성원의 복지욕구를 충족시키기 위해 다양한 정책과 법률을 마련하지만, 체계의 역기능을 예방하기보다는 기존 제도의 순기능을 지속시키는 차원에서 소극적으로 접근한다. 따라서 사회변동에 맞춰 구조를 변화시키고 사회갈등을 해결하는 데 목적을 둔 사회복지대책은 매우 미흡하게 된다.

사회복지실천에서도 내담자의 환경체계와 관련 법과 제도의 근본적 변화보다는 기존 제도의 개선과 유지에 초점을 둔다. 구조기능주의이론은 복지환경의 변화를 추구함에 있어서 소극적이며, 잔여적 복지제도를 기반으로 국가의 개입을 최소화하는 것을 지지한다(권중돈, 2019). 구조기능주의이론에서는 사회체계의 역기능을 개선하고 그 구성원들에게 최소한의 인간다운 삶을 보장하는 수준에서 사회복지 급여와 서비스를 제공해야 한다고 본다. 국가는 사회적 보호를 필요로 하는 빈곤계층 등의 최소한의 대상에게 공적 부조제도를 통한 최소한의 급여를 제공하여, 사회통합을 저해하는 사회구조적 문제를 보완하려고 한다. 따라서 전 국민을 대상으로 한 보편적 복지제도보다는 잔여적 복지제도를 선호하며, 최소한의 개입을 통하여 사회구조적 결함을 보완하고 사회적 보호를 필요로 하는 개인의 기능을 회복시키는 데 목적을 둔다.

Durkheim은 만성적 아노미 문제를 해결하기 위해서는 시장에 속박되지 않은 유기적 연대로서의 직업집단과 교육을 통한 도덕적 통합능력을 강화해야 한다고 본다(김종엽, 1998; 민문홍, 2008; 민문홍, 2012). 즉, 개인화된 도덕적 규범화와 유기적 연대를 강화하여 사회통합과 사회적 시민연대를 강조하는 제3의 길로서 복지국가론과 연결되어 있다(민문홍, 2008).

[여백 키워드] 자기통제능력 / 소극적 복지 / 제도의 개선 / 잔여적 복지제도 / 최소한의 인간다운 삶 / 최소한의 대상 / 개인 기능 회복 / 아노미 / 사회적 시민연대 / 제3의 길

2 갈등이론

1) 사회관과 가정

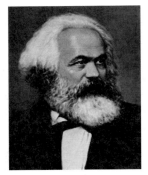

경쟁, 갈등

투쟁의 장

희소 가치와 자원

● Karl Heinrich Marx (1818~1883)

갈등이론에서는 사회의 본질적 특성은 안정과 협력이 아니라 경쟁과 착취, 갈등과 투쟁이므로, 집단이나 계급 간의 갈등은 보편적 현상이라고 본다. 사회는 자신의 이익을 추구하는 계급 또는 사회집단 간의 투쟁의 장(場)이므로, 자본주의체제의 사회생활은 자원과 권력의 배분을 둘러싼 경쟁과 갈등, 착취 그 자체라고 본다.

사회성원은 경제적 부(富), 명예, 권력, 지위 등의 사회적 희소 가치와 자원을 열망하고 이를 획득하기 위해 끊임없이 경쟁하고 투쟁하며, 갈등을 일으킨다. 사회경

사회경제제도

제제도는 사회집단이나 계급 간의 투쟁의 도구이며, 불평등을 유지하고 지배계급의 지배를 유지하는 데 사용된다.

권력의 불평등

모든 사회구조에는 권력의 불평등이 내재하므로, 특정 개인과 집단은 더 많은 권력을 소유하게 되는 지배계급을 형성한다. 지배계급은 어떠한 수단을 사용해서라도 자신들의 권력과 자원을 유지, 향상시키기 위해 피지배계급을 억압, 착취, 통

불평등구조

제하므로, 사회적 불평등구조가 형성되고 공고화된다.

지배계급과 피지배계급

인간 사회의 역사는 지배계급의 이익을 옹호하고 대중 또는 피지배계급을 억압하고 통제하기 위한 과정의 연속이자 그 결과물이다. 이러한 사회의 불평등구조를 변화시키는 것은 적응이 아니라 사회계급 간의 대립과 갈등을 통해 일어난다. 그

사회계급 간의 갈등

러므로 사회계급 간의 갈등은 긍정적 사회변화의 필수적 과정이며, 권력관계의 변화는 갑작스럽게 일어나고 그 규모가 큰 것이 특징이다. Marx는 사회변화의 대안

공산주의 사회

으로 사유재산제 철폐와 공산주의 사회의 건설을 제시하고 있다.

사회적 존재

Marx는 인간을 사회적 존재, 즉 사회 안에서만 존재할 수 있으며, 인간 존재는 사회적 관계의 총체(ensemble)라고 보았다(박종대, 1994). 그러므로 개인의 행동방식은 사회적 맥락에서 이루어지는 경쟁집단과의 갈등에 의해 결정된다고 본다. 인간은 타인과 상호작용을 함에 있어서 금전, 토지, 상품 등의 한정된 물질적 자원과

여가시간, 사회적 지위, 성적 파트너 등의 비물질적 자원을 놓고 지속적으로 경쟁한다. 더 많은 권력과 자원을 소유한 개인은 자신의 권력과 자원을 유지하고 향상시키기 위해 노력하는 경향을 갖고 있다. 권력과 자원

Weber는 개인이 사회적 관계에 영향을 미칠 수 있는 능력이 있는 사회적 행위의 수행자로 규정한다(이수안, 2015). 그는 인간의 합리성을 중시하는 인간중심주의적 관점을 바탕으로, 인간을 합리적 존재로 보고, 주체성과 의지대로 행동할 수 있는 행위의 주체이며, 이성과 공감 및 감정이입 능력을 통해 타인의 행위에 내재된 의미를 이해할 수 있는 존재라고 보고 있다. 다시 말해 인간행동이 사회적 관계의 지배를 받는 것이 아니라 반대로 인간의 행동이 사회적 관계를 만들어갈 수 있는 능력이 있다고 규정하고 있다. 사회적
행위 수행자

합리적 존재
행위의 주체

Marx는 인간을 노동하는 존재(labouring being)로 규정한다(이태건, 2000). 즉, 인간의 본질은 노동력(labour power)이고, 인간의 기본 모습은 역사적이고 사회적인 맥락 속에서 이루어지는 노동하는 모습이다. 인간은 노동력을 자연 대상에 투입하여 자신의 삶의 욕구를 충족시켜줄 수 있는 생산물을 만들어내므로, 노동을 통해서 생존과 자기실현을 추구한다. 하지만 자본주의체계하에서 노동의 불평등한 분업에 기초한 착취와 억압은 인간의 잠재성 또는 창의적 능력의 발현을 막기 때문에 인간은 소외를 경험하고, 다양한 병리를 경험하게 된다. 노동하는 존재

불평등한
노동분업

인간 소외

갈등이론에서는 사회를 본질적으로 자신의 이익을 최대화하려는 개인과 집단 간의 경쟁과 갈등의 장으로 보며, 이로 인해 형성된 사회의 불평등구조의 변화 역시 경쟁과 갈등에 의해 이루어진다고 보고 있다. 그리고 사회적 가치와 질서는 지배계급의 억압과 강제에 의해 형성되며, 사회성원과 집단이 서로 다른 욕구와 가치, 사상을 갖고 있고, 이로 인한 분쟁을 해결할 수 있는 수단이 없기 때문에, 사회갈등이 발생한다고 본다. 또한 지배집단은 높은 권력과 자원을 유지하기 위해서 피지배집단을 억압하고 강제하지만, 계급구조는 사회체계와 개인의 기능을 최적화하는 데 방해요인이 된다. 그러나 사회 속의 갈등과 대립이 사회의 변화와 발전, 개혁을 일으키는데, 피지배집단이 자신의 욕구충족과 자원획득을 위한 사회변화를 도모하기 위해서는 반드시 힘을 가져야 한다(Turner, 1984; 강정한, 2013; 지은구 외, 2015; 이철우, 2017a). 경쟁과 갈등의 장

계급구조

2) 주요 개념

(1) 계급구조와 계급갈등

계급

Marx는 사회불평등 문제를 경제적 측면에서 발생한 것으로 보고 계급이라는 용어로 설명하고 있다. 계급(class)은 경제적 자원 보유 기준에서 같은 지위를 가진 사람들의 집단이다. 특정 계급 성원은 다른 계급의 성원과 구분되는 특성과 공통의 경험을 가지며, 계급에 대한 심리적 귀속감, 즉 귀속 의식이 강하다.

유산계급, 무산계급

부르주아

생산수단

착취

사회계급은 유산계급(有産階級, 자본가계급인 부르주아)과 무산계급(無産階級, 노동자계급인 프롤레타리아)으로 구성된다. 부르주아(bourgeois)는 '성(城)'을 뜻하는 프랑스어 'bourg'에서 유래된 용어로서 자본주의 사회에서 공장이나 기계와 같은 생산수단을 소유하여 임금 노동자를 고용하여 이익을 창출하는 사람들의 집단을 일컫는다. 부르주아는 사람의 인격적 가치를 교환 가치로 해체하고, 노동자에 대한 불공정한 착취를 행하고, 정치적 권력을 오용하여 지배하는 계급이다.

프롤레타리아

노동

프롤레타리아(proletariat)는 고대 로마 시대에 토지를 소유하지 못한 가난한 자유민을 뜻하는 라틴어 'proletari'에서 유래된 용어로서, 자본을 소유하지 않아 자신의 노동으로 살아가는 사람들로 이루어진 계급을 말한다. 노동자는 노동을 팔지 않으면 생활할 수 없으므로, 자신들의 급여나 자신들이 생산한 것에 대해 권리를 주장하지 못한다.

프티 부르주아지, 소시민

프티 부르주아지(petite bourgeoisie)는 소시민(小市民)으로 불리며, 부르주아와 프롤레타리아의 중간 계급인 중소자본가계급이다. 이들은 부르주아적인 사고를 갖고 있으며, 부르주아에게 고용되거나 흡수통합 당하기 때문에, 프롤레타리아의 일부로 보기도 한다.

룸펜프롤레타리아

유랑무산계급

룸펜프롤레타리아(lumpenproletariat, 약칭 룸펜)는 일정한 거주지 없이 떠돌아다니는 부랑자나 실업자의 행색이 대개는 남루하고 초라함을 의미하는 독일어 Lumpen에서 유래된 용어이다. Marx는 비정상적 일용직 노동에 관여하는 최하층 노동자이고 반동적 음모에 가담하는 계급으로서 사회적 쓰레기로 지칭하기도 했다. 이들은 프롤레타리아와 함께 혁명적 활동에 참여하는 대신 부르주아에 매수되어 반동적인 음모의 도구 노릇을 하는 유랑무산계급(流浪無産階級)의 특성을 지닌다.

부르주아와 프롤레타리의 관계는 착취와 지배, 갈등과 대립의 관계로 설명할 수 있다. 부르주아는 프롤레타리아의 노동력이라는 상품을 소비해 가치를 창출하는 과정에서 대부분의 가치를 소유하고, 프롤레타리아는 궁핍한 상태를 겪게 된다. Marx는 소수 엘리트 집단인 부르주아가 자원과 권력을 소유한 결과로서 사회의 다수, 즉 프롤레타리아에게 헌신을 요구하는 피라미드 관계로 둘 사이의 관계를 설명하고 있다. 부르주아는 사적인 부를 지키고 자본 재생산을 위해 강력한 국가 기구를 갖춤으로써 무력 또는 동의를 얻어 프롤레타리아를 지배, 통제한다. 반면 프롤레타리아는 삶의 고난을 겪는 과정에서, 자본분배의 정당성에 의문을 제기하고, 이런 자각을 통해 계급 없는 사회를 건설하기 위해 조직화하고 부르주아와의 투쟁에 참여하게 된다.

Marx는 사회의 역사는 계급투쟁의 역사로 보고, 지배계급과 피지배계급이 경쟁하고 싸웠으며, 그 결과 전체 사회가 혁명적으로 재구성되거나 아니면 공멸의 결과를 초래하게 된다고 보았다. 그는 지배계급이 자신의 착취를 프롤로테리아가 인식하지 못하도록 하므로, 프롤레타리아가 계급의식을 갖고, 자본주의체계의 전복을 도모해야 한다고 주장하고 있다.

Marx의 계급갈등과 계급투쟁에 대한 관점을 살펴보면 다음과 같다. 먼저 부르주아는 공업과 상업, 교통의 발전으로 자본을 크게 증식하고 독점적 정치 지배력을 쟁취하고, 프롤레타리아에 대한 착취와 억압을 통해 더 많은 자본과 권력을 소유하고 있다. 반면 프롤레타리아는 자신의 노동력을 상품으로 파는 것 이외에는 생계를 유지할 수단이 없으나, 노동의 대가는 최저 수준까지 내려가게 되어, 부르주아의 억압과 착취를 자각하고 대항하여 개별적 투쟁을 전개하게 된다. 이때 프롤레타리아는 비슷한 처지의 다수의 노동자가 단결하여 자주적 투쟁을 하여, 사회의 제한된 자원의 재분배 가능성은 높아지며, 마침내 혁명을 일으켜 부르주아를 폭력적으로 타도하고 지배권을 손에 넣을 수 있게 된다. 이러한 Marx의 관점을 혁명적 낙관주의라고 부르기도 한다(Turner, 2019).

(2) 인간 소외

인간은 노동을 통하여 생존과 자기실현을 추구하나, 사유재산제, 분업제, 시장경제, 화폐경제 등의 자본주의체제로 인하여 인간이 소외를 경험하게 된다. 인간소외(alienation)는 본래적 인간성이 상실되어 인간다운 삶을 영위하지 못하는 현상을 말한다. 즉, 인간이 사회적 관계, 노동 및 노동의 산물, 자아로부터 멀어지거나

여백 용어
부르주아
프롤레타리아

피라미드 관계
자본 재생산

투쟁
계급투쟁의 역사

계급의식

자본과 권력
노동력

자주적 투쟁
혁명

자본주의체제
인간 소외

분리된 듯한 감정상태를 나타내는 현상으로, 물질이 도리어 인간을 지배하게 되는 현상을 일컫기도 한다. Marx의 인간 소외의 과정과 구조는 [그림 12-3]과 같다(이태건, 2000).

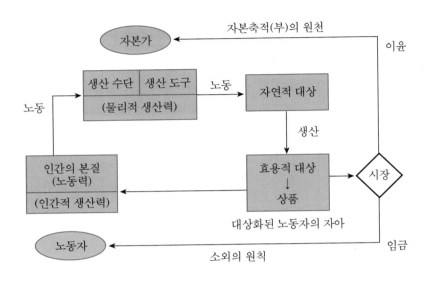

그림 12-3 Marx의 인간 소외의 과정과 구조

소외 차원
    Marx는 인간 소외의 차원을 ① 노동생산물로부터의 노동자 소외, ② 노동 그 자체로부터의 노동자의 소외, ③ 인간본성으로부터의 노동자의 소외, ④ 인간으로부터의 인간의 소외라는 네 가지 차원으로 제시하고 있다. 그리고 Marx는 사유재산 공산주의 사회의 건설 제도의 철폐와 공산주의 사회의 건설로, 인간의 사회적 속성이 회복되고 인간 또한 해방되며, 인간-자연의 통합을 이루게 됨으로써 인간 소외가 완벽하게 극복될 수 있다고 본다.

(3) 사회계층화와 카리스마적 리더십

권력
    Weber는 권력은 개인이 사회자원을 소유할 수 있는 능력에서 유래되며, 자원에 접근하여 획득하는 기회의 불평등으로 인해 사회불평등이 발생한다고 보고 있다.

계층
그는 계층(stratum)을 재산, 권력 등 경제·정치·문화적 자원 중 하나 또는 복합기준에 의해 같은 지위를 가진 사람들의 집단이라고 하였다.

사회계층화이론
    Weber의 사회계층화이론(social stratification)에서는 계층 간의 불평등이 계급,

지위, 권력이라는 세 요소가 상호작용하여 발생한다고 본다(강정한 외, 2013). 계급 (class)은 특정 경제 질서 안에서 부동산, 주택, 자산 등의 부(富, property)를 얻기 위해 재화와 용역을 처분할 수 있는 능력의 양과 종류에 따라 결정된다. 사회적 지위(status)는 특정 사람이나 지위에 대해 다른 사람이 부여하는 사회적 명성이나 명예, 위신(prestige)에 의하여 결정된다. 권력(power)은 타인의 저항에도 불구하고 자기의 목표를 성취할 수 있는 가능성을 말한다.

    이러한 사회계층화의 3P(property, prestige, power)는 합리적 분배가 이뤄지기 도 하지만 불평등하게 분배될 수 있다. 불합리한 분배체계하에서는 사회적 격차 가 발생하며, 낮은 사회계층의 상향이동 기회가 제한되면 분노가 축적되고, 지배 계층에 대한 저항 행동을 펼치게 된다. Weber는 카리스마적 지도자(charismatic leadership)의 출현으로 전통적 권위에 도전하고, 피지배계층의 분노를 조직화하게 되면 갈등과 사회구조의 변동이 일어난다고 본다(Turner, 2019).

    카리스마적 지도자가 사회구조 변동에 성공하면 새로운 규칙과 행정체계를 통 해 자신의 권위를 일상화하려고 하므로, 새로운 불평등과 권위체계가 형성된다. 이런 상황에서 새로운 지배계층의 자원독점과 피지배계층의 사회적 이동이 제한 되면 또 다른 새로운 갈등이 유발될 수도 있으며, 반대로 새로운 합리적 규칙과 행 정체계가 일상화되면 갈등이 일어날 가능성은 줄어들 수도 있다.

(4) 권위의 차이

    Dahrendorf의 변증법적 갈등이론에서는 사회는 합의와 갈등이 모두 있어야 생 존이 가능하므로, 갈등 없이는 합의가 없고 합의 없이는 갈등도 없으며, 갈등이 합의를 유발하고 또 합의가 갈등을 유발하기도 한다고 본다. Dahrendorf는 권위 (authority)의 차이에 의해 계급이 형성된다고 규정하고 있는데, 권위는 지위와 역 할에 따른 지배와 복종의 위계구조의 차이를 말한다. 사회가 특정 지위와 역할에 대한 기대와 승인의 권위를 가지므로, 권위는 사회가 창조하는 것이다. 사회에서 특정 지위와 역할을 가진 사람이 다른 지위와 역할의 사람에 대해 갖는 권리를 사 회가 인정하며, 그런 지배를 정당화하고 법적 강제력을 행사할 수도 있다.

    이러한 권위의 차이 발생과정이 반복되면서 전체 사회 내에는 지배적 역할과 종 속적 역할로 구분되는 이원적 관계인 강제 조정된 결사체(imperatively coordinated association)가 형성된다. 이런 결사체 내에서 권위관계가 창출됨으로써 지배집단

<!-- 여백 주석 -->
계급

지위

권력

사회계층화의 3P

불합리한 분배체계

카리스마적 지도자

분노 조직화

권위체계

합의와 갈등

권위

권위의 차이

강제 조정된 결사체

(command class)과 피지배집단(obey class)이 형성된다. 지배집단이 다른 집단을 강제로 복종시킴으로써 사회질서가 유지되지만, 동시에 그 안에는 갈등의 잠재력 또한 내재되어 있기도 하다(Turner, 2019; 강정한 외, 2013).

같은 결사체 내부에서는 특정 역할과 관련된 권위는 희소자원이므로, 집단들 사이에서 이를 둘러싼 대립과 갈등이 발생한다. 결사체 내의 피지배집단이 권위의 불평등한 분배구조를 인식하게 되면, 지배집단과 피지배집단 사이에 권위의 재분배를 둘러싼 이해갈등이 발생하며, 이런 갈등의 지속적 순환을 통해 사회는 변동하고 발전하게 된다.

(5) 사회갈등의 기능

Coser의 기능적 갈등이론(conflict functionalism)에서는 사회적 갈등으로 인해 집단의 결속력이 더욱 강해진다고 보는 갈등의 통합과 적응 기능을 강조한다(강정한 외, 2013). 사회체계 부분 또는 부분요소 사이에서 희소자원을 둘러싼 이해관계의 불균형, 긴장 또는 갈등이 발생하며, 갈등은 체계의 통합과 적응을 유지하거나 변동시키고, 증감시키는 작용을 한다(강정한 외, 2013).

Coser의 갈등의 원인과 강도, 지속성, 기능에 대한 관점을 정리해 보면 다음과 같다(Ritzer, 2016; Turner, 2019; 강정한, 2013). 갈등의 원인은 기존 분배체계의 정당성 여부에 있으며, 피지배집단이 기존 자원배분체계의 정당성에 의문을 갖고 감정적으로 고조(특히 상대적 박탈감)되면 갈등이 유발된다. 갈등의 강도는 사회성원이 갈등에 감정적으로 몰입할수록, 세력 간의 관계가 1차적 관계일수록, 개인적 이익을 초월하여 갈등이 객관화(이데올로기적 통일)될수록, 자신의 실질적 이익문제(realistic issue)와 관련될수록, 사회구조가 경직될수록 갈등은 더욱 강해진다.

갈등의 지속성은 갈등의 목표가 불명확하고, 갈등의 목표에 대한 합의 정도가 낮을수록, 승패 여부에 대한 해석이 어려울수록 갈등이 오래 지속된다. 그리고 갈등이 강렬하고, 성원 간 관계가 1차적일수록 비동조자와 일탈자는 더욱 억압받으며, 강요에 의해 동조하게 될 가능성이 높아진다. 그리고 지도자가 목표의 완전한 달성이 불가능함을 정확히 인식하게 되면 갈등이 지속되기 어렵게 된다.

Coser는 갈등의 기능을 갈등 당사자 차원과 사회 전체 차원의 기능으로 구분하여 제시하고 있다. 갈등 당사자와 관련된 기능으로는 갈등 당사자 간 명확한 경계 설정, 집단 내에 집중된 의사결정 구조의 형성 및 이념적 연대 강화와 복리증진,

복종,
갈등 잠재력

희소자원

권위의 재분배

기능적 갈등이론

갈등의 통합

갈등 원인

갈등의 강도

갈등의 지속성

갈등 당사자

연대

규범과 가치에 대한 합의, 일탈에 대한 억압체계 형성, 집단 내부 동조현상 강화를 들고 있다. 그리고 사회 전체에 대해 갖는 기능으로는 사회체계 단위의 혁신과 창조성 증가, 체계 간의 양극화 이전에 적대감 해소, 갈등을 규범적 차원에서 조정, 실질적 문제(realistic issue)에 대한 인식 증가, 결사체적 연합의 수 증가, 사회적 연대와 명확한 권위체계 형성, 기능적인 상호 의존성, 규범적 통제에 기초한 사회통합 촉진, 외부 환경 적응력 제고를 들고 있다.

사회통합,
적응력 제고

이처럼 Coser는 사회갈등이 갈등 당사자와 사회 체계 전반에 걸쳐 사회적 불만족을 차단하고, 사회해체의 원인을 제거하여 사회구조를 재조정하고 안정화시키는 사회통합의 기능과 적응기능을 갖는다는 점을 강조하고 있다.

갈등의 기능

3) 사회변동과 발전에 대한 관점

갈등이론은 사회의 한정된 재화와 권력 등의 자원을 소유하기 위한 경쟁, 투쟁과 갈등은 피할 수 없다고 보고 있다. 지배집단은 높은 권력, 자원 등을 유지하기 위해 피지배집단을 억압 강제하며, 자신의 위치를 유지하기 위해 새로운 사회질서를 만들기 때문에 사회가 변화된다. 그러나 불평등한 사회구조 전체의 변혁, 즉 진정한 의미의 사회변화는 아니다. 피지배집단이 불공평한 사회구조를 인식하여 계급의식이 높아지고, 지배집단에 대항할 힘을 갖게 되었을 때 지배집단에 도전하고 저항하는 사회행동을 통하여 사회를 변화시키게 된다(지은구 외, 2015).

경쟁,
투쟁과 갈등

계급의식

사회행동

사회에는 무질서와 변동, 불평등과 불공평, 갈등과 대립이 늘 존재한다. 그러므로 갈등이 사회문제를 야기하는 원인이지만 동시에 사회 안에 실재하는 관계의 근본적 변형과 새로운 사회적 관계의 생성을 통해서 극복될 수 있으므로 사회발전과 변혁의 원동력이 되기도 한다(박정호, 여진주, 2008; 지은구 외, 2015).

사회발전과 변혁

Dahrendorf는 사회는 희소 자원과 권력을 둘러싼 이해집단 간의 갈등의 장으로 보았다. 그는 사회문제가 사회구조와 제도 자체에서 발생하므로, 사회제도의 재구성이나 재조직화, 이해집단 간의 변증법적 갈등과정을 통해 사회갈등을 제도화함으로써 사회변화가 가능하다고 주장하고 있다.

사회구조와 제도

Coser는 희소자원을 둘러싼 집단 간의 경쟁이 갈등을 야기하지만, 갈등이 오히려 집단 간의 관계를 조장하고 상호적응하게 만드는 경향이 있다고 본다. 이처럼 그는 갈등이 사회를 유지, 안정화, 통합시키는 데 긍정적 역할을 한다고 인식하고

상호적응

있다(이철우, 2017a).

4) 사회복지 정책과 실천에의 적용

(1) 사회문제에 대한 관점

사회구조의 모순   갈등이론은 사회문제의 원인을 개인이 아닌 사회구조의 모순에서 찾는다. 즉, 불합리한 사회통제와 착취, 희소한 자원의 불평등한 분배, 더 많은 자원을 소유한 집단이 기득권을 유지하려고 하는 사회의 권력과 구조 때문에 사회문제가 발생한 지배계급   다고 본다. 지배계급이 경제적 잉여물을 착취하는 구조적 모순을 은폐하거나 왜곡함으로써 사회문제를 일으키고 확대한다(이철우, 2017a).

Marx는 노동력에 의지하여 생존해야 하는 노동자가 생산수단과 생산물, 노동과 소외   정 그리고 인간관계에서 소외되고, 개인 이익을 중시함에 따라 인간과의 연대가 약화됨에 따라 인간의 삶에 고통을 초래하는 다양한 사회문제를 경험하게 된다고 본다(지은구 외, 2015). Dahrendorf는 사회의 희소한 권력과 자원을 둘러싸고 이해 권력집단   집단 간에 대립과 갈등이 야기됨으로써 사회문제가 발생하지만, 권력집단이 해결을 원하지 않으므로 사회문제로 인정받지 못하는 경우도 발생한다고 본다.

사회적 일탈행동   개인의 사회적 일탈행동(social deviant behavior)은 권력의 소유 정도에 따라 개념 규정 방식이 달라지게 된다. 지배집단 성원이 사회적 규범에서 벗어난 행동을 하면 실수 또는 비의도적 행동으로 치부(예: 고위층 자녀의 범법행위 솜방망이 처벌)하는 경향이 있다. 반면 피지배집단 성원이 같은 행동을 했을 때는 개인의 부도덕성의 문제, 비의도성을 가장한 의도적 불법행위 등으로 매도(예: 有錢無罪 無錢有罪)하는 경향이 있다.

(2) 사회복지 정책과 실천에 대한 함의

갈등이론에서는 사회문제나 일탈행위의 원인을 개인이 아닌 사회적 조건에 사회구조   있다고 보고, 해결방안 역시 불평등하고 불합리한 사회구조를 해결하는 데서 찾는다. 그리고 갈등이론은 대안적이고 비판적 관점에서 사회를 이해하게 해 주고, 개혁적 개입   사회복지정책과 실천에서 비전통적, 개혁적, 창의적 방식의 개입 가능성을 열어주었다.

자본주의 모순   갈등이론에서는 사회복지제도는 자본주의의 모순을 제거하는 것으로 인식하며,

특히 노동자의 보호를 위한 사회복지제도의 필요성을 높게 평가한다. 그런데 관점에 따라서 사회복지제도의 의미가 달라진다. 계급투쟁론적 관점에서 사회복지정책은 노동자계급의 계급투쟁으로 얻은 결과물이다. 자본가의 입장에서 보면 사회복지정책을 위해 지출되는 부담금은 이윤, 즉 잉여가치를 소모하는 것이므로, 노동자계급이 요구하지 않으면 자본가들은 스스로 잉여가치를 노동자들을 위해 양보하지 않는다. 반면 자본논리적 관점에서 보면, 자본주의의 전개와 함께 노동자계급이 성장하면 사회보장 제도가 필요하지만, 자본가계급의 욕구를 국가가 받아들이는 과정과 노동자의 계급투쟁이 함께 작용하여 사회복지정책이 형성된다(김영모, 1991).

〔계급투쟁론적 관점〕

〔자본주의 사회보장 제도〕

사회문제의 해결을 위해 피지배집단이 기존의 권력관계에 대립각을 세우는 대항전략과 같은 급진적 전략을 사용(지은구 외, 2015)하여, 사회불평등을 제거하고, 노동의 인간 소외를 예방하고, 강력한 규제를 통하여 기업의 사회적 책임성을 이행하도록 유도한다(박용순 외, 2019). 갈등이론은 사회제도의 재조직화를 통해 자원 소유와 통제의 통일화 보장, 생산수단의 공유, 자유시장 경제체계의 폐지, 세제개혁 등의 방안을 제시하고 있다.

〔대항전략〕

〔사회제도 재조직화〕

Marx는 사회구조의 근본적인 변혁, 즉 공산주의 혁명을 통해 자원의 균등한 배분을 도모하는 것이 사회복지제도가 추구해야 할 목표라고 주장한다. 반면에 신갈등주의이론에서는 합의, 협상, 권력행사 등을 통한 사회문제 해결을 주장하고 있다. 대표적으로 Dahrendorf는 사회제도를 재구성, 재조직화하거나, 이해집단 간의 갈등을 재조정하고 합의하는 과정을 거쳐 사회문제를 해결해야 한다고 주장하고 있다. 예를 들면, 세금제도의 전면적 개편이나 입법, 정책 등의 조정으로 복지사회를 만들어갈 수 있다고 보았다(이철우, 2017a). Coser는 사회문제 해결을 위해서는 적극적인 사회복지제도를 시행하여 불평등한 분배를 시정하고, 단기적 개혁이나 개선, 보완을 통해서도 가능하다고 보았다((이철우, 2017a; 이철우, 2017b).

〔균등한 배분〕

〔합의〕

다른 한편으로 갈등이론은 사회복지제도를 사회통제의 기제 또는 자본주의 체제를 유지하기 위한 기제로 규정하기도 한다. 즉, 사회복지제도는 자본주의제도의 경제적 모순으로 발생하는 계급 간의 격차 문제를 관리하기 위해 마련된 것으로, 자본주의제도를 영속화시키기 위한 하나의 술책에 지나지 않는다고 보고 있다(이철우, 2017b).

〔사회통제〕

〔계급 간의 격차〕

〔자본주의제도 영속화〕

갈등이론의 관점을 따르는 급진적 사회복지실천(radical social work practice)을

비판적
사회복지실천

포함한 비판적 사회복지실천(critical social work practice)은 사회적 억압과 불평등에 관심을 두고 자본주의 사회의 변혁을 도모하고자 한다(en.wikipedia.org/wiki/). 비판적 사회복지실천가는 인간과 환경 사이에 이루어지는 복합적인 상호작용을 고려하는 변증법적 분석방법을 활용하여 개인의 문제를 사정하고, ① 빈곤, 실업 및 사회적 배제(social exclusion), ② 인종, 장애, 연령, 성과 관련된 사회적 차별, ③ 부적절한 주택, 건강, 교육, 노동 기회의 문제, ④ 범죄와 사회불안, ⑤ 학대와

비인간적
신자유주의

착취, ⑥ 불안정한 고용 등의 비인간적 신자유주의 영향 등의 주제에 관심을 갖고 이를 해결하려 한다.

생각해 보아야 할 과제

1. 사회를 조화, 합의, 협력, 통합이 이루어지는 안정된 질서를 유지하는 체계로 보는 구조기능주의이론의 관점을 비판해 보시오.

2. Durkheim의 사회적 연대와 아노미 현상에 대해 깊이 탐색해 보시오.

3. 구조기능주의이론과 갈등이론의 관점에서 노인문제의 발생 원인을 살펴보고, 이를 해결하기 위한 국가의 노인복지정책의 기본방향은 무엇인지 탐색해 보시오.

4. 우리 사회의 가장 심한 사회적 불평등이 무엇인지에 대해 동료들과 토론해 보시오.

5. 권력 또는 경제력, 지위의 높고 낮음에 따라 사회적 일탈행위에 대한 사법적 판단이 달라지는 사례를 찾아보고, 그 이유를 갈등이론의 관점에서 분석해 보시오.

제13장

상호작용이론과 교환이론

1 상호작용이론

1) 사회관과 가정

상호작용이론은 인간과 사회의 관계를 상호작용적 이고 쌍방적 관계로 인식한다(박용순 외, 2019). 그러나 Mead는 사회가 먼저이고 그 다음이 사회 안에서 발생하는 개인의 정신이라 하여, 사회체계에 더 높은 우선순위를 둔다(Ritzer, 2016).

상호작용이론은 사회의 핵심 요소는 상징을 통해 이

상호작용적 관계

사회체계

● George Herbert Mead
(1863~1931)

루어지는 개인 사이의 의사소통과 상호작용이라고 본다. 그러므로 사회는 상호작용의 집합 혹은 개인 간의 상호작용에 의해 구성된 현상이라고 규정한다. 즉, 사회는 개인 간의 협력적 상호작용으로부터 발생하는 구성된 현상이고, 상호작용을 통해 재구성될 수 있으므로, 상호작용하는 사람들이 구성해낸 집합체이자 구성된 실재(constructed reality)이다.

구성된 실재

상호작용이론은 정태적 구조를 지닌 실재가 아니라 역동적 과정 속에서 변화하는 사회현상을 이해하려고 시도한다. 사회적 상호작용은 개인의 마음과 자기 개념을 기반으로 이루어지므로, 사회는 마음과 자기의 작용으로 인해 만들어지고 유지되고 변화되고, 마음과 자기는 사회를 기반으로 해서 만들어지므로, 사회적 결과물이다.

마음과 자기 개념

사회적 결과물

상호작용이론은 개인 간의 상호작용에 의해 사회가 구성되지만 사회 역시 개인의 발달에 강력한 영향력을 인정한다. 상호작용이론은 개인이 생활과정에서 어떻게 행동하고 상호작용하는지에 관심을 두며, 인간의 능동적 사고와 자율적 행동의 측면을 중시한다. 상호작용이론은 인간행동이 타인과의 상징적 상호작용하는 과정에서 창조, 유지되며, 개인은 이를 통해 자기개념을 형성하고, 사회적 역할과 행동을 학습(http://study.zum.com)하므로, 개인이 더 넓은 사회적 맥락 속에서 자신을 어떻게 인식하고 행동하는지에 관심을 기울인다.

인간행동

상호작용

자기개념

상호작용이론은 인간을 사회적 존재이고, 능동적이고 자유의지를 가진 존재이며, 목적을 추구하는 존재로 규정하고 있다(Charon, 2007). 인간은 사회적 존재(social being)이고 관계지향적 존재(relation-oriented being)이다. 즉, 개인은 상호작용을 통하여 창조되며, 사회 역시 사회적 상호작용을 통해 형성된다. 인간은 생각하는 존재(thinking being)이다. 즉, 인간은 외부 환경의 자극에 단순하게 반응하는 존재가 아니고, 생각하고 반응하는 존재이다. 인간은 환경과의 관계에서 능동적인 존재(active being)이다. 인간은 환경에 수동적으로 반응하는 존재가 아니라 적극적으로 반응하고 관여하며, 환경을 능동적으로 창조해낼 수 있는 능력이 있는 존재이다. 인간은 창의적 존재(creative being)이다. 즉, 인간은 환경을 창의적으로 구성하고, 자신이 대상에 부여한 의미, 즉 창의적 사고과정을 근거로 한 개인적 구성을 기반으로 환경과 관계를 형성하므로, 개인과 환경의 관계와 상호작용은 달라지게 된다. 인간은 현재를 살아가는 존재이다. 즉, 모든 인간의 행동은 현재 상황에서 일어나는 것들의 결과물이며, 과거는 단지 현재 상황을 규정하는 데 영향을 미

관계지향적 존재

생각하는 존재

능동적인 존재

창의적 존재

현재를 살아가는 존재

치거나, 과거에 대해 현재 시점에서 생각할 때만 영향을 미친다.

상호작용이론에서는 인간과 사회의 관계가 상호작용적이고 쌍방적 관계에 있다고 보고 있는데, 상호작용이론의 기본 가정은 다음과 같다(Charon, 2007; Redmond, 2015; Ritzer, 2016; Turner, 1984; 강정한, 2013; 이철우, 2017a).　　**기본 가정**

인간은 언어와 문자, 기호 등의 상징을 통해 타인이나 대상과 상호작용하고, 자　　**상징적 상호작용**
신이 대상에 대해 구성하여 부여한 의미를 기반으로 상호작용을 하며, 타인의 반응을 예견하고 상호 수용할 수 있는 방식으로 행동한다. 따라서 인간행동은 상징화 및 의미와 늘 연결되어 있으므로, 개인이 사회를 구성하고 해석하는 방식을 이해해야만 행동의 의미를 파악할 수 있다.

인간은 사회적 경험을 통하여 학습하고, 인간으로서 사고하고 행동하는 방법을 배우며, 인간 사이의 의사소통과 사회적 경험의 과정에서 마음과 자기 개념이 형　　**마음과 자기 개념**
성되고 발전한다. 그러므로 개인의 마음과 자기 개념은 사회적 상호작용의 결과로서 형성되므로, 사회적 결과물이며 행동의 동기로서 기능을 한다.

사회는 상호작용하는 개인들로 구성되어 있으며, 성원들이 행하는 상호작용에　　**사회**
의해 규정된다. 따라서 사회적 실재(social reality)는 현실에 존재하는 것(true real)이 아니라, 개인이 살아가면서 능동적으로 창조해 가는 것이다. 즉, 사회는 개인의 주관적인 의미 규정과 해석을 주고받는 상호작용과정의 구성물이며, 이를 통해 사회가 생성, 유지 또는 변동된다. 사회, 자기 그리고 타자는 서로 관계를 맺고 있으며, 이들을 이해하기 위해서는 반드시 그들 간의 상호작용을 고려해야 한다. 사회　　**사회적 일탈**
적 일탈은 비정상적 행동이 아니라, 특정 사회집단이 일탈적이라고 규정, 즉 낙인을 찍음으로써 일탈로 규정되게 된다.

2) 주요 개념

⑴ 상징과 의미

상징(symbol)이란 사물, 대상, 생각, 관계 등을 가리키고, 나타내고, 표상하는 표　　**상징**
시나 기호, 단어, 소리, 신체동작(gesture), 시각적 이미지 등을 말한다. 상징은 의미나 생각, 신념 등을 전달하는 의사소통과 상호작용의 수단이며, Mead는 상징을　　**상호작용의 수단**
어떤 의미를 부여하는 추상적이고 임의적인 자극으로 규정하고 있다.

사회 공동체가 상징의 의미에 합의를 하고, 같은 의미를 전달할 때 같은 상징을　　**상징의 의미**

사용하면, 상징은 진정한 의미를 지니게 된다(Redmond, 2015). 상징의 의미는 상
문화적 구성 징 그 자체가 지니고 있는 것이 아니라 문화적으로 구성되므로, 동일문화권의 사
람은 특정 상징을 동일 의미로 수용하고 공유하므로, 상호작용이 가능해진다.

의미 있는 상징   의미 있는 상징(significant symbol)을 가졌을 때 진정한 의사소통과 상호작용이
언어 가능한데, 인간에게는 언어가 가장 의미 있는 상징이다. 언어라는 상징이 송신자
와 수신자 모두에게 동일한 의미로 받아들여지면, 서로 적응적 행동을 교환하고,
기능적 상호작용 기능적 상호작용이 이루어진다.

상징의 의미   상징의 의미는 의사소통이나 상호작용과 같은 사회적 행위를 통해 상대방에게
표현되었을 때, 상대방이 어떻게 반응하는가에 따라 진정한 의미를 갖게 되고 또
명확하게 확인 가능하다. 그러므로 상징의 진정한 의미는 사회적으로 상호작용하
는 사람 사이의 연결이 이루어질 때 나타난다.

(2) 마음

    Mead는 정신 또는 마음(mind)을 구조나 내용이 아니라 과정으로 보고 있으며,
내면적 대화 자기(self)와의 내면적 대화로 규정하고 있다(Ritzer, 2016). 이러한 마음은 뇌에 존
사회적 과정 재하는 구조물이 아니라 사회적 현상, 즉 사회적 과정 안에서 발달하며 사회적 과
정의 필수적 요소이지만, 사회적 과정이 마음에 앞서 존재하므로 마음은 실체가
아니라 기능적 측면이다.

마음   마음은 외부의 대상을 상징을 이용하여 인식하고 난 후에, 그 대상에게 어떤 행
행위노선 위와 반응을 보일지를 고민하여 다양한 행위노선을 생각해 내고 그것을 마음속에
예행연습 서 상상을 통해 예행연습(imaginative rehearsal)을 한다. 그리고 사회에서 받아들여
질지 아닐지를 생각해 보고 난 후에, 사회에서 받아들여지지 않을 부적절한 행위
선택, 실행 는 스스로 억제하고, 적절한 행위를 선택하여 실행에 옮길 수 있는 역량을 지니고
있다. 즉, 사람은 특정한 행위나 반응을 할 때, 외부의 자극에 단순 반응하는 것이
아니라, 자신의 행위가 대상에게 받아들여질지의 여부를 생각하고 판단하여, 타인
에게 무리 없이 수용될 수 있는 행위를 선택하여 외부로 표현한다.

    Mead는 마음이 생기지 않으면, 자아나 사회도 존재할 수 없으므로 마음의 역량
유아 이 어떻게 발생하는가에 관심을 가졌다. 마음이 생기지 않은 유아는 즉각적이고
자동적인 반응을 불러일으키는 의식적 의미가 담기지 않은 비의도적 행위인 제스
비상징적 상호작용 처(gesture)를 이용하여 보호자와 비상징적 상호작용(non-symbolic interaction)을

한다(Redwood, 2015).

비상징적 상호작용을 하는 과정에서 어떤 제스처(gesture)가 보호자의 호의적 반응을 불러 일으키게 되면, 무작위적으로 사용하던 제스처의 범위를 점점 좁혀 나가게 되는 제스처의 선택과정을 밟는다. 유아의 제스처 선택과 보호자의 지도를 통하여, 제스처는 유아와 주변 사람들에게 공통의 의미를 지니게 된다. 제스처제스처의 선택과정

의미 있는 제스처(significant gesture)는 대상 모두에게 공통적 의미를 갖게 되는 제스처로서, 비언어적 제스처와 언어적 제스처도 포함되며, 상징으로 전환 발달하게 된다. 유아는 모든 대상이 같은 의미를 지닌 관습적 제스처(conventional gesture)를 이용하여 상호작용한다. 이러한 관습적 제스처는 마음의 역량 발달뿐 아니라 자아, 사회의 발전에도 기여하게 된다. 의미 있는 제스처관습적 제스처마음의 역량

유아는 관습적 제스처를 인식하고 해석하여 자신이 협력해야 하는 사람의 성향, 욕구, 행동경향을 추정한다. 그리고 타자에 대한 적응을 용이하게 해 주는 대안적 행동을 상상적으로 시연할 수 있으며, 자신의 역할을 생각해 보고 타자의 역할을 해 볼 수 있는 역할 취하기(role-taking)가 가능해져, 효율적으로 상호작용할 수 있게 된다. 타자에 대한 적응역할 취하기

이처럼 개인이 관습적 제스처를 이해하고, 타자의 역할을 취하기 위해 제스처를 사용할 수 있고, 대안적 행위노선을 상상적으로 시연할 수 있는 역량을 가지면서, 타인과의 상호작용에서 적합한 행위를 선택하고 실행에 옮길 수 있는 마음의 역량이 형성된다. 마음의 역량

(3) 자기

인간은 타자를 포함한 대상과의 상호작용을 통하여 자기이미지(self-image)를 형성한다. 이러한 자기이미지는 성숙과정에서 사회화과정을 거침에 따라 점점 자기이미지가 결정화되어 자기를 특정한 유형의 대상으로 보는 자기개념(self conception)으로 발달하게 된다(Turner, 2019). 자기이미지자기개념

자기(self)란 자기인식(self awareness)과 자기이미지를 구성하는 성격의 한 부분으로, 태도, 가치, 신념, 성향 등과 관련된 비교적 일관되고 안정된 자신의 특성에 대한 인식을 의미한다. Mead는 자기를 타인이 자신을 보는 것과 동일한 방식으로 자신을 볼 수 있는 능력이라고 하여, 자기가 자기 자신을 객체화할 수 있는 능력이라는 점을 강조하고 있다(Ritzer, 2016). 자기의 개념자기 객체화

사회적 상호작용

자기는 타고나는 것이 아니라 언어, 놀이, 게임을 통해 사회적 상호작용을 하는 과정에서 발달한다. 자기 개념에 포함된 자신의 태도, 가치, 신념 등은 기본적으로 사회 속에 존재하는 것을 받아들인 것으로, 자기는 사회적 속성을 지닌다. Cooley

거울자기

는 이런 과정을 거울자기(looking-glass self)의 개념을 이용하여 설명한다. 거울자기는 ① 자신이 타인에게 어떻게 보일까를 생각하는 것, ② 자신의 모습에 대한 타인의 판단을 생각하는 것, ③ 타인의 판단에 대한 자신의 생각을 통해 스스로 느끼는 것이라는 세 가지 요소를 포함하고 있다(Redwood, 2015).

사회적 과정
I
Me

Mead는 자기를 사회적 과정(social process)이라고 보고, 자기가 'I'와 'Me'로 구성된다고 본다. 'I'는 내가 바라보는 나에 대한 생각, 주체로서의 나, 개인 경험의 비조직화된 측면이며, 개인의 충동적이고 능동적이고 창조적인 측면이다. 'Me'는 개인이 가정한 일련의 타인의 태도가 반영된 것으로, 자신에 대한 타인의 판단에 관

사회적 자기

한 나의 인식, 대상으로서의 나, 사회적 자기(social self)이고, I의 해석자 그리고 평가자이다.

Mead는 'I'가 먼저 생겨나며, 'Me'는 사회적 상호작용을 통해 일어나게 되므로,

일반화된 타자

'Me'에는 타인을 바라보고 비교하는 시각이 반영되어 있다고 본다. 즉, 'Me'는 일반화된 타자(generalized other)의 이해를 함축하고 있는 반면 'I'는 개인의 충동적이고 능동적인 부분이라고 본다. 'I'는 자기를 주체(subject)로 보고, 스스로가 아는 것

주체, 객체

이며, 'Me'는 자기를 객체(object)로 보고, 타인에 의해 알게 되는 것이다. 지금 이 순간의 'I'는 다음 순간에 'Me' 속에 존재하게 되지만, 특정 순간의 'Me'는 이전의 'I' 자체는 아니며 이전의 'I'가 반영되어 있는 것이다.

자기 속의 'I'와 'Me'는 상호 분리될 수 없으며 늘 공존하여야 한다. 만약 'I'가 없으면 개인적 판단 없이 타인에게 기계적으로 반응하게 되고, 'Me'가 없으면 타인의 반응을 인식하지 못해 상호작용이 불가능하거나 역기능적 상호작용을 하게 될 위

역기능적
상호작용

험성이 있다. 그러므로 'I'와 'Me'가 동시에 존재해야만 타인의 반응을 헤아려 만들어진 'Me'를 자신의 'I'로 반응함으로써, 적절한 상호작용을 할 수 있게 된다.

순환적 영향관계
환류

상호작용의 과정에서 'I'와 'Me'는 서로 영향을 미치는 순환적 영향관계를 형성하고 있다. 즉, 개인이 행동하고(I), 자신이 한 행동에 대한 환류를 얻고(Me), 자기와 마음의 역량을 통해 환류를 바탕으로 행동을 수정하고(I), 적응적 행동수정의 효과에 대해 더 많은 환류를 받고(Me), 다시 더 심화된 행동적 적응을 하는(I) 방식으로, 'I'와 'Me'는 상호 간에 영향을 주고 받는다.

(4) 사회, 사회화 그리고 일반화된 타자

상호작용이론에서는 사회는 사회적 상호작용에 의해 형성되고 지속되며, 상 사회
호작용이 멈추게 되면 사회는 소멸하게 된다고 보고 있다(Charon, 2007; McCall,
2013). 사회는 개인 간의 협력적 상호작용으로부터 발생하는 구성된 현상이고, 상
호작용을 통해 재구성될 수 있다. 상호작용과정이 반복되고 누적되면서 일정한 유
형이 만들어지고 조직화가 이루어지게 됨으로써, 사회 혹은 사회제도가 만들어지
게 되므로, 사회는 지속적으로 상호작용하는 사람들의 집합체이다.

사회는 마음과 자기의 작용으로 인해 만들어지고 유지되고 변화되며, 마음과 자 사회, 마음과 자기
기는 사회를 기반으로 해서 만들어지므로 사회적 결과물이다. 하지만 Mead는 사
회가 개인 발달에 강력한 영향력을 미친다고 보고 사회를 더 우선시하고 있다. 그
럼에도 불구하고 사회는 개인의 관점에서 이해되어야 하고, 개인은 사회의 관점에
서 이해되어야 한다고 본다.

사회화(socialization)는 자신이 속한 사회의 가치, 태도, 지식, 기술, 신념 등을 내 사회화
면화하는 과정으로, 사회적 기술을 학습하는 과정이다. 이러한 사회화의 과정은 사회화의 과정
놀이단계, 게임단계, 일반화된 타자의 역할 취하기 단계로 구성된다(Ritzer, 2016;
Turner, 2019; 최옥채 외, 2020). 놀이(play) 단계는 인생 초기에 유아는 놀이를 통해 놀이 단계
한두 명의 제한된 수의 중요한 타자의 시각을 상상하고, 모방하여 상징적 역할놀 상징적 역할놀이
이를 하는 과정이다. 유아가 체험할 수 있는 역할의 종류와 수는 제한적이며, 특정 특정 타자
타자의 역할만을 취할 수 있는 기회를 갖게 된다. 놀이를 통해 유아는 주체인 동시
에 객체가 될 수 있는 능력을 갖게 되므로 자기를 만들지만, 이때의 자기는 제한된
의미의 자기일 뿐이다.

게임(game) 단계에서 아동은 성장과 성숙, 다양한 활동을 통해 게임에 참여하는 게임 단계
모든 타자의 역할들을 다양하게 고려하고 취해볼 수 있고, 서로 다른 역할에 따라 모든 타자
명확한 관계를 맺을 수 있게 된다. 따라서 한 가지 역할을 취하고 있는 아동은 게
임에 속한 다른 모든 사람의 역할을 취할 준비가 되어 있어야 한다. 게임에서 타자
들의 일련의 반응이 조직화됨으로써 아동이 보이는 태도가 타자들에게 적합한 태
도를 불러일으키게 되고, 아동은 조직화된 집단에서 기능을 할 수 있게 되고, 집단 조직화된 집단
내에서 어떤 역할을 맡고 어떻게 행동해야 하는지를 알게 됨으로써, 진정한 자기 진정한 자기
의 모습을 갖추게 된다.

일반화된 타자 역할 취하기(taking the role of the generalized other) 단계는 사회 일반화된
타자 역할 취하기

안에서 명백한 '전체 공동체의 태도'를 취할 수 있는 개인의 능력을 기르는 단계를

공동체

말한다. 개인이 특정한 타자뿐 아니라 일반화된 타자의 입장에서 스스로를 평가할 수 있고, 공동체의 신념과 규범 등을 받아들여서 공동체의 일원이 되며, 사회집단은 그 성원들에게 일반화된 타자의 태도에 일치하는 방식으로 행위할 것을 요구한다. 일반화된 타자 역할 취하기를 통해 전체로서의 사회 안에서 협력이 가능하게 되며, 자신에게 기대하는 행동들을 옮기려 하므로, 사회집단은 더욱 효율적으로 작동하게 된다.

(5) 일탈

일탈

일탈(deviance)이란 사회적 규범이나 제도화된 행위 원칙을 공식 또는 비공식적으로 위반하는 행위나 행동을 의미한다. 이러한 일탈은 규범의 공식성 정도에 따

공식적 일탈

라 사회의 법률을 위반한 범죄와 같은 공식적 일탈(formal deviance)과 사회의 원규

비공식적 일탈

나 관습 등의 불문율을 어기는 비공식적 일탈(informal deviance)로 구분한다. 그리

일차적 일탈

고 행위의 빈도에 따라서는 일차적 일탈과 이차적 일탈로 구분한다. 일차적 일탈은 최초의 일탈행위로서 일탈행동을 했지만 타인에게 노출되지 않고 스스로 일탈자라는 생각을 하지 않으면 사회적 역할 수행에 영향을 미치지 않는 일탈을 말한

이차적 일탈

다. 이차적 일탈은 행위자의 일탈행동이 타인에게 노출되어 일탈자로 낙인찍히고 스스로를 일탈자라고 인정하면서 부정적 자아정체감을 형성하게 되는 일탈을 말한다(Lemert, 1967).

집합적 인식

일탈에 대한 규정은 사회성원의 집합적 인식(collective perception)에 따라 달라진다. Becker(1963)는 일탈을 사회적으로 규정된 규칙을 어기는 행동이지만, 그 자체가 비정상적인 것이 아니라 사회의 특정집단이 일탈적이라고 규정한 특정한 행

국외자 명명

동이라 규정하고 있다. 즉, 사회의 특정 집단이 규칙을 어기는 사람들을 국외자(outsider)로 명명(labeling)함으로써 일탈행동이 된다고 본다. 그러므로 일탈은 개인이 저지르는 행동의 특성이 아니라 다른 사람, 특히 권력집단이나 다수 집단이 법과 규칙을 적용하여 특정 행동을 일탈이라고 규정한 결과이다.

일탈자는 그 낙인이 성공적으로 적용된 사람이며, 일탈행동은 사람들이 낙인찍은 행동에 지나지 않는다(Becker, 1963). 즉, 일탈행동은 사회적으로 정의된 다시

성공적인 낙인찍기

말해 사회적으로 이름 붙여진 현상이다. 일탈이 성공적인 낙인찍기의 결과이므로, 사회마다 일탈행동으로 정의되는 것은 다르며, 일탈행동에 대한 보편적이거나 동

일한 기준은 존재할 수 없다. 그러므로 일탈행동에 대해 어떠한 정의가 내려지며, 누구에 의해서, 어떤 상황에서 그리고 어떤 과정을 통해서 그 정의가 당연하게 받아들여지는지, 어떤 사회집단이 정한 규칙이나 규범을 어겼는지 등을 면밀하게 살펴야만 일탈행동의 속성을 정확히 이해할 수 있다(강정한 외, 2013).

일탈행동을 한 사람으로 지목받으면 일상생활을 정상적으로 영위하기 힘들어진다. 그러므로 비정상적으로 명명된 행동을 하도록 유발하는 환경에 대해서도 특별한 관심을 기울여야 한다.

(6) 낙인

낙인(stigma)이라는 용어는 그리스어로 범죄자, 노예, 반역자 등의 신분을 표시하기 위해 피부를 자르거나 태워서 새기는 문신을 의미한다. 낙인이란 사회의 다른 성원과 구별되는 문화, 성, 인종, 지적 능력, 질병이나 장애 등의 사회적 특성을 지녔다는 인식을 기반으로 행해지는 차별 행위로서, 사회가 바람직하지 않게 생각하는 특성을 지닌 사람에게 이름을 붙이는 행위(labeling)이다.

Goffman(1963)은 낙인을 사회가 선호하지 않거나 바람직하지 않다고 생각하는 특성을 지닌 사람이 그 특성으로 인해서 사회적으로 거부당하고 그로 인해 정체감에 손상을 입게 되는 현상이라고 본다. Goffman(1963)은 낙인을 가상적 사회정체성(virtual social identity)과 실질적 사회정체성(actual social identity) 사이의 간극이라 하였다. 사회는 사람을 특정한 범주(category)로 분류하는 수단을 갖고 있는데, 어떤 특성이 흠잡을 데가 없으면 보통 사람으로 규정한다. 낯선 사람이 처음 사회집단에 들어왔을 때 사람들은 첫인상을 기반으로 그를 특정한 범주의 사람으로 분류하고, 그에 맞는 가상적인 사회정체감을 부여한다. 그리고 그와의 관계를 통해서 실제 그 사람이 그러한 특성을 지닌 것으로 확인이 되면 그에게 실질적인 사회정체성을 부여한다.

만약 사람들이 기대했던 사회정체성과 그 사람의 실제 모습이나 행동이 다르다는 것을 인식하게 되면, 즉 가상적 사회정체성과 실질적 사회정체성 간에 차이가 있을 경우 사람들은 낙인을 찍게 된다. 사람들의 기대치에 걸맞지 않은 특성을 지닌 낯선 사람을 보게 되면, 사람들은 그 사람이 위험하거나 약점이 있거나 바람직하지 못한 특성을 지니고 있다고 생각하고, 보통의 사람과는 다르다는 생각에서 그를 낮춰 평가하게 되고, 다른 범주에 속하는 사람으로 분류하여 그에게 낙인을

여백 주석

- 일탈의 정의
- 일탈 유발 환경
- 낙인의 개념
- 차별 행위
- 사회적 거부
- 가상적 사회정체성, 실질적 사회정체성
- 첫인상
- 사회정체성의 차이
- 낯선 사람

찍는다. 한 사람이나 집단이 어떤 사람의 차이나는 특성을 확인하고 그 특성에 특
정한 이름을 붙이게 되면, 다른 사람이나 집단은 그가 그런 특성을 가졌을 것이라
고 받아들이게 된다. 낙인적은 특성이 없다는 것이 밝혀질 때까지 낙인찍힌 사람
(the stigmatized)은 그들과 사회적 관계를 맺을 때 낙인찍힌 상태로 살게 된다.

차이나는 특성
낙인찍힌 사람

이러한 과정이 반복되면 낙인은 일반화되어 가는데, 이런 일반화의 과정에서
낙인찍힌 사람이 실제로 그 특성을 지니고 있는지는 중요한 고려사항이 되지 못
하며, 낙인으로 인해 낙인찍힌 사람은 사회적 지위를 상실하거나 사회적 관계에
서 차별을 경험하게 된다. 낙인찍힌 사람은 낙인을 찍은 사람이 기대하는 방식대
로 행동하기 시작하고, 그러한 기대에 맞는 감정이나 신념을 갖게 된다(Brenda and
O'Brien, 2005). 낙인찍힌 사회성원들은 다른 사람들과 동일한 방식으로 처우 받지
못하고, 무시당하고, 평가절하당하고, 경멸당하며, 기피당하며, 차별받고 있다는
것을 인식한다. 그리고 낙인으로 인해 자존감 저하와 같은 개인의 사회적 정체성
에도 부정적 영향을 받게 되며, 실제 사회생활에서 주거, 고용 등의 다양한 영역에
서 차별을 경험한다. 낙인찍힌 사람이 자신을 낙인찍힌 집단으로 인식하는 경우에
는 심리적 고통을 경험하고, 자기 자신을 경멸하게 되며, 사회질서를 유지하기 위
한 권력집단 또는 다수 집단의 낙인과정에서 발생한 희생양(victim)이 된다.

일반적으로 낙인 경험은 개인의 삶에 부정적 영향을 미치지만, 그럼에도 불구하
고 높은 자존감과 성취도를 보이며 행복을 느끼는 회복력을 지닌 경우도 있다. 낙
인은 일반적으로 부정적 의미를 지니지만 긍정적 의미의 낙인도 있으며, 사회의
지도적 지위에 있는 사람도 낙인을 경험할 수 있다.

낙인찍는 사람(stigmatizer)은 자신보다 못한 사람과 하향 비교를 함으로써, 자존
감 증진, 통제력 상승, 불안 완화 등의 효과를 얻는다. 그리고 사회는 낙인과정을
통하여 집단 내부의 결속력을 고양시키고, 내부자와 외부자를 구분할 수 있게 해
주고, 일탈행위를 엄격히 처벌함으로써 일탈을 예방할 수 있게 되는 것과 같이 사
회질서를 유지하는 긍정적 효과를 얻기도 한다.

3) 사회변동과 발전에 대한 관점

상호작용이론은 사회적 실제(social reality)는 현실세계에 실제 존재하는 것이 아
니라 인간이 살아가면서 창조해 낸 구성물(construct)이므로, 인간과 세상 모두 역

동적으로 변화한다고 보고 있다(Ritzer, 2016). 이러한 상호작용이론은 거시적인 사회구조를 설명하는 데는 한계가 있지만, 사회성원이 일상생활의 상호작용을 통하여 만들어 내는 안정적 질서와 변화를 설명하는 데는 강점이 있다. 상호작용

상호작용이론은 개인과 사회는 서로를 조직화하고 유지하고, 또 변화시킬 수 있는 힘을 지닌다. 즉, 사회는 개인 간의 상호작용에 영향을 미치고, 개인 간의 상호작용을 통해 사회가 발전하고 변화될 수 있는 것으로 본다. 사회질서는 성원 간의 상호작용에 의해 만들어지며, 사회변동 역시 사회적 상호작용에 의해 유발되고 지속된다고 본다(이철우, 2017b). 개인과 사회 사회질서 사회변동

Garfinkel(1967)의 위반실험(breaching experiment)은 사회적 질서를 유지 또는 변화시키는 구체적 방법이다. 이 실험방법은 안정적인 특성을 가진 체계로부터 시작하여, 말썽을 일으켜 봄으로써 어떻게 해서 사회질서가 일상적으로 유지되는지를 알아볼 수 있는 방법이다. 위반실험

4) 사회복지 정책과 실천에의 적용

(1) 사회문제에 대한 관점

상호작용이론은 사회문제가 유동적인 속성을 지니고 있으며, 사회적 구성물이라고 보았다(지은구 외, 2015). 즉, 사회문제를 판단하는 객관적 기준이 존재하는 것이 아니라 특정 집단이 공유하고 있는 의미체계와 가치체계에 의거하여 특정한 조건이나 상황을 사회문제로 규정하는 것이다. 그러므로 집단이나 개인이 사건이나 현상을 어떻게 구성하느냐에 따라, 특정 조건이나 상황이 사회문제가 될 수도 있고 안 될 수도 있다. 정치사회적 영향력이 큰 집단이나 다수 집단이 특정 조건이나 상황을 사회문제로 인식하게 되면 그것은 사회문제로 구성된다(이철우, 2017a). 사회적 구성물 정치사회적 영향력

상호작용이론은 사회문제에 대한 해결책을 개인에게서 찾는다(최옥채 외, 2020). 즉, 개입의 대상을 사회구조보다는 개인의 현실 구성으로 보고, 개인을 사회가 공유하는 의미체계에 동의하도록 변화시키고자 한다. 개인을 대상으로 사회화하거나 재사회화하려 하며, 이를 담당하는 사회제도를 구축하려 한다. 또한 사회문제가 사회성원의 현실 구성에서 발생한 것이므로, 사회성원 간의 상호작용이 원활하게 이루어지도록 환경을 조성하려 한다. 개인의 현실 구성 재사회화

(2) 사회복지 정책과 실천에 대한 함의

개입의 대상

상호작용이론의 관점에서 사회복지적 개입의 대상은 사회가 아니라 개인 그것도 개인의 현실구성으로 보고, 문제해결 방식으로 일탈을 야기하고 낙인을 창출하는 규칙이나 규범의 내용을 수정하는 방식을 채택한다. 이를 위해서는 논리적 선입견이나 편견의 제거와 약화, 낙인찍는 행위로 인해 얻는 이익 제거, 사회적 강자의 권위 약화를 위한 사회적 운동이 필요하다(김대원, 2010).

규범의 수정

경험세계

비구조화된 면접

개인을 이해하기 위해서는 그의 경험세계 속으로 들어가야 하며, 추상적 개념을 적용하거나 객관적 기준을 적용하는 것은 적절치 않다. 직접 관찰, 비구조화된 면접, 사회력 조사, 일기 등의 개인적 자료 분석을 통해 개인의 주관적 세계를 이해하는 것이 바람직하다(강정한 외, 2013).

사정

내담자 사정을 위해 내담자의 내면적 상호작용, 타인과의 상호작용, 환경과의 상호작용을 고려하여 내담자의 사회적 상호작용과 관련된 상황을 분석해야 한다. 사회복지사는 내담자의 마음과 자기개념, 상호작용에서 사용하는 상징과 의미의 적절성, 사회와 타자에 대한 구성 방식, 실생활과 규범적 기대 사이의 간극 등을 파악해야 한다. 그리고 사정을 위한 자료수집 방법으로는 계량적인 방법보다는 참여관찰, 비구조적 면접을 활용한 질적인 방법을 사용하는 것이 바람직하다.

자료수집 방법

개입

상호작용이론에 기반한 사회복지실천의 개입에서는 재사회화, 재활치료, 문제해결, 상황의 재규정, 초점 영역의 전환, 스트레스 감소, 자원연계, 행동변화를 위한 조건화 전략, 도덕적 권고, 인지재구조화, 역할 확인과 변화, 제안, 사례관리 등의 방법을 주로 사용한다(Forte, 2004).

사회복지정책

협상

사회복지정책이나 서비스에 대한 주관적 의미를 강조하므로, 정책 개발을 위해서는 다양한 수준에서의 협상이 필요하며, 지속적인 사회적 맥락의 변화를 위한 노력이 필요하다(Joffe, 1979). 사회문제와 관련된 사회적 조건은 지속적으로 변화하므로, 정책개발과정에서 사회문제가 야기된 과정을 면밀하게 탐색해야 하며, 이해관계 집단이 특정한 사회적 조건에 부여하는 상징과 의미를 탐색하고, 정책으로 인해 긍정과 부정의 영향을 받게 되는 이해집단 간의 상반되는 견해를 좁혀나가기 위한 노력을 경주할 필요가 있다.

이해관계 집단

2 교환이론

1) 사회관과 가정

George Casper Homans
(1910~1989)

교환이론은 사회적 교환의 과정에 초점을 두고 사회 변화와 안정을 설명하는 이론이다. 교환이론은 개인 간의 교환행동이 확장 분화되어 사회구조를 형성한다고 본다. 즉, 교환행동이 상호성에 기반을 두고 있기 때문에 상호 의존적 관계와 사회적 유대관계를 만들어 내고, 이것이 확장되어서 사회구조를 형성하게 된다고 본다.

Homans는 자원을 가진 사람은 상대방에게 보상을 제공하여 상대방이 새로운 행동을 하게 만듦으로써, 새로운 사회조직화가 이루어지고, 권력과 역량에 따라 사회조직이 분화되고 더욱 정교한 사회구조가 형성된다고 본다(Turner, 2019). 사회적 교환은 경제적 교환과 다르게 책임감, 정의, 헌신, 감사와 신뢰 등과 같은 정서적 감정을 유발하여, 사회구조를 형성하고 지속시킨다.

교환행동이 비용을 최소화하고 보상을 최대화하려는 공리주의적 원칙에 의해 일어나므로, 합리적인 안정적 사회구조가 형성된다. 그리고 교환관계를 맺는 사람 간의 자원의 차이와 교환방식 등에 따라 교환 당사자들 사이에는 권력-의존관계가 형성하고, 조직 내의 분화를 촉진하고 통합과 갈등의 변증법이 작용하여 사회구조가 안정 또는 변화가 일어난다.

교환이론의 인간관은 다음과 같다. 첫째, 인간은 목적지향적이고, 보상을 추구하는 유기체(goal-oriented and reward seeking organism)로 본다. 즉, 교환행동에서 비용은 최소화하고, 보상을 통한 이익과 효용은 최대화하려는 목적을 성취하려는 존재이다. 둘째, 합리적 존재이다. 즉, 경제적 교환과 사회적 교환을 할 때 보상과 처벌과 관련된 상황을 면밀하게 검토하여 최선의 행동대안을 선택할 수 있는 합리성을 지닌 존재이다. 셋째, 이기적 성향과 이타적 성향을 동시에 지닌 존재이다. 즉, 교환행위를 통해 자신의 이익과 자원을 최대화하고, 더 많은 권력을 가지려는 이기적 성향이 있지만, 자기 이익을 추구함과 동시에 서로의 이익을 위하여 상호

[여백 주석]
사회적 교환

교환행동의 상호성

사회구조
사회적 교환
정서적 감정

공리주의적 원칙

권력-의존관계

인간관
보상을 추구하는 유기체

합리적 존재

이기적 성향과 이타적 성향

간에 절제하고, 헌신, 형평 등의 사회정의를 위해 자기 이익을 포기할 수도 있는 존재이다.

교환이론은 다양한 이론이 포함된 이론적 준거틀로서, 이론마다 가정이 다르지만 핵심 가정은 다음과 같다(Nye, 1978; Robbins et al., 2006; West & Turner, 2007). 첫째, 인간은 보상과 이익을 추구하고, 처벌과 비용을 줄이려 한다. 둘째, 인간은 합리적 선택을 할 수 있는 존재이다. 셋째, 인간이 보상과 비용을 평가하는 데 사용하는 기준은 상황과 시간과 사람에 따라 달라진다. 넷째, 교환관계는 상호 의존적이며, 문화적 규범 내에서 이루어진다. 다섯째, 가치 있는 자원 보유 정도와 교환행동의 결과에 따라 권력-의존관계가 형성, 분화되어 사회구조가 형성된다.

2) 주요 개념

(1) 보상, 자원, 비용 그리고 사회적 행동

Homans의 행동주의적 교환이론에서는 사회적 행동(social behavior)을 보상과 비용에 입각하여 설명한다. 즉, 사회적 행동을 최소한 두 사람 이상의 사이에서 보상이 주어지거나 비용이 요구되는 활동의 교환으로 본다.

교환행동에 참여하는 모든 사람은 비용을 최소화하고 보상을 최대화하여 이득과 효용을 극대화할 수 있는 합리적 선택을 하려 한다. 교환행동은 참여자 모두에게 영향을 미치며, 교환의 과정은 개인과 사회 수준에서 동일하지만, 사회수준에서 보다 복잡한 과정을 거쳐 사회구조가 형성, 유지된다. 자원을 많이 가진 사람은 타인에게 보상을 제공하여 타인이 새로운 행동을 하게 만듦으로써, 새로운 사회조직화가 이루어지고, 권력과 집행 역량에 따라 사회조직이 분화되면서 더욱 정교한 사회구조가 형성된다(Turner, 2019).

행동주의적 교환이론은 사회적 행동을 보상, 자원, 비용의 개념을 활용하여 설명하고 있다. 보상(reward)은 행동을 강화하는 요인으로, 행위자가 특정한 행동을 할 가능성과 확률을 높여 주는 모든 것이며, 즐거움, 만족감, 인정, 존경, 동의, 감사, 돈과 물질, 도움 등이다. 자원(resource)은 교환관계에서 상대방에게 보상할 수 있는 능력으로, 물질적 자원과 비물질적 자원(감정, 매력, 서비스, 물질 등)이 포함되며, 자원이 많은 사람은 유리한 사회지위와 권력을 소유하게 된다. 비용(cost)은 교환관계에서 개인이 치러야 하는 대가를 의미하며, 상대방 보상에 투입되는 시간과 노력뿐 아니라 교환관계에 참여함으로써 잃는 자원과 다른 교환관계에 얻을 수 있는 보상을 놓치는 것이 포함된다.

교환관계가 핵심인 사회적 행동을 설명하는 Homans의 명제는 다음과 같다 (Ritzer, 2016). **사회적 행동의 명제**

첫째, 성공명제(sucess proposition)로서, 특정 행동에 대한 보상을 더 자주 그리고 더 많이 받을수록 그 행동을 할 가능성이 높아진다는 것이다. **성공명제**

둘째, 자극명제(stimulus proposition)로서, 과거에 어떤 자극으로 인해 특정 행동을 했을 때 보상받았다면, 현재의 자극이 과거의 자극과 비슷하면 비슷할수록 과거에 했던 행동이나 그와 비슷한 행동을 할 가능성이 높아진다는 일반화의 과정에 관한 명제이다. **자극명제**

셋째, 가치명제(value proposition)로서, 특정행동의 결과가 행위자에게 더 큰 가치를 가질수록, 그 행동을 실행할 가능성이 높아지며, 부정적 가치인 벌이 주어지면 그 행동을 할 가능성은 낮아지게 된다. **가치명제**

넷째, 박탈-포만 명제(deprivation-satiation proposition)로서, 특정행동에 대한 보상을 더 자주 받을수록 보상의 가치가 점점 떨어진다는 것이다. **박탈-포만 명제**

다섯째, 공격-승인 명제(aggression-approval proposition)로서, 두 개의 하위명제를 포함하고 있다. 먼저 행동에 대해 기대했던 보상을 받지 못하거나 기대하지 않았던 처벌을 받으면, 화를 내고 공격적 행동을 보일 가능성이 높아진다는 명제이다. 다음으로 행동에 대해 기대했던 보상보다 더 큰 보상을 받거나 처벌을 받지 않게 되면, 그 행동을 더 많이 하고 그 행동의 결과를 더 가치 있게 생각할 가능성이 높아진다는 명제가 포함된다. **공격-승인 명제**

여섯째, 합리성 명제(rationality proposition)로서, 대안적 행동 중에서 특정 행동을 선택할 때 행동의 결과로 얻게 되는 가치(value)에 그 결과를 얻게 될 확률(probability)을 곱한 값이 더 큰 행동, 즉 보상도 높고 보상을 얻을 확률도 높은 효용의 극대화를 추구한다. **합리성 명제**

(2) 교환과 권력관계

Blau의 변증법적 교환이론은 교환이론과 갈등이론을 통합하여, 개인과 조직 사이의 관계를 지배하는 사회과정을 분석하여 사회구조를 이해하고자 한다. Blau는 개인 간의 교환과 달리 개인과 조직 사이의 교환에서는 규범과 가치의 합의가 매 **변증법적 교환이론**

권력

우 중요하며, 교환을 통해 권력이 분화, 유지, 변화되는 과정에 관심을 가졌다.

경제적 교환
사회적 교환
등가적 교환

　　Blau는 개인이 조직에 공헌하여 그에 합당한 등가적인 금전적 보상을 얻으려는 경제적 교환을 하지만, 대부분 제약에 의한 것으로 자발적 교환행동을 기대하기 어렵다고 하였다. 이에 비해 사회적 교환은 가치에 대한 평가기준이 명확하지 않으므로 등가적 교환관계가 성립하기 어려우며, 보상에 대한 의무를 특정화할 수 없는 특성이 있다. 사회적 교환에서는 장기간에 걸친 신뢰가 필요하고 이를 통해

유대관계

사람들 간에 유대관계가 형성되고, 유대관계를 바탕으로 사회관계가 형성된다.

　　Blau의 변증법적 교환이론의 기본 원칙을 살펴보면 다음과 같다(Turner, 2019).

합리성

　　첫째, 합리성의 원칙(rationality principle)이다. 사람들이 특정 행동을 수행할 때 서로에게 더 많은 이익을 기대할수록 그 행동을 할 가능성이 높아진다는 것이다.

상호성

　　둘째, 상호성의 원칙(reciprocity principle)이다. 보상을 교환할수록 상호 간에 지켜야 할 의무가 생기며 이러한 의무가 다음 번의 교환관계를 조정할 가능성이 높아지며, 교환관계에서 상호의무를 위반하는 일이 발생하면 손해를 본 당사자는 상호성의 규범을 위반한 사람을 제재하려 할 가능성이 높아진다는 것이다.

정의

　　셋째, 정의의 원칙(justice principle)이다. 더 많은 교환관계가 성립될수록 특정한 비용에 적절한 보상이 주어져야 한다는 공정한 교환규범이 적용될 가능성이 높아지며, 공정한 교환규범이 지켜지지 않았을 때 손해를 본 당사자는 규범을 위반한 사람을 제재하고자 할 가능성이 높아진다는 것이다.

한계효용

　　넷째, 한계효용의 원칙(marginal utility principle)이다. 특정 행동을 했을 때 더 많은 보상을 받게 되면 그 보상에 대해 포만감을 느끼게 됨으로써 그 행동의 가치는 떨어지고 그 행동도 덜 일어날 가능성이 높아진다는 것이다.

불균형

　　다섯째, 불균형의 원칙(imbalance principle)이다. 사회단위들 간의 특정한 교환관계가 더 안정되고 균형을 이룰수록 다른 교환관계는 불안정하고 불균형적일 가능성이 높아진다는 것이다.

권력

　　Blau는 교환관계에서 가치있는 자원을 많이 보유한 사람은 그런 자원이 없는 사람들로부터 사회적 인정, 존경 또는 복종을 이끌어낼 수 있으므로, 권력을 갖게 된다고 하였다. 복종하지 않는 사람에게 자원을 제공하지 않거나, 처벌이나 비용을

복종

부과할 수 있는 힘을 갖게 됨으로써 복종을 요구할 수 있다. 특히 자원을 제공받은 사람이 물리적 힘이나 강제력을 사용할 수 없거나, 자원 없이 견디기 어려워질수록, 가치 있는 자원을 제공한 사람은 더 많은 존중과 인정과 복종을 이끌어내게 되

므로, 사회조직 내에서는 권력의 분화가 일어난다.   권력의 분화

　사회조직에서 권력을 가진 사람이 교환의 상호성과 정의의 원칙을 지키지 않
아 교환관계에 불균형 상태가 유발되면, 권력을 갖지 못한 사람의 박탈감이 높아   교환관계 불균형
지며, 이들이 집합체를 이루게 되면 권력을 가진 자에게 저항할 가능성이 높아지   저항
게 된다. 조직 내에서는 지배-피지배 영역에서 통합을 촉진하려는 노력이 발생하
는데, 정당하고 공통의 가치를 반영한 규범적 합의를 도출하면 권력이 정당화되고   규범적 합의
지배자의 명령에 따르도록 강제할 수 있는 권위로 전환됨으로써 조직 내의 경쟁
은 완화되고 조직이 재통합된다. 반면 정당하고 공통의 가치를 반영한 교환관계의
규범을 합의하지 못하여 피지배자가 더 많은 박탈감을 경험하고, 이념적으로 체계   박탈감
화되고, 피지배자 간의 연대감이 강해지면 지배자에게 저항할 가능성이 더욱 높아
진다.

　사회구조 내에서의 권력을 둘러싼 경쟁이 일어나면, 통합을 향한 긴장과 저항과   통합과 저항
갈등을 향한 긴장이라는 두 가지 상반된 힘이 생성된다. 조직 내에서 통합을 추구
하는 힘과 새로운 조직화를 위한 저항하는 힘 사이에 잠재적 갈등이 일어나게 되
며, 이는 불가피하게 사회구조 내에서 통합과 저항 사이의 변증법이 창출된다.

(3) 교환네트워크와 권력-의존관계

　Emerson은 교환이론과 네트워크이론을 결합한 교환네트워크이론을 제시하였   교환네트워크이론
다. Emerson은 교환관계가 어떻게 시작되는가가 아닌 기존의 교환관계가 존재할
때 이러한 관계에서 어떤 일이 벌어지는지에 관심을 가졌다. 즉, 교환관계에 참여
하는 행위자 자체의 특성보다 행위자 간에 이루어지는 관계유형, 즉 행위자 간의
네트워크(network)에 관심을 두었다.   네트워크

　Emerson은 사회구조를 자신의 자원가치를 확장하려는 행위자 간의 교환에 의   사회구조
해 형성된다고 하였다. 그는 자원의 활용가능성, 권력과 의존을 핵심개념으로 하
여, 교환관계는 다양한 방식으로 조직화되며 교환되는 자원의 종류와 양에 따라
달라지며, 권력과 의존이 관계를 규정하는 핵심 측면이라고 규정하고 있다.   권력과 의존

　Emerson은 행위자는 다른 행위자가 자신에게 자원을 의존하는 정도만큼의 권   권력
력을 갖게 되며, 한 사람이 다른 사람에게 비용을 감내하도록 요구할 수 있는 정도
에 따라 크기가 달라진다고 했다. 의존은 한 사람이 비용을 감내해야 하는 정도로   의존
서 권력의 원천이며, 다른 행위자가 추구하는 자원이 갖는 가치의 정도와 이 자원

의 대안이 매우 적거나 획득하는 데 비용이 소요되는 정도에 따라 결정된다. 특정 행위자가 더 많은 권력을 갖게 되면 권력을 사용하여 의존하는 교환상대를 착취하거나 자원 획득비용을 줄일 수 있게 되는 권력적 이점을 얻게 된다. 교환관계에서 권력-의존관계의 불균형이 발생하게 되면 균형화 전략을 사용하여 다시 권력-의존관계의 균형을 회복하려는 시도가 나타난다.

하나의 교환관계는 다른 교환관계에 영향을 미치고 두 교환관계는 서로 연결되므로, 더 큰 교환네트워크 내에 존재한다. 네트워크(network) 속에서 이루어지는 교환은 행위자들이 자원분배를 놓고 협상하는 상황(negotiated exchange)과 행위자들이 추후 보상이 주어질 것으로 기대하면서 연속적으로 자원을 제공하는 상황(reciprocal exchange) 중 하나의 유형을 갖게 된다.

네트워크 내의 교환유형은 크게 일방적 독점, 분업, 사회적 서클(social circle), 계층화라는 네 가지로 나뉘어진다(Turner, 2019). 먼저 일방적 독점 유형은 행위자 A가 여러 명의 행위자 B들에게 가치가 있는 자원을 보유하고 있고, 여러 명의 행위자 B들은 A에게 보상을 제공하지만, A는 보상을 받을 수 있는 여러 개의 원천을 가진 반면 B들에게는 A만이 보상의 원천이 되는 유형이다. 이러한 경우에 A가 B를 착취하는 불균형한 권력관계가 형성된다.

분업 유형은 일방적 독점 속에서 교환관계의 균형을 찾아가는 여러 방법 중의 하나이다. 각각의 B가 A에게 서로 다른 자원을 제공할 수 있게 되면 각각의 B가 A와 독자적 자원교환관계, 즉 분업관계를 형성하게 된다.

사회적 서클 유형은 상이한 자원을 가진 행위자 간에 애정과 애정, 재화와 재화 등과 같이 동일한 자원을 교환하는 것이다. 이러한 교환이 이루어지면 균형 잡힌 교환관계의 네트워크를 형성하지만, 네트워크는 폐쇄적 체계가 되고 독점상황이 야기되며 불균형이 발생할 수 있다.

계층화 유형은 행위자들 사이에서 자원이 불평등하게 배분되는 경우 동일한 가치를 지닌 자원을 유사한 수준에서 갖고 있는 행위자들끼리 새로운 사회적 서클 또는 네트워크를 형성하여, 교환 네트워크는 중심부와 주변부의 여러 개 서클 또는 네트워크로 나눠지게 되고, 불평등한 자원 배분에 따라 권력과 의존관계의 불균형이 발생하게 된다.

이와 같이 교환네트워크 속에서 권력-의존관계의 불균형 문제가 발생하게 되면, 다음과 같은 균형화(balancing) 전략을 사용할 수 있다(Turner, 2019; 최옥채 외,

(좌측 여백 주석)
권력-의존관계
균형화 전략

네트워크
협상

교환유형
일방적 독점

분업

사회적 서클

계층화

균형화 전략

2020). 권력-의존 관계의 불균형이 발생하면, ① 유사한 가치나 자원으로 대체하거나, ② 다른 자원의 대안을 개발하여 특정 자원에 대한 의존성을 줄이거나, ③ 새로운 기술이나 지식을 습득하거나 새로운 지위를 획득하여 교환의 조건을 향상시키거나, ④ 강제력(보상 철회, 위협, 윤리적 죄책감 등)을 불러일으킴으로써 상대로부터 원하는 자원을 이끌어낼 수 있도록 돕거나, ⑤ 원하는 자원이나 서비스를 상대방에게 받지 않고 참고 견뎌서 이겨내게 하거나, ⑥ 자신이 소유한 자원의 질을 향상시키는 전략을 사용하여 권력 불균형을 바로 잡을 수 있다.

(4) 교환관계와 헌신과 정의

Emerson은 권력-의존관계에 집중한 반면 Cook은 권력과 헌신과 정의의 관계에 집중하였다. 헌신(commitment)은 현재의 교환상대가 다른 잠재적 교환상대보다 더 적은 이득을 줄 수 있는 경우에도 지속적으로 현재의 교환상대와의 관계를 지속하는 것이다. 큰 권력을 가진 행위자가 헌신하는 것은 비합리적이지만, 다른 잠재적 교환상대를 탐색하는 활동을 감소시키고, 교환행동에 내재한 위험과 불확실성이 줄어드는 효과를 얻을 수 있으므로 권력이 있는 행위자에게 이익이 된다. 권력을 가진 행위자의 헌신을 끌어내게 되면 그들의 권력 사용을 제한할 수 있으므로 권력을 균형을 도모하는 효과도 있다. 헌신은 관계 그 자체에 대한 애착과 지지를 갖게 만들고, 그로 인해 교환관계의 상대 사이에 새로운 종류의 정서적 효용(emotional utility)을 추가적으로 제공하는 결과를 낳게 된다.

Cook은 사회적 교환에서 정의, 즉 분배 정의와 절차적 정의에도 주목하였다. 분배 정의(distributive justice)는 행위자 간에 자원을 할당하는 규범이나 규칙과 관련된 것으로, 모두에게 동일하게 분배하는 평등(equality)과 기여도와 자원 필요도에 따라 분배하는 형평(equity)의 원칙에 따른 분배와 관련되어 있다. 절차적 정의(procedural justice)는 분배 결과보다는 협상과정 자체의 공정성에 대한 원칙으로, 분배 결과가 좋지 않고 불공정하다고 여기면 공정한 절차를 밟았더라도 부당하다고 평가하는 경향이 있다. 형평(equity)에 대한 관심이 높아지면, 권력을 더 많이 가진 행위자의 권력사용이 일정 부분 제한된다.

교환관계에서 권력 사용이 정의롭다는 인식을 얻거나 일반적으로 받아들여지는 분배와 절차적 정의와 일치하게 되면 권력 사용은 균형적 교환을 만들어 낸다. 권력상 유리한 위치에 있는 행위자가 정의의 규칙을 어기거나 행위가 부정의하다

헌신

권력 균형
애착과 지지
정서적 효용

정의
분배 정의

절차적 정의

형평

권력 사용

는 인식을 얻게 되면 권력 사용은 불균형한 교환관계를 지속시키게 되고, 권력상 불리한 위치에 있는 행위자는 교환관계의 균형을 회복하기 위한 새로운 전략을 탐색한다.

3) 사회변동과 발전에 대한 관점

교환이론은 미시적 접근과 거시적 접근을 종합적으로 이용하여 인간의 상호작용 관계, 사회구조의 형성과 유지, 발전과 변동을 설명한다(이철우, 2017a). 교환이론은 인간의 역사가 곧 교환행위의 누적이라고 보고, 인간의 사회적 행위를 적어도 두 사람 이상의 사이에서 교환자원을 주고받는 반복적 행동이라고 규정한다.

Homans의 행동주의적 이론의 관점에 따르면, 교환행위를 통하여 자신에게 이익이나 보상, 효용을 얻을 수 있을 때 사회관계가 유지되고, 이익이 많을수록 상호작용의 빈도가 많아지고 사회적 관계는 안정적으로 지속되며, 권력과 역량에 따라 사회조직이 분화되고 정교한 사회구조가 형성된다고 본다(Turner, 2019). 사회적 교환행위를 통하여 기대한 보상을 얻지 못하거나 기대하지 않았던 비용을 치르게 되면 분노나 공격행동을 하게 되므로 교환관계는 불안정해지며, 새로운 교환관계를 추구하게 되므로 사회변동이 일어난다(이철우, 2017a).

Blau의 변증법적 교환이론의 관점에 따르면, 사회적 교환에서는 장기간에 걸친 신뢰가 필요하고 이를 통해 사람들 간에 유대관계가 형성되어 소집단을 형성하고 소집단 사이에서도 교환관계를 통해 집단이 정교화되어 더 큰 집단으로 발전하게 된다고 본다. 사회적 교환관계에서 가치 있는 자원을 많이 가진 사람은 교환관계에서 권력을 갖게 되며, 자원이 적은 사람에게 존중과 인정, 복종을 요구할 수 있게 되므로, 사회조직에서 자연스럽게 권력의 분화가 일어난다. 사회조직에서 권력을 가진 사람이 교환의 합리성, 상호성, 그리고 정의의 원칙을 지키지 않음으로써 교환관계에 불균형 상태가 유발되면, 권력을 갖지 못한 사람의 박탈감이 높아지게 되고 그러한 박탈감을 느끼는 사람들이 집합체를 이루어 조직적으로 저항하게 됨으로써 사회변동이 일어나게 된다. 반대로 교환관계의 불균형을 바로잡기 위해 정당하고 공통의 가치를 반영한 규범적 합의를 도출하게 되면, 기존의 권력-의존관계가 정당화되고 조직이 재통합되어 안정을 유지하게 된다.

Emerson의 교환네트워크이론의 관점에서는 모든 교환관계가 교환네트워크 속

<!-- 좌측 여백 키워드 -->
교환행위

행동주의적
교환이론

사회변동

변증법적 교환이론

유대관계

권력의 분화

집합체, 저항

재통합

교환네트워크이론

에서 일어나므로 행위자 모두는 상당한 정도의 상호 의존성을 갖는다고 본다. 특정 행위자가 많은 권력을 가지게 되면 권력을 사용하여 의존하는 교환상대를 착취하거나 그로부터 자원을 획득하는 데 소요되는 비용을 줄일 수 있게 되는 권력적 이점을 얻게 된다. 교환관계에서 권력-의존관계의 불균형이 발생하게 되면 균형화 전략을 사용하여 권력-의존관계의 균형을 회복하거나 기존의 관계를 변화시키려는 시도가 나타나게 되며, 그 결과로 사회구조의 안정과 변동이 결정된다.

`권력적 이점`

`균형화 전략`

4) 사회복지 정책과 실천에의 적용

(1) 사회문제에 대한 관점

교환이론에서는 교환관계가 단절되거나 불균형이 발생할 때 사회문제가 발생 (이철우, 2017b)하며, 자원의 부족, 고갈, 가치 절하로 인해 종속적 지위로 밀려나 비인간적 상황에 직면하게 되는 것이 사회문제의 원인이라고 본다. 교환되는 자원의 양과 내용 그리고 자원분배의 절차와 결과 역시 사회문제의 원인이며, 빈곤문제, 사회적 소외, 사회계층 간의 불평등과 불공정의 문제가 발생하게 된다.

`교환관계 불균형`

`자원의 부족, 고갈, 가치 절하`

`자원분배`

교환행위를 통해 형성되는 권력과 의존관계 역시 사회문제의 원인인데, 교환관계에서 합리성, 상호성, 정의의 원칙을 지키지 않으면, 교환관계에 불균형한 권력-의존관계가 발생하게 된다. 자원과 권력을 갖지 못한 사회성원은 정서적 박탈감과 함께 자신의 욕구 등을 충족할 수 있는 자원에 대한 접근 기회가 제한되게 되고, 그로 인해 미충족 욕구와 생활문제를 경험하게 된다. 그리고 자원이 적은 성원이 사용한 권력 균형화 전략이 성공하지 못하면, 많은 권력과 자원을 가진 행위자가 우월적인 지위를 차지하여 자원을 독점해버리거나 교환상대를 착취할 경우에 사회문제가 더욱 심화된다.

`권력과 의존관계`

`미충족 욕구`

`독점, 착취`

교환이론에서는 노인문제가 노인이 교환할 수 있는 자원 자체가 부족하거나, 교환자원의 가치가 약해지거나 고갈되어 대등한 교환관계를 맺지 못함으로써 발생한다고 본다(권중돈, 2019). 그리고 장애인 문제는 장애인의 교환자원 부족과 교환자원에 대한 평가절하로 인해 발생하는 사회적 배제에 그 원인이 있다고 본다.

`노인문제`

`장애인 문제`

(2) 사회복지 정책과 실천에 대한 함의

교환이론에 입각하면 사회복지 정책에서는 교환관계를 바로잡기 위한 균형화

`균형화 전략`

전략을 수립하여 추진할 필요가 있다고 본다. 빈민이나 노동능력을 상실한 사람에

부족한 자원 보충

게 금품 지급이나 의료서비스 등의 복지 급여와 서비스를 제공하여 부족한 자원을 보충하여 자립생활을 지원하여야 한다. 이러한 지원을 통해 이들이 정상적 생활이 가능해지거나 정상적 사회참여가 가능해지면, 오히려 사회에 기여할 수 있다고 본다(이철우, 2017a).

소득지원

경제생활을 통하여 국가에 세금 혹은 기여금을 납부하고 노후에 소득지원을 받는 것도 일종의 교환관계에 기초한 사회복지의 한 방법이다. 그리고 노부모의 생

비공식적 자원 교환행위

계능력이 제한되거나 건강이 악화되었을 때 자녀가 부양하는 비공식적 자원 교환 행위 역시 사회복지의 방법이다(이철우, 2017b).

복지국가

복지국가와 관련된 교환이론의 입장은 상반된 사회복지정책의 선택을 요구하

착한 소비

고 있다(Mau, 2004). 한편에서는 모든 사회성원이 합리적인 교환을 통해 착한 소비 (good buy)를 한다고 가정하여, 개인의 이익을 최대화하고 삶의 질을 고양하는 방향으로 국가의 복지급여나 서비스를 설계할 것을 요구하고 있다. 그러나 죄수의

개인이기주의

딜레마(prisoner's dilemma)에서처럼 개개인이 착한 소비를 하지 않고 개인이기주의(egoism)에 입각하여 자기 이익을 최대화하기 위한 선택이 사회적으로 누적되면, 복지국가의 목표는 달성할 수 없게 된다.

다른 한편으로 교환이론에서는 상호 간의 헌신, 존중, 인정, 사랑, 도덕적 의무 등이 작동할 수 있도록 분배적 정의와 절차적 정의를 달성할 수 있는 사회복지정

무임승차 문제

책의 개발이 필요하다고 본다. 특히 무임승차 문제(free-rider problem)를 해소하기 위해서라도 차별적 보상 지급이나 강제적 세금 부과 등과 같은 제도적 방안을 강구해야 한다(강정한 외, 2013).

원조관계

사회복지실천에서 사회복지사-내담자의 원조관계 역시 교환행위에 해당한다.

권력-의존관계

사회복지사가 내담자와의 원조관계에서 상호성의 원칙을 지키지 않을 경우 권력-의존관계가 형성되고 권력 불균형 현상이 초래되며, 협력적 관계형성은 물론 변화를 위한 개입을 방해받게 된다(Rice & Girvin, 2014). 사회복지사는 원조과정에서 높은 지위와 권력을 탐해서는 안 되며, 내담자의 삶의 변화를 위해 헌신하는 자세를

헌신

보상의 한계효용

가져야 한다. 사회복지사가 내담자에게 지나치게 많은 보상을 할 경우 보상의 한계효용이 낮아져 바람직한 행동을 만들어 내기가 쉽지 않으므로 적정한 보상 수준과 절차를 마련해야 한다.

비공식적 관계망

비공식적 관계망의 복지기능 작동원리 역시 교환이론에 입각하여 설명이 가능

하다. 개인은 타인이나 사회에 원조를 요청함에 있어서 사회관계망의 호위모형 *호위모형*
(護衛模型, convoy model)을 따르는 경향이 있다. 즉, 가장 가까운 곳에서 자원이나
보상을 제공할 수 있는 가족이나 친척으로 구성된 1차적 관계망(primary network)
의 지지나 도움을 가장 우선적으로 활용하고, 그 다음으로 2차적 비공식적 관계
망(secondary network), 의사공식적 관계망(quasi-formal network), 공식적 관계망
(formal network)을 통하여 필요한 자원과 보상을 얻는 위계적 보상속성이 존재 *위계적 보상속성*
한다(권중돈, 2019).

생각해 보아야 할 과제

1. Mead가 말하는 'Self=I+Me'라는 관점을 근거로 자신의 I와 Me 사이에 어떤 차이가 있는지
   살펴보시오.

2. 자신의 경험과 기억에 남아 있는 일차적 일탈행동을 분석해 보고, 혹시라도 타인에게 피해
   를 입혔다면 지금이라도 그들의 고통을 덜어줄 수 있는 방법을 모색해 보시오.

3. 교환이론의 합리성 교환원칙에 입각하여 자신의 행동을 분석해 보고, 그 원칙의 타당성을
   비판해 보시오.

4. 귀하의 경험을 바탕으로 교환관계의 권력 불균형 문제가 발생했을 때, 귀하가 주로 사용한
   균형화 전략이 무엇인지 제시해 보시오.

5. 사회복지제도에서 나타나는 죄수의 딜레마와 무임승차 문제의 사례를 찾아보고, 이를 예방
   하고 해결할 수 있는 방안을 모색해 보시오.

제14장

여성주의이론과 다문화이론

1 여성주의이론

1) 사회관과 가정

여성주의이론은 여성 중심적 관점에서 인간의 경험과 사회생활을 설명하므로, 이론마다 인간과 사회를 바라보는 관점은 상이하다(Ritzer, 2016; 공미혜 외, 2010; 최선화, 2005).

여성주의이론에서는 사회를 성에 따른 차이가 존재하는 곳으로 인식하고, 사회화과정에서 남성과 여성이 서로 다른 지위를 경험함으로써 사회적 성(gender)

여성 중심적 관점

성에 따른 차이

사회화과정

사회적 성

* Mary Wollstonecraft
(1759~1797)

의 차이가 발생한다고 본다. 남성이 공적 영역에서 도구적 활동을 하는 특권을 갖는 반면 여성은 가족이라는 사적 영역에서 아내, 어머니, 가사노동자로서의 표현적 역할을 담당하는 성별 분업체계에 구속된다. 여성은 인생의 주체가 아닌 타자 혹은 주변화된 객체가 되며, 일상에서 사회적 성이 요구하는 행동을 적합한 것으로 수용하고 지속하게 된다. 남성중심적 사회는 협동, 돌봄, 평화주의, 비폭력 등의 여성적 덕목이 매우 가치가 있다고 강조하여, 사회의 성적 차이를 영속화하려고 시도한다.

성별 분업체계

성적 차이의
영속화

여성주의이론은 사회 내에 성에 따른 불평등구조가 존재한다고 본다. 가부장제도와 성차별적 노동분업이 고착화됨으로써 여성들이 물질적 자원, 사회적 지위, 자기실현을 위한 권력과 기회를 적게 갖게 되는 사회적 성 불평등이 초래된다. 여성주의이론은 사회적 성 불평등은 사회적으로 구성된 현상으로, 성적으로 불평등한 사회의 변혁을 위한 법률, 노동, 가족 등의 사회제도 재편이 이루어져야 한다고 주장하고 있다.

성 불평등

사회적
구성 현상

여성주의이론은 사회 내에 성적 억압이 존재한다고 본다. 여성이 지배자인 남성에 의해 도구로 전락하고 독립적 주체성을 인정받지 못하고, 통제, 이용, 복종, 억압을 당하는 상황에 처하게 된다. 남성이 여성을 지배하고 통제할 수 있는 것은 가부장제를 형성하고 존속시키는 역할을 하기 때문이다. 여성은 가부장제에 일시적으로 저항하지만 궁극적으로는 순응하고 지지함으로써 성적 억압이 지속된다. 가부장제는 여성에 대한 신체학대, 성폭력과 성희롱, 사회의 미적 기준, 일부일처제, 순결, 무임금 가사노동, 저임금 노동 등과 교묘하고 복잡한 형태로 여성들을 통제하고 억압하는 사회 불평등의 기본 구조이다.

성적 억압

가부장제

여성주의이론은 사회 내에 여성에 대한 억압을 조장하는 지배구조가 존재한다고 본다. 가부장제, 자본주의, 계급, 인종주의, 민족주의, 사회적 성, 이성애주의(heterosexism) 등이 지배구조로 자리잡고 있어, 한 집단이 다른 집단을 통제, 이용, 종속, 억압하여 직접적 혜택을 누리게 된다. 지배적 집단은 어떤 사회현상은 좋고 우월하고 다른 것은 열등한 것이라고 해석하여 자신의 억압행위를 정당화하고, 억압적 지배구조를 영속화하려 한다. 사회의 구조적 억압 장치들은 단독 혹은 복합적으로 작동하여 여성에게 더 적은 자원과 권력을 배분하여, 남성에 의한 여성의 도구화와 억압을 제도화한다. 사회의 지배적 억압구조의 변화가 이루어져야지만 바람직한 사회로의 발전이 가능해진다.

지배구조

구조적 억압 장치

여성의 도구화

여성주의이론의 인간관은 다음과 같다. 먼저 여성주의이론은 인간을 개인으로서의 온전한 권리를 갖는 자율적 존재로 본다. 즉, 인간 특히 여성은 자유롭고 책임 있는 도덕적 주체이며, 자신에게 맞는 생활유형을 선택, 실행할 수 있는 권리와 능력을 갖춘 자율적으로 기능하는 존재라고 보고 있다.

여성주의이론은 인간을 이성적이고 합리적 존재로 보고 있다. 즉, 여성을 포함한 모든 인간은 독특하면서도 독립적인 합리적 자아를 갖고 있으므로, 사회가 개인의 평등한 권리를 보장하면 자신의 역량을 마음껏 펼쳐서 인생목적을 성취하고 자기실현에 이를 수 있다고 본다.

여성주의이론은 인간이 환경의 영향을 받지만 환경적 제약을 극복할 수 있는 능력이 있는 존재라고 본다. 즉, 인간은 사회적 존재로서 사회제도의 영향을 받지만, 환경에 의해 결정되는 수동적 존재는 아니며, 사회구조의 불합리성에 저항하여 극복하고, 삶을 능동적으로 창조할 수 있는 능력이 있음을 강조하고 있다.

여성주의이론의 기본가정은 다음과 같다(Ritzer, 2016; 공미혜 외, 2010; 최선화, 2005, 최옥채 외, 2020). 먼저 여성을 포함한 인간 모두는 합리적이고 자율적인 존재이며 동등한 권리를 갖는다고 가정한다. 사회, 문화, 경제, 정치, 법, 교육 등의 사회제도가 남성에게 더 높은 지위와 권력, 자원을 배분하고 여성을 타자화 또는 주변화된 객체로 간주하는 남성중심의 지배구조를 창출하게 된다. 그리고 여성은 사회적 성에 따른 불평등, 통제, 억압, 착취를 경험하고, 인간으로서의 자율적 삶의 영위와 자기실현에 방해를 받는다.

여성주의이론은 사회적으로 구성된 성에 근거한 불평등을 해결하기 위해서 이성과 과학을 기반으로 한 이념과 사회변화를 위한 투쟁에 참여하는 정치적 실천의 병행이 필요하다고 주장하고 있다. 그리고 궁극적으로는 사회적으로 구성된 성에 대한 관념을 극복하고 성에 따른 차별과 불평등, 억압과 착취가 없는 사회, 즉 양성성(兩性性)이 모두 보장받는 사회로 발전할 수 있다고 가정한다.

2) 주요 개념

여성주의이론은 여성중심적 관점에서 인간과 사회를 이해하는 다양한 이념적 스펙트럼을 기반으로 하여 형성된 것으로 사회현상이라고 해도 서로 다른 해석을 내놓다. 여성주의이론은 여성적 특징을 의미하는 라틴어 페미나(femina)에서 유래

(여백 측면 주석)
인간관
온전한 권리
자율적 존재

합리적 존재

평등한 권리 보장

사회적 존재

능동적 존재

기본가정

동등한 권리

남성 지배구조

성 불평등

정치적 실천

양성성

여성주의

되었지만, '여성에 대한 차별과 억압을 극복하고 양성평등을 추구하는 실천적 이념'을 의미하는 여성주의(feminism) 이념에 대해 살펴보고자 한다(Ritzer, 2016; 공미혜 외, 2010; 유현옥, 정민승, 2018; 최선화, 2005).

(1) 생물학적 성과 사회적 성

성 혹은 성성

사회생물학

성에 따른 차이

성(sex) 혹은 성성(sexuality)은 생물의 성별과 성적 행위를 일컫는 생물학적 성을 표현하는 용어로, 생물학적이고 유전학적 측면에 초점을 두고 있다. 사회생물학적 관점에서는 성에 따른 차이(sex differences)는 당연하며, 현존하는 성관행은 문화에 기반을 두고 있지만 성별 분업이나 행동양식, 양성 간의 정서적 차이를 결정하는 결정적 요인은 생물학적 특성이라고 본다(Wison, 1978). 사회생물학적 관점은 성에 따른 차이를 존중하는 것이 사회적으로 바람직하며, 급격한 성역할의 변화는 생물학적 특성과 반대되는 것으로 사회적 비용을 높인다고 보기 때문에, 성과 관련된 기존의 사회적 관행을 정당화한다.

젠더

사회적 성, 즉 젠더(gender)는 사회, 역사, 문화적으로 구성된 성을 의미한다. 젠더 관점에 의하면, 여성은 태어나는 것이 아니라 사회문화적으로 만들어지는 존재이다. 젠더는 개인이나 집단이 갖는 사회적 기회구조나 삶을 설계하고 사회지위와 역할구조에도 강한 영향력을 발휘한다.

젠더의 차이

젠더의 차이는 불균형을 내포하고 있으며, 모든 문화에서 생물학적 성에 따라 성역할 규범과 성적 정체감을 부과하고, 성에 따라 행동 등을 제약한다. 특히 여성은 자녀양육과 가사노동, 노동자의 재생산에 일차적 책임을 부과하는 성역할 규범

차별과 불평등

과 분담체계 속에서 차별과 불평등을 경험한다.

젠더관점

젠더관점은 사회생물학적 관점에 비판적 입장을 취하며, 사회적으로 구성된 성의 차이(gender differences)는 사회적 차별과 지위의 불평등으로 이어지게 된다고 본다. 전통적으로 여성의 사회경제적 지위가 낮으므로, 여성은 권력, 특권, 재산,

불평등

자원 등에 접근함에 있어서 불평등을 경험하고, 성별에 따른 차등적 분업을 강요받게 되고, 자원 등의 분배과정에서도 불평등을 경험한다.

젠더관점에서는 젠더가 개인의 사회적 역할이나 상호작용, 기회 등에 미치는 영향과 그에 따른 사회적 차별과 불평등을 만들어내는 사회구조를 분석하고, 이의

사회정책

개선을 위한 사회정책을 구상함에 있어서는 정책이 양성에 미치는 영향과 효과를 사전에 고려하고, 여성의 삶의 질을 제고할 수 있는 방안이 될지를 고려해야 한다

고 주장하고 있다.

(2) 자유주의적 여성주의

자유주의적 여성주의(liberal feminism)는 사회계약론과 계몽주의 사상에 기반하여 자유와 평등을 중시하는 18~19세기의 자유주의 정치사상에 뿌리를 두고 있다. 남녀 간의 평등권 운동을 주도한 온건 자유주의적 여성주의관점은 여성의 역할이나 자질을 열등한 것으로 보는 것은 잘못이라고 주장하고 있다. 전통적으로 여성에게 부여된 사적 영역에서의 역할과 돌봄, 비폭력, 평화 등의 가치를 존중하는 여성의 독특한 자질이 인간의 삶에 있어 중요하며 사회를 도덕적으로 개선할 수 있는 기반이 된다고 보고 있다. 온건 자유주의적 여성주의는 가부장제 이념에 기반을 두고 있어, 여성이 사적 영역에서 책임을 담당해야 한다고 보는 사회의 성적 관행을 정당화하는 문제와 한계를 지니고 있다.

개량적 자유주의적 여성주의 관점에서는 합리적 존재인 남녀 모두 자유의지에 따라 자율성을 행사하고 자신의 능력을 최대한 발휘할 수 있는 동등한 권리를 갖는다고 주장한다. 사회의 성적 불평등은 생물학적 성 차이가 아닌 사회의 관습과 전통이 만들어낸 것으로 본다. 여성의 무능력이 법과 제도가 특정한 능력을 발달시킬 수 있는 기회를 제한하여 발생한 것이라고 보고, 여성이 받는 부당한 대우가 평등성이나 공정성을 표방하는 자유주의 원칙에 위배된다고 비판하고 있다. 사회는 교육, 노동, 정치, 법 등에서 여성의 권리를 동등하게 보장하여 자신의 능력을 최대한 발휘하게 하고, 양성 간의 차이와 차별은 줄어야 한다고 주장한다.

Fridan(1963)은 남성이 공적 영역에서 도구적 역할을 담당해야 하고, 여성은 가족, 즉 사적 영역에서 아내, 어머니, 가사노동자로서 표현적 역할로 담당하도록 하는 이분법적 역할 분담체계가 성에 따른 고정관념과 차별을 조장하므로, 남녀 모두 자신의 선택에 의해 자유롭게 역할을 수행할 수 있어야 한다는 점을 강조하고 있다. 특히 여성의 경제적 독립은 여성이 남성과 평등성을 확보하는 데 필수적 조건이라고 보고, 여성의 공적 영역에서의 노동 참여를 권장하고 있다.

(3) 마르크스주의 여성주의

마르크스주의 여성주의(Marxist feminism)는 여성에 대한 억압을 사회적 억압의 부차적 형태로 보고, 여성은 성차별주의나 남성에 의해서가 아니라 자본주의에 의해 억압된다고 본다. 여성억압을 자본주의사회의 정치, 사회, 경제적 구조의 산물로 보고 있으므로, 자유주의적 여성주의가 강조하는 남녀 간의 기회균등이라는 원칙은 자본주의사회에서 실현 불가능하다고 주장한다.

산업자본주의

**성별
노동분업체계**

산업자본주의로의 전환과 함께 남성은 공적 영역에서의 생산자인 반면 여성은 사적 영역에서의 재생산자로서 역할을 분담함에 따라 성별 노동분업체계도 공고해졌다. 만약 여성의 가사노동이 남성의 생산노동만큼 중요성을 인정받으면, 남녀 간의 불평등과 여성에 대한 억압의 완화가 가능하다고 본다.

**경제적
착취구조와 계급**

계급혁명

경제적 독립

마르크스주의 여성주의는 여성에 대한 억압이 사회의 경제적 착취구조와 계급 형성에 의해 결정된다고 보고, 여성 억압의 해결방안을 노동자의 혁명과 사유재산의 폐지에서 찾고 있다. 계급혁명에 의한 생산구조의 사회화, 여성을 저임금노동력으로 이용하는 성별 분업구조 폐지, 여성의 사회 참여를 방해하는 가사노동과 육아의 사회화, 여성의 임금노동 참여를 통한 경제적 독립성의 확보 등을 통해 여성에 대한 억압을 완화 또는 해결할 수 있게 된다고 주장한다.

(4) 급진주의 여성주의

성과 재생산 통제

사회적 억압

가부장제도

급진주의 여성주의(radical feminism)는 여성의 성과 재생산 통제에 관심을 두고, 여성억압이 가장 기본적인 사회적 억압의 형태라고 본다. 여성의 성과 재생산 통제 그리고 가부장제도에 관심을 두고, 여성의 임신이나 출산이라는 생물학적 조건이 남성에 대한 의존과 남성의 지배를 정당화한다고 본다.

재생산기능

가부장제

급진주의 여성주의에서는 여성의 재생산기능을 과학으로 대체하여 성에 따른 생물학적 차이가 존재하지 않는 사회를 구축하려 한다. 가부장적 이데올로기가 생물학적 성 차이를 과장하여 남성의 지배를 합리화하고 강화하므로, 가부장제에 의해 구성된 성역할, 성적 지위와 기질 등을 제거하여 성역할이 통합된 새로운 사회를 구축하려 한다.

사회적 억압

분리주의

급진주의 여성주의는 '개인적인 것이 정치적인 것이다'는 주장을 통해 개인의 사적인 영역을 사회문제로 인식시키는 데 공헌하고, 여성억압이 다른 사회적 억압을 이해하는 데 기본이 된다는 사실을 적시하였다. 하지만 여성억압을 극복하는 실천방법으로 극단적인 분리주의, 즉 정치적 레즈비어니즘(political lesbianism)을 선택하여 대중의 지지를 얻지 못한 한계가 있다.

(5) 사회주의 여성주의

사회주의 여성주의(socialist feminism)는 성별과 계급이 동시에 여성억압의 원인 성별과 계급
이 된다고 보고, 자본주의 생산양식과 가부장제의 재생산양식을 중심으로 여성억
압의 사회현상을 설명한다. Mitchell(1971)은 여성의 지위가 생산, 출산, 자녀의 사
회화 그리고 성관계의 네 가지 측면에서 결정된다고 보고 있다. 이 중 성관계에서
여성이 자유를 획득했지만 나머지 세 가지 측면에서는 진전이 없다고 인식하고,
가부장제를 없애는 문화적 혁명을 통해 여성억압을 종식해야 한다고 주장한다.

사회주의 여성주의는 가정에서 무보수 노동을 하는 여성은 프롤레타리아 계급
에 속한다고 보고, 여성의 무보수 가사노동과 경제적 무능력이 여성이 사회적으로 무보수 가사노동
열등한 지위를 갖게 되는 근본원인이라고 보고 있다(Mitchell, 1971). 여성의 지위
는 남편의 자원에 맞춰 자동으로 부여되므로, 여성은 독립적 주체가 아니라 의존
적이고 부수적인 객체가 된다.

Jaggar(1983)는 여성은 성적 존재, 아내, 어머니로서 소외되어 있고, 성적 대상으 성적 대상
로 간주되고 성폭력과 성희롱의 위험에 노출되어 있으며, 경제활동 참여와 관계없
이 가사노동의 책임을 떠안고, 자녀양육의 책임을 이행하는 과정에서 희생을 치르 자녀양육
고 있다고 주장한다.

(6) 정신분석학적 여성주의

정신분석학적 여성주의(psychoanalytic feminism)에서는 정신분석이론의 여성차
별적 관점을 비판하면서도, 정신분석이론을 재해석하여 여성차별과 억압의 원인
을 찾으려 한다. 여성 억압이 심리구조 내에 근원이 있으며, 유아기와 아동기에 형 심리구조
성된 관계의 지속적 반복을 통하여 강화된다고 인식하므로, 남성성과 여성성을 생
산하고 강화하는 정치적 및 사회적 요인, 즉 남성지배구조의 생성과 여성에게 양 남성지배구조
육의 책임을 부과하는 사회구조에 관심을 갖는다.

가부장제 사회가 남성에게 특권을 부여하므로 남근이 중요성을 가진 것뿐이라
고 비판하며, 여성의 성정체성이나 정신병리가 남근부재(男根不在)라는 생물학적 남근부재
결핍이 아니라 가부장제하에서 자녀양육과 돌봄의 책임을 여성이 전담하는 열등 가부장제
한 사회적 지위를 갖게 된 것에 원인이 있다고 본다. 그러므로 여성의 신경증을 지
속적인 사회적 종속상태를 개선하기 위한 창의적 시도로 인식한다.

Chodorow(1999)는 유아기의 성에 따른 차별적 경험이 남아와 여아 사이에 차별 차별적 발달과정

적 발달과정을 거치게 만든다고 보고 있다. 남아의 자율성과 분리를 강조하는 관계역동이 남아를 공적 영역에서의 활동에 적극 참여하게 만드는 반면 사적 영역에서 친밀한 관계를 유지하는 여아는 유동적 성격구조를 갖게 된다.

이원적 양육   정신분석학적 여성주의에서는 여성의 성격적 불균형을 해결하기 위해서는 합리적 육아휴직제 등을 통하여 부모의 이원적 양육(dual parenting)이 이루어져야 한다고 본다. 즉, 아동이 부모를 관계 맺고 있는 개인으로 인식하게 하고, 남아와 여아 모두 자기지향적인 동시에 타자지향적 존재로 경험하게 하여 공사 영역에 참여할 수 있다는 인식을 길러주는 양육이 필요하다고 주장한다.

(7) 포스트모던 여성주의

제3세대 여성주의

프랑스 여성주의   포스트모던 여성주의(post-modern feminism)는 제3세대 여성주의로서, 프랑스 여성주의로도 불린다. 포스트모던 여성주의는 여성주의가 남성중심적 담론을 이용하는 것에 반대하며, 주변부에 위치한 타자인 여성의 입장을 재해석하고, 가부

다양성과 차이 장적 지배문화의 주변부에서 살아가는 여성의 상황을 다양성과 차이의 관점에서 파악하려 하며, 여성은 남성과 다르므로 그 차이와 다양성을 존중하는 문화가 필요하다고 주장하고 있다.

성별 이분법   성별 이분법에 저항하고 여성성과 남성성의 비실재성을 주장하고, 남성중심 지배구조 등의 억압적 지배구조로부터 여성뿐 아니라 성소수자와 남성까지 포함하

인간의 해방 는 피억압적 지위에 놓인 인간의 해방을 목표로 한다.

여성 사이의 차이   포스트모던 여성주의는 여성의 정체성을 생식기를 중심으로 규정하는 것은 여성 사이의 차이를 무시하는 것이라 비판하면서, 여성은 동질적인 존재가 아니라고 주장한다. 즉, 선진국 여성과 후진국 여성, 백인 여성과 유색인종 여성, 이성애자 여성과 성소수자 여성의 삶, 경험, 이해관계, 요구 등이 다양하다고 보고 있다. 따

소수자집단 여성 라서 여성이라는 이유로 동일 집단으로 묶는 것은 소수자집단 여성을 무시하는 것이 된다.

(8) 생태여성주의

생태여성주의(eco feminism)는 생태주의(ecotopia)와 여성주의가 결합되어 1970

여성과 자연 년대에 등장한 새로운 여성주의 패러다임이다. 생태여성주의는 여성과 자연을 문화의 반대 개념으로 인식하고 지배와 정복의 대상으로 보았던 모더니즘적 사고에

저항한다.

생태여성주의는 여성과 자연의 억압 사이에는 높은 상관성이 있으며, 여성억압과 자연억압의 문제를 해결하기 위해서는 두 패러다임의 통합이 필요하다고 본다. 즉, 가부장제 사회에서 여성이 억압되고 착취된 것처럼 자연도 가부장적, 자본주의적 원리에 의해 착취당하고 파괴되어 왔다고 보고, 문명담론에 의해 착취당하고 파괴된 자연과 여성의 삶을 분석하여 대안적인 삶의 유형을 제안하고 있다. 여성억압과 자연억압

자연 생태여성주의는 여성과 자연이 남성과 문명보다 평가절하되어서는 안 되며, 여성의 속성이 남성보다 우월할 수도 있다고 본다. 영적 생태여성주의는 모든 존재에 생명을 부여하는 어머니의 대지(mother earth)와 출산하는 여성의 유사성을 강조하고, 여성과 자연의 우월성을 주장하고 있다. 사회구성주의 생태여성주의는 남성-여성, 문명-자연과 같은 잘못된 이원론적 준거틀을 제거하고 여성적 가치를 인정하고 인간과 자연 모두의 권리를 존중하는 방안을 제시하고 있다. 사회주의 생태여성주의는 자연과 여성의 억압을 자본주의적 가부장적 경제체제와 사회체제의 문제로서 파악하며, 탈식민주의 이론과의 연계 속에서 제3세계의 여성문제와 환경문제를 함께 고려할 것을 제안하고 있다. 자연 생태여성주의 영적 생태여성주의 사회구성주의 생태여성주의 사회주의 생태여성주의

세부 이론에 따라 관점의 차이가 있지만, 생태여성주의는 공통적으로 인간이 자연을 파괴하고 남성이 여성을 지배하는 관계에서 벗어나 자연과 인간, 여성과 남성이 모두 존중받기 위해서는 가부장제의 해체, 권력 분산과 위계질서의 해체, 직접적 민주주의 실현의 필요성을 주장하고 있다.

3) 사회변동과 발전에 대한 관점

여성주의이론은 사회변동을 추구하는 실천방법이자 사회운동으로, 성에 따른 차별과 억압을 영속화시키는 사회구조를 변화시키려 한다. 여성을 객체로 보는 사회와 집단에게 저항하여, 불평등한 여성의 권리와 지위를 개선하고, 궁극적으로 성평등을 위한 노력을 통해 사회를 변화시키고자 한다. 사회운동 사회구조 변화 성평등

여성주의이론은 특정 시대와 사회의 성 차별과 억압 등을 해결하기 위한 여성주의운동의 이념을 지지한다. 1세대 여성주의는 남성과 동등한 권리를 가질 수 있는 사회를 추구하는 것으로 시작했으나, 교육, 노동, 정치, 법 등에서 여성의 권리 신장으로까지 범위가 확대되었다. 2세대 여성주의는 공사 영역에서 발생하는 모든 여성주의운동 1세대 여성주의 2세대 여성주의

3세대 여성주의

성적 불평등과 차별의 문제를 개선하는 데 초점을 두었다. 3세대 여성주의는 성차별을 인종, 계급, 성적 지향 등의 모든 사회적 차별과 상호 연결되어 있다고 보고, 사회적 차별과 성차별의 문제를 동시에 해결하고 여성의 다양성을 존중하는 사회를 구축하려 하였다.

사회정의

양성성

여성주의이론은 추구하는 가치와 실천방법이 다양하다. 그러나 경제, 사회, 정치적 변화를 추구하며, 자유, 평등, 사회정의의 가치를 선호하고, 자본주의적 가부장제가 선호하는 가치에 도전하여 양성성이 존중받은 사회로의 변화를 도모한다는 공통점이 있다(Taylor, 2007; 최옥채 외, 2020).

4) 사회복지 정책과 실천에의 적용

(1) 사회문제에 대한 관점

사회적 성(gender)에 따른 차별

여성주의이론은 사회적 성(gender)에 따른 차별을 사회문제의 근본 원인으로 보고 있다(지은구 외, 2015). 즉, 공사 영역의 여성에 대한 차별과 여성의 인간화를 방해하는 모든 형태의 여성억압이 사회문제의 근본 원인이라고 본다(박용순 외, 2019).

여성억압

자유주의 여성주의

자유주의 여성주의이론은 성적 불평등이 남성중심의 사회적 관습과 전통이 만들어낸 것이며, 법과 제도가 여성의 능력을 발달시킬 수 있는 기회를 부여하지 않고, 이분법적 역할 분담체계가 성에 따른 고정관념과 차별을 조장한다고 본다. 마르크스주의 여성주의이론은 여성에 대한 억압을 사회적 억압의 부차적 형태로 보고, 여성에 대한 억압이 사회의 경제적 착취구조와 계급형성에 의해 결정된다고 보고 여성억압의 문제를 경제적 계급의 문제로 이해한다. 급진주의 여성주의이론은 여성억압이 사회적 억압의 기본 형태라고 보고, 여성의 성과 재생산에 대한 통제 그리고 가부장제도의 여성 지배 등이 여성억압의 원인이라고 주장하고 있다. 사회주의의 여성주의이론은 자본주의 생산양식과 가부장제의 재생산양식을 중심으로 여성억압의 사회현상을 설명한다. 특히 여성의 무보수 가사노동과 이에 따른 경제적 무능력과 여성의 객체화, 여성을 성적 대상으로 간주하는 지배적 남성문화가 주요 원인이라고 보고 있다.

마르크스주의 여성주의

급진주의 여성주의

사회주의의 여성주의

정신분석학적 여성주의

정신분석학적 여성주의이론은 유아기의 성에 따른 차별적 경험이 차별적 발달과정을 거치게 하여 심리구조 내에 여성억압의 근원이 있으며, 가부장제하의 열등한 사회적 지위에서 여성억압의 원인을 찾는다. 포스트모던 여성주의이론은 성별 이분법에 저항하고 여성성과 남성성의 비실재성을 주장하고, 남성중심 지배구조를 포함한 모든 억압적 지배구조가 여성문제와 피억압적 지위에 놓인 소수자집단 문제의 원인이라고 본다. 생태여성주의이론은 여성과 자연을 문화의 반대 개념으로 인식하고 지배와 정복의 대상으로 보았던 모더니즘적 사고에 여성문제의 원인이 있다고 본다.

포스트모던
여성주의

생태여성주의

(2) 사회복지 정책과 실천에 대한 함의

복지주의 여성주의(welfare feminism)는 자본주의 체계를 인정하고 여성의 재생산 역할을 강조하여, 여성의 출산이나 양육과 같은 재생산 역할을 지원하거나 보상하는 급여와 서비스를 강화함으로써 여성의 삶의 질 향상을 추구하고 있다. 복지주의 여성주의에 입각한 사회복지정책과 복지국가 모형은 성인지적 관점을 결여하고 있는 '몰젠더성(gender-blindness)'의 문제를 지닌다는 비판을 받고 있다.

복지주의
여성주의
재생산 역할

여성주의이론은 기존 사회복지정책이 성차별적 요소를 지니고 있으며, 남성 가장중심의 가족을 전제로 하고 있다. 복지국가는 공적 가부장제도 혹은 국가 가부장제도로서 여성의 종속을 유지, 강화하는 체계이며, 여성억압의 기제로 작동한다고 비판하고 있다(공미혜 외, 2010). 여성주의이론은 부양자모델에 근거한 가부장적 가족지원정책을 비판하면서, 국가와 시장, 가족영역에서 성 통합을 주장하고, 탈가족화 또는 성평등을 실현할 수 있는 성인지적 사회복지정책을 모색하고 있다.

가부장적
가족지원정책

성인지적 사회복지정책은 남성과 여성이 동등한 권리와 책임, 기회를 갖는다고 보고, 정책 수립 과정에서 양성의 동등한 참여를 보장하고 여성과 남성의 요구 및 관점을 고르게 통합하여, 의도하지 않은 성차별을 방지하고 궁극적으로 양성평등에 기여하는 정책이다. 성인지적 사회복지정책은 남성과 여성이 서로 다른 경험과 사회경제적 지위를 갖는다고 보고, 성에 따른 차이를 해결할 수 있는 정책을 추진하여 성평등 사회를 만드는 데 목적이 있다.

성인지적
사회복지정책

양성평등

성평등과 성주류화를 추구하는 성인지적 관점의 사회복지정책 패러다임은 시기에 따라 내용을 달리하고 있다. 초기단계에서는 남녀평등을 위한 성 편견 제거와 여성의 사회참여 촉진에 초점을 두었다. 그 다음으로는 양성 간의 평등한 권력관계 중시, 남녀 모두의 역할변화를 통한 성불평등 완화와 여성의 권리 강화를 통한 양성평등의 제도적 장치를 개발하는 데 초점을 두었다. 최근에는 세계화와 정

성평등과
성주류화

보화가 기존의 불평등과 사회적 위험을 심화시킨다고 전제하고, 인간 발전이라는 총체적 관점에서 일과 가정의 양립, 성소수자를 위한 인권운동 등 인간 상호 간의 돌봄을 중심으로 한 인간중심적 정책을 개발하여 추진하는 방향으로 전환하고 있다.

인간중심적 정책

여성주의 사회복지실천에서는 인종주의, 성차별주의, 이성애주의, 장애인차별, 계급차별 등이 개인의 생활문제를 유발하고, 차별과 상처를 입힌다고 본다(Coady & Lehmann, 2016). 이에 여성주의 사회복지실천은 내담자의 문제와 증상을 해결하기 위해 내담자를 둘러싼 억압적인 정치, 사회, 경제, 문화적 환경에 대처하고 이를 개선하는 데 목적을 둔다. 그리고 여성주의 사회복지실천에서는 ① 개인적인 것을 정치적인 것으로 보고, ② 사회변화를 위한 운동에 적극적으로 참여하며, ③ 내담자의 성역할 사회화 과정과 성정체감을 이해하고, ④ 고정된 성역할 신념을 개선하고 개인적 역량과 사회적 유대를 강화하고, ⑤ 억압적 사회환경을 변화시키고, ⑥ 자기 돌봄의 능력을 향상시킬 수 있는 기술을 습득하도록 내담자를 원조하고자 한다(Corey, 2016).

여성주의 사회복지실천

2 다문화이론

1) 사회관과 가정

문화

● Horace Meyer Kallen
(1882~1974)

다문화이론은 가치, 신념, 생활양식 등의 문화는 사회의 형성, 유지, 안정과 변동을 설명하는 주요 요인으로 보고, 문화와의 상호연관성을 바탕으로 하여 사회를 이해한다. 하나의 사회 속에는 다양한 문화가 존재한다. 특히 세계화로 인하여 문화적 접촉이 활발해짐에 따라 세계가 하나의 체계로 전환되어 사회 속에 다양한 문화가 혼재하고, 서로 충돌, 변용, 적응하는 과정에 있다.

세계화, 문화적 접촉

다문화이론은 다른 문화를 존중하고 사회통합을 지향하며, 그 문화의 시각에서 평가해야 한다는 문화상대주의를 지지한다. 문화상

문화상대주의

대주의는 서로 독특한 문화를 교차해서 인정하고, 어느 문화든 가치가 있고 정당하기 때문에 문화는 비교대상이 되어서는 안 되며, 우열을 가려서는 안 되고, 서로 다른 문화적 전통을 유지하면서 살아갈 수 있도록 상호 존중하는 사회문화적 환경을 구축해야 한다는 관점이다.

다문화이론은 사회 내에 문화에 따른 사회적 차별, 배제, 억압이 존재한다는 점을 인정하고, 이를 개선하기 위한 노력이 요구된다는 점을 강조한다. 그러나 민족중심적 단일문화주의를 신봉하는 경우에는 다른 문화를 배제하고 그 문화적 특질을 공유하고 있는 사람들에 대해 자신의 문화를 강요하기도 하고, 차별과 억압적 행동을 취하며, 문화적 차별에 더하여 이중적 차별과 사회적 배제를 행하기도 한다. [문화에 따른 사회적 차별] [이중적 차별]

다문화이론에서는 인간에 대한 문화결정론적 관점을 유지한다. 문화결정론은 개인의 행동을 결정하는 것은 전적으로 개인이 소속한 외부의 체계에 의한 것으로 보는 관점이다. 즉, 문화는 개인의 외부에 존재하면서 개인의 행동을 유발, 촉진, 제한하므로, 인간의 행동은 문화적 배경에 의하여 결정된다고 보는 관점이다. [문화결정론]

다문화이론은 수준에 따라 인간의 독특성, 유사성과 차이성 그리고 보편성을 동시에 인정한다(Sue, 2010). 미시적 차원에서는 모든 인간은 생물학적으로 유일무이한 존재이며, 삶의 과정에서 서로 다른 경험을 하기 때문에, 다른 사람과 전혀 다르다는 점을 인정한다. 중간적 차원에서는 인간은 공통의 신념, 가치, 규칙을 가진 문화 속에서 생활하므로 유사성을 지니지만 개인적 경험이 다르기 때문에, 사람은 어떤 측면에서는 다른 사람과 같고, 또 다른 측면에서는 다르다고 본다. 거시적 차원에서는 모든 개인은 인류의 한 구성원이고 호모사피엔스(homo sapiens)라는 종에 속하므로, 서로 같다고 본다. [인간관] [미시적 차원] [중간적 차원] [거시적 차원]

다문화이론은 평등과 인간존중의 가치를 선호한다. 즉, 개인의 신념, 가치, 행동은 특정 문화의 기준에 입각하여 판단하고 우열을 가리고 차별과 배제, 억압하기보다는, 그 개인이 속한 문화에 기반하여 이해되어야 하고 존중받아야 하는 존재로 보고 있다. [평등과 인간존중]

다문화이론은 문화의 다양성을 인정하여 서로 다른 문화를 수용하고 새로운 사회공동체를 형성하고자 하는 다문화주의의 가치와 이념을 기반으로 하고 있는 이론이다. 이러한 다문화이론의 기본가정을 살펴보면 다음과 같다(Bennett, 2009; Sue, 2010; 이철우, 2017a; 최명민 외, 2015; 최옥채 외, 2020). [문화적 다양성]

기본가정 다문화이론은 문화가 사회적 산물이며, 사회를 형성, 유지, 변화시키는 핵심 기제라고 보고, 사회성원의 사고, 감정, 행동을 결정하며, 개인의 생활양식을 결정한다고 가정하고 있다. 그리고 문화는 역동적 변용과정을 거치며, 문화는 옳고 그르거나 좋고 나쁜 것이 없으며, 모두 있는 그대로 존중받아야 한다고 본다. 문화 간 접촉 증가와 문화 확산과 차용으로 문화변용이 촉진되고 있지만, 이 과정에서 사회성원은 적응 또는 부적응을 경험할 수 있는 점을 인정하고 있다.

차별, 배제, 억압 다문화사회에서는 인종과 민족 문화차별뿐 아니라 연령, 성별 및 성적 지향성, 장애 여부, 거주지역, 계층 등의 소수자집단 문화로 인한 이중적 차별문제가 발생한다. 그리고 다문화사회의 개인은 문화적 차이로 인하여 사회적 차별과 배제, 억압을 당해서는 안 되며, 인간이 갖는 모든 권리를 향유할 자격을 갖는다는 점을 기본적으로 가정하고 있다.

2) 주요 개념

(1) 이주, 이주민 그리고 소수자집단

이주 이주(immigration)란 개인 또는 집단이 지리적으로 이동하여 체류, 정주하는 현
이주 의사 상으로, 국내 이주와 국제 이주를 포함한다. 이주 의사의 자발성에 따라서 자발적
이주의 기간 이주와 비자발적 이주로 구분하며, 이주의 기간에 따라 영구적 이주와 일시적 이주로 구분한다. 국제 이주를 기준으로 자발적이고 영구적인 이주민으로는 이민자, 자발적이고 일시적 이주자로는 체류자, 비자발적이고 영구적 이주민으로는 난민, 비자발적이고 일시적 이주민으로는 정치적 망명자가 대표적이다.

이주의 이유 이주의 이유는 이주민의 본국과 이주하려는 국가의 배출요인과 흡인요인으로
자발적 이주민 나눠서 살펴볼 수 있다(최명민 외, 2009). 자발적 이주민의 배출요인은 이민자, 유학생, 외국인 노동자 등에게 있어서 현재 거주하고 있는 국가에서의 경제적 어려움, 교육의 구조적 문제, 외국에서의 삶에 대한 동경 등이다. 자발적 이주민의 흡입요인은 이주하려는 국가의 임금 수준, 노동시장 참여기회, 양호한 사회보장 및
비자발적 이주 교육제도, 개인의 경제적 발전 가능성 등이다. 비자발적 이주의 배출요인은 난민, 북한이탈주민 등에게 있어서 전쟁 피해, 정치적 박해, 식량난 등으로 인한 생명의 위협 등이다. 비자발적 이주의 흡입요인은 인접 국가로의 탈출 가능성, 수용국의 정치적 성향과 우호적 태도, 난민 판정 절차와 과정 등이다.

이주의 연쇄이동은 기존 이민자들로부터 교통편이나 거주, 취업에 관한 도움을 받는 예비 이민자들이 연쇄적으로 이동하는 현상을 말한다. 이주과정에서 도움을 주고받은 사람들 사이에는 신뢰, 소통 등의 사회적 자본이 형성되며, 기존 이주민 거주지를 중심으로 새로운 정착지(예: 차이나타운 등)를 형성하게 됨으로써, 자신들이 가진 기존의 문화를 바탕으로 생활한다. 이주의 연쇄이동

정착지

모든 이주민은 '특정 사회 안에서 문화, 민족, 인종적으로 구별되는 특수집단'인 사회의 소수자집단이다. 소수자집단에는 외국인, 장애인, 여성, 아동, 청소년, 노인, 시설생활인, 노숙자, 성적 소수자, 북한이탈주민, 양심적 병역거부자 등이 속한다. 이주민은 수적으로도 소수이고 권력관계에서도 약자로서 사회적 왜곡, 차별, 배제, 억압 등의 집단적 차별을 경험하는 대표적인 사회적 약자 집단이다. 소수자집단

(2) 문화접촉, 변용 및 적응

문화는 나름의 정체성, 독자성, 독창성을 지니며 문화적 전통을 가질 수 있지만, 사회환경의 변화에 따라 문화는 변용의 과정을 거친다. 문화변용은 내적 변동과 외적 변동으로 나눌 수 있다(이철우, 2017a). 내적 변용은 주로 발견이나 발명에 의해 일어난 인간의 생활양식의 변화이고, 외적 변용은 이웃이나 다른 사회와 접촉함으로써, 즉 문화접촉에 의해 발생하는 변화이다. 문화변용

내적 변용

외적 변용

문화접촉이란 서로 다른 문화배경을 가진 집단과 집단이 만나게 되는 상황을 말하는데, 지리적 이주, 물리적 이동이나 대면적 접촉 등의 직접접촉과 문헌, 생활용품, 대중매체 등의 문화적 매체와 통신수단을 이용한 접촉을 말하는 간접접촉으로 나뉜다. 그리고 내향적 접촉은 자신의 생활공간 내에 다른 문화가 유입되어 새로운 문화를 만나게 되는 접촉을 말한다. 외향적 접촉은 생활공간 외부로 이동하여 다른 곳에서 새로운 문화를 접촉하는 경우를 말한다. 한국사회의 문화접촉은 해외 방문, 통상 교류 확대 등으로 주로 외향적 접촉이 많았으며, 한국인의 다른 문화에 대한 근본적 변화를 추구하는 내향적 접촉은 많지 않은 편이다(최명민 외, 2015). 문화접촉

직접접촉

간접접촉

내향적 접촉

외향적 접촉

문화변용이란 서로 다른 문화를 가진 두 사회가 지속적인 접촉을 통해 서로가 갖고 있는 문화에 변화를 일으키는 과정이다. 문화변용은 일반적으로 어느 한 집단에서 더 많은 변화를 일으키는 경향이 강하며, 문화적 다원성이 존재한다는 점, 즉 다문화사회를 전제로 한다. 문화변용

문화적 다원성

문화적응은 다문화사회에서 주류사회 또는 지배집단의 문화를 얼마나 수용하 문화적응

는지와 자신의 문화적 정체성과 특성을 어느 정도 유지하느냐에 따라 유형이 달라

통합

동화

분리

주변화

진다. 먼저 통합(integration)은 자신의 문화적 정체성과 특성을 유지하면서 주류사회의 문화를 수용하는 유형이다. 동화(assimilation)는 자신의 문화적 정체성을 유지하지 못하고 주류사회의 문화에 함몰되는 유형이다. 분리(segregation)는 자신의 문화적 정체성을 고집하고 주류사회의 문화를 수용하지 않는 적응 유형이다. 주변화(marginalization)는 자신의 문화적 정체성을 유지하지도 못하고 주류사회의 문화를 수용하지도 못하는 문화적 적응 유형이다.

하지만 문화적응 유형은 연속선상의 개념으로, 새로운 문화로 진입한 이주민들은 통합이라는 문화적응 유형을 선호하는 경향이 있다. 그러나 문화변용에 적응해가는 과정에서 개인은 긍정적 영향을 받기도 하지만, 정체성, 통합성, 대처능력의 상실 등과 같은 부정적 영향을 받는다. 특히 문화변용 과정에서 문화충격이나 문화지체 현상을 경험할 경우 개인은 부정적 영향을 받을 가능성이 높아진다. 문화

문화충격

충격은 실질적인 문화에 적응하지 못하여 극심한 문화적 갈등을 겪는 현상을 말한

문화지체

다. 문화지체는 기술 문명의 발전으로 인하여 물질적 요소들과 인간의 정신 사이에 격차가 발생한 것을 의미한다.

문화적응

문화적응은 문화변용을 경험한 사람이 특정 문화의 요구 사항을 배우고 그 문화에서 적절하거나 필요한 가치와 행동을 습득하여 새로운 문화에 익숙해지는 과

심리적 문화적응

사회적 문화적응

정을 말한다. 심리적 문화적응은 문화적 정체성에 대한 인식, 정신건강 유지 그리고 새로운 문화에 대한 만족도 등의 심리내적 적응을 말한다. 사회적 문화적응은 가족생활, 직장, 학교 등에서의 일상생활에 발생하는 문제를 처리하는 능력을 말

문화적응 영향

요인

한다. 이러한 심리사회적 측면의 문화적응에 영향을 미치는 요인은 ① 출신 사회의 특성, ② 정착한 사회의 특성, ③ 문화 변용을 경험한 집단의 변화, ④ 문화변용 이전의 조절변인, ⑤ 문화변용 과정에서의 조절변인과 같은 다양한 요인들이 있다 (최명민 외, 2015).

(3) 민족중심적 단일문화주의와 문화상대주의

민족중심적 단일문화주의

민족중심적 단일문화주의(ethnocentric monoculturalism)는 지배집단인 특정 민족의 문화가 소수집단의 문화에 비해 옳고 우월하며, 지배집단의 생활양식을 모든 다른 민족이나 문화에 강요하는 것이 당연하다고 보는 관점이다. 민족중심적

결속력

단일문화주의는 사회성원의 정체감과 일체감, 자부심을 제고하고, 사회 내부의 결

속력을 형성하고 유지하는 데 필요한 측면이 있지만, 잘못된 편견이다. 민족중심 적 단일문화주의의 구성요소는 우월성의 신념, 다른 문화의 열등성에 대한 신념, 규범과 기준을 강요할 수 있는 권력, 사회제도를 통한 표현, 감춰진 가면이다(Sue, 2010).

우월성
열등성

민족중심적 단일문화주의는 다른 모든 민족 집단이 지배적 민족집단의 문화와 생활양식에 동화되어야 한다고 생각하며, 문화다원주의에 반대한다. 지배적 민족 집단은 다른 민족집단과 그들의 문화를 차별하고 배척하고 억압하며, 자신들의 문 화를 지키기 위하여 노력하는 점에서 인종중심주의(ethnocentrism)와 유사하지만, 다수집단이 소수집단을 억압할 수 있는 권력을 갖고 있다는 점을 인정한다는 측면 에서 다르다(Sue & Sue, 2013).

동화
지배적 민족집단

인종중심주의

문화적 상대주의(cultural relativism)는 민족중심적 단일문화주의와 반대되는 개 념으로, 사회의 문화적 행위와 가치는 그 문화의 맥락 속에서 판단해야 하며, 모든 문화에는 우열이 없고, 나름대로의 합리성을 갖고 있으며, 존재할 가치가 있으므 로, 각자의 문화는 그 사회의 문화적 관점에서 파악되어야 하고 이해되어야 한다 고 보는 관점이다. 문화적 상대주의는 문화에 대한 과학적 분석과 연구, 다문화복 지정책과 실천의 기반이 되는 관점이다(이철우, 2017a).

문화적 상대주의

(4) 문화동화주의

문화적 동화란 다양한 민족과 인종적 배경을 가진 사람들이 자신의 고유한 문화 를 포기하고 주류사회의 문화를 받아들여 주류사회에 정착하는 현상이다(Bennett, 2009). 문화동화모형(cultural assimilation model)은 한 사회 내에 존재하는 주류문화 와 비주류문화 중에서 주류문화를 통한 사회통합을 목적으로 한다. 즉, 국가와 사 회의 정체성 통일과 소수자집단이 주류문화와 가치관에 맞춰서 변화해 나갈 것을 기대하는 문화를 흡수 통합하는 방식의 용광로(melting pot) 모형을 지지한다.

문화적 동화

사회통합

용광로 모형

동화이론에서는 이주민이 주류사회 지배집단의 문화에 동화됨으로써 주류사회 에 편입되고 문화적으로 융합되어, 이주민이 주류사회 지배집단이나 다수집단과 분리되지 않게 된다. 동화이론은 서로 다른 문화적 특수성을 온전한 하나의 문화 로 융합시킬 수 없다는 점에서 한계가 있다. 즉, 완전한 문화적 동화는 존재할 수 없으며, 소수인종과 집단의 문화는 주류사회에서 차별과 배척의 대상이 된다.

문화적 융합

완전한
문화적 동화

(5) 문화적 차별과 배제

문화적 차별-배제모형은 이주민의 노동시장 참여와 같은 특정 영역에의 참여는 허용하지만 사회복지제도나 시민권, 정치적 참여 등의 영역에 접근하는 것은 인정하지 않음으로써 원치 않는 이주민의 정착을 차단하려는 모형이다. 문화적 배제는 국적 유무와 같은 공식적 법률제도하에서 뿐만 아니라 인종차별 등의 형태로 비공식적 차원에서도 나타나며, 이주민은 다양한 차별과 억압 등의 사회적 배제를 경험하게 된다.

문화적 차별과 배제는 주로 특정 인종집단으로 구성된 국가, 역사적으로 외부의 침탈과 억압을 받거나 국경 분쟁을 겪는 국가들에서 주로 나타난다. 이들 국가는 새로운 언어와 문화적 다양성이 자신의 문화를 위협할 것이라고 보고 민족적 순수성과 문화적 동질성을 지키려고 노력하며, 이주민의 권리를 인정하지 않고, 제한적인 이주민 지원정책을 추진한다.

(6) 문화다원주의

문화다원주의(cultural pluralism)는 샐러드 볼 모형(salad bowl model)으로도 불리며, 민족마다 다른 다양한 문화나 언어를 단일의 문화나 언어로 동화시키지 않고 공존시켜 서로 승인 · 존중하는 것을 목적으로 하는 사상을 말한다(http://100. daum.net). 문화다원주의는 문화적 집단들이 각각 문화적 다양성을 유지하면서 다른 문화와의 공통된 부분을 이해하고 존중하는 타협의 과정을 거쳐 사회를 통합하는 데 중점을 둔다.

문화다원주의는 문화동화주의를 배격하고, 인종이나 민족에 기반을 둔 차별을 배제하며, 지배집단이 소수집단의 문화를 말살하려는 강압적 문화이론에 반대한다. 문화다원주의는 사회 내에 존재하는 다양한 문화집단들에 대해 그 동등함을 인정하고, 성숙한 존중을 특징으로 하는 이상적 모습을 지니고 있다.

3) 사회변동과 발전에 대한 관점

문명 발달과 세계화로 인해 전 세계가 하나의 공동체를 형성함에 따라, 다양한 문화적 접촉 기회와 다양한 문화적 대안을 갖게 되는 등 문화적 다양성이 증대되어 문화변용은 사회변동과 발전의 핵심적 요인이다(이철우, 2017a). 사회체계는 직

(좌측 여백 키워드)

노동시장 참여

시민권,
정치적 참여

문화적 배제

사회적 배제

인종집단

샐러드 볼 모형

문화적 다양성

존중과 타협

강압적 문화이론

인정 존중

문화적 접촉

문화변용

간접적으로 문화를 창출하지만, 사회는 문화에 의해서 변동하므로, 한 부분의 변 사회질서의 변화
화는 다른 부분의 변화를 일으켜 전체 사회질서의 변화가 일어난다(Wagoner et al.,
2012). 문화는 사회를 안정시키기도 하지만 변화시키는 힘을 가지므로, 사회변화
의 방향과 속도를 제시하고, 사회변화가 일어날 수 있는 한계를 결정한다.

다문화이론에서는 서로 다른 문화가 직간접적 교류를 통하여 지속적으로 접촉 사회변화
함으로써 한쪽 또는 양쪽 모두에서 변화가 일어나며, 이러한 문화적 변용이 사회 문화적 확산
변화를 일으킨다고 보고 있다. 다문화이론은 문화적 확산(diffusion)과 문화적 차용 문화적 차용
(borrowing)이 문화변동과 사회변화를 유발하는 요인이라고 규정하고 있다. 문화 문화변용의 유형
변용의 유형은 문화적 통합, 동화, 분리, 주변화라는 네 가지로 분류되며, 문화변
동의 유형에 따라 사회변화의 방향과 내용이 달라진다. 특정 문화집단의 구성원이
자신의 문화적 정체성과 특성을 유지하면서 주류사회의 문화를 수용하게 될 경우
문화적 통합이 일어나고, 새로운 문화를 가진 통합된 사회로 발전한다. 그러나 문 문화적 통합
화변용의 유형 중 동화, 분리, 주변화는 사회를 오히려 정체시키거나 퇴보시킬 가
능성이 농후해진다.

4) 사회복지 정책과 실천에의 적용

(1) 사회문제에 대한 관점

다양한 문화가 서로의 문화를 상호 존중하고 공생하는 것이 이상적 사회의 모습 상호 존중, 공생
지만, 현실 사회에서는 특정 문화에 대한 차별, 배제, 억압, 특정 문화, 특히 주류문 배제, 억압
화 수용의 강요, 문화부적응, 문화갈등의 조정 실패, 문화 간 상호 무관심 등의 문
제가 존재한다. 그리고 문화충격과 문화지체 현상으로 문화적응에 실패하여 사회 문화적응
생활에 어려움을 겪고, 소수자집단에 대한 차별과 억압이 문화적 차별과 억압으로 소수자집단
이어져 이중 또는 삼중의 사회적 차별을 경험한다. 사회적 차별

다문화사회의 사회문제는 국적 취득의 비합리적 요소와 이에 따른 인권 침해의 국적 취득
문제에 기인한다. 즉, 외국인 노동자와 결혼이주민은 국적 취득 지연으로 인하여 인권 침해
기본적 권리를 누리지 못하고 인권 침해와 유린에 노출된다. 사회문제는 문화적 문화적 부적응
부적응에도 원인이 있다. 외국인의 언어적 소통능력 제한과 한국문화에 대한 이해
부족, 폐쇄적 문화와 사회관계망, 민족우월주의와 지역사회의 문화적 대응능력의
미비로 인해 이주민은 차별과 억압을 경험한다.

사회적 배제 　　다문화사회의 사회문제는 사회적 배제(social exclusion)에도 그 원인이 있다. 즉, 이주민에게 제한된 사회참여만을 허용하고, 시민으로서의 권리를 보장하지 않음으로써 열악한 노동환경, 경제적 빈곤, 산업재해, 비인격적 처우 등의 다양한 인권

자기정체성 침해를 당한다. 다문화사회는 개인의 자기정체성 형성에 부정적 영향을 미친다. 즉, 개인을 특정 문화집단에 귀속시켜 그에 맞춰 정체감을 형성하도록 요구할 경

사회적 고립 우, 비주류 소수자집단의 문화를 가진 개인은 정체성 혼란과 사회적 고립을 경험하게 된다.

사회통합 　　다문화사회의 이주민들이 경험하는 문제는 궁극적으로 사회통합의 문제이다. 즉, 인종과 문화에 따라 차별, 홀대, 배제, 억압하는 경우가 있으며, 한국인의 외국문화에 대한 이해 부족과 왜곡된 이해 또는 몰이해, 한국문화에 대한 외국인의 이

문화적 갈등 해 부족 등으로 인하여 다양한 문화적 갈등이 야기되고 있어, 이주민들은 사회적 고립이나 배제를 경험하고 한국 사회의 성원으로 통합되는 데 어려움을 경험한다.

(2) 사회복지 정책과 실천에 대한 함의

다문화사회복지 실천
　　다문화사회복지실천은 사람들 사이에 존재하는 다양성과 차이를 존중하고 원조관계에서 작용하는 문화적 요소를 인식하는 사회복지실천이다(최명민 외, 2015).

주요 대상 다문화사회복지실천의 주요 대상은 민족적 정체성과 문화 그리고 사회경제적 지위로 인해 차별을 경험하는 사람과 그 가족 및 그들이 생활하는 지역사회이며, 이들의 심리사회적 기능을 향상시키려 한다.

가치체계 　　다문화사회복지실천을 안내하는 가치체계로는 다양성, 형평성, 조화, 동등한 인권, 사회참여, 문화 이해와 학습, 관용과 수용 및 존중, 협력, 고유 문화의 인정과 공유, 문화통합, 문화적 장애의 극복 지원 등이다(Gingrich, 2005). 다문화사회복지

목표 실천의 목표로는 건강한 사회구조의 정립, 다양한 문화집단 간의 상호작용과 협력, 사회적 결속과 통합 촉진, 문화적 융합의 촉진, 동화가 아닌 더 큰 문화로의 화학적 결합, 인종집단 간의 갈등 예방과 조정, 시민의 문화의식 제고, 문화적 편견과 차별 및 억압의 제거, 문화적 갈등과 대치의 해결 등이다(Gingrich, 2005).

다문화정책 　　한국 사회의 다문화정책은 외국인근로자 정책, 다문화 가족정책 그리고 북한이탈주민 정책이 대표적이다. 그리고 다문화적 관점에 기반을 둔 가족상담과 치료,

다문화사회복지 실천
문화적 역량
집단상담과 치료, 대상 및 영역별 다문화사회복지실천이 이루어지고 있다. 그러나 다문화사회복지실천에 관여하는 사회복지사의 문화적 역량의 한계로 인하여 다소

간의 문제를 야기하고 있어, 사회복지사의 문화적 감수성과 역량 제고를 위한 노력이 요구된다(Sue, 2010).

생각해 보아야 할 과제

1. 〈82년생 김지영〉이라는 영화(김도영 감독)를 보거나 책(조남주 지음)을 읽고 그 속에 담긴 우리 사회 여성의 삶을 탐구해 보시오.

2. 성폭력과 학대, 성매매, 성 상품화 등 우리 사회의 여성에 대한 성차별과 억압문제에 대해 탐색해 보시오.

3. 외국인근로자, 결혼이주여성, 또는 북한이탈주민들이 경험하는 인권 침해 사례를 수집하여 분석해 보고, 권리침해를 구제할 수 있는 방안을 모색해 보시오.

4. 우리 사회의 다문화정책의 현상과 문제점을 고찰해 보고, 그 개선방안을 모색해 보시오.

5. 예비사회복지사 자신이 어떤 문화적 가치와 편견을 갖고 있는지 내적으로 성찰해 보고, 전문 사회복지사가 되기 위해 문화적 감수성과 역량을 강화할 수 있는 구체적 방법을 모색해 보시오.

참고문헌

강봉규(1994). 발달심리학. 서울: 정훈출판사.

강정한, 김문조, 김종길, 김홍중, 유승호, 하홍규(2013). 현대 사회학이론: 패러다임적 구도와 전환. 서울: 다산
　　출판사.

공미혜, 성정현, 이진숙(2010). 여성복지론. 서울: 도서출판 신정.

구정화(2011). (청소년을 위한) 사회학 에세이: 구정화 교수가 들려주는 교실 밖 세상 이야기. 서울: 해냄출판사.

권석만(2012). 현대 심리치료와 상담이론: 마음의 치유와 성장으로 가는 길. 서울: 학지사.

권석만(2013). 현대이상심리학(제2판). 서울: 학지사.

권중돈(1994). 한국 치매노인 가족의 부양부담 사정에 관한 연구. 연세대학교 대학원 박사학위논문.

권중돈(2004). 치매환자를 위한 프로그램의 실제. 서울: 현학사.

권중돈(2012). 치매환자와 가족복지: 환원과 통섭. 서울: 학지사.

권중돈(2019). 노인복지론(제7판). 서울: 학지사.

권중돈, 조학래, 윤경아, 이윤화, 이영미, 손의성, 오인근, 김동기(2019). 사회복지개론(제4판). 서울: 학지사.

김경동, 이온죽(1989). 사회조사연구방법: 사회연구의 논리와 기법. 서울: 박영사.

김계숙(1988). 아동성장·발달과 건강지도. 서울: 신광출판사.

김대원(2010). 현대 사회문제와 사회복지. 서울: 학지사.

김명진(2012). (EBS 다큐멘터리) 동과 서: 서로 다른 생각의 기원. 서울: 지식채널.

김서영(2010). 프로이트의 환자들. 서울: 프로네시스.

김성민(2012). 분석심리학과 기독교(제2판). 서울: 학지사.

김영모(1991). 사회복지학. 서울: 한국복지정책연구소 출판부.

김운태(1984). 조직론. 서울: 박영사.

김정택, 심혜숙(1991). MBTI 안내. 서울: 한국심리검사연구소.

김종엽(1998). 연대와 열광. 서울: 창작과 비평사.

김종옥, 권중돈(1993). 집단사회사업방법론. 서울: 홍익재.

김춘경, 이수연, 이윤주, 정종진, 최웅용(2010). 상담의 이론과 실제. 서울: 학지사.

김태련, 장휘숙(1994). 발달심리학(제2판). 서울: 박영사.

김태련 외(2004). 발달심리학. 서울: 학지사.

남세진, 조흥식(1995). 한국사회복지론. 서울: 나남출판.

남일재, 양정하, 조윤득, 윤성호, 신현석, 조은정, 윤은경, 김태준, 오주, 임혁(2011). 현대 사회복지의 이해. 고양: 공동체.

노안영, 김신영(2003). 성격심리학. 서울: 학지사.

문화체육관광부(2019). 2018 국민여가활동조사.

민경환(2002). 성격심리학. 서울: 법문사.

민문홍(2008). 뒤르케임 탄생 150주년에 다시 읽는 에밀 뒤르케임의 사회학: 21세기 한국사회에서 여전히 뒤르케임 독해가 필요한 10가지 이유. 사회이론, 34, 83-123.

민문홍(2012). 프랑스 제3공화정 당시의 이념갈등과 사회통합: 뒤르케임의 공화주의 이념과 사회학의 역할을 중심으로. 담론 21, 15(4). 73-107.

박경애(1997). 인지·정서·행동치료. 서울: 학지사.

박경철(2011). 자기혁명. 서울: 리더스북.

박용순, 문순영, 임원선, 임종호(2019). 사회문제론(제3판). 서울: 학지사.

박정호, 여진주(2008). 사회문제론: 이론과 실제. 서울: 도서출판 신정.

박종대(1994). 맑스(K. Marx)의 인간관에 대한 고찰, 철학논집, 7, 5-26.

박종삼 외(2002). 사회복지개론. 서울: 학지사.

보건복지부(2017. 4.). 장애등급 판정기준.

보건복지부, 한국보건사회연구원(2018). 2017년 노인실태조사.

서봉연, 이순형(1996). 발달심리학: 아동발달. 서울: 중앙적성출판사.

성현란, 이현진, 김혜리, 박영신, 박선미, 유연옥, 손영숙(2001). 인지발달. 서울: 학지사.

송명자(2008). 발달심리학. 서울: 학지사.

송성자(2002). 가족과 가족치료(제2판). 서울: 법문사.

신명희, 서은희, 송수지, 김은경, 원영실, 노원경, 김정민, 강소연, 임오용(2013). 발달심리학. 서울: 학지사.

아산사회복지사업재단(1985). 노인복지편람.

안향림, 박정은(1994). 정신의료사회사업. 서울: 홍익재.

유현옥, 정민승(2018). 여성교육론. 서울: 한국방송통신대학교 출판문화원.

윤진(1996). 성인·노인심리학. 서울: 중앙적성출판사.

이무석(2006). 30년만의 휴식. 서울: 비전과 리더십.

이부영(1998). 분석심리학: C. G. Jung의 인간심성론(개정증보판). 서울: 일조각.

이수안(2015). 행위자로서 '인간'의 개념 전이. 사회사상과 문화, 18(2), 41-74.

이수연, 권해수, 김현아, 김형수, 문은식, 서경현, 유영달, 정종진, 한숙자(2013). 성격의 이해와 상담. 서울: 학지사.

이영돈(2006). 마음. 서울: 예담.

이인정, 최해경(2007). 인간행동과 사회환경(제2판). 경기: 나남.

이정균(1981). 정신의학. 서울: 일조각.

이죽내(1995). 분석심리치료. 윤순임 외(편), 현대 상담 · 심리치료의 이론과 실제(pp. 85-123). 서울: 중앙적성출판사.

이철우(2017a). 신사회학 초대(5판). 서울: 학지사.

이철우(2017b). 현대사회문제: 이론과 실제. 서울: 학지사.

이태건(2000). 마르크스의 인간관과 인간소외론. 국민윤리연구, 45, 23-45.

임은미 외(2013). 인간발달과 상담. 서울: 학지사.

임희섭(1995). 한국의 사회변동과 가치관. 서울: 나남출판.

장인협(1989). 사회사업실천방법론(상 · 하). 서울: 서울대학교 출판부.

장인협, 최성재(2010). 고령사회의 노인복지학. 서울: 서울대학교 출판문화원.

전병재(1993). 사회심리학. 서울: 경문사.

전윤식(1995). 인지발달적 치료. 윤순임 외, 현대 상담 · 심리치료의 이론과 실제(pp. 523-551). 서울: 중앙적성출판사.

정옥분(2000). 성인발달의 이해: 성인 · 노인심리학. 서울: 학지사.

정옥분(2004). 발달심리학: 전생애 인간발달. 서울: 학지사.

지은구, 장현숙, 김민주, 이원주(2015). 최신 사회문제론. 서울: 학지사.

진중권(2007). 호모 코레아니쿠스. 서울: 웅진지식하우스.

질병관리본부(2017). 한국소아청소년 성장도표.

최명민, 이기영, 김정진, 최현미(2015). 다문화사회복지론. 서울: 학지사.

최명민, 이기영, 최현미, 김정진(2009). 문화적 다양성과 사회복지. 서울: 학지사.

최선화(2005). 여성복지론. 경기: 도서출판 공동체.

최순남(1999). 인간행동과 사회환경(개정판). 경기: 한신대학교 출판부.

최옥채, 박미은, 서미경, 전석균(2020). 인간행동과 사회환경(6판). 경기: 양서원.

최재석(1985). 한국인의 사회적 성격. 서울: 개문사.

통계청(2019). 2018년 혼인 · 이혼통계.

한종혜(1996). 아동의 사회적 관계망에 따른 역량 지각 및 자아존중감. 경희대학교 대학원 박사학위논문.

현외성, 박용순, 박용권, 김영미, 권현수(1996). 사회복지학의 이해. 서울: 유풍출판사.

홍경자(1995). 합리적 정서적 치료. 윤순임 외, 현대 상담 · 심리치료의 이론과 실제(pp. 287-314). 서울: 중앙적성출판사.

황상민(2011). 한국인의 심리코드. 서울: 추수밭.

Adler, A. (1931). *What life should mean to you*. Boston: Little, Brown.

Adler, A. (1956). *The individual psychology of Alfred Adler*. New York: Basic Books.

Adler, A. (1964). *Social interest*. New York: Capricorn.

Ainsworth, M. D. (1973). The development of infant-mother attachment. In B. M. Caldwell & H. N. Ricciuti (Eds.), *Review of child development research* (Vol. 3, pp. 58-75). Chicago: University of Chicago Press.

Ainsworth, M. D. (1979). *Patterns of attachment*. New York: Halsted Press.

Ainsworth, M. D., & Bell, S. M. (1974). Mother-infant interaction and the development of competence. In K. J. Connolly & J. Bruner (Eds.), *The growth of competence* (pp. 35-49). New York: Academic Press.

Allport, G. W. (1937). *Personality: A psychological interpretation*. New York: Holt, Rinehart and Winston.

Allport, G. W. (1961). *Pattern and growth in personality*. New York: Holt, Rinehart and Winston.

American Psychiatric Association (2013). *Diagnostic and statistical manual of mental disorders* (5th ed.). VA: American Psychiatric Publishing.

Anderson, R. E., & Carter, I. (1984). *Human behavior in the social environment*. New York: Aldine.

Arlin, P. K. (1975). Cognitive development in adulthood. *Developmental Psychology, 11*, 602-606.

Arlow, J. A. (1979). Psychoanaysis. In R. J. Corsini (Eds.), *Current psychotherapies* (2nd ed., pp. 1-43). IL: F. E. Peacock.

Atchely, R. C., & Barusch, A. S. (2004). *Social forces and aging: An introduction to social gerontology* (10th ed.). CA: Wordsworth.

Baltes, P. B., & Baltes, M. M. (1990). *Successful aging: Perspectives from the behavioral sciences*. New York: Cambridge University Press.

Bandler, B. (1963). The concept of ego-supportive psychotherapy. In H. Parad & R. Miller (Eds.), *Ego-oriented casework: Probelms and perspectives* (pp. 60-73). New York: Family Service Association of America.

Bandura, A. (1974). *Aggression: A social learning analysis*. NJ: Prentice-Hall.

Bandura, A. (1977). Self-efficacy: Toward a unifying theory of behavior change. *Psychological Review, 84*, 191-215.

Bandura, A. (1982). Self-efficacy mechanism in human agency. *American Psychologist, 37*, 122-147.

Bandura, A., & Kupers, C. (1964). The transmission of self-reinforcement through modeling. *Journal of Abnormal and Social Psychology, 69*, 1-9.

Bandura, A., & Walters, R. (1963). *Social learning and personality development*. New York: Holt, Rinehart and Winston.

Bardill, D. R., & Ryan, F. J. (1973). *Family group casework*. Washington, DC: National Association of Social Workers.

Barry, W. A. (1970). Marriage research and conflict: An Integrative review. *Psychological Bulletin, 73*, 41-54.

Bartlett, H. M. (1970). *The common base of social work practice*. New York: Putnam.

Baumrind, D. (1971). Current patterns of parental authority. *Developmental Psychology Monograph, 4*, 30-42.

Baumrind, D. (1991). Effective parenting during the early adolescent transition. In P. A. Cowan & M. Hetherington (Eds.), *Advances in family research* (vol. 2, pp. 111-163). NJ: Erlbaum.

Beck, A. T. (1976). *Cognitive therapy and the emotional disorders*. New York: International Universities Press.

Becker, H. S. (1963). *Outsiders: Studies in the sociology of deviance*. London: Free Press.

Bee, H. L., & Mitchell, S. K. (1980). *The developing person: A life-span approach*. New York: Harper and Row.

Bengston, V., & Haber, D. (1983). Sociological perspectives on aging. In D. Woodruff & J. E. Birren (Eds.), *Aging: Scientific perspectives and social issues* (pp. 72-90). CA: Brooks/Cole.

Bennet, E. A. (1995). *What Jung really said*. London: Little, Brown and Co.

Bennett, C. I. (2009). 다문화교육: 이론과 실제(김옥순, 김진호, 신인순, 안신영, 이경화, 이채식, 전성민, 조아미, 최상호, 최순종 공역). 서울: 학지사. (원저는 2007년 출간)

Bernard, J. (1973). *The sociology of community*. IL: Scott, Foresman.

Berndt, T. J. (1982). The features and effects of friendship in early adolescence. *Child Development, 53*, 1447-1460.

Bertalanffy, L. (1968). *General system theory: Foundations, development, applications*. New York: George Braziller.

Beveridge, S. W. (1942). *Social insurance and allied services*. London: His Majesty's Stationery Office.

Birren, J. E., & Renner, V. J. (1977). Research on the psychology of aging: Principles and experimentation. In J. E. Birren & K. W. Schaie (Eds.), *Handbook of the Psychology of Aging* (pp. 79-98). New York: Van Nostrand Reinhold.

Bischof, L. J. (1976). *Adult psychology* (2nd ed.). New York: Harper and Row.

Bloom, M. (1984). *Configurations of human behavior*. New York: Macmillan.

Bowlby, J. (1973). Affectional bonds: Their nature and origin. In R. S. Weiss (Ed.), *Loneliness: The experience of emotional and social isolation* (pp. 38-52). MA: MLT.

Brenda, M., & Laurie, T. O'Brien (2005). The social psychology of stigma. *Annual Review of Psychology, 56*(1): 393-421.

Briar, S., & Miller, H. (1971). *Problems and issues in social casework*. New York: Columbia University Press.

Bronfenbrenner, U. (1979). *The ecology of human development*. MA: Harvard University Press.

Bronfenbrenner, U. (1989a). Ecological systems theory. *Annals of Child Development, 6*, 187-249.

Bronfenbrenner, U. (1989b). Ecological systems theory. In R. Vasta (Ed.), Six theories of child development. *Annals of Child Development, 6*, 187-249.

Brown, L. N. (1991). *Groups for growth and change*. New York: Longman.

Buckley, W. (1967). Systems and entities. In W. Buckley (Ed.), *Sociology and modern systems theory* (pp. 42-66). NJ: Prentice Hall.

Buckley, W. (1968). Society as a complex adaptive system. In W. Buckley (Ed.), *Modern systems research for the behavioral scientist* (pp. 490-511). New York: Aldine.

Butler, R. N. (1963). The life review: An interpretation of reminiscence in the aged. *Psychiatry, 26*, 65-76.

Caroff, P. (Ed.). (1982). *Treatment formulations and clinical social work*. MD: National Association of Social workers.

Carter, E. A., & McGoldrick, M. (1980). *The family life cycle*. New York: Gardner Press.

Carver, C. S., & Scheier, M. F. (2000). *Perspectives on personality* (4th ed.). Boston: Allyn & Bacon.

Chandler, M. J., & Boyes, M. (1982). Social cognitive development. In B. B. Wolman (Ed.), *Handbook of developmental psychology* (pp. 387-402). NJ: Prentice Hall.

Charon, Joel M. (2007). *Symbolic interactionism: An introduction, an interpretation, an integration*. New Jersey: Pearson Prentice Hall.

Chodorow, N. J. (1999). 모성의 재생산(김민예숙 역). 서울: 한국심리치료연구소. (원저는 1999년 출간)

Chomitz, V. R., Cheung, L. W., & Liberman, E. (1999). The role of lifestyle in preventing low birth weight. In K. I. Freiberg (Ed.), *Human Development* (27th ed., pp. 23-33). New York: McGraw-Hill Education.

Coady, N., & Lehmann, P. (Ed.) (2016). *Theoretical perspectives for direct social work practice: A generalist-eclectic approach* (3rd ed.). New York:Springer Pub. Co.

Cohen, J. (1980). Nature of clinical social work in P. Ewalt (Ed.), *NASW conference proceedings: Toward a definition of clinical social work* (pp. 23-32). Washington, DC: National Association of Social Workers.

Compton, B., & Galaway, B. (1989). *Social work processes*. Chicago: Dorsey Press.

Cook, K. S., & Rice, E. (2006). Social exchange theory. In J. DeLamater & A. Ward (Ed.). *The handbook of social psychology* (2nd ed.)(pp. 53-76), Saint Louis: Springer.

Corey, G. (2000). *Theory and practice of counseling and psychotherapy* (6th ed.). CT: Brooks/Cole.

Corey, G. (2016). *Theory and practice of counseling and psychotherapy* (10th ed.). Massachusetts: Cengage Learning.

Corsini, R. J., & Wedding, D. (Ed.). (2000). *Current psychotherapies* (6th ed.). New York: Wadsworth.

Dinkmeyer, D. C. (1983). *Systemic training for effective parenting of teens*. Circle Pines, MN: American Guidance Service.

Dixon, R. A., & Baltes, P. B. (1986). Toward life-span research on the functions and pragmatics of intelligence. In R. J. Sternberg & R. K. Wagner (Eds.), *Practical intelligence* (pp. 203-235). New York: Cambridge University Press.

Dreikurs, R. (1967). *Psychodynamics psychotherapy and counseling: Collected papers of Rudolf Dreikurs*. Chicago: Alfred Adler Institute.

Durkheim, E., & Mauss, M. (1963). *Primitive classification*. London: Cohen and West.

Dworetzky, J. P. (1990). *Introduction to child development* (4th ed.). MN: West Publishing.

Ellis, A. (1962). *Reason and emotion in psychotherapy*. New York: Lyle Stuart.

Ellis, A. (1979). The issue of force and energy in behavioral change. *Journal of Contemporary Psychotherapy, 10*(2), 83-97.

Ellis, A. (1991). The revised ABC's of rational-emotive therapy. *Journal of Rational-Emotive Cognitive-Behavior Therapy, 9*(3), 139-172.

Erikson, E. H. (1959). *Identity and the life cycle*. New York: Norton.

Erikson, E. H. (1963). *Childhood and society* (2nd ed.). New York: Norton.

Erikson, E. H. (1964). *Insight and responsibility*. Toronto: George J. McLeod.

Erikson, E. H. (1968). *Identity youth and crisis*. New York: Norton.

Erikson, E. H. (1975). *Life history and the historical moment*. New York: Norton.

Erikson, E. H. (1982). *The life cycle completed*. New York: Norton.

Etzioni, A. (1964). *Modern organizations*. NJ: Prentice-Hall.

Ewalt, P. (Ed.). (1980). *NASW conference proceedings toward a definition of clinical social work*. Washington, DC: National Association of Social Workers.

Farrell, M. P., & Rosenberg, S. D. (1981). *Men at midlife*. Boston: Aubum.

Flavell, J. H. (1985). *Cognitive development* (2nd ed.). NJ: Prentice-Hall.

Fleming, R. C. (1981). Cognition and social work practice: Some implications of attribution and concept attainment theories. In A. N. Maluccio (Ed.), *Promoting competence in clients* (pp. 55-73). New York: Free Press.

Forte, J. A. (2004). Symnolic interactionalism and social work. *Families in Society, 85*(4), 521-530.

Frank, L. K. (1948). *Society as the patient: Essays on culture and personality*. NJ: Rutgers University Press.

Freud, A. (1965). *Normality and pathology in childhood*. New York: International University Press.

Freud, S. (1960). *The ego and the id*. New York: Norton.

Freud, S. (1966). *Introductory lectures on psychoanalysis*. New York: Norton.

Frick, W. (1971). *Humanistic psychology: Interviews with Maslow. Murphy, and Rogers*. OH: Merrill.

Fridan, B. (1963). *The feminine mystique*. New York: W. W. Norton and Co.

Gagnon, J. H., & Greenblat, C. S. (1978). *Life designs: Individuals, marriages, and families*. IL: Scott, Foresman.

Garbarino, J. (1983). Social support networks: Rx for the helping professions. In J. J. Whittaker et al. (Eds.), *Social support networks informal helping in the human services* (pp. 3-28). New York: Aldine de Gruyter.

Garfinkel, H. (1967). *Studies in ethnomethodology*. New Jersey: Prentice-Hall.

Gates, B. L. (1980). *Social program administration: The implementation of social policy*. NJ: Prentice-Hall.

Germain, C. B. (1973). An ecological perspective in casework practice. *Social Casework, 54*(6), 323-331.

Germain, C. B. (1978). Space an ecological variable in social work practice. *Social Casework, 59*(9), 519-522.

Germain, C. B. (1987). Human development in contemporary environments. *Social Service Review*, 565-580.

Germain, C. B. (Ed.). (1979). *Social work practice: People and environments*. New York: Columbia University Press.

Germain, C. B., & Gitterman, A. (1980). *The life model of social work practice*. New York: Columbia University Press.

Germain, C. B., & Gitterman, A. (1986). The life model approach to social work practice revisited. In F. J. Turner (Ed.), *Social work treatment* (pp. 618-643). New York: The Free Press.

Germain, C. B., & Gitterman, A. (1987). Ecological perspectives. In A. Minahan et al. (Eds.), *Encyclopedia of social work* (pp. 488-499). Washington, DC: National Association of Social Workers.

Gingrich, P. (2005). Understanding multiculturalism through principles of social justice. *The 18th Biennial Conference of Canadian Ethnic Studies*, 1-40.

Gitterman, A., & Germain, C. B. (1976). Social work practice: A life model. *Social Service Review, 50*(4), 3-13.

Gitterman, A., & Germain, C. B. (1981). Education for practice: Teaching about the environment. *Journal of Education for Social Work, 17*(3), 44-51.

Goffman, E. (1963). *Stigma: Notes on the management of spoiled identity*. New Jersey: Prentice Hall.

Goldberg, S. R., & Deutsch, F. (1977). *Life-span individual and family development*. CA: Brooks/ Cole.

Goldenberg, I., & Goldenberg, H. (1980). *Family therapy: An overview*. CA: Brooks/Cole.

Goldstein, E. G. (1984). *Ego psychology and social work practice*. New York: The Free Press.

Gordon, W. E. (1969). Basic constructs for an integrative and generative conception of social work. In G. Hearn (Ed.), *The general systems approach: contributions toward a holistic conception of social work* (pp. 5-11). New York: Council on Social Work Education.

Gouldner, A. (1960). The norm of reciprocity. *American Sociological Review, 25*, 161-168.

Greene, R. R. (1986). *Social work with the aged and their families*. New York: Aldine De Gruyter.

Greene, R. R., & Ephross, P. H. (1991). *Human behavior theory and social work practice*. New York: Aldine de Gruyter.

Haley, J. (1976). *Problem-solving therapy: New strategies for effective family therapy*. San Francisco: Jossey-Bass.

Hall, C. S., & Nordby, V. J. (1999). 융 심리학 입문(최현 역). 서울: 범우사. (원저는 1973년 출간)

Hamilton, N. G. (1989). A critical review of object relations theory. *American Journal of Psychiatry, 146*, 12-23.

Hareven, T. L. (1981). The life course and aging in historical perspective. In T. K. Hareven & K. J. Adams (Eds.), *Aging and life course transitions: An interdisciplinary perspective* (pp. 1-26). New York: Guilford Press.

Hartford, M. (1971). *Groups in social work*. New York: Columbia University Press.

Hartman, A. (1958). *Ego psychology and the problem of adaptation*. New York: International Universities Press.

Hartman, A., & Laird, J. (1987). Family practice. In A. Minahan et al. (Eds.), *Encyclopedia of social work* (18th ed., pp. 575-589). Washington, DC: National Association of Social Workers.

Hasenfeld, Y. (1983). *Human service organizations*. NJ: Prentice-Hall.

Havighurst, R. J. (1972). *Developmental tasks and education*. New York: David McKay.

Hawkins, J. L., Weisberg, C., & Ray, D. W. (1980). Spouse differences in communication style preference, perception, and behavior. *Journal of Marriage and the Family, 42*, 585-593.

Hearn, G. (Ed.). (1969). *The general systems approach: Contributions toward a holistic conception of social work*. New York: Council on Social Work Education.

Heider, F. (1958). *The psychology of the interpersonal relations*. New York: Wiley.

Hepworth, D. H., Rooney, R. H., & Larsen, J. A. (1997). *Direct social work practice: theory and skills* (5th ed.). CA: Brooks/Cole.

Hess, E. (1973). *Imprinting: Early experience and the developmental psychobiology of attachment*. London: Van Nostrand Reinhold.

Hjelle, L. A., & Ziegler, D. J. (1976). *Personality theories*. London: McGraw-Hill.

Holland, J. L. (1985). *Making vocational choices* (2nd ed.). NJ: Prentice-Hall.

Horn, J. L., & Donaldson, G. (1980). Cognitive development in adulthood. In O. G. Brim & J. Kagan, J. (Eds.), *Constancy and change in human development* (pp. 445-529). MA: Harvard University Press.

Jackson, D. D. (1965). Family rules: Marital quid pro quo. *Archives of General Psychiatry, 12*, 589-594.

Jaggar, A. (1983). 여성해방론과 인간본성(공미혜, 이한옥 공역). 서울: 이론과 실천. (원저는 1983년 출간)

Janchill, M. P. (1969). Systems concepts in casework theory and practice. *Social Casework, 15*(2), 74-82.

Joffe, C. (1979). Symbolic interactionism and the study of social work services. *Studies in Symbolic Interaction, 2*, 235-256.

Johnson, L. C., & Yanca, S. J. (2001). *Social work practice: A generalist approach*. Massachusetts: Allyn and Bacon.

Kagan, J. (1992). Yesterday's premise, tomorrow's promises. *Developmental Psychology, 28*(6), 990-997.

Kanfer, F. H., & Grimm, L. G. (1977). Behavioral analysis: Selecting target behaviors in the interview. *Behavior Modification, 1*, 7-28.

Kardiner, A. (1967). *The individual and his society*. New York: Columbia University Press.

Kelly, G. (1955). *The psychology of personal constructs*. New York: Norton.

Kelly, G. (1963). *A theory of personality*. New York: Norton.

Kluckhohn, C. (1962). *Culture and behavior*. New York: Free Press of Glencoe.

Knapp, P. (1994). *One work-many worlds: Contemporary sociological theory*. New York: Harper-Collins.

Kogan, N. (1990). Personality and aging. In J. E. Birren & K. W. Schaie (Eds.), *Handbook of the psychology of aging* (3rd ed., pp. 330-346). New York: Van Nostrand Reinhold.

Kohlberg, L. (1976). Moral stages and moralization: The cognitive-developmental approach. In T. Lickona (Ed.), *Moral development and behavior: theory, research, and social issues* (pp. 31-53). New York: Holt, Rinehart and Winston.

Kohlberg, L. (1981). *Essays on moral development, Vol. I: The philosophy of moral development*. New York: Harper & Row.

Kübler-Ross, E. (1969). *On death and dying*. New York: Macmillan.

Lazarus, A. A. (1971). *Behavior therapy and beyond*. New York: McGraw-Hill.

Lazarus, A. A. (1981). *The practice of multimodal therapy*. New York: McGraw-Hill.

Lazarus, R. S. (1980). The stress and coping paradigm. In L. A. Bond & J. C. Rosen (Eds.), *Competence and coping during adulthood* (pp. 28-74). NH: University Press of New England.

Leighninger, R. D. (1977). Systems theory. *Journal of Sociology and Social Welfare, 5*(4), 446-480.

Lemert, E. (1967). *Human deviance, social problems and social control.* New Jersey: Prentice-Hall.

Lenneberg, E. H. (1967). Biological foundations of language. New York: Wiley.

Levi-Strauss, C. (1969). *The elementary structures of kinship.* Boston: Beacon Press.

Levinson, D. J., Darrow, C., Kline, E., Levinson, M., & McKee, B. (1978). *The seasons of a man's life.* New York: Knopf.

Linton, R. (1936). *The study of man.* New York: Appleton Century Croft.

Liverant, S., & Scodel, A. (1960). Internal and external control as determinants of decision mnaking under conditions of risk. *Psychological Reports, 7,* 59-67.

Looft, W. R. (1971). Egocentrism and social interaction in adolescence. *Adolescence, 6,* 485-495.

Lundin, R. W. (2001). (애들러) 상담이론: 기본 개념 및 시사점(노안영 외 공역). 서울: 학지사. (원저는 1992년 출간)

Maddi, S. (1980). *Personality theories.* Homewood, IL: Dorsey Press.

Maguire, l. (2002). *Clinical social work; Beyond generalist practice with individuals, groups, and families.* CA: Brooks/Cole.

Mahoney, M. J. (1988). *Cognitive sciences and psychotherapy. In K. S. Dobson (Ed.), Handbook of cognitive-behavioral therapies* (pp. 357-386). New York: Guilford Press.

Maluccio, A. (1979). Competence and life experience. In C. G. Germain (Ed.), *Social work practice: People and environments* (pp. 282-302). New York: Columbia University Press.

Marcia, J. (1980). Identity in adolescence. In J. Adelson (Ed.), *Handbook of adolescent psychology* (pp. 159-187). New York: John Wiley.

Markus, H., Smith, J., & Moreland, R. L. (1985). Role of the self-concept in the perception of others. *Journal of Personality and Social Psychology, 49,* 1494-1512.

Martin, G., & Pear, J. (1983). *Behavior modification: What it is and how to do it* (2nd ed.). Englewood Cliffs, NJ: Prentice-Hall.

Martin, R. Y., & O'Connor, G. G. (1989). *The social environment: Open systems applications.* New York: Longman.

Maslow, A. H. (1970). *Motivation and personality* (2nd ed.). New York: Harper and Low.

Masters, W., & Johnson, V. (1985). *Human sexuality.* Boston: Little Brown.

Matthias, R. E. et al. (1997). Sexual activity and satisfaction among very old adults. *The Gerontologist, 37*(1), 6-14.

McCall, G. J. (2013). Interactionist perspectives in social psychology. In J. DeLamater & A.W ard, A. (eds.), *Handbook of Social Psychology.* (pp. 3-29). Saint Louis: Springer.

Mehr, J. J., & Kanwischer, R. (2004). *Human services: Concepts and intervention strategies*. New York: Pearson Education.

Meichenbaum, D. (1977). *Cognitive behavior modification: An integrative approach*. New York: Plenum.

Meier, E. L., & Kerr, E. A. (1977). Capabilities of middle aged and older workers: A survey of the literature. *Industrial Gerontology, 4*, 147-156.

Mertens, W. (1990). *Einführung in die psychoanalytische therapies*. Stutgart: Kohlhammer.

Meyer, C. H. (Ed.). (1983). *Clinical social work in the ecosystems perspective*. New York: Columbia University Press.

Miller, S. J. (1965). The social dilemma of the aging leisure participant. In A. M. Rose & W. A. Peterson (Eds.), *Older people and their social world* (pp. 77-92). Philadelpia: F. A. Davis.

Minuchin, S. (1974). *Families and family therapy*. MA: Harvard University Press.

Mitchell, J. (1971). 여성의 지위: 여성해방의 논리(이형랑, 김상희 공역). 서울: 동녘. (원저는 1971년 출간)

Mosak, H. H. (1979). Adlerian Psychotherapy. in R. J. Corsini(ed.). *Current psychotherapies*. Illinois: P. E. Peacock, 44-94.

Murdock, G. P. (1949). *Social structure*. New York: MacMillan.

Neimark, E. D. (1975). Longitudinal development of formal operations thought. *Genetic Psychology Monographs, 91*, 171-225.

Newman, B., & Newman, P. R. (1987). *Development through life: A psychosocial approach*. IL: Dorsey Press.

Nisbett, R. E. (2004). 생각의 지도(최인철 역). 서울: 김영사. (원저는 2003년 출간)

Norlin, J. M., & Chess, M. A. (1997). *Human behavior and the social environment: social system theory*. Boston: Allyn and Bacon.

Nurius, P. S. (1989). The self-concept: A social cognitive update. *Social Casework, 70*, 285-294.

Nye, F. I. (1978). Is choice and exchange theory: the key?. *Journal Of Marriage & Family, 40*(2), 219-232.

Nye, R. D. (1975). *Three views of man: Perspectives from Freud, Skinner and Rogers*. Belmont, CA: Brooks/Cole.

Oxley, G. (1971). A life-model approach to change. *Social Casework, 52*(10), 627-633.

O'Neil, J. M., Ohlde, C., Tollefson, N., Barke, C., Pigott, T., & Watts, D. (1980). Factors, correlates, and problem areas affecting career decision marking of a cross-sectional sample of students. *Journal of Counseling Psychology, 27*, 571-580.

Papalia, D. E., & Olds, S. W. (1998). *Human development* (7th ed.). New York: McGraw-Hill.

Papell, C., & Rothman, B. (1980). Relating the mainstream model of social work with groups to group psychotherapy and the structured group approach. *Social Work with Groups, 3*(2), 5-22.

Pardeck, J. T. (1988). An ecological approach for social work practice. *Journal of Sociology and Social Welfare, 15*(2), 133-142.

Parsons, T. (1960). *Structure and process in modern societies*. New York: The Free Press.

Parten, M. (1932). Social participation among preschool children. *Journal of Abnormal and Social Psychology, 28*(3), 136-147.

Paul, E. L., & White, K. M. (1990). The development of intimate relationship in late adolescence. *Adolescence, 25*, 375-400.

Perry, W. G. (1981). Cognitive and ethical growth: The making of meaning. In A. Chickering (Ed.), *The modern American college* (pp. 76-116). San Francisco: Jossey-Bass.

Pervin, L. A. (1996). *The science of personality*. New York: Wiley.

Phares, E. J. (1990). 성격심리학(홍숙기 역). 서울: 박영사. (원저는 1984년 출간)

Piaget, J. (1965). *The moral judgement of the child*. New York: Free Press.

Piaget, J., & Inhelder, B. (1969). *The psychology of the child*. New York: Basic Books.

Pincus, A. (1970). Reminiscence in aging and its implications for social work practice. *Social Work, 15*, 47-53.

Raskin, N. (1985). Client-centered therapy. In S. J. Lynn & J. P. Garske (Eds.), *Contemporary psychotherapies models and methods* (pp. 155-190). OH: Charles E. Merrill.

Redmond, M. V. (2015). Symbolic interactionism. In *English Technical Reports and White Papers*. 4. http://lib.dr.iastate.edu/engl_reports/4

Rhodes, S. L. (1980). A developmental approach to the life cycle of the family. In M. Bloom (Ed.), *Life span development* (pp. 30-40). New York: Macmillan.

Rice, K., & Girvin, H. (2014). Engaging families, building relationships: Strategies for working across systems from a social exchange perspective. *Advances in Social Work, 15*(2)(Fall 2014), 306-317.

Riedel, I. (2000). 융의 분석심리학에 기초한 미술치료(정여주 역). 서울: 학지사. (원저는 1983년 출간)

Riegel, K. F. (1973). Dialectic operations: The final period of cognitive development. *Human Child Development, 16*, 346-370.

Ritzer, G. (2016). 사회학이론(김왕배 외 공역). 서울: 한울출판사. (원저는 2004년 출간)

Robbins, S. P., Chatterjee, P., & Canda, E. R. (eds.)(2006). *Contemporary human behavior theory: A critical perspective for social work*. Massachusetts: Allyn & Bacon.

Rogers, C. R. (1951). *Client-centered therapy*. Boston: Houghton Mifflin.

Rogers, C. R. (1957). The necessary and sufficient conditions of therapeutic personality change. *Journal of Counseling Psychology, 21*, 95-103.

Rogers, C. R. (1959). A theory of personality and interpersonal relationships as developed in the client-centered framework. In S. Koch (Ed.), *Psychology a study of science: Formulations of the person and the social context*(Vol. 3, pp. 184-256). New York: McGraw-Hill.

Rogers, C. R. (1961). *On becoming a person*. Boston: Houghton Mifflin.

Rogers, C. R. (1977). Autobiography. In E. Boring & G. Lindzey (Eds.), *A history of psychology in autobiography* (Vol. 5, pp. 341-384). New York: Appleton-Century-Crofts.

Rogers, C. R. (1980). *A way of being*. Boston: Houghton Mifflin.

Rogers, C. R. (1983). *Freedom to learn in the 80s*. OH: Charles E. Merrill.

Rosow, I. (1985). Status and role change through the life cycle. In R. H. Binstock & E. Shanas (Eds.), *Handbook of aging and the social sciences* (2nd ed., pp. 62-93). New York: Van Nostrand Reinhold.

Ross, M. (1967). *Community organization: Theory, principles and practice* (2nd ed.). New York: Harper & Row.

Ruth, J. (1996). Personality. In J. E. Birren et al. (Eds.), *Encyclopedia of gerontology* (vol. 2, pp. 281-294). New York: Academic Press.

Salthouse, T. A. (1993). Speed mediation of adult age differences in cognition. *Developmental Psychology, 29*, 722-738.

Santrock, J. W. (1995). *Life-span development*. WI: Brown and Benchmark.

Satir, V. (1972). *People making*. CA: Science & Behavior Books.

Scanzoni, L. D., & Scazoni, J. (1981). *Men, women, and change: A sociology of marriage and family* (2nd ed.). New York: McGraw-Hill.

Schaie, K. W. (1990). Intellectual development in adulthhod In J. E. Birren & K. W. Schaie (Eds.), *Handbooks of the psychology of aging* (3rd ed.). New York: Academic Press.

Schriver, J. M. (1995). *Human behavior and the social environment: Shifting paradigms in essential knowledge for social work practice*. Boston: Allyn and Bacon.

Schwartz, M. S., & Schwartz, C. G. (1964). *Social approaches to mental patient care*. New York: Columbia University Press.

Searles, H. F. (1960). *The nonhuman environment*. New York: International Universities Press.

Segall, A. (1976). The sick role concept. *Journal of Health and Social Behavior, 17*(2), 162-169.

Selman, R. L. (1980). *The growth of interpersonal understanding: Developmental and clinical analysis*. New York: Academic Press.

Seyle, H. (1956). *The stress of life*. New York: McGraw-Hill.

Shafer, C. M. (1969). Teaching social work practice in an integrated course: A general systems approach. In G. Hearn (Ed.), *The general systems approach: Contributions toward a holistic conception of social work* (pp. 26-36). New York: Council on Social Work Education.

Shafer, H. H., & Kuller, J. A. (1996). Increased maternal age and prior anenploid conceptio. In J. A. Kuller, N. C. Cheschier, & R. C. Cefalo (Eds.), *Prenatal diagnosis and reproductive genetics* (pp. 159–172). MO: Mosby.

Sharf, R. S. (2000). *Theories of psychotherapy and counseling* (2nd ed.). CA: Brooks/Cole.

Shaw, M., & Costanzo, P. R. (1982). *Theories of social psychology* (2nd ed.). New York: McGraw-Hill.

Sheehy, N. (2009). 50인의 심리학 거장들(정태연, 조은영 공역). 서울: 학지사. (원저는 2004년 출간)

Sherman, S. N. (1974). Family therapy. In F. J. Turner (Ed.), *Social work treatment: interlocking theoretical approaches* (pp. 457–494). New York: Free Press.

Siegler, R. S. (1983). Information processing approaches to development. In P. H. Mussen (Ed.), *Handbook of child psychology* (Vol. I, pp. 129–211). New York: John Wiley.

Simmons, R. G., & Blyth, D. A. (1987). *Moving into adolescence*. New York: Aldine & de Gruyter.

Simonton, D. K. (1990). Does creativity decline in later years? In M. Permutter (Ed.), *Late life potential* (pp. 83–112). Washington, DC: Gerontological Society of America.

Skinner, B. F. (1938). *The behavior of organisms*. New York: Apple-Century-Crofts.

Skinner, B. F. (1953). *Science and human behavior*. New York: Macmillan.

Skinner, B. F. (1971). *Beyond freedom and dignity*. New York: Hackett.

Solomon, B. B. (1976). *Black empowerment: Social work in oppressed communities*. New York: Columbia University Press.

Specht, R., & Craig, G. J. (1987). *Human development: A social work perspective*. NJ: Prentice-Hall.

Spiegel, J. P. (1968). The resolution of role conflict within the family. In N. W. Bell and E. F. Vogel (Eds.), *Modern introduction to the family* (rev. ed., pp. 391–411). New York: Free Press.

Stein, I. (1971). The systems model and social system theory: Their application to casework. In H. S. Strean (Ed.), *Social casework theories in action* (pp. 123–195). Metuchen, NJ: Scarecrow Press.

Sternberg, R. J. (1988). *The triangle of love*. New York: Basic Books.

Stevenson, L., & Hanerman, D. L. (2006). 인간의 본성에 관한 10가지 이론(박중서 역). 서울: 갈라파고스. (원저는 2004년 출간)

Storr, A. (1983). *The essential Jung*. NJ: Princeton University Press.

Strean, H. S. (ed.) (1971). *Social Casework Theories in Action*. New Jersey: Scarecrow Press.

Sue, D. W. (2010). 다문화 사회복지실천(이은주 역). 서울: 학지사. (원저는 2006년 출간)

Sue, D. W., & Sue, D. (2013). *Counseling the culturally diverse: Theory and practice* (6th ed.). New Jersey: John Wiley & Sons.

Super, D. E. (1990). A life-span, life-space approach to career development. In D. Brown et al. (Eds.), *Career choice and development* (2nd ed., pp. 197–261). San Francisco: Jossey-Bass.

Swenson, C. (1979). Social networks, mutual aid and the life model of practices. in C. B. Germain(ed.),

Social work practice: people and environments. New York: Columbia University Press, 215–266.

Szelenyi, I. (2009). *Foundations of modern social thought.* Connecticut: Open Yale Courses.

Taylor. G. (2007). 이데올로기와 복지(조성숙 역). 서울: 도서출판 신정. (원저는 2007년 출간)

Terkelson, G. (1980). Toward a theory of the family cycle. In E. A. Carter & M. McGoldrick (Eds.), *The family life cycle: A framework for family therapy* (pp. 21–52). New York: Gardner Press.

Thompson, V. A. (1961). *Modern organization.* New York: Knopf.

Thorson, J. A. (2000). *Aging in the changing society* (2nd ed., pp. 43–61). Philadelphia, PA: Brunner/ Mazel.

Tornstam, L. (1994). Gerotranscendence. In L. E. Thomas & S. A. Eisnehandler (Eds.), *Aging and the religious dimension* (pp. 203–225). CT: Greenwood Publishing Group.

Trecker, H. (1972). *Social group work: Principles and practices.* New York: Association Press.

Troll, L. E. (1985). *Early and middle adulthood* (2nd ed.). CA: Brooks/Cole.

Turner, F. J. (Ed.). (1996). *Social work treatment.* New York: The Free Press.

Turner, J. H. (1984). 사회학 이론의 구조(김진균 외 공역). 서울: 한길사. (원저는 1981년 출간)

Turner, J. H. (2019). 현대 사회학 이론(김윤태 외 공역). 서울: 나남. (원저는 2013년 출간)

Tylor, E. B. (1958). *The origin of culture.* New York: Harper & Row.

Unger, R., & Crawford, M. (1992). *Women and gender: A feminist psychology.* Philadelphia: Temple University Press.

Urdy, J. R. (1971). *The social context of marriage* (2nd ed.). New York: Lippincott.

Vaillant, G. E. (1977). *Adaptation to life.* Boston: Little, Brown.

Vygotsky, L. S. (1981). The genesis of higher mental functions. In J. V. Wertsch (Ed.), *The concept of activity in Soviet psychology* (pp. 144–188). New York: M. E. Sharpe.

Wagoner, B., Jensen, E., & Oldmeadow, J. A. (2012). *Culture and social change: Transforming society through the power of ideas.* North Carolina: Information Age Publishing.

Wallace, P. M. (2001). 인터넷 심리학(황상민 역). 서울: 에코리브르. (원저는 1999년 출간)

Walsh, F. (1980). The family in later life. In E. A. Carter & M. McGoldrick (Eds.), *The family life cycle: A framework for family therapy* (pp. 197–222). New York: Gardner Press.

Werner, H. D. (1982). *Cognitive therapy.* New York: Free Press.

West, R., & Turner, L. (2007). *Introducing communication theory.* New York: McGraw Hill.

White, L. (1959). *The evolution of culture.* New York: McGraw-Hill.

White, P., Mascalo, A., Thomas, S., & Shoun, S. (1986). Husband's and wives' perceptions of marital intimacy and wives' stresses in dual-career marriage. *Family Perspectives, 20,* 27–35.

Whitebourne, S. K. (2001). The physical aging process in midlife: Interaction with psychological and sociocultural factors. In M. E. Lachman (Ed.), *Handbook of midelife development* (pp. 109–155).

New York: Wiley.

Wilson, E. Q. (1978). *On human nature*. Massachusetts: Harvard University Press.

Wood, K. M. (1971). The contribution to psychoanalyses and ego psychology. In H. S. Strean (Ed.), *Social casework theory in action* (pp. 45-117). NJ: Scarecrow Press.

Zastrow, C., & Kirst-Ashman, K. K. (2001). *Understanding human behavior and the social environment*. CA: Wadsworth/Thomson Learning.

〈참고 사이트〉

(주)어세스타 (http://www.kpti.com)

보건복지부 (http://www.mohw.go.kr)

실종아동전문기관 (http://www.missingchild.or.kr)

여성가족부 (http://www.mogef.go.kr)

인터넷 중독대응센터 (스마트쉼센터, http://www.iapc.or.kr)

Business and Professional Women's Foundation (http://www.womenmisbehavin.com)

Daum 백과사전 (100.daum.net)

Online Etymology Dictionary (http://etymonline.com)

Wikipedia (http://www.wikipedia.org)

찾아보기

저자 소개

권중돈(權重燉)(kjd716@mokwon.ac.kr)

1960년 늦여름 경남 의령의 작은 동네에서 태어나 성장하였고, 숭실대학교에서 영어영문학(전공)과 사회사업학(부전공)을 수학한 후, 연세대학교 대학원에서 사회사업학 석사 및 박사 과정을 이수하였다.

가족, 정신장애, 노인이라는 세 가지 주제에 관심을 갖고 연구하여, 치매가족의 부양부담에 관한 주제로 박사학위논문을 제출하였다. 그 후『한국치매가족연구』,『치매환자와 가족복지』,『치매환자를 위한 프로그램의 실제』,『노인복지론』,『인권과 노인복지실천』,『노인복지 프로그램 개발의 실제』(공저),『인간행동과 사회복지실천』,『사회복지개론』(공저),『자원봉사의 이해와 실천』(공저),『집단사회사업방법론』(공저),『복지, 논어를 탐하다』,『복지, 맹자에서 길을 찾다』,『길에서 만난 복지』등 노인복지와 사회복지실천 그리고 융복합 학문 분야의 다수의 저서와 논문을 발표하였다.

보건복지부 산하의 한국보건사회연구원에서 주임연구원으로 재직하였으며, 현재는 목원대학교 사회복지학과 교수로 재직하고 있다. 또한 보건복지부와 지방자치단체, 삼성복지재단, 현대자동차, 아산복지재단 등의 민간복지재단, 그리고 여러 사회복지기관과 단체의 자문위원, 운영위원 등으로 활동하였다.

인간행동과 사회환경: 이론과 실천 (2판)

Human Behavior and the Social Environment (2nd ed.)

2014년 1월 15일 1판 1쇄 발행
2020년 4월 20일 1판 15쇄 발행
2021년 1월 20일 2판 1쇄 발행
2023년 9월 20일 2판 5쇄 발행

지은이 • 권 중 돈

펴낸이 • 김 진 환

펴낸곳 • (주) **학지사**

　　　　04031 서울특별시 마포구 양화로 15길 20 마인드월드빌딩 5층

대표전화 • 02) 330-5114　　　팩스 • 02) 324-2345

등록번호 • 제313-2006-000265호

홈페이지 • http://www.hakjisa.co.kr

인스타그램 • https://www.instagram.com/hakjisabook

ISBN 978-89-997-2292-9　93330

정가 22,000원

출판미디어기업 **학지사**

간호보건의학출판 **학지사메디컬** www.hakjisamd.co.kr
심리검사연구소 **인싸이트** www.inpsyt.co.kr
학술논문서비스 **뉴논문** www.newnonmun.com
원격교육연수원 **카운피아** www.counpia.com